Curso de Máster
en
PNL

SALVADOR A.
CARRIÓN LÓPEZ

Curso de Máster
en
PNL

Técnicas avanzadas de
programación neurolingüística

EDICIONES OBELISCO

Si este libro le ha interesado y desea que lo mantengamos informado de nuestras publicaciones, escríbanos indicándonos qué temas son de su interés (Astrología, Autoayuda, Ciencias Ocultas, Artes Marciales, Naturismo, Espiritualidad, Tradición...) y gustosamente lo complaceremos.

Puede consultar nuestro catálogo en www.edicionesobelisco.com

Colección Éxito, para gente emprendedora
Curso de Máster en PNL
Salvador A. Carrión López

1.ª edición: julio de 2003
3.ª edición (1.ª ed. de la presente impresión): noviembre de 2008

Maquetación: Text Gràfic
Diseño de cubierta: Enrique Iborra

© 2003, Salvador A. Carrión López (Reservados todos los derechos)
© 2008, Ediciones Obelisco, S.L.
(Reservados los derechos para la presente edición)

Edita: Ediciones Obelisco S.L.
Pere IV, 78 (Edif. Pedro IV) 3.ª planta 5.ª puerta.
08005 Barcelona - España
Tel. 93 309 85 25 - Fax 93 309 85 23
E-mail: info@edicionesobelisco.com

Paracas, 59 C1275AFA Buenos Aires - Argentina
Tel. (541-14) 305 06 33 - Fax: (541-14) 304 78 20

ISBN: 978-84-9777-509-0
Depósito Legal: B-44.849-2008

Printed in Spain

Impreso en España en los talleres gráficos de Romanyà/Valls S.A.
Verdaguer, 1 - 08786 Capellades (Barcelona)

Prólogo

A todos mis alumnos

Este libro que tiene ahora en sus manos es la nueva versión del texto que en su día publiqué bajo el título de *Técnicas avanzadas de PNL*. Cuando el editor me anunció que la primera edición estaba agotada, inicié la tarea de actualizar y ampliar su contenido para la reimpresión, y he aquí ahora el fruto de más de dos años de trabajo y renovación.

Cuando escribí el volumen inicial, allá por el año 1998, anuncié que posteriormente vería la luz un segundo volumen del mismo en el que trataría más temas y mostraría nuevos modelos, sin embargo, el proyecto se vino abajo por dificultades técnicas que en aquel momento no pudieron resolverse. Ahora, no sólo he retomado el propósito original, sino que lo he completado, renovado y mejorado, fundiendo en un solo libro las actualizaciones del publicado, más el segundo volumen que nunca nació. Con esta nueva versión he querido simplificar el manejo unificando dos manuales, para que a la hora de disponer o consultar el material vertido resulte más práctico y cómodo. Los alumnos y lectores que en su día adquirieron el texto de *Técnicas*, encontrarán en la presente edición, además de lo que ya conocen de él, nuevas explicaciones, ejemplos, gráficos y aclaraciones de todos y cada uno de los capítulos, así como otros modelos, técnicas e investigaciones no difundidas en el anterior. No crean que se trata del mismo perro con distinto collar, por supuesto que hallarán partes similares, pero en todas las secciones he incorporado elementos procedentes de las recientes investigaciones.

Para el lector que se acerque por primera vez a este trabajo que ahora se distribuye con el nombre de *Curso de Máster en PNL*, es conveniente que tenga una formación previa en la metodología, y si no es así, le recomiendo que antes se familiarice con ella leyendo o estudiando otro de mis libros publicados, el titulado *Curso de Practitioner en PNL.** El motivo es bastante obvio, en el presente trabajo se manejan conceptos y técnicas que las doy por sabidas en el lector –por ser del nivel previo–, y que sin su conocimiento partes del material que aquí se maneja resultará inabordable.

Otro aspecto importante a resaltar es el carácter lectivo del presente manual. No busque aquí un contenido trivial, está ante un manual que sirve de apoyo y ampliación a la formación que se imparte en los cursos en presencia de maestría en Programación Neurolingüística. Tampoco espere encontrar una especie de enciclopedia en la que se vierte todo lo publicado hasta ahora de PNL, éste es un texto de estudio estructurado de aquellas materias que considero fundamentales para un profesional de la PNL. Por supuesto que no está todo, pero si es todo lo que está.

Al igual que el citado *Curso de Practitioner*, aquí localizará numerosos ejercicios y prácticas que requieren de terceras personas para su realización, insisto por ello, que se trata de un material de apoyo a la formación experimental, nada que ver con libretos divulgativos de carácter meramente comercial, éste es un libro de texto.

Creo conveniente reseñar que algunos de los modelos presentados y explicados proceden de colegas desarrolladores de la PNL –Robert Dilts, John Grinder, Richard Bandler, Tadd James, etc.–, con la salvedad de que sus trabajos originales –destinados

---

* Publicado en 4ª edición por Ediciones Obelisco.

8

al público norteamericano–, han sido adaptados por mí al alumnado y lector de habla –y pensamiento– hispano. *El mapa no es el territorio*, y cada cultura tiene sus elementos propios que intervienen en la construcción del *mapa* personal, y aunque estemos ante un metamodelo –como es la PNL–, ciertos aspectos contextuales varían de una civilización a otra. Parte de mi trabajo aquí, y en mis demás publicaciones, ha sido, y es, la de aportar un granito de arena en la adecuación de la PNL a nuestro contexto cultural, haciéndola algo más asequible al mundo hispano parlante.

Desde la más remota antigüedad, se ha venido utilizando un variado conjunto de métodos cuyo fin era el de modificar las experiencias subjetivas en el hombre. Unos procedimientos basados en los cambios de nuestras representaciones internas, otros en un uso específico del lenguaje, y otros activando con diversas técnicas el subconsciente para que éste resolviera el conflicto, que como ya sabemos, en conjunto es lo que hace la PNL. Entonces, tal vez se pregunten, ¿qué es lo que ha aportado la PNL? O, si eso es así, ¿de dónde proceden estas técnicas de PNL? ¿El conjunto de premisas o suposiciones en las que se sustenta la PNL, le son propios?

La mayoría de mis lectores conocedores de la PNL, sin duda, responderían que obviamente los desarrolladores de esta metodología son indiscutiblemente John Grinder y Richard Bandler, y que toda ella ha surgido de los trabajos realizados por ellos. Sin embargo, a la última de las tres preguntas precedentes mi respuesta sería no, o mejor dicho, sí pero...

Por supuesto que mi intención no es la de infravalorar la ostentosa labor que ambos redescubridores llevaron a efecto. Lo que pretendo con este planteamiento, es reivindicar desde aquí, que lo que ahora denominamos Programación Neurolingüística, es un patrimonio de la humanidad tan antiguo como ella misma. Al igual que muchas de las modernas teorías psicológicas, la PNL –no con este nombre por supuesto–, era conocida y utilizada desde muchos siglos atrás, y que lo que se ha hecho, como en otras muchas ciencias, ha sido redescubrirla. Pero para esclarecer mi afirmación, permitámonos un breve recorrido por la historia.

Una de las técnicas, base de muchos modelos utilizados en PNL, es el cambio en las representaciones visuales subjetivas, pues bien, ya en el siglo I a. C., e incluso anteriormente, en la época de Metrodoro, dos sabios, Posidonio de Apamea y Escepsis, trabajaban con las imágenes mentales y visualizaciones dirigidas para resolver conflictos y problemas en sus monitorios. Estaban realizando modificaciones en el *sistema representacional* para transformar las experiencias subjetivas.

Si hablamos del valioso manejo de las *metáforas* terapéuticas, sabemos que desde los albores de la humanidad, o en las sociedades más primitivas, se han usado y preservado éstas sirviendo de transporte del método y método mismo. Epopeyas, narraciones filosóficas, fábulas, relatos, mitos, cuentos tradicionales, etc., no sólo transmitieron sus valores literario-filosóficos, sino nuevas estrategias de pensamiento, reencuadres, cambio de posiciones perceptivas y de creencias, o incluso alineamientos de niveles lógicos. Qué decir del mismo Jesús, sus parábolas son y han sido una fuente de propagación de valores y estrategias de pensamiento. O mucho más atrás, miles de años, con las historias y cuentos que relataba Buda, las recitaciones de Lao Zi en su libro del Tao, y las prédicas de Confucio. Y no pasemos por alto los relatos cargados de enseñanza que trabajan a varios niveles simultáneamente, que nos legaron y que aún hoy nos siguen participando los maestros sufíes.

Quienes hayan leído a Pirrón, Arcesilao, a Diodoro Crono, y muchos otros, antes y después de la Academia de Platón, encontrarán que el *metamodelo del lenguaje*, con su sistema de metapreguntas, está presente en los insignes pensadores griegos.

Por supuesto, también encontramos toda la *axiología*[1] desde los presocráticos hasta Aristóteles, y éste último, además, nos enseña toda la teoría de causas y efectos de la que extrajimos modelos.

---

1. Teoría de los valores.

Mani el fundador del maniqueísmo, también en el siglo I, nos transmite una estructura y un desarrollo del sistema de niveles lógicos muy similar al que aplicamos en la actualidad.

Otro ejemplo, de entre las muchas técnicas resucitadas por la PNL: los anclajes. Éstos han sido magistralmente usados por todas las tradiciones y cultos, desde los pueblos aborígenes más primitivos, hasta las religiones o sectas más futuristas. Chamanes, brujos, sacerdotes, agoreros, manejaron los anclajes para someter, controlar o ayudar a sus feligreses. Anclas auditivas como la campana, la voz del «muecín», la trompeta tibetana o las músicas y cánticos eclesiales. Olfativas como el sándalo y los inciensos que se usan en rituales. Anclajes visuales los localizamos por doquier, desde las vidrieras catedralicias a los «mandalas», «tankas», imaginería religiosa, diagramas, etc. Y por supuesto, las cinestésicas que van desde ciertas posturas de oración, al uso de rosarios, «malas», etc. Siempre se ha conocido y utilizado las anclas, aunque hasta hoy no hayan recibido ese nombre.

Tal vez a algunos les podría parecer que todo lo que hubiese existido hasta ahora, y que de algún modo es la raíz de la PNL, no era más que un conjunto de sistemas inconexos y faltos de método, sin embargo, no es así, la tradición sufí[2] desde tiempos inmemoriales las conocía y las manejaba como todo un procedimiento de desarrollo humano superior. Es más, posiblemente muchos de los «progenitores» de la actual PNL, bebieron de esas fuentes de forma directa o indirecta –sin saberlo–, aunque en definitiva es lo mismo. Se cuenta –aunque no sabemos si es cierto–, que Milton Erickson –primer modelado de la PNL– se dormía muchas noches leyendo *Cuentos de los derviches*,[3] y muchas

---

2. Véanse *Los Sufíes, Un escorpión perfumado,* y *El yo dominante.* Idries Shah. Ed. Kairós. El autor nos conduce, con un completo rigor técnico e histórico, a que comprendamos cómo desde muchos siglos antes de la actual época, se venía usando por los derviches toda la amplia gama de modelos que hoy en día creemos que son patrimonio de escuelas psicológicas. En realidad la mayoría de las técnicas utilizadas hoy, y así está plasmado en textos, tienen más de cuatrocientos años de antigüedad.

3. Idrie Shah. Editorial Paidós, colección Orientalia.

de las metáforas y técnicas de choque que el gran maestro de la psicoterapia del pasado siglo usaba son un calco de los contenidos de esas narraciones.

También existen antecedentes más recientes a decenas. Sin ir más lejos, además de la tradición sufí ya citada, a niveles menos profundos, en los años 60 ya existía en los Ángeles (CA), un centro con el que tuve contacto, dirigido por Vérnon Howard, que enseñaba una técnica que denominaban Psicopictografía, un revolucionario modelo para utilizar nuestra mente, especialmente visualizaciones y metáforas dirigidas a la resolución de conflictos. Era PNL sin llamarse de este modo.

Otra referencia más la tienen los conocedores del trabajo y escritos del antropólogo Carlos Castaneda,[4] su primera publicación data de 1968, y de cierto que habrán encontrado muchas técnicas de las enseñadas por Don Juan Matus, que han sido modeladas por la PNL, y que usamos en los cursos de entrenamiento. Podría citar por ejemplo, «*el cambio de historia personal*», que es prácticamente lo que el chamán Matus hacía con Carlos Castaneda para que borrase –como le decía– la versión subjetiva de sí mismo; o los estados alterados de conciencia que le provocaba producidos por los anclajes, –los conocidos golpes que le daba en la espalda–, o incluso la técnica del «*ver*» destinada a desarrollar la segunda atención; y un largo etc., que sería demasiado prolijo referir.

De la hipnosis, o del trance, otra de las bases que sustentan la PNL, ¿quién no está al corriente de su antigüedad? Es de todos sabido que muchísimo antes de nuestra era ya se utilizaba incluso con fines terapéuticos para despertar al subconsciente y que éste encontrara alternativas y respuestas a problemas, para descubrir el significado de los sueños y la raíz de ciertas dolencias.

¿A dónde nos conduce este planteamiento? Sencillamente, a que los modelos aplicables de la PNL, son tan viejos como el hombre, que se han manejado para transformar y resolver con-

---

4. Véase toda la bibliografía de este autor reseñada al final del libro.

flictos a nivel remediativo, generativo o evolutivo desde los tiempos primitivos, y que aunque hayan cambiado de nombre, siguen siendo los mismos y tan útiles como siempre. Que siempre ha habido grandes maestros, y tradiciones reales que enseñaban los métodos para que el hombre pudiese alcanzar una plenitud de vida y optimizar sus recursos personales naturales. No obstante, quiero resaltar aquí el mérito de quienes bautizaron con el actual nombre de PNL este conjunto de técnicas y métodos que nos ocupa, y que no es poco. Su crédito estriba –según mi modesta opinión–, en haber estructurado y actualizado un metamodelo (modelo de modelos) global que aglutina y simplifica muchas actividades transformativas y terapéuticas que permanecían desperdigadas e inasequibles para la mayoría de las personas, o por lo menos haber conseguido difundir ampliamente esta metodología en la sociedad del siglo XXI.

Gracias a John Grinder, Richard Bandler, Robert Dilts, Todd A. Epstein (q. d. e. P.), Tadd James, Steve & Connirae Andreas, David Gordon, Judit De Losier, Lesly Cameron, Joseph O'Connor, John Seymour, y otros muchos que citarlos nos demoraría demasiado, en la actualidad disponemos de toda esta miscelánea agrupada bajo un mismo denominador común, la Programación Neurolingüística.

Hoy podemos hablar de la PNL como de un *«corpus sistémico»*, compendio técnico aplicable a todas las áreas de la vida, casi como una filosofía que progresivamente se desenvuelve. El metamodelo de PNL, bien lo sabemos, es utilizable en terapia, organización empresarial, resolución de problemas comerciales, para al cambio de una personalidad conflictiva, en la mejora del aprendizaje escolar, también en el despertar de la intuición, o la selección de personal, meditación, mejora de relaciones personales, e incluso hasta la eliminación de una alergia, y un largo etc., cuya enumeración sería inacabable.

Hasta hace bien poco a la PNL se la consideraba como un tipo de catálogo de técnicas sueltas aplicables a varias cosas, y para cuyo aprendizaje no se requerían grandes conocimientos ni por supuesto una formación universitaria. Muchas personas conocen nuestro metamodelo por la «Cura rápida de fobias» o por el «Reencuadre en seis pasos», creyendo que hay muy poco más. Ahí es donde creo que está la clave de la dificultosa difusión que hasta la fecha tiene la PNL en muchas partes, y especialmente entre el mundo académico. Ciertamente al igual que para sanar una pequeña herida, o un rasguño no necesita ir al cirujano, con algunos modelos de PNL cualquiera puede resolver la situación, pero de ahí a que sea capaz de autooperarse de apendicitis cuando ha sufrido un ataque, hay gran diferencia. Las herramientas de PNL en manos de un experto –y cuanta más experiencia tenga el experto mejor–, podrá producir «milagros».

La intención que me dirige a escribir y reeditar este texto es la de procurar, dentro de mis posibilidades, llevar el modelo completo de la Programación Neurolingüística al lugar que le corresponde entre los profesionales de la salud mental y organizacional. Sé que la tarea no es fácil, debido por un lado al desconocimiento del sistema, y, por el otro, a los tópicos o degradaciones estúpidas ya existentes entre muchos sectores de la «formación universitaria».

Antes de emprender la lectura y estudio de los modelos avanzados de PNL que aquí aglutino y estructuro bajo el título de *Curso de Máster en PNL*, quisiera recordar a lectores y alumnos, la premisa en la que se sustenta gran parte de nuestra teoría, y es la de que existe una relación directa entre las conductas observables (sean éstas de mayor o menor amplitud –gestos, movimientos oculares, lenguaje, etc.–) en un sujeto (persona física o social), y el conjunto de actividad neuronal subyacente que hace que tales conductas sean llevadas a cabo. La mayoría de nosotros hemos podido observar los cambios fisiológicos que se producen a lo largo de cualquier conversación. Detalles tan obvios como la celeridad en el habla y su correspondencia en la velocidad de pensamiento, o lo contrario, cuando alguien comenta: «Me lo estoy pensando», y seguidamente guarda unos momentos de silencio mirando hacia abajo a su izquierda, o apoyando su cabeza sobre las manos, esto, sin duda, nos facilita indicaciones de

14

que tal sujeto está procesando la información recibida con algo así como un diálogo consigo mismo. A partir de esta idea matriz, y de los trabajos recientes (años 70) del modelado conductual realizado, la PNL ha organizado todo un proceso de pensamiento, análisis e investigación que a su vez es en sí mismo un modelo de proceso. El metaproceso –o modelo de procesos–, al que dio lugar la PNL, es un prototipo dinámico y desarrollable, tal dinamismo y desarrollo se ha ido incrementando progresivamente hasta el día de hoy, en el que las bases estructurales del sistema se han visto sensiblemente ampliadas y transformadas evolutivamente, alcanzando límites insospechados en sus inicios. Se han recuperado técnicas antiquísimas y modelos de pensamiento adecuándolos a nuestros días. No hemos inventado la rueda, lo que se ha hecho es recubrirla de caucho y ponerle una cámara de aire.

Como se podrá comprobar a lo largo de este libro, los modelos que iré presentando tienen una base científica sólida y experimentada,[5] y el éxito en sus aplicaciones está directamente relacionado con el mayor o menor grado de profesionalidad y maestría del operador. Para aquellos que sólo buscan teorías, encontrarán teorías, aunque de poco sirven las teorías ya que éstas solas son algo así como diría Nasrudín: «*Teoría sin experiencia es igual que un asno cargado de libros.*» Para aquellos que buscan técnicas prácticas, también y sobre todo las encontrarán, pero recuerden que si no las usan de nada le aprovecharán. Seamos como el auténtico artesano, que «*es lo que hace, y hace lo que él es*», y de este modo colaboraremos en la construcción de un mundo en el que todos queramos y nos guste vivir.

_____

5. Para aquellos que deseen conocer las bases experimentales que sustentan la teoría de la PNL, pueden consultar el texto *Root*, de Robert Dilts editado por Meta Publications.

Introducción

En cierta ocasión Nasrudín[1] estaba trabajando como barquero facilitando la travesía de una orilla a otra del lago Van. Un día cierto erudito solicitó sus servicios. El Mulá, hombre sencillo y poco cultivado comenzó a hablar en su lenguaje vulgar con el personaje.

—Nasrudín, ¿usted nunca aprendió gramática? —preguntó el letrado.

—No —contestó el barquero.

—Pues ha perdido usted media vida —argumentó el erudito.

Nasrudín calló y emprendieron la navegación. Al cabo de un rato se desató un fuerte temporal que hizo zozobrar la embarcación.

—¡Señor! —gritó el barquero— ¿aprendió usted a nadar?

—No —repuso el pasajero.

—¡Pues ha perdido usted toda la vida!

Muchos son los alumnos y lectores que en ocasiones se habrán preguntado por la relación o desvinculación que existe entre la PNL y «la psicología académica», así que antes de entrar en la materia propia de este libro, me gustaría hacer algunas reflexiones sobre las raíces y conexiones y desconexiones entre una y otra.

---

1. Mulá Nasrudín, es un personaje clásico utilizado por los derviches para explicar ciertos principios metafísicos y ciertos estados mentales y anímicos. Sus historias pueden comprenderse en muchos niveles diferentes, y se han utilizado en diferentes culturas y bajo distintos nombres para trasmitir enseñanza. Véase: *Las ocurrencias del increíble Mullá Nasrudín* y *Las hazañas del incomparable Mulla Nasrudín*. Idrie Shah. Editorial Paidós, Col. Orientalia.

17

La psicología se desarrolló a partir de otras ciencias, entre ellas la filosofía y la biología, teniendo como objetivo la descripción y comprensión del pensamiento, del sentir y de las conductas. La psicología es la ciencia que pretende dar respuestas a los mecanismos y dinámicas mentales. Actualmente existen distintos enfoques a la hora de plantear el abordaje psicológico, a saber: el *neurocientífico*, centrado en cómo el cerebro y el cuerpo generan las respuestas emocionales, y sensoriales; el *evolucionista*, que parte de la influencia genética en el comportamiento; *genético conductista*, una variante de la anterior centrada en la investigación de las relaciones genéticas diferenciales; *conductista*, se concentra en la investigación y la búsqueda de respuestas observables del aprendizaje; *cognitivo*, cómo procesamos, almacenamos y exteriorizamos la información; *sociocultural*, cómo la conducta y el pensamiento varían en función a la cultura; hay otros muchos enfoques, aunque aparentemente pudieran considerarse como variaciones de los descritos.

Hay ciertos temas en los que la psicología está especialmente comprometida u obsesionada, y son los que se refieren a la influencia de la naturaleza humana y las posibilidades de experiencias como elemento desarrollador de la personalidad.

Las especialidades psicológicas en las que actúa hoy en día la psicología son múltiples y variadas, algunas de ellas incluso nada tienen que ver con los fines mismos de la ciencia. Así podemos destacar entre otras las siguientes áreas de actividad profesional: investigación clínica, investigación aplicada, y psicología clínica. Todas y cada una de ellas a su vez se subdividen en diferentes ramas en función de la especialidad o campo en el que ejerzan su función.

No se puede discutir que el estudio de la psicología en la actualidad tiene un fundamento teórico, y no cabe duda que resulta bastante obsoleto dada la escasa experiencia que aporta al estudiante, quien una vez finalizada su formación académica se ve obligado a buscar otras fuentes que le facilite una pericia basada en la experimentación en sí mismo y en otros.

Aunque Myers afirma que cualquier enfoque científico de la naturaleza y la vida está basado en un escepticismo curioso y una humildad que mantiene la mente abierta, yo diría que precisamente ese escepticismo –por supuesto nada humilde–, en lugar de abrir la mente lo que hace es cerrarla con un: «si no lo veo, no lo creo»; y las consiguientes limitaciones y marginaciones de todo aquello que la «razón orgullosa» del investigador no sea capaz de cuantificar. Este planteamiento no deja de ser una nueva forma de justificar el «cientifismo caduco» en el que se basa la actual psicología academicista, que como diría el estimable F. Sánchez Dragó, no es otra cosa que *«el asidero al que tantos espíritus obtusos suelen agarrarse»*. Es fácil comprobar, que cada uno encuentra argumentos para justificar lo que pretende, el ejemplo de ello es el que el mismo Myers aporta para decirnos que ni el sentido común –como él lo entiende, que dista mucho del mío– ni la intuición –y digo lo mismo–, sirven de forma fiable para vivir una vida equilibrada. De otra «eminente» psicóloga, Madeline L'Engle se ha escuchado la afirmación: «El intelecto desnudo –intuición y sentido común– es un instrumento extraordinariamente inexacto.» ¿No será acaso que ambos desconocen qué es en realidad intuición y qué es realmente el sentido común? No podemos olvidar la existencia del *sesgo retrospectivo* como llamamos al hecho de saber lo que iba a suceder.

No olvidemos, que la investigación en psicología está basada en el método «científico» organizando observaciones que implican hipótesis. Para describir, percibir y explicar la conducta humana y su estructura mental, se utilizan los estudios de casos, las encuestas y las observaciones de campo, sirviéndose en todos ellos de estudios de correlación, manejando también experimentos controlados en los que condicionan los factores para descubrir la correlación causa-efecto. Así pues el método científico parte de una teoría que lleva a una hipótesis desde la que se estructuran las investigaciones y experimentos, según el método adecuado, y las observaciones conduciendo al análisis y valoración para completar, perfeccionar o avalar la teoría inicial. Probablemente, de todas las ramas psicológicas la más objetiva sea la neurobiología –la más próxima a la medicina–, la ciencia que estudia el sistema nervioso humano, y en ésta la mayoría de sus conocimientos son muy antiguos. Ya desde la época faraónica o incluso antes, se efectuaban importantes intervenciones cráneo-encefálicas, posteriormente en las culturas Maya e Inca también se realizaron trepanaciones craneales. No obstante, los descubrimientos más significativos son muy recientes, apenas un siglo, y hoy en día se siguen produciendo importantes avances en esta nueva ciencia.

La mayoría de los investigadores de la psicología se centran en discusiones teóricas, cuestionándose argumentaciones que carecen de validez experimental. Alguna de las preguntas más comunes en torno a la psicología y los debates que suscita, podrían estar representadas por las siguientes. ¿Un experimento puede reflejar la realidad del hombre? ¿Depende la conducta de la cultura? ¿Varía la respuesta conductual en función del género? ¿Qué relación puede tener la conducta de un animal con la del hombre para que se estudien aquéllos? ¿Qué de ético hay en experimentar con animales o humanos? ¿Existen valoraciones subjetivas en la psicología? ¿Existe peligro en la psicología como ciencia manipuladora del hombre? Por supuesto que las respuestas que dan no dejan de ser en su mayoría opiniones personales, sin más valor que conocer cómo piensan los autores de las mismas.

Ante todo este mare mágnum de tendencias psicológicas, la PNL como epistemología de la experiencia, pretende aportar un metamodelo aplicable a cualquier rama del saber humano, investigando los componentes activos y objetivos del conocer. Para ello recurrimos al propio individuo indagando cómo estructura su pensamiento para actuar del modo que lo hace, y la herramienta utilizada para ello no es otra que el propio lenguaje –verbal y no verbal– que el sujeto manifiesta.

Como hemos visto la tarea principal de la psicología es lograr la comprensión de la conducta humana; por supuesto que la conducta humana es tremendamente compleja, pero el hecho de que el comportamiento humano sea complejo, no excluye que tenga una estructura, y que ésta no esté regida por reglas, y ahí es donde entra la actuación de la PNL. De igual modo, el hecho de afirmar que la conducta humana es descriptible mediante un conjunto de reglas; no quiere decir en absoluto que nuestro comportamiento esté determinado o que sea totalmente predecible. La PNL sostiene, que la conducta es toda representación sensorial experimentada y expresada interna y/o externamente de forma verbal o no verbal, de las cuales el observador humano de este tema tiene una evidencia igualmente sensorial.

Indudablemente lo que más nos diferencia de otros animales terrestres es la capacidad que los seres humanos hemos desarrollado para articular palabras, relacionarlas con los objetos y construir frases que signifiquen aquello que queremos comunicar, ésta podría ser una definición de lo que es el lenguaje. De todas las forma de manifestación de las conductas humanas, el estudio más elaborado es el sistema del lenguaje. Nosotros afirmamos, siguiendo las proposiciones de la escuela de gramática transderivacional, que el lenguaje es el modelo más representativo de nuestra experiencia. Con el lenguaje no sólo nos comunicamos con los individuos de nuestra especie, sino con nosotros mismos. Así pues, al regirse por estructuras comprensibles –y, por tanto, manejables–, lo convierte en un instrumento altamente preciso y operativo, del que podemos valernos tanto para profundizar en nuestra comprensión, como para realizar cambios o modificaciones en la experiencia subjetiva de las personas. Aquí radica la principal diferencia con el resto de los planteamientos que propone la psicología académica. La PNL se centra en la praxis, huyendo de las conjeturas.

Los desarrolladores de la PNL, John Grinder como lingüista, y Richard Bandler, tomaron como base del modelo neurolingüístico[2] las aportaciones de la semántica de Korzybski, y la

---

2. Para ampliar los conocimientos de este tema, véase el capítulo «Metamodelo», páginas 139 y siguientes del libro *Curso de Practitioner en PNL*, Salvador A. Carrión, Ediciones Obelisco, 3ª edición, noviembre de 2001.

escuela contemporánea de N. Chomsky de gramática transformacional, que propone una relación entre lo hablado o escrito por un individuo y algunas representaciones lingüísticas más internas en la producción de una frase. Para Chomsky, la *estructura profunda* es la representación lingüística completa de la experiencia de una persona, y podría ser considerado como el intento o pensamiento real que hay detrás de la frase pronunciada, que sería la *estructura de superficie*. El sonido exteriorizado o la secuencia escrita de símbolos y frases es lo que llamaríamos *estructura superficial* (ES), y la *estructura profunda* (EP) por su parte correspondería a un sistema de símbolos y frases, pero es mucho más complejo y abstracto. La teoría –soportada por experiencias objetivas– es que la EP se transforma en ES mediante una serie de reglas relacionadas mediante ciertas operaciones formales que están de acuerdo con los conceptos de generalización, eliminación y distorsión. Por lo expuesto hasta ahora, y por los conocimientos que el lector tiene de la PNL dada su formación como *practitioner*, sabe que la experiencia humana y la percepción que realizamos del mundo exterior, son procesos subjetivos que nos llevan a construir nuestro particular modelo o mapa de la realidad. Por tanto, el lenguaje de un nativo parlante, tiene dos significados básicos, uno como representación lingüística interna que equivaldría a *estructura profunda*, y otro como la comunicación verbal externa equiparable a la *estructura de superficie*. Esto nos conduce a la afirmación de que, la palabra no es la cosa nombrada, ésta es pues de una representación, un conjunto de sonidos, signos y símbolos con los que codificamos nuestra experiencia interna. Grégory Bateson explicaba en su libro *«Pasos hacia una ecología de la mente»*, que la palabra mesa no tiene nada que ver y nada que se le parezca a una cosa con forma de tabla, y que del mismo modo la palabra perro, no se parece a un animal mamífero, ni ladra, ni come carne.

En PNL tenemos presente en todo momento, y especialmente en el análisis sobre el lenguaje, que las palabras o/y frases no son la cosa nombrada y, que éstas sólo tienen significado en la medida en que activan uno o varios de nuestros accesos o modalidades del sistema representacional, o nos remiten a ellos. El lenguaje y la experiencia sensorial pertenecen a niveles lógicos diferentes; mientras cada una de las modalidades de nuestro sistema representacional puede ser traducida mediante una palabra o frase, lo contrario no puede darse. Con las palabras podemos representar las experiencias vividas por cualquier sistema representacional. En nuestro proceso de desarrollo como seres humanos, primero existe la experiencia sensorial y luego aprendemos el lenguaje.

Como ya dije con anterioridad, dado que utilizamos el lenguaje como modelo para describir nuestra experiencia, las representaciones lingüísticas inherentes están sujetas a las tres universales del modelaje humano: generalización, eliminación y distorsión. Esto, además, viene facilitado por el hecho de que generalmente no somos conscientes del proceso de selección de las palabras que utilizamos por nuestra total familiaridad con el propio idioma. Lo paradójico de la condición humana es que los mismos procesos que nos capacitan para manipular símbolos y crear modelos –que nos permiten sobrevivir, cambiar, crecer y disfrutar–, son los mismos que nos consienten empobrecer nuestro modelo del mundo, sobre todo cuando tendemos a confundir el modelo con la realidad. En PNL hemos aceptado e identificado esos tres mecanismos universales con los que, dependiendo de nuestra actitud, podemos enfrentarnos efectivamente al mundo, o derrotarnos a nosotros mismos, y son los ya citados de generalización, eliminación y distorsión. No está de más recordar sus conceptos dada la importancia que estos mecanismos tienen en todo trabajo de PNL.

- GENERALIZACIÓN: Es un proceso mediante el cual algunos elementos del modelo de la persona se desprenden de la experiencia original y llegan a representar la categoría total.
- ELIMINACIÓN: En esta desviación lo que hacemos es prestar atención de forma selectiva a ciertas dimensiones de nuestra experiencia, al tiempo que excluimos otras. La

eliminación reduce el mundo a dimensiones en que nos sentimos capaces de manejarlo.

– DISTORSIÓN: Es el procedimiento que nos permite hacer alteraciones o deformaciones en nuestra experiencia de los datos sensoriales que percibimos.

Así pues, y utilizando el lenguaje verbal y no verbal que manifiesta un individuo, el objetivo de la PNL como ciencia y método a diferencia de la psicología academicista es el siguiente:

➢ Encontrar la información perdida en el proceso de derivación desde la estructura profunda hasta la estructura de superficie.

➢ Determinar e identificar las distorsiones, eliminaciones o/y generalizaciones que la persona introduce como limitantes en su modelo del mundo.

➢ Descubrir y evidenciar las limitaciones del mapa que serán manifestadas a través del lenguaje.

➢ Volver a conectar a la persona con su experiencia primaria y con el territorio de donde tomó la experiencia.

De los cuatro puntos precedentes es de lo que nos vamos a ocupar en estas páginas al igual que ya hicimos en *Curso de Practitioner*, pero aquí profundizaremos un poco en ciertos modelos y estudiaremos otros nuevos. Investigaremos y experimentaremos patrones que nos permitan encontrar de forma eficaz y rápida la información perdida en los procesos de derivación, analizaremos y estudiaremos técnicas para descubrir y evidenciar las limitaciones de los mapas. Y por supuesto, conoceremos y podremos practicar con herramientas que facilitarán una efectiva y expedita conexión con las experiencias impronta en las que resolverá cualquier problema o conflicto. Respecto al trabajo con el metamodelo de lenguaje ya se trabajó extensamente en el libro anteriormente citado, por lo que en el texto presente no nos ocuparemos en detalle de ello, tan solo de aplicaciones específicas del mismo.

Tal vez resulte interesante en esta introducción para el lector, refrescar –aunque sea de modo resumido– ciertos conocimientos sobre el sistema nervioso por su relación directa que tiene con nuestra materia de estudio, la Programación Neurolingüística. Expondré solamente ciertas nociones elementales que nos ayuden a mantener en mente la conexión existente entre los procesos que utilizamos para producir cambios, y la actividad neuronal asociada. De todos modos, si ya tienes sobrados conocimientos de fisiología o si no te interesa el tema puedes saltarte toda esta parte y proseguir tu lectura y estudio a partir del capítulo I.

El sistema nervioso está formado por los nervios, cordones cilíndricos que unen los centros nerviosos de los órganos donde finalizan y de los que reciben y transmiten la información. Los *nervios* están compuestos de una especie de hilo eléctrico, las *neuronas* y de «ensamblajes», llamados *sinapsis*. En su conjunto vendría a ser algo así como el sistema de comunicación compuesto por todas las neuronas de los sistemas nerviosos periféricos y central, y que usan como medio de trasmisión elementos electroquímicos.

El conjunto de la red neuronal se subdivide en: sistema nervioso central (SNC) compuesto por el cerebro y la médula espinal, y el sistema nervioso periférico (SNP), que es toda la compleja red de neuronas sensoriales y motoras que partiendo del sistema nervioso central llegan a todo el cuerpo.

Las neuronas están formadas por un *soma* que contiene el núcleo y las prolongaciones, de un lado las *dendritas* múltiples y muy ramificadas, y por otro, un *axón* que puede estar recubierto de una funda protectora de mielina. Las neuronas son recorridas por un flujo de tipo eléctrico que se desplaza a mayor velocidad que la luz. Las neuronas sensoriales son las que transmiten la información recogida por los órganos de percepción, hasta el sistema nervioso central. Las motoras, son las que transmiten la información desde el sistema nervioso central hasta las glándulas y los músculos del sistema motor.

Las *sinapsis* sirven de conexión entre las neuronas o entre éstas y otros órganos como los músculos. El flujo eléctrico transportado por una dendrita o un axón acaba siempre por encontrarse con una sinapsis y entonces la transmisión de la señal o su inhibición, es asumida por las sustancias bioquímicas existentes en ese lugar que se llaman, *neurotransmisores*. En ese punto, la química orgánica toma el relevo a la electricidad, a éste proceso se le denomina *transducción*. Es el momento en el que la información mental es transferida al cuerpo. Algunos de los transmisores, llamados genéricamente *moléculas mensajeras* o mensajeras primarias, son muy conocidos como la *adrenalina, cortisol, dopamina, endorfina*, y muchas otras.

El *sistema nervioso periférico* lo componen otros dos subsistemas que son el *sistema nervioso esquelético* y el *autónomo*. El primero controla los movimientos voluntarios de los músculos esqueléticos, es decir, de los responsables del movimiento consciente. El segundo controla las glándulas y musculatura interna, y aunque actúa inconscientemente, podemos provocar conscientemente también sus movimientos. Este sistema está dividido en *sistema nervioso simpático* y *parasimpático*; el simpático actúa como excitante para la acción, y el parasimpático como relajante de la misma.

El *sistema nervioso central*, que como ya hemos dicho lo componen la *médula espinal*, como la gran vía informativa por la que fluyen las comunicaciones entre el *sistema nervioso periférico* y *el cerebro;* y el cerebro propiamente dicho con su intrincado sistema de *redes neuronales*, organizadas y especializadas en distintos procesos cerebrales.

Inseparablemente conectado con todo el sistema nervioso se encuentra el *sistema endocrino* y las correspondientes *glándulas endocrinas* generadoras de hormonas y que se podría considerar como la segunda autopista de información orgánica, y que es responsable de ciertos e importantes tipos de comunicación. Una de las glándulas de mayor importancia es la *pituitaria*, situada en la base del cerebro y bajo el control del hipotálamo, influye en cierto modo en el resto de las glándulas del sistema.

El encéfalo, podríamos definirlo como todo aquello que se encuentra dentro del cráneo y que está compuesto por el cerebro, cerebelo y *médula oblonda* o tranco cerebral. En el siguiente esquema podremos diferenciarlos con más claridad. El *tronco cerebral o médula oblonda,* es la terminación de la médula cerebral que entra en el cerebro, conduce la información nerviosa de todo el cuerpo hasta el cerebro a través del *tálamo.* Éste controla el ritmo cardiaco, la respiración, los ciclos de sueño, el hambre y la sed. El hipotálamo, situado en la unión entre el tronco cerebral y el cerebro, es un centro de vital importancia, y es el gran responsable de la transducción general de la comunicación entre la mente y el cuerpo a través del sistema hipotalámico-hipofisárico vía sistemas nervioso autónomo, endocrino e inmunológico. De algún modo es el responsable de la mayor parte de los programas innatos. Hablaremos más adelante con amplitud de él.

El *cerebelo,* situado detrás y debajo del cerebro, coordina los movimientos de nuestros músculos. Permite que realicemos los más complejos movimientos con una total sincronización y vendría a ser algo así como un piloto automático que memoriza con total precisión todos nuestros aprendizajes corporales.

Hasta hace muy poco tiempo, se consideraba que el cerebro estaba formado por dos hemisferios, el derecho y el izquierdo, totalmente simétricos, conectados por una incontable red de fibras (aproximadamente 200 millones) llamada *cuerpo calloso.* Sin embargo, en 1993 comenzó a cobrar carta de naturaleza la teoría tricerebral[3] que incluye en el funcionamiento del conjunto no exclusivamente a los dos hemisferios, sino a tres bloques cerebrales. Los postulados mantenidos desde que fue premio Nobel de medicina Roger W. Sperry, nos hacían creer que las funciones sobresalientes del cerebro humano se agrupaban separadamente en dos hemisferios, y que éstas estaban vinculadas a sendas inteligencias que se distribuían del siguiente modo:

---

3. A la teoría del cerebro triádico se llegó combinando las aportaciones de Sperry con las de Paul McLean, Alexander Luria, Mauro Torres y Wilson Sanvito, entre otros.

HEMISFERIO IZQUIERDO	HEMISFERIO DERECHO
Secuencial	Simultáneo
Explícito	Implícito
Estrategias	Estados
Consciente	Inconsciente
Específico> general	General> específico
Partes	Todo
Cognitivo	Intuitivo
Digital	Analógico
Disociado	Asociado
Interno> externo	Externo> interno
Mundo tangible	Mundo intangible

Actualmente, y cada vez con mayor fuerza, la teoría del cerebro triádico responde con mayor objetividad a la realidad de los mecanismos cerebrales, pero no a las especulaciones que se basan exclusivamente en los mecanismos neurológicos funcionales, sino en aquellas que se apoyan en la naturaleza holística y holográfica de nuestro cerebro. También es cierto, que estas hipótesis no son nada nuevas, ya que podríamos rastrear su origen en épocas pitagóricas o presocráticas. Pero lo que nos interesa a nosotros es la visión mucho más amplia que nos aporta el nuevo paradigma.

Veamos pues, cómo se distribuyen en el nuevo modelo las funciones cerebrales. Bien es cierto, que cada una de las partes del cerebro ejecuta funciones especificas y altamente especializadas, y que aisladamente, es decir, cada una por su lado, mantiene una visión y comprensión parcial de la realidad, puesto que pierde elementos y aspectos que con la otra parte completarían. Todo organismo vivo evolucionado utiliza su cerebro para actuar en su medio. El fin principal del cerebro es el de procurar el equilibrio del organismo al que pertenece. A este equilibrio nosotros lo llamamos, paz, tranquilidad, salud y otros. Ciertos grupos de neuronas están especializados en detectar las variaciones del entorno y transmitir estos cambios que les llegan a través de los órganos sensoriales. Otros grupos son sensibles al equilibrio psicoquímico del interior y lo traduce en deseo de satisfacción: hambre, sed, necesidad de evacuar, deseo de copular, etc. Abastecido de esta información interna y externa (la interna siempre es predominante), el cerebro ordena una actividad muscular para restablecer el equilibrio.

Según la escala de evolución entre los seres vivos los cerebros responden de la forma siguiente:

- Los reptiles de forma estereotipada. Es decir, siempre responden de la misma manera, son previsibles. Innato.
- Los mamíferos tienen en cuenta las experiencias pasadas, gracias a los procesos de memorización. Son capaces de aprender ciertos comportamientos y repetirlos. Adiestramiento.
- El hombre es capaz de unir pedazos de información procedentes de sus percepciones sensoriales y asociativas del córtex cerebral para construir objetos, elaborar conceptos, construir estrategias y adjudicar valores. De este modo llegamos entonces al concepto de adquirido, de aprendizaje, más allá que de innato.

Se da un curioso hecho en la naturaleza humana, y es que somos algo así como la recapitulación o el compendio de la evolución de las especies. Ello se debe a que poseemos una estructura cerebral triple, tenemos tres cerebros muy diferentes en su funcionamiento que deben trabajar unidos y que se comunican entre ellos. Estos tres cerebros, según investigaciones difundidas y aceptadas a partir del año 49, serían: un cerebro base, el más antiguo, llamado rectilíneo (similar al de los reptiles), otro heredado de los mamíferos primitivos y, un tercer cerebro, también similar al de los mamíferos pero más evolucionado.

El cerebro reptilíneo o primitivo corresponde actualmente a lo que llamamos tronco cerebral o médula *oblonda* y a la formación reticular. Esta parte genera los programas innatos, programas de supervivencia, invariables e inalterables a las experiencias vividas. Solamente la memoria muy reciente pasa por este cerebro. Sería el responsable de los reflejos en situaciones de estrés máximo, de defensa ante los peligros inminentes, y de gran parte del lenguaje no verbal. No sabe cómo realizar los cambios, ni cómo hacer frente a las situaciones nuevas, ni qué son las diferencias.

El cerebro reptilíneo es sede de cinco conductas humanas:

- Imitación de modelos.
- Inclinaciones, tendencias y compulsiones.
- Buscar la rutina, todo lo que se hace habitual, seguir ritos, supersticiones, etc.
- Ejecutar actos reflejos.
- Elaborar las estrategias de esquiva, huida y ataque.

Cerebro límbico o antiguo y todo el sistema límbico en su conjunto permiten en el hombre una mejor adaptación a las fluctuaciones del entorno, a atender mejor las necesidades del momento. Permite, con la ayuda del lóbulo frontal, que es su prolongación, que nos adaptemos mejor socialmente. Es, según parece, donde residen los archivos de nuestros valores y creencias, es decir, los programas más complejos. Es así mismo la sede de nuestras pasiones y emociones. Las experiencias nuevas son clasificadas en agradables: a repetir, y en desagradables: a evitar. Es un dispositivo, un filtro, que transmite –o no– la información al córtex, el cerebro más evolucionado. El sistema límbico representa un papel importante en la memorización a largo plazo, aquella que permite generalizar y anticipar. Es en cierta medida responsable también de la estructura de nuestra identidad. Tiene primacía por la acción, la reflexión es posterior. Contiene las claves de la atención y de la motivación, así como la de todos los estímulos sensoriales (vista, oído, gusto y tacto) deben pasar por este sistema para ser procesados. (El sentido del olfato va directamente al córtex.) El cerebro límbico y el primitivo están estrechamente conectados y empotrados el uno en el otro. Ellos combinan y mezclan información interior y exterior. Lo que se imagina y lo que se siente es lo mismo. Esto es lo que explica, que una gran emoción bloquee la comprensión.

Ninguno de los dos se saben expresar verbalmente y también les son inútiles las argumentaciones verbales. Es lo que ocurre con la motivación, es inútil intentar motivar a alguien con palabras si éste no lo está.

El córtex o cerebro mamífero reciente. Los mamíferos superiores, como los simios, la rata, el gato, o el caballo, poseen también este tercer cerebro. Pero solamente el hombre tiene un córtex tan desarrollado, y sobre todo un lóbulo frontal que es la suma de la evolución humana y que se desarrolla a partir de la adolescencia. Lo que esencialmente aporta este último cerebro es la capacidad de razonamiento y elección. Es la sede del pensamiento consciente, del análisis, de la creatividad, de la intuición y del lenguaje verbal. Este cerebro es frío y calculador e ignora las emociones, que como hemos visto anteriormente están en otro nivel inferior. Unificando, para simplificar las funciones, el hombre utiliza los tres cerebros muy bien de forma secuencial y simultánea.

Así pues, la utilización simultánea que hacemos del conjunto encefálico nos permite realizar dos acciones esenciales:

- Actuar sobre el entorno en respuesta a los estímulos del medio exterior tales como las variaciones de temperatura, luminosidad, volumen del sonido, variaciones mecánicas, químicas, electrostáticas, etc.
- Procurar un estado de bienestar al organismo que le corresponde, y este estado lo obtiene por el equilibrio del medio interno llamado *homeóstasis.*

Un grupo de neuronas, del cerebro primitivo y del hipotálamo, está especializado en la detección de las variaciones en el equilibrio psicoquímico del medio orgánico interior. Así que, deben tener una permanente información para mantener este equilibrio y saber qué es lo que ocurre, tanto dentro como fuera del organismo. Éste es el trabajo de la vista, del oído, del gusto, del olfato y del tacto. Recibida la información, el cerebro ordena entonces una actividad muscular para restablecer el equilibrio interno, si es que éste se ha roto.

Entre el cerebro primitivo con su memoria inmediata, el sistema límbico y sus facultades memorísticas a largo plazo generan reconocimiento y afectividad, se ha venido a juntar en el hombre el sistema asociativo del córtex con sus áreas sensoriales, motrices y el área asociativa de su lóbulo frontal. Este complejo conjunto de facultades que interactúan nos permiten adquirir una imagen interior y exterior, para:

- Crear objetos y conceptos.
- Memorización de experiencias y estrategias de aprendizaje, de decisión, organización, etc.
- Creación de estructuras imaginarias.

Existen dos funciones claves en todo ser humano de las que toman parte los tres cerebros, éstas a su vez contribuyen a la construcción del «sí mismo», autoimagen o afirmación del yo; éstas son: los deseos de satisfacción (o de recompensa) y de venganza (o de castigo). El deseo de satisfacción provoca la repetición de todas aquellas acciones gratificantes para el individuo, y se consolida formando un circuito de conexiones neuronales. El deseo de venganza, rechazo o castigo funciona de forma inversa al anterior. Estas experiencias son memorizadas como comprometedores del equilibrio interno, y en consecuencia son evitadas, si la acción, el combate o la huida, incluido lo imaginado, es imposible, entra en funcionamiento el sistema inhibidor de la acción.

De todos modos, los mecanismos de funcionamiento cerebral son infinitamente más complejos que las simplistas informaciones dadas, ya que se pretende puerilmente ubicar funciones tan complejas como las mentales en un órgano que no es sino una parte del sistema holístico humano. Mi consideración, más allá de lo hasta ahora expuesto, es que siendo como somos una unidad, puede que sus desempeños arrancan orgánicamen-

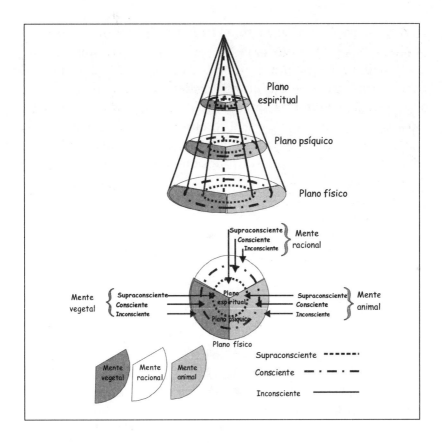

te en ciertas áreas del cerebro, pero no son exclusivas del mismo. Así pues, apoyándome en fundamentos muy antiguos[4] considero que el ser humano posee tres cerebros o tres núcleos que operan en diferentes niveles que necesitamos considerarlos y tenerlos presente en las intervenciones.

El manejo que pretendo trasmitir para la actuación con PNL se centra en reestablecer el equilibrio o correcto funcionamiento de los cometidos previos descritos, operando sobre los tres cerebros, en uno u otro, procurando recuperar o rehacer los posibles deterioros sufridos en el *edificio* del «sí mismo». Este

---

4. Para más detalles sobre el tema consúltese mi libro *Eneagrama y PNL*, donde desarrollo ampliamente esta parte.

trabajo se ha de conducir sistémicamente, holísticamente, como ya he dicho, puesto que para que pueda haber crecimiento, salud integral, o equilibrio psíquico, el cambio ha de ser simultáneo y armónico en todos los niveles del ser.

A modo de información, quiero añadir, que el planteamiento actual en lo que se refiere al cerebro triuno, dista bastante de mi planteamiento, ya que sus defensores adjudican a cada una de las partes del órgano funciones que distan muy poco de las teorizadas por Sperry.

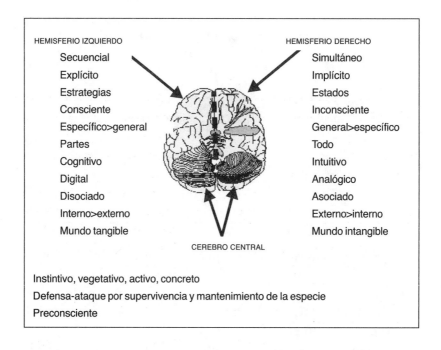

HEMISFERIO IZQUIERDO	HEMISFERIO DERECHO
Secuencial	Simultáneo
Explícito	Implícito
Estrategias	Estados
Consciente	Inconsciente
Específico>general	General>específico
Partes	Todo
Cognitivo	Intuitivo
Digital	Analógico
Disociado	Asociado
Interno>externo	Externo>interno
Mundo tangible	Mundo intangible

CEREBRO CENTRAL

Instintivo, vegetativo, activo, concreto
Defensa-ataque por supervivencia y mantenimiento de la especie
Preconsciente

De todas formas, use la que use de ambas teorías, lo realmente importante es trabajar sistémicamente con la persona ya que de ello dependerá su éxito como facilitador de cambios.

Capítulo I
Bases cibernéticas de la PNL

Un bromista le preguntó a Nasrudín:
—¿Qué hacen con la luna vieja cuando viene la luna nueva?
—La cortan en pedazos, y la convierten en cuarenta estrellas —contestó.

Aunque la Programación Neurolingüística nació como un metamodelo del lenguaje organizado para llegar a la estructura profunda, poco a poco, fue organizándose como todo un sistema de intervención para abordar cambios en las experiencias subjetivas, tanto en el ámbito individual como grupal. Para poder coordinar adecuadamente el modelo, se recurrió a la teoría más próxima a esta nueva metodología, que resultó ser parte de los fundamentos filosóficos, antropológicos y técnicos de la «Teoría de Sistemas» expuesta por Bertrand Russel, Whitehead, y Gregory Bateson. De este modo se podía disponer de una estructura teórica ordenada que sirviera de hilo conductor para los diferentes estadios del desarrollo humano, tanto a escala mental como físico u organizativo.

No obstante, esta línea de pensamiento y actuación dentro de la PNL no es compartida por todos los desarrolladores de la misma, estableciéndose desde sus inicios una fragmentación y distintas tendencias en el modo de proceder dentro de la misma. A mi modo de ver, las diferencias que a lo largo de los años se han ido haciendo más significativas, enriquecen la PNL en su conjunto, ya que aportan muchos más modelos, diferentes formas de acometer un problema, y nuevas investigaciones que demuestran que es una ciencia-arte-técnica viva y floreciente.

Así pues, dentro de los muchos temas que abordaremos en este libro de técnicas avanzadas de PNL, se encuentran las aportaciones que en su día se hicieron basándose en la *teoría de sistemas* citada, la tesis sobre el *campo unificado* de Einstein aplicada a la PNL, así como el estudio de las *causas* surgido del modelo aristotélico. También hay algunas otras incorporaciones e investigaciones que nos permitirán en su conjunto llegar a la estructura profunda de los conflictos que subyacen en la «personalidad» de todo sistema, tal y como nosotros lo entendemos, y generar desde allí los cambios necesarios que faciliten una transformación auténtica y duradera.

El aspecto diferenciador de la PNL sistémica es la consideración imprescindible de tratar al individuo[1] y sus manifestaciones como integrantes de sistemas dinámicos e *inteligentes*; aquí rechazamos el estudio o el tratamiento de hechos aisladamente, manejándolo siempre desde la perspectiva inseparable de su totalidad sistémica.

Tomando como base del estudio al ser humano, éste es considerado como un sistema unificado en el que todos los niveles que lo integran, el orgánico, el mental, y el transpersonal o espiritual, se encuentran imbricados, estructurados e interdependientes, siendo, por consiguiente, una relación cibernética.[2]

La PNL, tal y como expuse en el libro *Curso de Practitioner*,[3] trata de la epistemología de la experiencia, es decir, de conocer cómo conocemos, y del diseño de tales modelos estándar o Metamodelos (modelos de modelos) que usamos para conocer y actuar. Por tanto, dado que cualquier organismo o estructura constituye un sistema, proponemos que la teoría cibernética es

---

1. Entendemos por individuo, tanto al hombre como a cualquier otra unidad de análisis –sujeto–, pudiendo ser ésta una empresa, organización (ayuntamiento, asociación, cooperativa, grupo, familia, etc.), siempre que se estudie como unidad.

2. Cibernética es la ciencia que estudia las conexiones e interrelaciones entre los elementos de un sistema.

3. Libro del autor publicado en 3ª edición por Ediciones Obelisco.

lo más apropiado para el estudio de cualquier organización –desde las moléculas hasta el hombre o sociedad– y por tal motivo presentamos el metamodelo de tales sistemas. Éste no es otro que la teoría cibernética del modo propuesto por G. Bateson como ya dije en los primeros párrafos.

El mismo planteamiento anterior es extensible o extrapolable a niveles sociales u organizacionales, la interdependencia es pues, la esencia del sistema. La influencia mutua a la misma vez aporta, como en todo sistema vivo (dinámico e inteligente), es decir, tributa su propia fuente de energía individual (sea ésta de la naturaleza que sea). Tal principio hace que el sistema sea mucho más complejo de lo que en un principio podría parecer, puesto que la energía no fluye a través del sistema de una forma continua, mecánica y determinada, sino que lo hace siguiendo sus propias reglas o impulsos. Éste es el contenido de la teoría cibernética: el estudio de las relaciones de retroalimentación –*feedback*– de los sistemas totales, donde tanto las causas como los efectos no pueden estudiarse aisladamente, sino siempre teniendo en cuenta la interacción, el lugar, el tiempo y los elementos que las constituyen o forman.

En el estudio de la cibernética consideramos que cualquier acción ejecutada en (o por) cualquier posición (elemento) dentro del sistema, tendrá efecto (o es de esperar que lo tenga) en el resto del sistema en ocasiones (momentos) posteriores. Por ello, tanto las causas como los efectos no pueden ser considerados aisladamente de su contexto (lugar, tiempo, elementos). Por ejemplo: Un individuo que tiene ciertas dificultades laborales y graves problemas de comunicación con su jefe; tal vez como respuesta a un trauma infantil de rechazo a la autoridad; sale del trabajo después de haber tenido una fuerte discusión con su superior, toma su coche con la correspondiente falta de atención, gran carga de adrenalina, manteniendo un potente diálogo interno que le impide estar en lo que tiene que estar, la conducción. Al poco, un despiste le hace provocar una colisión al no frenar a tiempo, generando como consecuencia una nueva discusión y una mayor tensión. De este modo, secuencia a secuencia, va incrementando su limitante estado interno hasta llegar a casa donde descarga toda la tensión acumulada con su esposa o con sus hijos, desencadenando un profundo conflicto de relación familiar que a su vez se multiplica al iniciar en cada uno de los miembros del grupo un proceso similar al descrito.

En PNL sistémica, al analizar el caso del ejemplo anterior –y, en general– consideramos que tanto el estudio, la comprensión o modificación de las conductas (verbales y no verbales), estados internos o procesos internos para que lleguen a ser experiencias eficientes y útiles, deben ser observadas y consideradas cibernéticamente. No creamos con esto que la responsabilidad de los actos individuales recae sobre el sistema, sino todo lo contrario, ya que es precisamente la falta de esa responsabilidad individual la que afecta a todo el sistema. Ahí es donde estriba la diferencia de la teoría de causa-efecto, en la que las opciones quedan totalmente simplificadas, la cibernética plantea todas las alternativas posibles y a continuación nos presenta la cuestión de ¿qué es lo que hizo que sólo una o unas se produjeran? A este hecho se le denomina *restricción*. Por consiguiente, cualquier respuesta de un sistema estaría compuesta por un conjunto de *restricciones* que operan en determinados momentos sobre ciertos elementos del sistema.

> *Un día, el Mulla Nasrudín paseaba con varios de sus discípulos por un callejón cuando un hombre resbaló de un tejado y cayó encima de él. El hombre salió indemne, pero el Mulla fue llevado al hospital.*
> *–¿Qué enseñanza te sugiere este suceso, maestro? –le preguntó uno de sus discípulos.*
> *–¡No creas en la inevitabilidad, incluso aunque causa y efecto parezcan inevitables! Elude las preguntas teóricas de tipo como: «Si un hombre cae de un tejado ¿se desnucará?» ¡Él cayó, pero fui yo quien se desnucó!*

En cibernética lo que interesa en el estudio-análisis, es la «*información transmitida*» por los elementos y sus actos, no investigamos ni los hechos en sí, ni los objetos, ni el propio elemento, sino únicamente la información que ellos (entre ellos) se transmiten. Sería algo así como el mensaje o la enseñanza que en el proceso (a través de él) se transmite.

Dentro de nuestra labor sistémica, –como ya hemos visto– lo que precisamos es la *información transmitida, el feedback,* y este *feedback* lo percibimos únicamente en un momento dado por la diferencia que existe con respecto al momento anterior. Nosotros damos significado a los hechos porque captamos (percibimos) una diferencia con lo que sucedía antes. Si las cosas no cambian no existiría significado. Sabemos que es de noche porque la luz solar no se percibe de igual manera con respecto a momentos anteriores del día. Sabemos que alguien envejece porque observamos cambios fisiológicos en su organismo, y en especial en su rostro. Y así con todo, incluso con aquellas cosas (o niveles) que se escapan de nuestra percepción ordinaria.[4]

El análisis de las diferencias percibidas es lo que llamamos *análisis contrastivo* o *análisis de contrastes.* En PNL este proceso se desarrolla con el dominio de la técnica de *calibración,* que nos permite incrementar nuestra habilidad para detectar los *contrastes* o diferencias. Los cambios fisiológicos y el lenguaje no verbal son alguna de las manifestaciones de los *contrastes* y son claves fundamentales para todo trabajo con PNL. Sin embargo, no todos los cambios que se producen y que generan una diferencia han de tener el mismo valor, ya que están sujetos a jerarquías y niveles diferenciadores. Como consecuencia, pueden ser clasificados en función al espacio (situación) y momento (tiempo, periodicidad, secuencia), en el que se produzcan. Un ejemplo, gesticular y hablar los clasificamos como grupos diferentes de comunicación, el primero depende de las variaciones que se produzcan a nivel fisiológico-muscular, y el segundo por los cambios que se provocan a nivel vocal-auditivo. A fin de organizar de

---

4. Me refiero aquí a los cambios evolutivos que puedan producirse en la persona, que no son observables externamente en los individuos (en ocasiones), pero lo son a través de las transformaciones que operan en su modo de comprensión, de misión-función y de su visión total con respecto a la existencia.

forma útil las jerarquías y diferencias, manejamos dos modos de clasificación: la lógica-analógica y la jerárquica o de niveles.

En la transmisión jerárquica, la información que se difunde entre grupos de elementos diferenciados es de nivel cualitativo, distinto al que se transmiten entre sí los elementos del mismo grupo. No es igual la información-transmisión que establecen los alumnos de un curso de bachillerato entre sí, que la comunicación-información que reciben de sus profesores (o al menos no debería serlo). Esto es fácilmente constatable al observar las diferencias de información que se establecen entre los distintos niveles orgánicos desde al átomo hasta el organismo social. En PNL podemos ejemplificar lo antedicho del siguiente modo: Dentro del nivel conducta humana,[5] un grito sería un subgrupo de un tono vocal, que a su vez sería un subgrupo del lenguaje analógico, que a su vez sería un subgrupo de la comunicación.

Una característica fundamental de la clasificación jerárquica radica en que un nivel es soporte del nivel mayor o superior, y que cada subunidad es como consecuencia una parte de la unidad mayor, y que «algunos» cambios en la unidad (en cualquiera de ellas) tienen un efecto de *feedback* en ambas direcciones.

La clasificación lógica-analógica, se establece cuando las secuencias de relación son discontinuas, es decir, que no se establecen dentro del mismo nivel lógico, sería algo así como un salto cualitativo en la información. Unos ejemplos de elementos que encajarían dentro de esta categoría, estarían representados por las afirmaciones paradójicas que encontramos frecuentemente en la vida cotidiana, así como frases de los maestros sufíes, zen y otros que utilizan en sus enseñanzas. De las primeras tenemos ejemplos tales como: «Prohibido prohibir», «Esta afirmación es falsa» o «No lea esta nota». De las segundas tendríamos frases tales como: «Escucha el sonido del silencio.» «Lo Real es una Irrealidad Real.» O «¿Cómo sonaría el aplauso hecho con

---

5. Véase el capítulo «Niveles lógicos», página 301 y siguientes del *Curso de Practitioner en PNL*, Salvador A. Carrión López, Ediciones Obelisco, 3ª edición, noviembre 2001.

una sola mano?» Y «el Tao que se nombra no es Tao.» Para nosotros los sistemas de creencias, las creencias mismas, los criterios y los valores estarían dentro de esta organización lógica-analógica.

El comportamiento global de los sistemas dinámicos estará determinado, en consecuencia, por el *feedback* que entre sus elementos y jerarquías que se esté produciendo en cada momento. Como corolario un sistema tomará la dirección que impriman los *feedback* emitidos, estando éstos provocados por las intenciones subyacentes de cada miembro (elemento). Sin *feedback* un sistema se mantiene a la deriva y no puede funcionar, ya que no se desplazaría hacia ningún objetivo. Por otra parte, con *feedback* contradictorios se genera tensión, ruptura y caos. Para que un sistema sea operativo es necesario que exista la suficiente *redundancia* en un momento particular, entendiendo por *redundancia* el conjunto de elementos dentro de un sistema que en un momento dado reciben un *feedback* específico. La mayor o menor *redundancia* será la que determine la actividad del sistema.

En ocasiones, la *redundancia* es percibida sólo en parte, y no por ello hemos de desestimar la información sino que a partir del «trozo» manifestado trataremos de estimar con la mayor aproximación posible las partes que pueden observarse en ese momento. Un ejemplo que Gregory Bateson utilizó en su día al explicar este punto anterior es que, todos nosotros al observar un árbol «sabemos» –y no casualmente– que ese árbol tiene raíces. Del mismo modo al calibrar ciertos «trozos» de *feedback*, podremos deducir la existencia de una *redundancia* especifica relacionada con los cambios observados..

Para nuestro uso en el ámbito de modificación de conductas, en lo sucesivo usaremos *pauta* como término sustitutivo de *redundancia*, ya que según lo definió G. Bateson, «... *pauta* es un conjunto de sucesos que permite estimaciones cuando el conjunto entero no está disponible para ser examinado».[6] Así pues,

---

6. Tomado de Gregory Bateson: *Pasos hacia una ecología de la mente*. Editorial Planeta Carlos Lohle.

hablaremos de *pautas* de conducta o comportamiento para referirnos a las manifestaciones externas observables en un individuo, y que como es sabido proceden de sus estados internos que son desconocidos, a priori, por nosotros, pero que a partir de tales *pautas* pueden ser investigados.

Dado que la información se recibe en bruto, para poder procesar el trozo de información *redundante* es necesario haber establecido previamente cierto código que nos permita administrar correctamente el trozo de información recibida, y cómo también decía G. Bateson: «... muchas de las características de como procesar la información están condicionadas por los tipos de codificación de los que el sistema dependa.» No existe un modo mejor o peor de manipular la información, y ni mucho menos de clasificarla, pero para nuestro trabajo, y a nosotros nos sirve, una forma de clasificación de las diferentes codificaciones podría ser la siguiente:[7]

a) Causal	d) Icónica	f) Evolutiva
b) Analógica	e) Ostensiva	g) Holográfica
c) Digital		

a) CAUSAL: Se dice que un sistema codifica de este modo cuando establece una correlación lineal del tipo causa-efecto. Esto quiere decir, que predecimos (suponemos) el efecto cuando una causa conocida se presenta, o bien deducimos la causa que precedió a un efecto observado.

Este tipo de codificación presenta numerosas deficiencias y posibilidades de error en la determinación real de la causa, como son por ejemplo:

1. La eliminación de otras causas o efectos posibles que no se muestran tan evidentes.
2. El tomar como conexión directa la causa-efecto cuando frecuentemente hay otras secuencias intermedias.

---

7. Robert Dilts, *Roots*. Editorial Meta Publications.

3. No tener presente el hecho de que la secuencia detectada de la causa-efecto, sólo es una parte de otro circuito de mayor dimensión.

Un ejemplo de este tipo de clasificación es la usada en medicina, donde la catalogación de enfermedades está basada en el virus, bacteria, u otro elemento aparentemente desencadenante del trastorno.

b) ANALÓGICA: Esta codificación hace referencia a intensidades, calidades, medidas (no digitales). Un ejemplo sería el cambio de coloración de la piel, la dilatación de las pupilas, incremento del tamaño de los poros o del labio inferior, que denotan aumento o disminución en la profundidad del estado de trance de un sujeto.

c) DIGITAL: Se basa en las transformaciones o códigos en los que no existe una correlación lógica. Transformamos aquello que queremos codificar en un símbolo que nada tiene que ver con lo codificado, representando algo sin que lo representado tenga nada que ver con la representación que de ello hacemos. Esto es lo que ocurre con el lenguaje, por ejemplo: la palabra *perro* nada tiene que ver con el animal mamífero, carnívoro al que nos referimos cuando lo nombramos. Del mismo modo la codificación digital tampoco guarda relación de tamaño a magnitud: 80 no es *más grande* que 08, así como tampoco al quitarle a 4 uno de sus trazos nos daría 3.[8]

d) ICÓNICA: Cuando la codificación es parte de la información que se ha transformado al ser codificada. Es información icónica la grieta de una pared que nos indica el mal estado de ésta, o la cuenta de pérdidas y ganancias de una empresa que nos sugiere el estado de salud de la misma. En el ámbito de las aplicaciones en PNL, observamos los movimientos oculares de una persona que acompañan a sus frases y lo que vemos son las

---

8. Ejemplo extraído de G. Bateson, op. cit.

exteriorizaciones de microconductas que comúnmente acompañan las estrategias mentales del sujeto en cuestión.

e) OSTENSIVA: Correspondería a la codificación metafórica de lo que se pretende representar. Ejemplos frecuentes tenemos en nuestro lenguaje corporal coloquial cuando queremos que alguien se acerque, hacemos un gesto con la mano solamente, o al negar con una dedo. Las señales de tráfico del agente, las imitaciones a personajes, son también muestras de lo mismo.

f) EVOLUTIVA: Son aquellos códigos que se van acumulando y transmitiendo a los siguientes elementos u organismos, y que les resultan beneficiosos para la supervivencia del conjunto. Las mutaciones genéticas y mejoras en las especies son un claro ejemplo de esta categoría.

g) HOLOGRÁFICA: Cuando la *redundancia* es entre todos los elementos del sistema, es decir, existe una total armonía y coincidencia de intereses en la información que todas las partes transmiten y reciben, es lo que se conoce como «sistema resonante».

Sin embargo, una vez definidos los diferentes tipos o modos de codificar la información, hemos de tener presente algún otro factor que desafía toda clasificación. Me refiero fundamentalmente a dos anomalías básicas que son: la *entropía*: casualidad o azar en todos los sucesos; y las *discontinuidades, umbrales o catástrofes.*

Para la primera de estas excepciones, no cabe su estudio dado su muy poco probable existencia, y su escasa utilización a los fines de la PNL. Muy distintas son las *discontinuidades,* ya que al referirnos a ellas estamos hablando de los fenómenos existentes dentro de un sistema que en un momento dado no siguen la pauta establecida, pero sí una posterior o anterior. En los niveles de procesos internos de la persona esta *discontinuidad* se presenta dentro del ritmo normal de evolución, cuando experimenta una «iluminación» (discontinuidad hacia arriba) o sufre un «brote psicótico» (discontinuidad hacia abajo). Los estados alterados de conciencia (producto de drogas o experiencias «místicas»), así como las pérdidas de consciencia (shock, amnesias, etc.) pueden considerarse como *discontinuidades* de nuestros programas mentales. Las *discontinuidades* dentro de todos los sistemas biológicos y evolutivos, se encuentran presentes ya que como dice G. Bateson:[9] «...Cada sistema contiene subsistemas que son potencialmente regenerativos, es decir, entrarían en *huida exponencial...*»

Hemos de tener presente que todo lo hasta ahora presentado resultaría muy dificultoso, por no decir imposible, tenerlo presente al estudiar o analizar cualquier sistema que se realimenta –como el conductual humano–, ya que en el mismo momento en el que se produce la observación éste ya está cambiando. Es por ello, por lo que proponemos análisis e investigaciones más puntuales, atendiendo muy especialmente al lugar, tiempo y personas. Si conseguimos identificar ciertas *pautas* en esas condiciones, podemos aventurarnos –como apuntó G. Bateson– a generalizar la *pauta* observada, siempre que se cumplan las mismas condiciones contextuales.

¿Qué es en definitiva lo que extraemos del modelo cibernético para su uso en PNL?

A saber:

1. Las unidades básicas de información a tener en cuenta.
2. Las reglas que rigen la información dentro de un sistema.
3. Las jerarquías que se establecen dentro del sistema.
4. El *feedback* dentro del sistema.

Ampliaré ahora la información sobre los dos primeros apartados, ya que del tercero se dará cumplida información y prácticas en el capítulo correspondiente a los niveles lógicos, y el cuarto se tratará al comentar el primero y segundo, ya que se encuentra directamente relacionado con ambos.

_____

9. op. cit.

1. Las unidades básicas de información a tener en cuenta

Si nos atenemos al conocimiento científico que nos aporta la física, la química y la biología, diríamos que nuestra actividad cerebral (fenómenos físico-químicos y biológicos) no son sino un proceso continuo de reordenación de partículas subatómicas. Es decir, que la información que es recibida en nuestro cerebro en un momento determinado, es el resultado de un cambio en el potencial electro-químico en ese momento del tiempo. Así pues, la actividad consecuente de esa información estará en relación con cómo esos cambios afectan a la reacción neuronal. De este modo, tal y como expresa R. Dilts,[10] *toda la historia de la humanidad no es otra cosa que el resultado de las fluctuaciones eléctricas que se producen dentro de nuestros cerebros, y que desembocan en conductas. Como consecuencia el proceso de evolución de la humanidad no es otra cosa que el descubrimiento de nuevas formas de organizar esas fluctuaciones de los campos eléctricos para que resulten más útiles y eficaces.*

En todo sistema, ya sea atómico, orgánico o social, las fluctuaciones de los campos eléctricos están provocadas por la paridad o diferencia del conjunto de los campos de una u otra carga energética. Cuando los campos poseen una carga semejante se repelen y si son diferentes se atraen; esos continuos flujos de atracción o repulsión son los desencadenantes de las reacciones dentro del sistema. Estas unidades básicas se agrupan entre sí, los átomos en moléculas, éstas en cadenas moleculares, que pasan a formar células, tejidos, órganos, etc., llegando a formar a partir de elementos simples, complejos sistemas estructurados.

2. Reglas que rigen para la formación de la información

En el nivel básico de transmisión de la información, está la atracción o, rechazo de las cargas eléctricas. A mayor escala,

---

10. Robert Ditts, *Roots.* Editorial Meta Publications.

esos impulsos primarios se totalizan para generar acoplamientos o interferencias globales. El acoplamiento o *resonancia* y las interferencias o «*agresiones*», van a estar siempre en función al trozo de la información transmitida, tanto en tamaño como en calidad. De este modo la información no siempre es transmitida de igual modo, sino que va a depender básicamente del tamaño del trozo, del tiempo, y del motivo, así como de cómo estemos realizando la medición y en función a qué. Así pues, como resultado de las variables implicadas en el flujo informativo podemos decir que existe una distinción lógica que agrupamos en tipos, según las restricciones o transmisiones de la información dependan de variables más valoradas, como sería el tiempo comparado con el espacio que es de tipo lógico inferior.

Otro de los aspectos más interesantes de la teoría sistémica, es que cualquier sistema dinámico está sujeto a potenciales interferencias o *agresiones*. Tales agresiones no serían otra cosa que la penetración dentro del campo propio, de flujos energéticos con carga de diferente potencial. Por ello se requiere una determinada capacidad de respuesta para reaccionar frente a las *agresiones* que se produzcan dentro del propio sistema o desde fuera, desde otro sistema más amplio en el que éste se encuentra integrado. Estas *agresiones* pueden ser tan variadas y diversas que la capacidad de responder correctamente a todas ellas va a ser determinante para la supervivencia del sistema.

Las alternativas para superar las *agresiones* pueden ser de dos tipos: *absorción* o *alternante*.

– La *alternancia* sería la capacidad de permitir que pasen las *agresiones* sin que produzcan ningún tipo de daño, arbitrando en el sistema los cambios necesarios para que ello se lleve a cabo.
– La *absorción* consiste en la adopción o integración de los impactos dentro del propio sistema.

A estas dos alternativas de asumir los cambios (adaptación a las *agresiones*) se les denomina *requisito de variabilidad*, que vendría a ser la cantidad de flexibilidad necesaria que ha de tener un sistema para superar los impactos de las *agresiones* y cambiar.

Como es obvio, no todos los elementos del sistema son idénticos, sino que grupos de ellos actúan de una determinada forma en función de su naturaleza constitutiva. Dentro del propio sistema diferentes partes operan sobre otras y este tipo de interacciones ocurre en niveles diferentes de los que se encuentra estructurado el sistema.

Los sistemas dinámicos complejos (vivos) buscan la estabilidad permanente, y ese estado estable se consigue con frecuencia cuando el sistema se organiza alrededor de ciertos elementos ambientales espaciales llamados *atractores*. De este modo es como los procesos generadores de orden dentro de los sistemas dinámicos complejos se establecen a través de formación espontánea. Según la teoría de la «autoorganización» de sistemas, el orden interno se genera y establece alrededor de una serie o conjunto de *atractores* (líderes) que ayudan a crear y a mantener estables ciertos patrones o estrategias operativas dentro del grupo. Los elementos *atractores* dentro de un sistema (véase la figura siguiente), serían algo así como «valles» o «agujeros de energía», que precipitan hacia su fondo todo aquello que penetra en su radio de acción. La «fuerza» de un *atractor* vendría determinada por la «profundidad» y la «anchura» del seno y del valle. A su vez la profundidad tiene una relación directa con la intensidad del recurso, entendiendo como recurso la capacidad de *absorción* y *alternancia*. La anchura viene dada por la facilidad de utilizar el recurso en diferentes situaciones (*agresiones*). Así pues, cualquier elemento de un sistema, (o de otro sistema ajeno) que cambie de posición dentro del propio (o que se introduzca en otro), permanecerá inestable hasta ser captado por el campo de acción de un *atractor*.

De este modo llegamos a la *teoría de autoorganización de sistemas dinámicos complejos,* que como ya apunté anteriormente, producen una formación de orden espontáneo, y ese orden se genera a partir de un conjunto –*panorama*– de *atractores* que facilitan la creación y el mantenimiento de ciertos *patrones*[11] del sistema.

Los «sistemas autoorganizados», que por ser los que corresponden a organismos complejos vivos (el hombre), son los que utilizaremos y con los que opera la PNL sistémica fundamentalmente, aunque se tengan en cuenta también los sistemas simples para ciertos trabajos o ciertas situaciones temporales de intervención. Estos sistemas complejos formados por elementos interconectados basándose en procesos asociativos poseen una característica peculiar, y es que refuerzan sus conexiones cada vez que dos o más de sus elementos responden simultáneamente a un impulso particular en un momento dado.[12]

Cuando un sistema complejo activo, sobrevive por sí mismo reproduciendo sus propios patrones y reglas, decimos que es un sistema *autoorganizado autopoyético (o autopoético)*; y cuando construyen su propia realidad aplicando principios y reglas generados internamente, decimos que es a*utorreferente,* es decir, que se toman como término de referencia a sí mismo.

En el trabajo terapéutico u organizacional con PNL, es básico descubrir, o más bien extraer, los *panoramas atractores limitantes* o generadores de trastornos, ya que su modificación llevará al cambio al sustituirlos por nuevos *atractores potenciadores* y útiles. La forma de descubrir o evidenciar los *panoramas atractores* se basa en la observación y detección de *repeticiones*. Una vez detectados esos *atractores,* el modo de eliminarlos es procediendo a la alteración del *conjunto atractor,* por medio de procesos de desestabilización y la consecuente reestabilización alrededor de un nuevo *panorama atractor*. Esto se efectúa mediante ciertos modelos de intervención, tales como «generadores de nuevos comportamientos», «patrón de sustitución simple o *pragmagráfico* –chasquidos–», etc.

---

11. Patrones, como conductas repetitivas o susceptibles de repetición.

12. Esta teoría no es nueva, ya que autores como Jalaludín Rumi y Shurawardy, ya hablaron de ello en los siglos XIII y XIV.

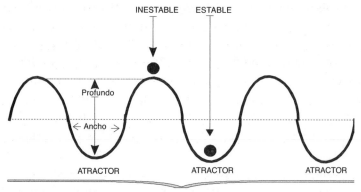

INESTABLE ESTABLE

Profundo

← Ancho →

ATRACTOR ATRACTOR ATRACTOR

PANORAMA ATRACTOR

A la hora de producir cualquier tipo de cambio en un sistema autoorganizado, hemos de tener en cuenta los componentes de complejidad y estabilidad del conjunto, ya que como sabemos los sistemas presentan diferentes grados de complejidad y estabilidad.

- En sistemas simples y estables, el cambio resulta muy sencillo aplicando «técnicas preprogramadas», a las que el sistema reacciona. Por ejemplo, en un sistema de seguridad por alarma, cuando un elemento extraño interfiere en el sistema, salta una señal preprogramada; o en el caso de la autorregulación térmica controlada por un termostato que al detectar una cierta temperatura preprogramada, hace que el sistema actúe para corregirse.
- Cuando se trata de sistemas complejos y estables, los cambios pueden ser controlados o/y dirigidos por medio de reglas y, regulados a través de circuitos negativos de *feedback* (lo que llamamos condicionamiento negativo).
- Para sistemas simples e inestables hemos de intervenir con estrategias diseñadas para cada caso particular.
- Por último en los sistemas complejos e inestables, el cambio debe ser guiado a partir de una vigilancia constante y por la incorporación de procesos generativos.

50

Otro aspecto altamente significativo dentro de los sistemas complejos, que para nuestro trabajo en PNL es de suma importancia, es saber que dentro del mismo sistema no toda la información que se produce, como ya dije anteriormente, se encuentra dentro de la misma jerarquía. Sería muy prolijo detallar aquí las diferencias producidas (a niveles de cargas eléctricas) y que están, en función del tamaño del trozo de información, de la dimensión espacial y del tiempo o frecuencia, como ya he apuntado.

Partiendo del estudio de la teoría cibernética y como resumen fundamental de sus reglas y mecanismos operativos, hemos dado en establecer una serie de principios que nos dirijan en el trabajo dentro del modelo que utilizamos, y que denominamos «Presuposiciones de la PNL Sistémica». Se trata de los postulados básicos de la PNL en los que se cimientan todo el entramado y el conjunto de principios o soportes que establecen cómo se percibe la conducta, la toma de información y el esfuerzo personal. Todas estas reglas, podrían considerarse como el resumen o la síntesis de toda la teoría cibernética, y de sistemas, expuesta sucintamente en las páginas anteriores, casi como decir que se trata de la actualización teórica aplicada a nuestro modelo. Estas presuposiciones conforman el patrón que permite practicar la PNL como arte, como magia y como ciencia aplicada, así como su comprensión y su interacción con el universo en el que vivimos. El grado de competencia de una persona cuyo objetivo es provocar cambios rápidos y positivos en otros individuos y en sí mismo dependerá, en gran medida, de cómo integre estas premisas en su propia conducta.

Podemos dividir las presuposiciones en dos bloques significativos que determinarían las estructuras de pensamiento necesarias, tanto para utilizar las técnicas de PNL, como para saber qué es lo que está ocurriendo en los «programas» (estrategias mentales) de los sujetos que intervenimos.

A. EL MAPA NO ES EL TERRITORIO[13]

Ésta es la presuposición con mayor difusión de la PNL, tomada de la escuela lingüística contemporánea, y asumida plenamente por todos los que nos afanamos en el estudio e investigación de la materia que nos ocupa. Los puntos que vienen a continuación nos han de servir para clarificar el sentido de la afirmación y sobre qué se sustenta.

1. Existe una diferencia indiscutible entre la realidad y la experiencia de realidad de un organismo. Por lo que afirmamos que la realidad, para un sujeto, es siempre subjetiva.

   A la realidad le llamamos *territorio,* y a la interpretación subjetiva que cada uno hace de la misma, es a lo que llamamos *mapa.*

   Esto es fácil de entender si por ejemplo observamos el funcionamiento de nuestro órgano visual, el ojo que sólo recibe una trillonésima parte de la información que le llega. Y no es que lo tengamos atrofiado sino que es el resultado de la conformación física de nuestros órganos sensoriales y sus correspondientes conexiones neurológicas. Otro tanto sucede con nuestro oído, se limita a captar ciertas frecuencias sonoras, y a nuestras experiencias dérmicas que tan sólo captan ciertas anomalías del ambiente. Si penetraran en el sistema cerebral todas las sensaciones que existen en el mundo, la experiencia sería desastrosa, destructiva o caótica. Ahora mismo, mientras lees estas líneas, el aire de tu entorno está repleto de diferentes formas de energía que no percibes: ondas de sonido y luz en todo su espectro, partículas gustativas y olfativas, y mucho más. Las redes neuronales se res-

---

13. Enunciado originalmente expuesto por Korzybski, del cual deriva en gran medida la fama de éste, aunque el aserto tiene su origen en el pensamiento filosófico griego.

tringen a captar y transformar distintas formas de energía, pero solamente aquellas que pueden resultar de utilidad en un momento dado y dentro de la capacidad humana. Por tanto, de algún modo, la labor de la mente se centra en imaginar representaciones –*mapas*– de lo que hay afuera –*territorio*–, a partir de los limitados datos que le suministran los órganos. Este proceso se realiza basándose en un ensamblaje de lo conocido o previamente representado, con el propósito de simplificar al máximo el caudal de información que recibe, y así poderlo manejar con mayor comodidad. Es muy común caer en errores de interpretación cuando proyectamos nuestro mapa, de cómo son o deberían ser, de las posibilidades e imposibilidades de las cosas. Un ejemplo de ello lo tiene observando los dibujos que proyectan «trampas» o acertijos ópticos.

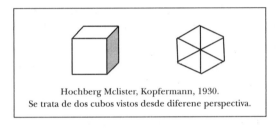

Hochberg Mclister, Kopfermann, 1930.
Se trata de dos cubos vistos desde diferene perspectiva.

Dado que experimentamos nuestra interpretación del mundo, ésta se mantiene a pesar de cambiar las señales que nos llegan. Un árbol puede aparecer como un pequeño matorral en el horizonte o puede ocupar todo nuestro campo visual. Sin embargo, imaginamos el árbol con el mismo tamaño y forma, con independencia de la distancia o perspectiva. El objetivo principal de la recepción, organización e interpretación de la realidad por los procesos perceptivos es precisamente percibir un mundo constante. Que esto sea así no quiere decir que sea lo real, sino que adaptamos de un modo conveniente la realidad para hacerla manipulable a nuestros intereses evolutivos. Sin embargo, en cada ser humano, hombre, mujer, niño, adulto y anciano, el procedimiento es el mismo, cada uno adapta igualmente las circunstancias a su necesidad, por lo que cada cual dispone de un modelo personal, subjetivo y amoldado a sus logros. De lo dicho se derivan los siguientes puntos, que como el precedente, enuncian los principios sobre los que nos sustentamos.

2. Así pues, cada individuo tiene su propio *mapa* o modelo del mundo, el contenido y la delimitación de ese *mapa* es determinada por factores genéticos o/y biológicos y la historia personal de cada individuo, en la que interviene educación, cultura, términos de referencia, condicionamientos, creencias, valores, etc.

3. Ningún *mapa* es más «real» o «verdadero» que otro. Pueden ser más o menos amplios, pero nunca más o menos reales, ya que éstos son siempre subjetivos y la subjetividad no puede ser valorada en función de mejor o peor. Sí, podríamos hacer una distinción entre más o menos útil, dependiendo del contexto en el que se mueva el sujeto con su *mapa*.

Nadie puede definir el *territorio* como tal, ya que lo que estaría representando sería inevitablemente un *mapa*. El *territorio* no aparece nunca en absoluto. El proceso de representación que se quiera hacer de un *territorio* siempre se filtrará, y la resultante no será otra que un *mapa* de *mapa* de *mapa* elevado al infinito, ya que nuestras representaciones mentales siempre serán *mapas* de la realidad. Cada vez que pretendemos definir un *territorio*, lo estamos transformando en un *mapa*.

4. No es el *territorio* o la «realidad» lo que limita a las personas, sino la mayor o menor cantidad de opciones disponibles a través de sus *mapas*.

Los *mapas* más efectivos y ecológicos son aquellos que disponen de un número amplio y rico de elecciones, en oposición a ser más «real» o «exacto». Es decir, de cuantas más alternativas dispone un sujeto ante una situación, más posibilidades de éxito posee ante ese hecho.

5. Los seres humanos construyen sus modelos del mundo a través de su sistema nervioso y los impactos de éste ante los estímulos sensoriales. Los *mapas* del mundo están confeccionados con programas neurolingüísticos en los que integramos sistema nervioso y lenguaje. La información sobre nuestro universo externo e interno, es recibida, organizada, consolidada y trasmitida a través de un sistema de caminos neuronales que culmina en el cerebro. Esta información es transferida por medio de estrategias internas de proceso que cada individuo elabora o aprende, lo que llamamos programas neurológicos, y que se manifiestan por medio de lenguaje –verbal y no verbal.

6. Hay una profunda interacción «Neurolingüística» entre lenguaje y nuestro modelo neurológico del mundo. Queremos decir con ello, que nuestro lenguaje (verbal y no verbal, analógico y digital) no está construido y se manifiesta al azar, sino que éste procede y expresa directamente el contenido de nuestros *mapas.*

7. Las posibilidades que un individuo tiene, van a estar en función del desarrollo y secuenciación de los sistemas representacionales. Dado que nuestros modelos o *mapas* del mundo están confeccionados por programas neurolingüísticos, y éstos a su vez son secuencias encadenadas de nuestro sistema representacional, es obvio que la habilidad en la ejecución conductual de una estrategia, va a estar determinada por la mejor secuencia del sistema representacional contenida en la misma.

8. El «ser consciente» es un subproducto de la intensidad relativa de una señal de actividad neural. No se trata de una «fuerza o entidad» abstracta e inmanejable. Es decir, de que exista mayor o menos intensidad en los impulsos neuro-eléctricos que nuestro sistema nervioso

emite, y que como consecuencia nuestras ondas cerebrales actúen en una u otra banda de sus frecuencias (beta, alfa, theta o delta) permitidas.

9. Cuantas más relaciones del mapa estén combinadas con las relaciones de los elementos que se están *mapeando*,[14] más efectivo y ecológico es ese *mapa*. Lo que tratamos de plasmar aquí, es que en la medida en que una persona posee mayor cantidad de experiencias y términos de referencia relacionados con lo que está valorando, tendrá mayor posibilidad de acercarse a la realidad o a los *mapas* de terceros con los que se enfrenta. Es lo que llamamos «Código de Congruencia».

10. Ya hemos expresado que mente y cuerpo forman un sistema cibernético, por lo tanto, como consecuencia todas las reglas de la teoría de sistemas son aplicables.

B. LAS INTERACCIONES HUMANAS FORMAN UN SISTEMA CIBERNÉTICO

Al igual que en el punto anterior, lo que presento en este bloque de presuposiciones es un extracto de los principios que también aplicamos, y que han sido adoptados de la teoría de sistemas y que para nosotros son de importancia primordial a la hora de profundizar en el estudio de la Programación Neurolingüística. Desde esta perspectiva, resulta más operativo analizar cualquier experiencia dentro del conjunto de circunstancias en el que se produce, y no aisladamente como otras tendencias hacen, perdiendo con ello parte de las causas y la parte del contexto que afectan a la experiencia.

El Universo, las galaxias, el Sistema Solar, la Tierra, la humanidad, las sociedades, el individuo, los órganos, los tejidos: todo

_____

14. Usamos este término para referirnos a la acción de comparar o relacionar mapas entre sí, o entre éstos y el territorio.

está formado por sistemas y subsistemas interdependientes, ecológicos y holísticos, en permanente e interactiva influencia. Todos ellos se rigen por principios de organización propios y escalonados formando redes simbióticas e independientes que buscan de forma natural estados de equilibrio y armonía. Es prácticamente imposible aislar completamente –como intentan hacer ciertas áreas de la ciencia– cualquier parte del sistema del todo. Así por ejemplo, las personas no pueden dejar de influenciarse, ya que entre sí, forman circuitos de retroalimentación, y cada una estará afectada por el *feedback* recibido (o no recibido) como respuesta a sus propias acciones.

Por tanto afirmamos que:

1. No consideramos que las relaciones humanas se desarrollen simplemente como funciones de acción-reacción, afirmamos, que en ellas intervienen otra serie de elementos afectadores. Las interacciones humanas no son una función de las cadenas lineales de estímulo-respuesta, sino un circuito sistémico de *feedback*.

2. Sin tener en cuenta los elementos de lugar, tiempo y gente, no es posible dar un sentido al análisis de los hechos. Ninguna respuesta, experiencia o comportamiento es significativo fuera del contexto en que sucede, y fuera del contexto de la respuesta que evoca.

3. Cualquier cosa de las que ejecutamos en las interacciones humanas es utilizable si se ubica en su secuencia o contexto más idóneo. Cualquier comportamiento, experiencia o respuesta puede servir como recurso o limitación dependiendo de cómo está secuenciado, puntuado o contextualizado.

4. En las relaciones que se establecen dentro de los sistemas, los elementos tienden siempre a la adaptación, a la adecuación y a la supervivencia, y en consecuencia cualquier acción va encaminada en ese sentido. Los sistemas cibernéticos se mueven en dirección a la adaptación. Toda conducta, todo comportamiento tiene o tuvo en su ini-

cio una intención positiva, ya que el propósito de todo comportamiento es adaptativo (intencionado positivamente), o era adaptativo en el contexto original en que fue generado.

5. Los sistemas cibernéticos, y como tales cualquier sistema vivo, están organizados en diferentes niveles lógicos de estructura. Estos niveles operan tanto a escala orgánica, neurológica como mental.

6. Existen una serie de reglas o leyes que son aplicables a los niveles. Las reglas de cambio y refuerzo de un nivel determinado no son las mismas para niveles diferentes. Lo que es positivo en un nivel puede ser negativo en otro. Es importante distinguir las interacciones en diferentes niveles lógicos ya que en ellas también rigen las reglas. Es útil separar los comportamientos y «YO». Es decir, la persona no es su conducta, la persona realiza conductas. También conviene separar la intención positiva, función, creencia, etc., que genera el comportamiento, del comportamiento en sí.

7. Consideramos que cualquier elemento de un sistema, cualquier sujeto utiliza en sus interacciones las opciones que considera más útiles o valiosas en ese determinado momento en el que está actuando. Las personas siempre eligen lo mejor que hay disponible dadas las posibilidades y capacidades que son percibidas como utilizables a partir de su propio modelo de mundo en un momento dado.

   a) Cualquier comportamiento, por más loco o extraño que sea, es la mejor elección disponible para la persona en ese tiempo, de acuerdo con su modelo del mundo. Si se diera una elección más apropiada (dentro del contexto de su propio modelo de mundo) automáticamente la escogería.

   b) El significado de la comunicación es la respuesta que ella obtiene, independientemente de la intención del comunicador. Queremos resaltar aquí, que no es suficiente con querer, tener la intención, de hacer algo de un modo determinado, sino que hemos de actuar de forma que consigamos alcanzar el objetivo de nuestra intención.

8. La parte del sistema que posee más flexibilidad es el elemento controlador o catalizador en el sistema. Expresado de otro modo diríamos, el elemento con mayor número de alternativas dentro de un sistema es quien lo controla. Ésta es la «ley del requisito de variabilidad».

a) Cuando existen comportamientos que usted no puede generar, habrá respuestas y por lo tanto resultados que no podrán ser evocados o emitidos.

b) Si lo que usted está haciendo no lleva al resultado deseado, varíe su comportamiento hasta que consiga evocar la respuesta deseada.

9. Los comportamientos efectivos están organizados en forma de POPS,[15] o sea, poseen:

a) Objetivo futuro definido.

b) Evidencia sensorial necesaria para determinar con exactitud, su progreso en dirección al objetivo.

c) Un conjunto variado de maneras para alcanzar el objetivo y flexibilidad comportamental para aumentar las elecciones.

Es importante recordar también que otro de los pilares en los que se sustenta el modelo de la Programación Neurolingüística, es la «teoría del sistema representacional». En ella postulamos que el ser humano, no percibe la realidad tal y como es, sino que lo hace a través de las transformaciones sensoriales que efectúa una vez percibido el impacto sensorial de su entorno, tal y como digo en el apartado A) de las presuposiciones. Las transformaciones sensoriales a las que me refiero, son las captadas por nuestros órganos de percepción y las podemos agrupar del siguiente modo: visual (vista-ojos), auditiva (audición-oídos),

_____

15. Véase *Curso de Practitioner en PNL* ya citado.

cinestesia[16] (sensaciones orgánicas –propioceptivas– táctiles y sensaciones externas –exteroceptivas–), gustativas (gusto, paladar), y olfativas (olor, olfato). Así pues declaramos, que *todas las distinciones que los seres humanos somos capaces de hacer en relación con nuestro mundo interno o/y externo y el comportamiento resultante, se pueden representar de manera adecuada a través de nuestros sistemas perceptuales: visual (vista), auditivo (oído), kinestésico (sensación), olfativo (olfato) y gustatorio (gusto). A este conjunto lo denominamos: Sistema Representacional.*[17]

A efectos prácticos hemos establecido un código digital que nos servirá para simplificar y ser más eficaces a la hora de plasmar las representaciones sensoriales humanas. Este código, como ya conocen los estudiantes de PNL, es: Visual = **V**; Auditivo = **A**; Kinestésico o Cinestésico = **K**; Olfativo = **O**; y Gustativo = **G**. De esta forma podremos seguir simple, ordenada y esquemáticamente cualquier proceso mental o conductual del hombre o de la mujer.

Tal vez el mayor problema que encontramos a la hora de utilizar las presuposiciones de la PNL es que las entendamos, que su contenido lingüístico nos resulte comprensible, pero son muy pocas las personas que las interiorizan, que las asimilan, y pasan a formar parte de su estructura profunda. En muchas ocasiones, incluso durante los cursos, y casi al finalizar la explicación sobre este tema, surgen discusiones, diálogos enfrentados de mapas de unos y otros. ¿Qué es lo que ocurre? Que sí, que hemos entendido los principios y las explicaciones, pero nos resistimos a realizar las modificaciones internas que nos llevan, entre otras cosas, a darnos cuenta de que *«el mapa no es el territorio»*; y, sin embargo, nos empeñamos una y otra vez en imponer

---

16. También se usa el término kinestesia como sinónimo de cinestesia para diferenciarlo verbalmente del concepto sinestesia.

17. En algunos textos es posible encontrar la abreviatura 4-T (Cuádruple) para referirse al Sistema Representacional. Otros autores lo llaman VAKOG o también VAK. Para una información más amplia sobre el tema les remito a mi libro *Curso de Practitioner en PNL*.

nuestro *mapa* a los demás. Otras veces, no nos percatamos que formamos parte de un sistema, y que nuestra actitud, nuestras conductas, están afectando a la dinámica del conjunto. Pero para que se generaran esas transformaciones hemos de permanecer atentos y querer cambiar. No es difícil, indudablemente supone un esfuerzo, pero podemos empezar por lo más sencillo, lo importante es empezar, seguir y, al fin, alcanzaremos la meta.

Muchas veces, la sistemática más simple proporciona los resultados más valiosos. Tomemos por ejemplo, el bloque de preguntas basadas en las presuposiciones que propongo a continuación, y ya algunos de mis lectores conocen por haber sido presentadas en el libro de *Curso de Practitioner en PNL*. Este modelo resulta a menudo de gran eficacia para resolver problemas, en especial de intercomunicación o/y de bloqueo relacional. Estas meta-preguntas nos dan un nuevo enfoque, o nuevas perspectivas para valorar una situación de diferente forma a la que hasta ese momento veníamos haciendo.

ANÁLISIS DE PROBLEMAS CON LAS PRESUPOSICIONES

Si te encuentras en alguna dificultad o problema, asegúrate de contestar a las siguientes preguntas, respondiendo por escrito a fin de que posteriormente puedas releer las afirmaciones que hayas plasmado:

1. – ¿Presupongo que hay más de un mapa o manera de percibir una situación?
   – ¿Estoy seguro de que no estoy valorándolo todo desde mi mapa?
   – ¿Soy consciente, en efecto, de que el mapa no es el territorio?
   – ¿Considero que el mapa de la otra persona puede ser tan valioso o mejor incluso que el mío?
   – ¿Puedo estar considerando que no hay más alternativa viable que la de mi propio mapa?

2. – ¿Estoy buscando la intención positiva o ganancia secundaria que podría estar causando el problema o dificultad?
   – ¿Me he preguntado si estoy ocultando alguna segunda intención?
   – ¿Soy lo suficientemente claro y explícito al manifestarme mis propias intenciones?
   – ¿He considerado que la otra persona también tiene sus propias y particulares intenciones y que es necesario tenerlas en cuenta?

3. – ¿Estoy considerando este problema o dificultad desde por lo menos tres posiciones perceptivas?[18]
   – ¿He valorado la situación desde 2ª posición con la imparcialidad necesaria?
   – ¿He observado el conflicto desde el punto de vista de un asesor imparcial o desde 3ª posición?
   – Y desde metaposición, ¿cómo lo veo todo?
   – ¿He realizado un recorrido por todas las posiciones perceptivas y posteriormente he reevaluado la situación?
   – ¿Cómo respondería yo si es la otra persona la que produce un cambio y no precisamente en la dirección que yo espero?

4. – ¿Estoy considerando el «cómo» yo podría estar «colaborando» para crear o mantener este problema o dificultad?
   – ¿He realizado algún cambio significativo en el sistema para que este cambie?
   – ¿Me puedo estar quedando bloqueado o inmovilizado esperando que sea el otro el que produzca los cambios?

---

18. Véase el capítulo referente a las posiciones perceptivas que viene a continuación.

5. – ¿Estoy considerando cuántos niveles lógicos podrían estar envueltos en esta dificultad o problema? (Ambiente –dónde, cuándo–; comportamientos –el qué–; capacidades –cómo–; creencias –por qué–; identidad –quién–, o espiritual –quién más de mí–.)
   – ¿Valoro o tengo en cuenta las circunstancias en las que se presenta el conflicto?
   – ¿Analizo cómo actúo en tales circunstancias y cómo podría actuar para evitarlo?
   – ¿Las emociones que me generan cualquier situación las controlo, o me controlan?
   – ¿He buscado la forma para que no sea así?
   – ¿Qué pensamientos transitan por mi mente cuando entro en la dinámica del altercado?
   – ¿Qué creencias son las que siento agredidas?
   – ¿Creo realmente que merece la pena la inflexibilidad que manifiesto?
   – ¿Qué es lo que temo si cedo o modifico mis estrategias con respecto a la otra persona?
   – ¿He considerado si es que temo perder la autoimagen que proyecto?
   – ¿Acaso creo que puede ser de ese modo?
   – ¿Considero o he considerado el nivel transpersonal que incide en el conflicto?[19]

6. – ¿Estoy considerando este problema o dificultad desde varias perspectivas temporales? (Largo plazo, corto plazo, pasado, presente, futuro próximo y futuro lejano).
   – ¿Cómo lo habría resuelto en el pasado?
   – ¿Qué ocurriría en el futuro si no muevo un dedo y dejo que sea el tiempo el que lo resuelva?[20]

---

19. Más detalles en el capítulo referente a los niveles lógicos.
20. Más detalles en el capítulo que trata del modelo tridimensional.

7. – ¿Están claras para mí las posiciones perceptivas, niveles lógicos y estructura temporal a través de los cuales estoy percibiendo el problema?
   – ¿He modificado la combinación de estas tres variables para conocer nuevas respuestas?

8. – ¿Tengo por lo menos tres alternativas distintas para responder a esta situación?
   – ¿Qué me impide detectar nuevas alternativas?
   – ¿Qué me impide llevarlas a cabo?
   – ¿Qué otras alternativas podría utilizar?

CAPÍTULO II
PATRONES DE LA COMUNICACIÓN EFICAZ

Un amigo de Nasrudín encontró a éste de noche en la calle buscando algo en el suelo.
–¿Has perdido algo? –le preguntó.
–Sí, mi llave –contestó el Mulá.
Entonces el amigo se puso también a buscar. Después de un buen rato, el compañero preguntó:
–¿Estás seguro de haberla perdido aquí?
–No, fue junto a mi casa.
–Entonces, ¿por qué la estás buscando aquí?
–Porque hay más luz aquí que en mi casa.

Uno de los pilares básicos para las relaciones humanas satisfactorias consiste en establecer una buena comunicación; entendiendo como tal, la facultad que tenemos los seres humanos para emitir un mensaje y que nuestro receptor reciba –valga la redundancia– *exactamente* aquello que queremos trasmitir. La clave para ello está en eliminar posibles interferencias: emociones incontroladas, incongruencias en la comunicación, desinterés, falta de contacto, etc., consiguiendo así participarnos de forma congruente, es decir, que lo que pensamos y lo que estamos diciendo y notificando sea lo mismo, y que lo que entiende nuestro interlocutor y lo dicho por nosotros se corresponda.

Éste es pues, uno de los factores al que permanentemente hemos de prestar máxima atención teniéndolo presente y dominándolo, si efectivamente deseamos alcanzar una maestría en PNL. Me estoy refiriendo a los patrones que rigen la comunicación eficaz, y que van a ser los que nos permitan obtener un alto grado de exactitud y éxito en nuestro trabajo como facilitadores.

Pero vayamos por partes. Ante todo es preciso clorificar el concepto clave del tema en cuestión. ¿Qué es la comunicación? La comunicación puede definirse como el sistema de comportamiento integrado que calibra, regulariza, mantiene y, por ello, hace posible las relaciones entre las personas. En consecuencia, podemos decir que la comunicación es un mecanismo de organización social, de la misma manera que la transmisión de información es el mecanismo de comportamiento comunicativo. Ahora bien, es de importancia crucial, el no confundir comunicación con transmisión de información. Comunicar sólo lo pueden hacer los seres vivos, mientras que la transmisión de información puede ser realizada por las máquinas. Pero no crean ustedes que por el simple hecho de ser humanos ya nos estamos comunicando adecuadamente; en absoluto, son muchos los hombres que hablan y no dicen nada, que expresan sus contenidos mentales y no consiguen trasmitir nada. Esto nos conduce a una cuestión crucial, que ha sido el escollo de muchas ciencias de la conducta: ¿Cuándo podemos decir que la información ha sido transmitida, comprendida y percibida?

Teniendo en cuenta que comunicar no es simplemente hablar, para que exista una auténtica comunicación se requiere una serie de factores, que todos ellos han de estar presentes en el acto comunicativo si es que queremos que éste sea real y eficaz.

Esos factores a los que hago mención en el párrafo anterior son los que llamamos PATRONES DE LA COMUNICACIÓN EFICAZ. Estos estándares constituyen junto con el «perfil deontológico de la maestría en PNL», las premisas capitales para el profesional de la comunicación, entendiendo ésta como la capacidad de transmitir y recibir con precisión y objetividad, hechos, conceptos e ideas tanto interna como externamente, y tanto con nosotros mismos como a los otros.

Cuando está en acción acontecimientos importantes, nueva información o inéditos elementos de discusión, podemos observar que normalmente los sujetos se aperciben de la nueva situación, o al menos se conducen de una forma modificada. Sin embargo, sabemos que hay comportamientos no verbales que son poco manifiestos y de los cuales no poseemos una percepción consciente. De hecho, el que un participante en la interacción actúe seguidamente de forma apropiada («como era de esperar») puede deberse solamente a que ha decidido seguir adelante con su propia ejecución del programa mental que ya tenía a priori, lo cual no significa que haya aceptado la comunicación. Este tipo de situaciones sólo puede ser atajada con una calibración precisa, ya que inevitablemente, algunos de los componentes de la comunicación[1] presentará incongruencia con el resto, señal que advertiremos como dato de una posible deficiencia en el proceso de trasmisión.

Dentro del proceso comunicativo, es necesario tener presente que para que exista comunicación real, lo que decimos o exponemos y lo que nuestro oyente o interlocutor entiende ha de ser lo mismo. Es lo que llamamos objetividad del lenguaje. *Hablar a cada uno según su nivel de comprensión.*

Como buenos comunicadores debemos asumir la responsabilidad de la comunicación. Un buen comunicador no se permite decir: «es que no me entiende», en ese caso lo que ocurre siempre es que no sabe explicase en el nivel correspondiente al que el interlocutor requiere. Si verdaderamente pretende alcanzar un alto grado de eficacia comunicativa ha de tomar las riendas del proceso, y seguir una serie de pautas que permitirán el éxito en el no fácil procedimiento de la transmisión interpersonal.

Esos patrones a los que me refiero en las líneas precedentes son los siguientes:

1. Tener un objetivo futuro bien formulado.
2. Establecer las evidencias sensoriales precisas de aproximación o alejamiento al objetivo.

---

1. En PNL, la comunicación compuesta por los aspectos digital y analógico, no la consideramos como una fórmula $C = D + A$, sino que el componente analógico lo desglosamos en vocal –con todos sus matices–, y fisiológico –con sus diferentes formas–. Así pues, $C = D + (a + b + c + d + ... n)$.

3. Disponer de un conjunto variable de técnicas y medios que nos permitan la flexibilidad necesaria para alcanzar el objetivo.
4. Operar elegantemente.

Pero, ¿qué representan, y qué alcance tienen cada una de las formulaciones previas desde esta perspectiva? Seguidamente profundizaremos en el significado de los patrones.

1. TENER UN OBJETIVO FUTURO BIEN FORMULADO

Como dijo Nietzsche: «Hay que saber qué se quiere y que se quiere.»

El estado deseado al que aspiramos, llegar con la comunicación que establecemos, ha de estar formulado siguiendo las condiciones de la buena forma en la fijación de objetivos, que se estudia en la formación de *practitioner*, y que de manera muy esquematizada lo definiríamos como la manera que hemos de plasmar lo que deseamos alcanzar de una forma:

– CLARA. Es decir: que no haya lugar a interpretaciones.
– PRECISA. Específica, ausente de ambigüedades.
– ECOLÓGICA. Que no perjudique a nadie, incluido uno.
– ALCANZABLE. Para el sujeto no ha de ser una quimera.
– EN POSITIVO. Carente de negaciones o negatividades.

Si el objetivo, es decir: lo que pretendemos lograr, formulado (implícita o explícitamente) en esos términos, lo mantenemos durante nuestro mensaje tendremos la fuerza para seguir una dirección constante y poderosa, de modo que nuestros interlocutores difícilmente interceptarían o bloquearían el proceso y mucho menos nuestra intención.

2. Establecer las evidencias sensoriales de aproximación o alejamiento al objetivo

Esto determinará con exactitud nuestro avance en la dirección correcta. Este punto será estudiado en el capítulo a parte, ya que es un elemento indispensable en los análisis del POPS.

He de recordar que como ya mencioné anteriormente, una de las habilidades imprescindibles en la detección de los cambios o *análisis contrastivos* es la *calibración*;[2] y ésta se adquiere con la práctica y un alto grado de precisión. La última puntualización me hace recordar una historia que ilustra del mejor modo el nivel óptimo de aquello de lo que estoy hablando. Se trata del cuento de *Los tres derviches perceptivos*, y dice así:

> *En cierta ocasión llegaron a la ciudad de Bagdad tres sabios derviches tras un largo viaje de peregrinación. Al entrar en una de sus plazas observaron que una gran multitud se arremolinaba agitada. La gente al notar la presencia de los viajeros se dirigió a ellos, y sin apenas darles tiempo para reponer fuerzas de su última y fatigosa jornada de travesía, les asaltaron a preguntas:*
>
> *—Peregrinos, ¿no habrán visto por los caminos que ustedes han transitado a una persona de nuestra comunidad que se debe haber extraviado?, hace ya varios días que no tenemos noticias y tememos por su vida.*
>
> *Al instante los tres derviches se miraron y respondieron:*
>
> *—¿Se trata de una mujer? —dijo el primero de ellos.*
>
> *—¡Sí, en efecto! —contestó casi a coro la multitud.*
>
> *—¿Está embarazada y en estado avanzado? —añadió el segundo de ellos.*
>
> *—¡Sí, efectivamente! —contestó la gente.*
>
> *—Y, ¿viaja a lomos de un camello tuerto? —concluyó el tercer derviche.*
>
> *—¡Sí, desde luego, así es!, ¿Dónde la han visto ustedes? —afirmaron y preguntaron al unísono la mayoría de los congregados.*
>
> *—Pues no sabemos en dónde está, ni la hemos visto —repusieron los tres peregrinos al tiempo.*
>
> *—¿Cómo es posible que no sepan dónde se encuentra o dónde la han visto, si conocen cada uno de los detalles del hecho? —repuso el por-*

---

2. op. cit. Calibración, páginas 181 y siguientes.

tavoz de la muchedumbre, que añadió–: ¿No será que de algún modo ustedes la han atracado o colaborado en algún tipo de atropello? Su aspecto es desde luego bastante sospechoso, esas ropas de ustedes y esos rostros no nos merecen confianza, tal vez sean éstos unos asesinos.

De este modo llevaron a los tres derviches ante el juez, que sin darles la oportunidad de defenderse los sentenció a morir en la horca por el delito de asesinato y robo.

A los pocos días, y casi a punto de cumplirse la sentencia, la mujer apareció sana y salva. Su camello, en medio de una tormenta de arena se había extraviado de la caravana, permaneciendo perdida por los caminos y no pudo encontrar la ruta hasta ahora.

Inmediatamente los tres derviches fueron puestos en libertad. Cuando fueron interrogados del modo en que habían llegado a saber las circunstancias de los hechos, contestaron:

–Muy sencillo –contestó el primero– supimos que era una mujer, ya que en los lugares que detectábamos que había realizado una parada encontrábamos cabellos largos en el suelo y enredados entre los matorrales.

–Que estaba embarazada y en estado avanzado, pudimos comprobarlo ya que en esos mismos lugares de descanso, donde había huellas de haberse sentado o reclinado, también había profundas marcas de las manos como de alguien al que le costaba esfuerzo levantarse por su falta de agilidad –añadió el segundo.

–Lo del camello no era complicado de saber al observar que en la dirección en que posiblemente avanzaba la montura, solo se veía mordida la hierba de uno de los lados y sus desviaciones de la ruta siempre eran para ese mismo lado –repuso el tercero.

Por qué no protestaron de su apresamiento, y de por qué no les dejaron defenderse es parte de otra historia.

3. Disponer de un conjunto variable de técnicas

Es necesario poseer los medios que nos permitan la flexibilidad necesaria para alcanzar el objetivo. El presente apartado sería como el esquema del libro, ya que lo que pretendo es poner a tu disposición nuevos modelos y nuevas técnicas que te permitan alcanzar los recursos suficientes para manejar con maestría todo tipo de situaciones, de forma que «si algo no funciona, cambies y apliques otro modelo».

Ampliando la información al respecto, podría decir que para ello se requiere:

a) *Funcionalidad o practicidad.* Se trata de aprender a ser práctico, funcional, es decir, que lo que utilice, modelo o técnica, cumpla una función concreta y útil. Olvídate de hacer las cosas por hacerlas. Recuerda que es preferible en un momento determinado no hacer nada, que hacer algo que no sirve para nada. Existen momentos de acción, y momentos de inacción.

b) *Flexibilidad.* Debes estar dispuesto a ser lo suficientemente ágil para cambiar sus estrategias operativas si lo que está utilizando no funciona, una vez realizados los chequeos y calibraciones oportunas. Imprime firmemente en su recuerdo: «Si algo no funciona, cambia». Pero no olvides, que los cambios la mayoría de las veces son cualitativos, no cuantitativos.

c) *Tener opciones de conducta.* La flexibilidad de la propia conducta implica una adaptación a todas las situaciones, pero sin perder de vista el objetivo. «Donde fueres haz lo que vieres», sería el refrán español que nos avalaría la premisa. Sin embargo, nosotros vamos aún más allá, más allá del *rapport,* incluso me atrevo a decir que sería conveniente alcanzar (¡en determinadas y precisas ocasiones!) un cierto grado de –como decía D. Juan Matus a Carlos Castaneda– «desatino controlado»[3] o «conductas no convencionales» como las utilizadas por Milton H. Erickson y las actuales escuelas de *terapia no convencional.*[4] Ahora bien, este tipo de flexibilidad conductual requiere tal maestría, que sin el dominio de los patrones anteriores, se podrían

---

3. Véanse obras de este autor referenciadas en la bibliografía.
4. Véase: *Terapia no convencional* y *Terapia de ordalía.* Jay Haley, Editorial Amorrortu.

producir más conflictos que soluciones. Todos y cada uno de los puntos que estoy exponiendo exigen un proceso de práctica y aprendizaje muy cuidado, hasta que llegues a interiorizarlos y formen parte de ti; de ese modo su utilización será sobre la base de una experiencia «real» y no como mera imitación, la cual te traería numerosos problemas o te mantendría en la mediocridad.

4. Operar elegantemente

Este concepto de frecuente uso en PNL, y de imprescindible utilización por parte de un Máster-Practitioner, abarca cuatro aspectos fundamentales:

a) *Precisión en la acción.* Hacer lo que hay que hacer, en el momento que corresponde, en el lugar adecuado, con y para las personas precisas. Es por otra parte, ser absolutamente consciente de lo que se está realizando, «aquí y ahora», es darse cuenta, evitando la mecanicidad, el automatismo y el estado de trance inconsciente con el que la mayoría de los seres humanos se desenvuelven en la vida. La precisión en la acción requiere un estado de atención relajada con el que se pueda detectar lo que se necesita en la ocasión, teniendo presentes los otros factores, de los que a continuación hablaremos.

b) *Economía de recursos.* Máximo rendimiento u óptimo resultado con el mínimo esfuerzo. La adecuación de la técnica al síntoma. No porque una técnica sea más compleja, más intrincada o más «bonita» va a ser más eficaz. Aprende a economizar tiempo, energía, y técnicas para que los resultados sean más rentables. Pero como en todo, en esta vida hay que saber encontrar el punto de equilibrio, y nosotros lo obtenemos manteniendo presentes los otros aspectos fundamentales.

c) *Efectividad.* Atención: no vayas a perder eficacia por economizar demasiado. La economía de recursos y la eficiencia van de la mano, si no lo hacen ambas se deterioran dejando de cumplir su función. Nuestro propósito es la consecución del objetivo, para ello hemos de ser precisos en la acción teniendo en cuenta lo que ya dijimos en el apartado a): intención, momento, sitio y personas; añadiendo el aspecto clave del punto b) que se refiere a la técnica adecuada. Todo este conjunto equivaldría a efectividad, ya que al óptimo resultado se añadiría otro elemento muy importante y beneficioso para nosotros que sería la experiencia.

d) *Ecología.* Todo cuanto hagamos ha de ser ecológico, en el sentido de respetuoso, armónico, cortés, adecuado, ventajoso, inofensivo, apropiado, etc., tanto para uno mismo como para las demás personas con las que interactuamos o se vean (sientan, crean, estén) afectas por nuestra intervención o cambio generado.

Estos serían los requisitos integrantes de la comunicación eficaz en PNL, sin embargo, no acaban aquí los principios de excelencia necesarios para alcanzar el grado de precisión que se requiere para ser un auténtico Máster en nuestra disciplina. Para alcanzar esa maestría en PNL, has de ir mucho más allá del aprendizaje de cantidad de técnicas, del acopio de información compleja, de la realización de múltiples, caros y «prestigiosos» cursos con los «gurús de la PNL». Muchos son los estudiantes que se quedan ahí, a mitad del camino, aunque incluso se dediquen a impartir formación sobre estas técnicas o ejerzan como terapeutas. No es oro todo lo que reluce, ni tampoco son todos los que están. Es como diría Nasrudín: «Información sin experiencia es como un asno cargado de libros.»

«Un Máster es lo que él hace, y hace lo que él es.»

Un Máster ha dejado de ser un mero aplicador de recetas (técnicas, modelos) para transformarse en un hacedor de las mismas. Para ello ha de haber experimentado en sí mismo las técnicas, los modelos, viviéndolos y probándolos en sus propias estructuras internas, para así alcanzar lo más objetivamente posible la competencia inconsciente. De ese modo –y no hay otro–

se aproximaría a dominar la metodología llegando a desarrollar lo que llamamos el *«Arte de la maestría en PNL»*. Este arte es el resultado de todo un proceso de transformación –casi alquímico– que muy pocas personas alcanzan. El *«Arte de la maestría en PNL»*, pretende –y es de lo que nos vamos a ocupar en este libro– que el aspirante desarrolle una serie de habilidades, potencie sus propios dones e integre ciertas estrategias que irán poco a poco permitiendo que en él (o ella) se desplieguen capacidades especiales, consecuencia de una nueva identidad: la de *máster*, que a su vez le aproximará a las puertas de otra realidad transpersonal y trascendente.

A lo largo de las páginas del libro, presentaré las tres fases o grupos por las que el aprendizaje de la maestría ha de transcurrir. Esas tres fases se solaparán permanentemente, siendo su función la de producir cambios a diferentes niveles, especialmente generativos y evolutivos; hay que vivirlos y experimentarlos como ya he dicho anteriormente, de otro modo no serviría de nada. *«El que experimenta sabe, el que no experimenta no sabe.»* Alguna de las habilidades que se indican a continuación serán las mismas o similares a algunas de las que ya conocemos desde la perspectiva de los patrones de la comunicación eficaz, y como consecuencia tan sólo me referiré a ellas someramente.

Las destrezas que un MÁSTER DE PNL debe incorporar y de las que trataremos en el manual podemos clasificarlas del siguiente modo:

1. Cualidades a desarrollar
   - Creatividad.
   - Dominio de las técnicas.
   - Control de las situaciones.
   - Flexibilidad.
   - Impecabilidad y sobriedad.
   - Disciplina de pensamiento y acción.
   - Claridad en la intención y dirección correcta.
   - Atención y escucha.
   - Confianza y seguridad.
   - Precisión y asertividad,

2. Integración en los Niveles Lógicos.
3. Habilidades a incorporar:
   a) Habilidad de INPUT:
      1) Capacidad de observación.
      2) Calibración.
      3) Detección de patrones.
   b) Habilidad PROCESS:
      1) Organización mental.
      2) Análisis.
      3) Capacidad de conceptuar.
   c) Habilidad OUTPUT:
      1) Relación, *feedback.*
      2) Procedimientos, técnicas.
      3) Universalización y generalización de modelos.

A continuación, y con el fin de ir perfeccionando esas capacidades a las que hago referencia, es conveniente realizar una serie de ejercicios[5] que nos faciliten este primer objetivo.

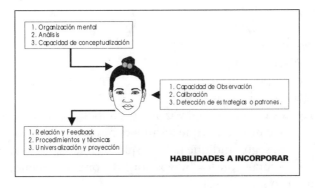

A la primera práctica la llamamos «doble comando», con ella se pretende la actividad simultánea de los hemisferios dere-

_____

5. Los ejercicios y prácticas que se proponen en cada uno de los capítulos y apartados del texto son los que en los cursos realizan los asistentes. Los ejercicios están diseñados y destinados a facilitar y desarrollar las habilidades propuestas. Estas prácticas son las mismas que realizamos en los cursos de formación de Máster en PNL que organiza el Instituto Español de Programación Neurolingüística, tanto en España como en América.

cho e izquierdo y sus correspondientes atenciones (1^a y 2^a), de forma que puedan actuar sincrónicamente. Se realiza del modo que a continuación explico:

Escribe en una hoja grande de papel tamaño Din A1 o similar el alfabeto completo en mayúsculas, tal y como se plasma en el dibujo.

Una vez escrito, colas una i/ (i minúscula) debajo de la D/, una d/ (d minúscula) debajo de la I/, y una j/ (j minúscula) debajo de la J/. A continuación sigue poniendo aleatoriamente i/d/j debajo de las demás letras mayúsculas, teniendo en cuenta la norma de que, sólo se pueden repetir dos veces seguidas la i/ y la d/; la j/ nunca se repite.

Ahora te sitúas delante del papel, que habrás colgado previamente en la pared, y vas diciendo en voz alta el alfabeto de las mayúsculas A, B, C..., a la misma vez que levanta el brazo derecho, el izquierdo o los dos, según indique la letra que está debajo. Los movimientos a ejecutar con los brazos son: d/ brazo derecho, i/ brazo izquierdo y j/ los dos.

A	B	C	D	E
i	d	j	i	i
F	**G**	**H**	**I**	**J**
d	d	i	d	j
K	**L**	**M**	**N**	**Ñ**
i	i	d	j	i
O	**P**	**Q**	**R**	**S**
d	d	i	j	d
T	**U**	**V**	**W**	**X**
i	i	d	d	j
Y	**Z**			
i	d			

Utilizando como modelo el dibujo que tienes arriba actuarás del siguiente modo:

A, levanta el brazo izquierdo a la vez que dices A.

B, levanta el brazo derecho a la vez que dices B.

C, levanta los dos brazos y a la vez dices C.

... y así sucesivamente.

Esta práctica hay que realizarla a una velocidad de aproximadamente un segundo por letra. Si te equivocas al levantar el brazo o al nombrar una letra (confundiendo las mayúsculas con las minúsculas), debes volver a empezar desde la línea en la que has cometido el error. La clave consiste en realizar todo el ejercicio sin equivocarse ni una sola vez desde la A/ a la Z/, dos veces seguidas, y desde la Z/ a la A/ otras dos veces.

Concluida esta fase, pasarías a otra en la que los movimientos son los que siguen: d/ levantar el brazo derecho y la pierna izquierda, i/ levantar el brazo izquierdo y la pierna derecha, y j/ levantar los dos brazos y dar un saltito con las dos piernas.

Gran parte del entrenamiento en PNL, y muy especialmente para el de un Máster, consiste en ampliar su conciencia y en consecuencia su atención consciente. Para ello es conveniente tener en cuenta los principios que sobre la conciencia se consideran en nuestra disciplina:

a) Las secuencias de una estrategia no necesitan ser conscientes para que sean operativas. De hecho hay gran número de ellas operando en nosotros –muchas de ellas ineficientes– de las que no somos conscientes. Por ello, en la medida que alcancemos la conciencia de nuestros propios procesos internos, seremos capaces de modificar las estrategias que no resulten operativas, automodelarnos para alcanzar otros niveles de eficacia, mejorar POPS en aras de una optimización de nuestras propias habilidades y recursos.

b) La conciencia es el resultado de la intensidad relativa de la actividad dentro de nuestro sistema representacional. Nos demos cuenta o no de la modalidad utilizada en cada paso de nuestras estrategias, es indiferente de lo que estén procesando, si hay una mayor intensidad neuronal, nos daremos cuenta y si no, pasará desapercibida. Si miro y veo, que me doy cuenta de que estoy viendo (V_e), va a depender de que exista un ímpetu neuronal lo suficientemente elevado para que esto ocurra. Si no me doy cuenta, como de hecho sucede frecuentemente, no es ni más ni menos que los impactos de ese $V_e/$, no son lo bastante elevados o mi nivel de atención no alcanza los niveles de actividad necesaria para que eso suceda. Lo mismo ocurre si me imagino algo (V_i), o mantengo un diálogo interno insistente (DI), en ambos casos pueden estar inundándose nuestra mente sin que seamos conscientes de ello.

c) La conciencia es una propiedad emergente de la actividad neural, no un indicativo de dicha actividad. Si existe una mayor intensidad neuronal es por que hacemos un esfuerzo para ello, no es un proceso del azar en nuestro sistema nervioso. Recuerden que eso de: ¡Ah, qué suerte, por arte de magia ahora estoy consciente! O ¡Ah que suerte, gracias a que por casualidad era consciente no me he dado un golpe! Son estupideces.

d) Una estrategia o una representación interna sólo llega a ser consciente cuando alcanza cierto grado o nivel de actividad. O lo que es lo mismo, sin esfuerzo y sin voluntad nunca llegamos a ser conscientes de nada.

e) Las estrategias o representaciones que aparecen o se ejecutan por debajo del nivel de conciencia es lo que llamamos *subconsciente* o *inconsciente*.

La habilidad y en especial la capacidad de focalizar la atención, y mantener ésta en algo, durante tiempo, no es sencillo aunque sí asequible si nos esforzamos y comprometemos a ello. Muchas veces comparo la mente del hombre como si fuera un «pelotón de tontos»,[6] donde cada uno de ellos lucha por obtener la primacía en cada momento. De vez en cuando un «tonto» o «pequeño grupo de tontos» toma el mando y luego se marcha cediendo el control a otro «tonto». Cada «tonto» se cree que él es el único, y que su pensamiento es el más importante. Así es como ocurre, por la mañana cuando nos despertamos –y esto es sólo un

---

6. Ya Robert Orstein hizo referencia previa a la mente como «el pelotón de los simples» en su libro *La evolución de la conciencia*, editorial EMECÉ, Barcelona 1994.

ejemplo–, ahí está el «tonto perezoso» que ha tomado el mando, diciendo que para qué tanta prisa, que el descanso es lo más importante, que la salud está en juego si no descansamos lo suficiente, que no merece la pena dar un salto de la cama, etc. Más tarde cuando nos hemos tomado un café, surge el «tonto imagen», que acude con la idea de que lo realmente importante es quedar bien, dar buena imagen, y que definitivamente la vida no es otra cosa que apariencia, y que todo debe de estar supeditado a ello, y etc. etc. Tal vez a media mañana aparezca en escena el «tonto compasivo» y nos haga reflexionar sobre la necesidad de ayudar a otros, de servir a la comunidad, de ser buenos chicos, etc. A la tarde hará su aparición posiblemente el «tonto divertido», buscaba el placer, el deleite y el disfrute, diciéndonos que para cuatro días que vamos a vivir lo que importa es vivirlos con alegría y fiesta, etc. etc. etc. Y así un instante tras otro nuestra fragmentada mente va dando saltos de aquí para allá, manteniéndonos inestables, contradictorios, inseguros e ineficaces.

> *Mientras estés fragmentado e inseguro*
> *de nada sirve la índole de tus decisiones.*
> HAKÍM SANAI

Lo único que nos puede librar del fatídico motín de los «tontos», es una práctica disciplinada, una voluntad firme para mantener nuestra atención en alerta y focalizada para determinar conscientemente que «tonto» es el que conviene utilizar en cada momento, y no que sean los «tontos» los que nos gobiernen a su antojo. Hemos de esforzarnos por ser deliberada y conscientemente quienes seleccionemos qué parte de nuestra mente queremos manejar en cada instante de nuestra vida. A esto es a lo que se refiere la evolución consciente, ser dueños y controlar nuestras opciones. Así que, para poder controlar nuestra mente –proceso previo a ese desarrollo–, es imprescindible llevar las reacciones automáticas a la conciencia para desde ahí decidir la opción a tomar. Es decir, gobernar el pelotón de los «tontos», y para ello, la conciencia ha de tomar el control, ya que como dije anteriormente, ésta es la parte de nuestra mente donde se cruzan las distintas decisiones. Por consiguiente, la vigilancia del automatismo no es otro, que decidir qué «tonto» queremos que entre en acción en cada momento, impidiendo su dictadura anárquica.

Ésta es la única fórmula mágica para alcanzar la maestría. Ya que mientras su mente se encuentre fraccionada en esa desordenada legión de necios, cualquier decisión que tome carece de validez, debido a la futilidad del tiempo que es capaz de mantenerse enfocada. Para que las decisiones sean constantes, para salvaguardarlas, has de conseguir que el pelotón tenga un capitán que los mande, y ese oficial, has de ser tú con tu conciencia del momento. Cuando la conciencia está en el aquí y ahora, cuando no existe dispersión, y cuando hay orden, se produce una expansión de la misma que nos proyecta al conocimiento pleno del momento, a la optimización de la experiencia. No existe un cambio realmente evolutivo, si no existe previamente un salto en el nivel de conciencia, un tipo de impulso sutil al que podríamos llamar: «*Salto cuántico*».

Esta dinámica cuántica es similar a la que se produce en el organismo humano cuando un elemento de la mente –pensamiento– que es energía transportada por las neuronas, pasa a convertirse en cuerpo –materia– que es la química orgánica. Ese «salto» que permite pasar de energía a materia se produce gracias a un aporte de un «algo» que es fuente de vida, y que muy bien podría ser esa energía inteligente, esa consciencia que inunda el cosmos y que lo controla todo.

Son muchos los científicos que actualmente consideran la existencia de cierto elemento de naturaleza no material –como al que hago referencia– que es el responsable de toda la creación. Tenemos por ejemplo al Dr. Goswami,[7] quien afirma: «[...]

---

7. Amit Goswami es físico de origen hindú, profesor de la Universidad de Oregón, y miembro del Instituto de Ciencia Teórica en Estados Unidos. Es autor de entre otros del libro *The Self-Aware Universe: How Consciousness Create the Material World* (El universo autoconsciente: cómo la conciencia creó el mundo material).

todo parte de la conciencia, que impone una causación descendente[8] [...]
Cuando actuamos en el mundo, lo hacemos con un poder causal efecti-
vo. [...] la causación descendente, se manifiesta en la creatividad y en el
libre albedrío, o cuando adoptamos decisiones de índole moral. En tales
circunstancias, de hecho asistimos a una causación descendente provo-
cada por la conciencia.»

> *Existe un campo invisible que mantiene unida toda la realidad, un*
> *campo que posee la propiedad de saber lo que está pasando en cual-*
> *quier parte en un momento determinado.*

DAVID BOHM
Campo de la energía inteligente

La siguiente pregunta sería, ¿qué se necesita para mantener la conciencia en esa dirección, y alinearnos con esa energía? La respuesta, es algo muy elemental y dificultoso a la vez. Para resistir firmemente en el aquí y ahora precisamos canalizar y fijar una poderosísima energía mental que conocemos como «atención». No obstante, el ser humano tiene una capacidad limitada de atención y como consecuencia una limitación en percibir su entorno.[9] La mayoría de los errores, fracasos, equivocaciones,

---

8. La visión actual del Cosmos y de la creación en general afirma que todo está hecho de materia y que puede ser reducido a partículas elementales de cuyas interacciones surgen las causas; dichas partículas conforman los átomos, los átomos generan las moléculas, éstas las células, y las células el cerebro. Se cree, pues, que toda causa proviene de las partículas elementales, y es lo que llaman *causación ascendente*. Por lo que se deduce, que el libre albedrío no existe en realidad; siendo sólo un epifenómeno o fenómeno secundario con respecto al poder causal de la materia. Así mismo, todo poder causal que parece ejercer sobre la materia es una ilusión.

La visión opuesta, el nuevo paradigma a la que nos referimos, es el de la *causación descendente*, donde el libre albedrío es real, y que todo parte de la conciencia, ejerciendo ésta un poder real causal real sobre la materia. (Explicación tomada de una entrevista realizada por Craig Hamilton a Amit Goswami.)

9. Tenemos una capacidad para atender a $7 + 2$ trozos de información simultáneamente.

desengaños, conflictos, etc., sobrevienen como consecuencia de la baja o escasa atención que prestamos al momento. Si no hay atención, tampoco hay plena conciencia, y constantemente perdemos atención con preocupaciones, enfados, conflictos, problemas, miedos, inseguridades, dudas, diálogos internos inútiles, etc.

Una de las presuposiciones que sostienen la PNL, como ya sabes, advierte, «no existe un sustitutivo para los canales sensoriales abiertos, despejados y limpios». Con ello queremos manifestar que todo condicionamiento humano del tipo que sea, es un filtro distorsionador de la percepción sensorial que impide ver la realidad tal como es. De modo que para hacer posible el oír la realidad interior, también es necesario liberarnos de los bloqueos, monsergas, diálogos internos y embotamientos que dificultan e impiden apreciar esa otra presencia profunda. Cuando depuramos los sentidos y conectamos ecológicamente –expandiendo la conciencia– con las energías del Universo, es cuando estamos en disposición de penetrar más allá de los límites comunes al resto de mortales, entramos en el campo de utilización donde las herramientas de la prosperidad surten sus efectos.

Existen unas prácticas, que tal vez conozcas ya, dentro de la técnica del anclaje, que nos posibilita incrementar la capacidad de focalizar la totalidad de nuestros órganos de percepción en un mismo instante, permitiendo con ello canalizar toda la energía psíquica de la atención en el aquí y ahora de lo que esté sucediendo. Es un procedimiento que nos faculta a captar, con una limpieza máxima, la realidad de nuestro entorno. Cuando se experimenta por primera vez tal habilidad humana, la mayoría de las personas quedan impresionadas haciendo comentarios como: «He vivido todos los años de mi vida sin darme cuenta de todo lo hermoso que palpita alrededor de mí. Colores hasta ahora no percibidos, dimensiones que pasaban desapercibidas, contrastes de luz y sombra creadores de infinitos matices, sonidos inadvertidos con su variedad de tonos y matices, sensaciones, olores y sabores todos ellos presentes en cada segundo de nuestra existencia.»

No se trata de ninguna experiencia paranormal sino de una facultad humana que comúnmente permanece deteriorada o dormida. Como cualquier otro órgano, músculo, o sistema, si no se utiliza se deteriora e incluso muere. Así que como preámbulo de las diferentes técnicas que enseñaré es conveniente poner en marcha y activar esta capacidad de atención que todos los mortales poseemos, aunque en muchos casos permanezca dormida.

Ejercicio para desarrollar la atención y la conciencia del entorno

- Encuentra un lugar, ya sea dentro o fuera de tu casa, donde puedas sentarte o pasear un rato, disfrutando del ambiente que te rodea.
- Comienza a observar tu entorno, y conforme te vas percatando del mismo, enfoca tu atención hacia las cosas que te rodean y sintoniza con ellas a través de todos y cada uno de tus órganos de percepción.
- Primero con los ojos: viendo. Utiliza la vista tanto panorámica como detallada y observa detenidamente los diferentes objetos, colores y matices de éstos, movimientos, luces y sombras, profundidad, etc.
- A continuación con tu sensación: sintiendo al máximo cada elemento del medio: capta la temperatura, el aire, la textura de diferentes materias, formas, etc., y la piel y los músculos conforme se mueve.
- Con el oído: escuchando los sonidos del entorno, voces, ruidos, tus pisadas, incluso la propia respiración.
- Oliendo: El aire y algunos de los objetos a tu alcance.
- Y conforme adquieres la conciencia de que vas teniendo acceso pleno a cada uno de tus órganos de percepción lo más completamente posible, presiona con tu mano derecha el antebrazo izquierdo. Según vas teniendo acceso a cada sistema, sucesivamente, aprieta tu antebrazo, más fuertemente cuanto más veas, sientas u oigas.

- Sintoniza todos los sistemas representacionales simultáneamente, de forma que tu atención esté completamente enfocada hacia fuera de ti a través de todos sus canales de acceso. Cuando lo consigas, aprieta de nuevo tu muñeca.
- Repite el proceso hasta que sólo con volver a apretar tu antebrazo comiences a enfocar tu atención intensamente y sin esfuerzo consciente en el entorno que te rodea.

La siguiente práctica es similar a la previa, pero dirigida a incrementar nuestra atención interna, a nuestras percepciones íntimas, a ser concientes de la riqueza y posibilidades de nuestro mundo interior.

Ejercicio para desarrollar la atención hacia el interior de ti mismo

- Acomódate en un lugar donde puedas concentrarte durante unos veinte minutos sin que nada te distraiga. Es preferible que mantengas los ojos cerrados durante todo el ejercicio para evitar cualquier distracción.
- Seguidamente enfoca tu atención hacia dentro y atiende a cada uno de tus órganos de percepción interna.
- Primeramente capta con el oído interno: Escuchando cualquier voz interna que recuerdes, diálogos, tonos o sonidos que evoques y te vengan a la cabeza, conversaciones, etc. Cuantos más de ellos puedas rememorar mejor.
- A continuación mira con el ojo interno: Utiliza tu ojo mental, tu visualización e imaginación para traer escenas, personas, rostros, detalles y acontecimientos que hayas visto antes. Deja volar tu creatividad y tu fantasía construyendo cualquier representación que se te ocurra, enriqueciéndola y llenándola de luz y color.
- Ahora siente internamente el flujo emocional, el cuerpo, la respiración. Puedes incluso inventar cosas que promuevan tu fantasía y te produzcan nuevas sensaciones.

- Pasa seguidamente a oler y saborear en tu imaginación perfumes, aromas, cosas, personas y lugares que puedas recordar.
- De nuevo, procura tener acceso a cada sistema tan completa y separadamente como puedas. Conforme lo haces, en los momentos de máxima intensidad, junta tus manos y apriétalas con fuerza.
- Vuelve a experimentar todos los órganos de percepción interna al mismo tiempo. Cuando te percates de que lo consigues, vuelve a juntar y a apretar tus manos.
- Repite el proceso hasta que el mero hecho de juntar las manos fuertemente haga que tu atención se enfoque hacia dentro sin ningún esfuerzo consciente.

Dentro de nuestra mente enorme, no especializada en la infancia, poseemos reinos de posibilidades no desarrolladas que están más allá del mundo en el que vivimos.[10]

El desarrollo de la atención consciente, es, como cualquier otro aprendizaje, una labor que lleva aparejado el paso por los niveles de incompetencia inconsciente, incompetencia consciente, competencia consciente, competencia inconsciente, para poder subir un peldaño más y reiniciar de nuevo las diferentes fases del aprendizaje. La atención es la capacidad de domar y enriquecer la conciencia de nuestra existencia a través del proceso de adquirir experiencias válidas, sería el logro mayor que cualquier hombre puede pretender, pudiendo llegar a ser un proceso casi mágico.

La atención, y lo podemos comparar con cualquier otra capacidad humana, considero que tiene niveles y grados de perfeccionamiento, aventurándome podríamos ordenarla en las siguientes fases:

_____

10. Rodert Orstein. op. cit.

➤ *ATENCIÓN A*: Equivaldría a la conciencia animal en bruto que a través del proceso humano se ha convertido en una facultad compleja, intrincada y extremadamente frágil, que se encarga de manejar lo cotidiano; es decir, todo lo que uno puede manipular forma parte de esta atención. Son muchas personas las que creen que es nuestra parte más valiosa. Sin embargo, se limita a abarcar lo conocido, lo vulgar, lo burdo, lo denso, lo material o palpable. Ésta a su vez, la podríamos subdividir en dos subatenciones, a saber, la 1ª y la 2ª, y que corresponden a lo consciente y a lo subconsciente respectivamente. De estas dos, la segunda atención, previamente ha tenido que aprender para que pueda ser operativa, o bien nos viene dado por nuestro código genético (como las funciones inconscientes responsables del mantenimiento de la vida).

➤ *ATENCIÓN B*: Esta atención correspondería a un estado de conciencia complejo y especializado. Se requieren técnicas, disciplinas y concentración muy elaboradas que distan mucho de las que comúnmente se presentan. Es la conciencia de humano desarrollado en términos transpersonales. Tiene que ver esta atención con lo desconocido, o mejor dicho, con lo intangible y con lo no identificable por los parámetros «científicos».

➤ *ATENCIÓN C*: Concerniría a la conciencia del «iluminado», que permite ver el trasfondo, la esencia de todas las cosas conocidas y desconocidas. Esta atención sólo la alcanzan algunos seres privilegiados (místicos, maestros, santos), capaces de mantenerse después de ello con vida en este plano. Quienes alcanzan el segundo y tercer grado de conciencia y atención, mantienen todas las anteriores en activo y simultáneamente operando.

Recuerda pues, que la atención es la capacidad de domar y enriquecer la conciencia de nuestra existencia, a través del proceso de adquirir experiencias válidas, y que éste sería el logro mayor que cualquier hombre puede pretender, pudiendo llegar a ser un proceso casi mágico.

Llegado a este punto, es conveniente añadir una práctica para acostumbrarnos a desarrollar la atención base y múltiple a hechos que acontecen simultáneamente. Dado nuestro fútil condicionamiento selectivo a un mínimo de elementos, perdiendo la completa y rica experiencia que acontece, es necesario reacostumbrarnos a prestar atención a diferentes cosas a la vez y para ello haremos el siguiente trabajo:

Han de situarse dos personas de pie, el sujeto A/ que será quien realice el ejercicio, y el ayudante B/.

A/ se colocará frente a una pared libre de objetos, para evitar distracciones. A una altura aproximada de los ojos, pondrá una marca en la pared (una chincheta por ejemplo).

El sujeto A/, fijando los ojos en la marca, como punto de partida, elevará los ojos y dirá en voz alta: ARRIBA, pasando de nuevo por la marca, bajará los ojos y dirá: ABAJO, pasando de nuevo por la marca, llevará sus ojos hacia la izquierda, y dirá: IZQUIERDA, a continuación los dirigirá hacia la derecha pasando por la marca y dirá: DERECHA, volviendo a la marca para reiniciar de nuevo el ciclo completo. Así, partiendo con los ojos fijos en el centro de la marca dirá:

ARRIBA (al centro), ABAJO (al centro), IZQUIERDA (al centro), DERECHA (al centro), ARRIBA (al centro), ABAJO (al centro)...

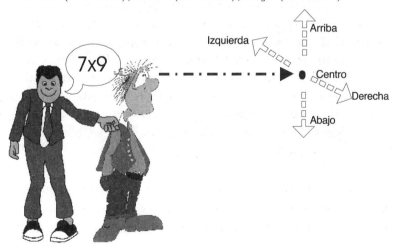

Mientras tanto su ayudante irá indicándole para que ejecute pequeñas operaciones matemáticas utilizando para ello señales (visuales), palabras (auditivas) o toques (kinestésicos), que deberá calcular a la vez que realiza el circuito (arriba, abajo, izquierda, derecha...) sin detenerse en vocalizar el circuito. El resultado de la operación matemática lo dará en voz alta también cuando complete un ciclo, es decir: ARRIBA, ABAJO, IZQUIERDA, DERECHA, y seguidamente responde (el resultado del cálculo) y sigue, ARRIBA, ABAJO...

Las indicaciones pueden, como ya he manifestado, darse en cualquier modalidad del sistema representacional, por ejemplo: B/ le señala con los dedos 2 (mostrando dos dedos), le dice a continuación con la voz, POR (multiplicado por) y le da CINCO PALMADAS en la espalda. El sujeto A/ que estará repitiendo en voz alta, arriba, abajo... habrá realizado los cálculos entre tanto sin parar, y cuando llegue al final del ciclo, y antes de reiniciar de nuevo arriba..., contestará: DIEZ (si es que no se confunde), y proseguirá, ARRIBA, ABAJO..., mientras B/ le indica una nueva operación de cálculo diferente.

El objetivo que perseguimos con este ejercicio, es activar y simultanear dentro de la atención A, la 1ª y la 2ª, para que interactúen y trabajen conjuntamente.

Otra variante de este ejercicio, un poco más compleja, es la siguiente:

Ahora necesitaremos un tercer ayudante C/.

Una vez que el sujeto A/ está dispuesto del mismo modo que en la precedente práctica, B/ realizará el mismo tipo de cometido, mientras que el segundo ayudante C/, irá simultáneamente relatando una historia, cuento o lo que se le ocurra.

A/ debe realizar el circuito, responder a las operaciones, y enterarse del contenido y detalles de la historia que relatará al finalizar un período de unos 8 o 10 minutos.

Como es común en la formación, han de rotar los papeles de A/ B/ C de modo que todos los participantes realicen su práctica y entrenen las habilidades a desarrollar.

Otra de las técnicas muy útil para desarrollar la capacidad que nos ocupa es la que nos exige un decidido enfoque de la atención a elementos exógenos y que transcribo a continuación.[11]

Lo primero que tienes que hacer una vez que decidas iniciar la realización de esta práctica, es fijar un momento del día en el que puedas disponer de 20/30 minutos para dedicarte a ella. Es necesario que lo hagas todos los días, durante 10 días, siempre a la misma hora.

Encuentra un lugar concreto al que puedas ir con facilidad y en el que puedas observar cómodamente a la gente (cafetería, restaurante, bar, aeropuerto, parque de atracciones, etc.)

A continuación haz lo siguiente:

1. Una vez acomodado, toma un bloc de notas y un bolígrafo. Mantente atento y relajado. Elige una persona sobre la que vas a realizar tus observaciones y préstale toda tu atención durante los 7 o 10 primeros minutos. Aíslate de todos los sonidos, y de todas las sensaciones, en especial de los que procedan de la persona que estás observando. En el cuaderno irás anotando los detalles y paramensajes de los aspectos visuales de esa persona, atendiendo principalmente a tres de los siguientes puntos:
   a) Manos de la persona. Movimientos, lateralidad, coordinación, expresividad, etc.
   b) Expresión facial. Frente, entrecejo, parpadeo, boca, mejillas, cejas, etc.
   c) Sistema de accesos oculares más significativo o dominante. (Más adelante lo estudiaremos.)
   d) Respiración de la persona. Superior, torácica, abdominal, completa, profunda, agitada, etc.
   e) Pies y piernas. Movimientos, formas de cruce, posiciones, etc.
   f) Simetría corporal. Relación e inclinación de cabeza, cuello y hombros.

---

11. Esta técnica ya la recomendé en el libro *Curso de Practitioner en PNL*, para la observación y calibración de las congruencias e incongruencias.

Es conveniente que alternes día a día tu foco de atención a tres aspectos diferentes, y los tres últimos días lo hagas globalmente, es decir, a los seis apartados indicados.

Cuando lleves observando durante esos 7 o 10 minutos a la primera persona, finaliza tu observación para a atender a otra, con la que realizarás el mismo trabajo, y cuando transcurran de nuevo los 7 o 10 minutos hazlo con una tercera.

Por último, analiza tu propia experiencia de observar a esas personas. ¿Qué es lo que más te ha costado? ¿Cómo te sentías? ¿Qué has aprendido de la observación? ¿Qué es lo que más te ha llamado la atención del trabajo en sí mismo?

2. Cuando concluyas la primera fase del ejercicio, los 7 o 10 días, pasa a la siguiente fase. Elige de nuevo un lugar y decide el momento de ejecución, sigue los mismos pasos que al comienzo del anterior. Durante los 10 o 15 primeros minutos dedícate a observar sólo una parte del cuerpo, es decir, si de la lista de aspectos a observar decides empezar por el rostro, atiende a la zona de la derecha y a continuación los comparas con los de la zona izquierda. Por ejemplo, si miras la zona de la derecha de la frente, intenta captar todas las arrugas que se forman, para a continuación compararlas con las de la izquierda; haz lo mismo con la comisura de los labios y mejillas. Encuentra los diferentes paramensajes que pudiesen estar manifestándose en ese sujeto. Anota las diferencias descubiertas.

Los 10 o 15 minutos siguientes cambia de persona, pero esta vez no uses la lista, simplemente observa, y esta vez vas a observar sin mirar directamente al sujeto. Para ello localiza un punto próximo al sujeto a una distancia de aproximadamente un palmo de él, donde fijar tu vista desenfocadamente. Debes darte cuenta de cómo en esa forma eres capaz de percibir todos los movimientos conjuntamente. La observación que quiero que realices ahora, es el darte cuenta de dónde surgen las incongruencias en la persona. Dónde hay suavidad o falta de ella, si se producen brusquedades o no. Dedica a esta observación unos 7 o 10 minutos. Por último elige una tercera persona, y con el método de mirar que practicaste anteriormente, descubre cuál es la parte del cuerpo de este nuevo sujeto que es más expresiva, céntrate en ella e intenta de nuevo descubrir en esa zona la existencia de cualquier incongruencia por sutil que parezca. Continúa con esta fase durante 7 o 10 días antes de pasar a una nueva práctica.

El siguiente ejercicio se refiere exclusivamente a la escucha, la anterior era de observación visual y ésta va a ser de observación auditiva.

1. Decide igualmente, el tiempo y el lugar. Los que utilizaste para el trabajo anterior pueden servir perfectamente. Una vez que te encuentres situado localiza a una persona a la que puedas oír cómodamente sin levantar sospechas de indiscreción. Escucha con completa atención sin desviar ninguna parte de ella a la observación visual. (Si puedes ocultar tus ojos tras gafas de sol y mantener éstos cerrados, será aún mejor.)

2. Ahora prestarás especial atención a tres de los cinco aspectos siguientes durante 7 o 10 minutos, al cabo de los cuales cambiarás y proseguirás por tiempo igual, al finalizar compararás tus anotaciones descubriendo las incongruencias manifestadas entre los diferentes aspectos de este canal auditivo.

   a) Las palabras, predicados verbales, frases y frases hechas más usuales, sentencias, afirmaciones categóricas más frecuentes que usa la persona.

   b) Volumen de la voz y alteraciones de la misma.

   c) Tono de voz.

   d) Ritmo de la conversación. Rápido, lento, cuando se producen los cambios en el ritmo.

e) Formas de entonación. Cómo termina las frases, cuando cambia la entonación, que palabras son las que remarca con el tono, etc.

Realizado este ejercicio durante los días indicados, pasarás a la realización conjunta de las dos partes, la calibración visual y auditiva simultáneamente.

3. En tu lugar escogido sitúate de forma que puedas ver y oír a la persona escogida. Empieza comprobando tres puntos de las distinciones visualmente constatables, pasa luego a otras tres auditivas y seguidamente comparando tus anotaciones hechas en el bloc, analiza las incongruencias, prosigue con el resto de las observaciones hasta comprobar toda la lista y tener la certeza de que tus calibraciones son las acertadas.

Una vez que esta tarea te resulte cómoda y fácil, pasa a prestar especial atención a la relación congruencia o incongruencia de los aspectos más indicativos en tantas personas como te sea posible. Estas relaciones son: Manos, paramensajes verbales (tono, ritmo, volumen, predicados, frases, etc.) y su relación con los gestos y posturas marcados por el lado del cuerpo que responde al hemisferio dominante en la persona.

Capítulo III
Detección de patrones

Dada la importancia de este tema para la adecuada formación del Máster, y aunque ya se estudió ampliamente en el curso de Practitioner, no viene de más profundizar un poco y de paso repasar lo ya aprendido.

Como ya sabes, todos nuestros comportamientos internos y/o externos están organizados a partir del sistema representacional que provoca la actividad neuronal motora. Sin embargo, esas representaciones internas no son estáticas, sino que forman cadenas en las que una determinada modalidad induce la activación de otra, y ésta a su vez otra, y así hasta que la conducta concluye. A esa cadena de modalidades secuenciadas es a lo que llamamos ESTRATEGIA. *Una estrategia es pues, un proceso mental que lleva a una respuesta, y que está formada y se puede representar como una serie de modalidades encadenadas.* En PNL consideramos que una estrategia pone en funcionamiento el sistema neurológico. Todos los seres humanos tenemos cantidades de grupos de estrategias consolidadas y específicas, para realizar multitud de cosas; hay estrategias para comunicarnos, relajarnos, seleccionar comida, motivarnos, movernos, etc. Algunas de ellas resultan bastante operativas, y otras realmente ineficientes. ¿Qué es lo que contribuye a ello? Hasta que la PNL inició sus investigaciones sobre la conducta humana con esta metodología, tales

93

errores se atribuían sencillamente a la casualidad, al azar o a la «mala suerte». Nosotros descubrimos, o mejor dicho, redescubrimos, que el éxito consiste en el uso de una estrategia adecuada en función del momento, lugar, persona y situación.

Para que resulte operativo, representamos la estrategia por medio de una hilera de modalidades del S.R., donde los componentes son:

A) La modalidad del sistema representacional en la que está codificada la información.

B) La relación secuencial entre las diferentes modalidades que conforman la estrategia.

En cualquier instante de nuestra existencia, los canales de percepción, y como consecuencia el S.R., están activos, lo que ocurre es que vamos dando preferencia a una u otra modalidad en función de la necesidad o del aprendizaje. Imagina un tipo de pentagrama en el que cada línea corresponde a una modalidad, y cada columna es un instante en el tiempo, cuando desarrollas una estrategia escoges segundo a segundo una modalidad específica y ello da lugar a una estrategia.

Gráficamente podría ser algo así:

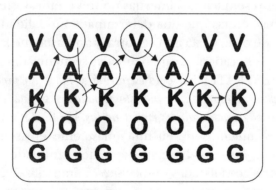

Nos permitimos también representarlo del modo (suprimiendo las variantes e/i/r/c –para simplificar de momento–):

$$O - V - K - A - V - A - K \rightarrow K$$

94

A pesar de esta linealidad, como ya he dicho, en todo momento nuestra actividad neurológica receptora es completa. No se desconecta del canal visual, por ejemplo, cuando opera el olfativo ni éste cuando entra en juego el auditivo, etc., todos están activos, lo que ocurre es que valoramos más una determinada información, una modalidad que otra, y ésa, por así decirlo, toma el control sobre el resto. Algunas estrategias pueden ser muy complejas; en todo caso el *modelador* debe elegir la forma más elegante y significativa para estructurarla, lo que equivaldría a encontrar la fórmula (hilera) que emplea el menor número de distinciones (modalidades) y que al mismo tiempo nos permita obtener los mejores resultados en la situación analizada. La estrategia es la base del modelado, desde el punto de vista de comportamiento, es el medio de que disponemos para acceder a los recursos de la excelencia. Podríamos comparar las estrategias con un número telefónico, cuando queremos establecer comunicación con cierto destino, es imprescindible marcar los dígitos del teléfono de destino y no otros. Cambiar o mezclar al azar los dígitos no nos llevará a un resultado adecuado.

Es muy importante tener presente que en PNL siempre trabajamos sin contenido; *sólo nos interesa la forma.* Es posible emplear una estrategia en diferentes contextos y para distintas cosas, siempre que nos resulte útil. Sin embargo, muchos de los llamados «fracasos», como ya sabemos, no son más que aplicaciones de estrategias, que por su contenido, no resultan apropiadas para unas actividades mientras que para otras sí. Pongamos un ejemplo: una estrategia de canto con la que somos capaces de interpretar una magnífica balada, usada para transmitir radiofónicamente un partido de baloncesto, ¿resultaría eficaz?

Afortunadamente, también es posible aplicar modelos de estrategias ajenos o propios que manejamos con pleno rendimiento en ciertas situaciones y, sin embargo, en otros similares las que usamos son ineficientes. Es el caso de las estrategias de motivación: nos estimulamos fácilmente para llevar a cabo cualquier tarea que nos satisfaga, y somos incapaces (¿?) de animarnos para aquello que no nos agrada pero que tenemos que realizar. ¿Qué es lo que ocurre en estos casos? Muy sencillo, que no estamos utilizando la estrategia de motivación adecuadamente, o incluso ni la llegamos a usar. Cualquier estrategia operativa, fue aprendida y llegó en su día a ser «competencia inconsciente», por lo que no es necesario que sea consciente para que se ejecute. Recuerda que consideramos la conciencia como una intensidad relativa de la actividad dentro del sistema representacional; o dicho de otro modo, es una propiedad emergente de la actividad del sistema neurológico, no como un indicador de la misma. Las representaciones, las estrategias solamente llegan a ser conscientes cuando las traemos a la consciencia, o cuando los impulsos neuronales alcanzan cierto grado de intensidad.

Cuando un grupo de estrategias se consolida pasando a formar una conducta más o menos compleja y llega a estructurarse como una secuencia de actividad completa dentro del sistema representacional, ejecutándose por debajo del umbral de consciencia, la llamamos POPS o programa mental. El POPS es un modelo básico de conducta eficiente ideado por los investigadores K. Pibram, G. Miller y E. Galater (1960) para que sirviera de guía en los análisis del comportamiento. Es diferente de la teoría *behaviorista* del estímulo-respuesta, por su precisión y elegancia que añadiendo elementos tales como el *feedback* y el resultado final, que en el estímulo-respuesta no existen. A su vez la PNL ha mejorado aún más el modelo del POPS introduciendo en el análisis la investigación de las estrategias que le dan forma y los elementos de éstas, como son las modalidades y submodalidades dentro del sistema representacional. Las siglas POPS (TOTE en inglés), hacen referencia a los pasos necesarios dentro de una conducta estructuralmente correcta, y significan:

P → Prueba (T en inglés *Test*)
O → Operación (O → *Operation*)
P → Prueba (T → *Test*)
S → Salida (E → *Exit*)

Dentro de un POPS, una estrategia es la unidad básica que constituye cada secuencia dentro del propio POPS Es decir, existe una estrategia para la PRUEBA primera, otra u otras para las OPERACIONES, otra para la segunda PRUEBA, y otra para decidir la SALIDA. Cuando analizamos las estrategias dentro de un POPS, lo que hacemos es romper o desmontar éste en cada uno de sus componentes a fin de descubrir los elementos del SR y describir su orden, su calidad y secuencias que llevan al resultado específico del comportamiento deseado.

Al efectuar un modelado, siguiendo las pautas de análisis que nos aporta el POPS, hemos de tener presente que la *prueba* representa todas las condiciones que tienen que darse antes de que se produzca una determinada respuesta. La *prueba* es también la diferencia existente entre el objetivo de la conducta, es decir, lo que queremos conseguir, y el punto de partida desde el que iniciamos la acción. Cuando ese factor *diferencia* desaparece, es cuando se produce la salida y mientras eso no ocurre, estaremos ejecutando *operaciones* para alcanzar esa igualación. En muchas ocasiones hará falta repetir varias veces el circuito: prueba-operación-prueba, antes de alcanzar con éxito la salida.

Gráficamente el proceso del POPS lo podemos representar de la siguiente forma:[1]

_____

1. Más adelante, cuando estudiemos los metaprogramas sistémicos ampliaremos la información sobre POPS, conociendo las actualizaciones y nuevos enfoques que le damos.

97

Cualquier comportamiento humano puede ser investigado a partir del esquema POPS. Veamos por ejemplo una aplicación práctica en el estudio de una conducta particular como puede ser montar en bicicleta: El objetivo del POPS «aprender a montar en bicicleta», es mantener el equilibrio y desplazarnos. Las operaciones a realizar serían las de pedalear, adquirir cierta velocidad y conseguir que el centro de gravedad de nuestro cuerpo se mantenga dentro de los límites de estabilidad. Dentro de cada uno de estos pasos, existen estrategias, que sin ser o resultar, eficientes habrá que desmontarlas y modificarlas.

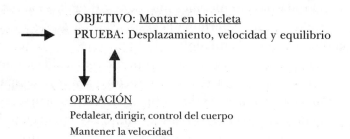

OBJETIVO: <u>Montar en bicicleta</u>
PRUEBA: Desplazamiento, velocidad y equilibrio

<u>OPERACIÓN</u>
Pedalear, dirigir, control del cuerpo
Mantener la velocidad

En el ejemplo hay estrategias para desplazarnos y mantener cierta velocidad, para mantener el equilibrio controlando el cuerpo, para pedalear correctamente, para dirigir la bicicleta.

Tanto el *Estado Presente* como el *Estado Deseado* u objetivo de una conducta planificada con un POPS eficiente, debe definirse desde el punto de vista de distinciones sensoriales disponibles para el sujeto (sea éste una persona, una empresa, grupo, familia, etc.) para cada uno de los dos estados. La gama de operaciones (también llamados recursos) serán los disponibles por el sujeto o aquellos que tenga posibilidad de incorporar.

Existen un par de conceptos que quiero mostrar antes de entrar de lleno en lo que es la técnica básica del modelaje, y que explico a continuación.

a) Una de las estrategias más simples y firmemente consolidadas que tenemos los seres humanos, es aquella en la que sólo intervienen dos modalidades y que le damos el nombre de SINESTESIA.[2] Son los casos de:

Ver sangre y sentir náuseas.... $\rightarrow$ $V_e \rightarrow K_i$

Oír chirriar y erizarse la piel... $\rightarrow$ $A_e \rightarrow K_{ie}$

Oler el pan horneado y
recordar nuestro pueblo......... $\rightarrow$ $O \rightarrow V_{ir}$

b) En cada individuo se desarrollan, a lo largo de su vida, bloques de *sinestesias* dominantes en las que el control normalmente lo tiene la «modalidad más altamente valorada». De este modo vamos construyendo bloque a bloque, sinestesia a sinestesia las estrategias operativas. Dentro de una estrategia la modalidad que selecciona o domina para consolidarse sinestésicamente con otra recibe el nombre de «M-operador» o «Modalidad operadora». Este «M-operador» es un mecanismo combinado de «claves de acceso y modelos de sinestesia» previamente establecidos en el individuo. Recordemos que las claves de acceso o indicadores, son comportamientos fisiológicos lingüísticos aprendidos y operantes al nivel de «competencia inconsciente», que afectan a nuestra neurología de tal modo que nos fuerza al uso de una modalidad de manera más fuerte que las otras.

Teniendo en cuenta lo antedicho, otra definición de estrategia podría ser: Una serie de modalidades del SR que se solapan, representadas cada una de ellas por una «modalidad operadora» a través de las claves de acceso y los correspondientes modelos de «sinestesia».

Así, resumiendo aún más, lo que hemos de tener presente a la hora de analizar una estrategia para modelarla o corregirla es lo siguiente:

---

2. ¡Atención! No confundir con cinestesia o kinestesia. Éstas son una de las modalidades del sistema representacional, la sinestesia es una miniestrategia conformada por dos modalidades.

1. La modalidad dentro del SR en la cual está codificada la información de cada secuencia (M-operador).
2. La relación secuencial ordenada que siguen las modalidades.

¿Cómo podemos extraer las estrategias para definir un modelo?

Atrapar una estrategia es una operación por la cual un consultor de PNL, reúne la información suficiente para que le permita hacer explícita la secuencia ordenada de la actividad del Sistema Representacional que constituye la estrategia particular a investigar. El primer paso en este proceso es la identificación de la unidad simple de la estrategia a modelar, utilizar o modificar. Esta secuencia es decisiva, ya que marca los límites de la cadena a definir.

Volviendo al ejemplo tantas veces usado de la motivación para clarificar lo expresado en el párrafo anterior, es necesario acotar el procedimiento, ya que antes de que entre en acción esta estrategia, partiremos de algo que hacer para lo que se requiere estar estimulado; pero ten en cuanta, que ese objetivo no forma parte de la estrategia de motivación, como tampoco le pertenece la acción desencadenada a partir de entrar en juego la estrategia.

Imagine la siguiente secuencia:

Es el rectángulo central el que corresponde exclusivamente a la estrategia de motivación a investigar: los otros recuadros no forman parte de la misma. El primero corresponde a un proyecto, y la última al desenlace en sí.

Por lo tanto, como analistas-modeladores buscaremos siempre la cadena correcta atendiendo a los puntos de arranque y final. No te olvides que la vida se desarrolla eslabonando una tras otra cientos o miles de estrategias, desde que te despiertas por la mañana hasta que te duermes por la noche, construyendo así una cadena.

Una vez delimitada la estrategia a escrutar, puedes manejar dos opciones que te faciliten la investigación y el consecuente análisis a llevar a cabo:

1. De manera verbal, mediante preguntas directas, o atendiendo a las manifestaciones lingüísticas (predicados verbales) que la persona transmite de forma natural y espontánea mientras habla. «La gente hace lo que dice».
2. Pidiendo al sujeto que lleve a cabo una tarea determinada que tú sepas que requiere la utilización de la estrategia en cuestión. Algo similar a pedir que repita paso a paso cada una de las secuencias que configuran la estrategia hasta conseguir hacer ésta consciente.

Para extraer, desempaquetar, romper y trocear cualquier estrategia, es necesario tener presente que son necesarias dos herramientas básicas para el análisis:

a) Un código digital que ya conoces, y que corresponde a las notaciones del mismo Sistema Representacional:

$$V / A / K / O / G$$

b) Los indicadores cualitativos de base sensorial que especifican la orientación de cada una de las modalidades:

externo / interno (e / i)
recordado / creado (r / c)

Estos dos conjuntos serán los códigos que utilizaremos y que nos permitirán de forma simplificada mostrar la estructura de la estrategia, o sea, para escribir la fórmula representativa de la estrategia en cuestión.

En el punto uno de las dos opciones presentadas, utilizaremos unas series de preguntas a fin de poder conseguir el desempaquetamiento, y éstas serían del tipo:

- Cuéntame algo sobre los momentos en los que eres capaz de... (indicar la estrategia que deseamos explicitar)
- ¿Cómo haces... (estrategia)?
- ¿Qué pasos sigues para... (estrategia)?
- ¿Qué haces en primer lugar cuando inicias... ?
- ¿Qué haces a continuación... (estrategia) (esta pregunta la repetiremos varias veces hasta alcanzar la salida)?
- ¿Cuándo fuiste capaz de hacer mejor... (estrategia)?
- ¿Qué necesitas para hacer... (estrategia)?
- ¿Qué ocurre cuando haces... (estrategia)?
  ¿Cuándo fue la última vez que ejecutaste con éxito... (estrategia)?
  U otras interpelaciones que consideres para alcanzar tu objetivo.

En la aplicación del segundo modo para el desenmascaramiento de la cadena, tu atención tiene que centrarse tanto en el lenguaje verbal como en el no verbal. Recuerda que la gente hace lo que dice, muchas estrategias aparecen espontáneamente mientras conversamos o interactuamos. Cuando alguien habla de sus experiencias del pasado, vuelve a reproducir o/y manifestar cada paso específico de las secuencias que ha utilizado.

Otra forma de extraer una estrategia, (y de esto hablaremos más adelante), es colocar físicamente al individuo en las condiciones donde ésta ocurre naturalmente. El contexto tiene anclajes que son en sí mismos desencadenantes de estrategias. Si esto no es del todo factible, presentaremos, imitaremos o reproduciremos una porción del ambiente en el que la estrategia tiene lugar, haciendo que el sujeto exagere una parte de la misma y a continuación inicie una búsqueda transderivacional que le permita llegar a la estructura profunda de su experiencia.[3]

Dado que la mayoría de las cadenas de sinestesias o grupos de ellas, permanecen en la «competencia inconsciente» o se eje-

---

3. Para más referencias sobre el tema, véase el capítulo correspondiente al metamodelo en *Curso de Practitioner en PNL*, del mismo autor y editorial.

cutan en tiempos muy cortos (segundos o fracciones), el analista necesita desarrollar dos cualidades muy concretas:

a) La habilidad de observación precisa. Capacidad de detectar cambios en el comportamiento verbal y analógico, muy rápidos, es decir, una calibración precisa.
b) Conseguir demoras en el proceso, conseguir que sean más lentos, de forma que podamos seguirlos con facilidad y precisión.

Como he indicado, es necesario que manejes adecuadamente las herramientas que te ayudan en el desempaquetamiento: capacidad de reconocer los predicados verbales y las otras claves de acceso en especial las oculares, y el resto de las paralingüísticas.

Ya sabemos que las personas mientras hablamos decimos literalmente, por medio del lenguaje, qué modalidad del SR estamos utilizando para organizar y dar sentido o comprensión a nuestras experiencias subjetivas actuales, manifestando las mismas mediante predicados verbales o frases predicativas. Veamos un ejemplo: En una entrevista de trabajo una aspirante al puesto ofertado, que requiere *una especial atención visual,* ya que se trata de supervisar y controlar el acceso a un edificio; manifiesta con toda naturalidad mientras la interrogan:

–¡Oh, sí! Le escucho (A_e) lo que me quiere decir (A_i) y siento (K_i) perfectamente la pregunta (A_e). Cuando me pongo manos a la obra (K_e) nada me saca del trabajo (K_i), llueva o truene (K_e/A_e) nada consigue sacarme de mis casillas ($K_{e,i}$), yo siempre estoy completamente metida (K_i) en lo que hago (K_e).

Esta mujer, sin darse cuenta ha descrito con precisión absoluta su estrategia laboral, ella se maneja básicamente dentro de la modalidad cinestésica y en ocasiones atendiendo algún que otro impacto auditivo externo. Linealmente éste es el caso:

A_e-A_i-K_i → Salida - Para comprender
K_e-K_i-K_e/A_e-$K_{e,i}$ →Salida - Para trabajar

El cometido profesional consiste en controlar el acceso a un edificio de lujo, donde la atención a la fisonomía y al recuerdo de las personas es fundamental; y como se puede apreciar ambas cualidades están ausentes en la candidata.

Otro ejemplo de identificación y obtención de estrategia por medio de los predicados verbales: Se trata aquí de una persona que dice deprimirse muy frecuentemente. Reproducimos el diálogo entre el terapeuta (T) y el paciente (P).

> T: ¿Puede usted contarme algo de cómo hace para deprimirse?
>
> P: Yo no sé como lo hago, pero sí sé lo que hace que me deprima.
>
> T: Y... ¿qué es eso? Cuéntemelo.
>
> P: Casi siempre es lo mismo, y se repite una y otra vez. Llego a casa y lo único que veo es desorden por todas partes (V_e), a mí me gusta (K_i) el orden en todo, pues así lo he visto siempre (V_r), y no puedo soportar (K_i), verlo todo revuelto (V_e). Eso me bloquea (K_i), me pongo de los nervios (K_i), y me siento impotente (K_i). A partir de ahí empiezo a darle vueltas a la cabeza y a decirme (DI), que todo es un desastre ($V_e/V_{i,r}$), que de nada sirve hacer nada ($K_{i,e}$), y un montón de cosas más, que me digo (DI), y entonces es como si una densa niebla (V_e) se apoderase de mí y me inmovilizara (K_i) cada vez más. Luego me dejo caer ($K_{i,e}$) en la cama o en el sofá, deseando dormirme para perder de vista (V_e) lo que me rodea, aunque casi nunca lo consigo porque no dejo de lamentarme y lamentarme (DI) y cada vez me siento peor (K_i).

Veamos la estrategia:

$$V_e\text{-}K_i\text{-}V_{i,r}\text{-}K_i(\text{-})\text{-}V_e\text{-}K_i(\text{-})\text{-}DI\text{-}V_{e,i,r}\text{-}K_i\text{-}DI\text{-}V_c\text{-}K_{i,e}\text{-}V_e\text{-}DI\text{-}K_i(\text{-})$$

Aún podríamos acortar más, sustituyendo pasos:

$$V_e\text{-}K_i\text{-}V_{i,r,e}\text{-}DI\text{-}V_{c,e}\text{-}K_i(\text{-})$$

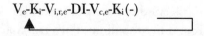

Las eliminaciones efectuadas corresponden al estado Ki que se mantiene, y a los *bucles* o circuitos repetidos que sustituimos por la flecha.

Otro modo de los ya citados, que aplicamos en la detección de las secuencias de una estrategia, es el de los indicadores, en especial los oculares. Para ello tendremos en consideración los principios de que:

a) Consideramos que somos un sistema unificado, y, por tanto, cualquier acción o reacción que se manifiesta en una parte del sistema (nervioso, motor, cortical, endocrino, etc.), que integran y conforma el organismo humano, afectará inevitablemente a todas o algunas de las demás partes, de algún modo. De esta forma, cuando somos capaces (como ya lo hemos hecho) de identificar los modelos de interacción (movimiento ocular-modalidad utilizada, por ejemplo), podemos prever los efectos en el sistema, y, por tanto, utilizarlos.

b) Todo comportamiento humano, ya sea interno (pensamiento) o externo (acciones), es consecuencia de la transformación de nuestros estados internos que se presentan como respuestas neuro-físicas generadas a partir de las representaciones internas que adoptamos. Por consiguiente, las conductas verbales y no verbales contienen información de los procesos y representaciones internas y de cómo éstas se organizan neurológicamente.

Así pues, podemos utilizar, no sólo los movimientos de los ojos, sino otras claves o accesos que ya citamos.

• Indicadores gestuales
• Cambios en la respiración
• Tono muscular
• Accesos vocales (tono, tempo, volumen, etc. de la voz).

Seguidamente veremos un ejemplo, combinando las otras dos técnicas de identificación expuestas y su efectiva utilización.

Se trata del director de redacción de una revista a quien un articulista le ha presentado un texto para publicar, debe leerlo y tomar una decisión de mandar imprimirlo o no.

Dice: «A medida que leo esto, siento que hay algo que falta, y no dejo de preguntarme, ¿qué puede ser?, y cómo eso puede afectar a la comprensión del texto. No sé qué responder.»

Analicemos el párrafo en su conjunto que nos va a suministrar la «estrategia de decisión» del director. La codificación de la estrategia sería:

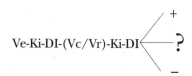

Como puedes comprobar en los ejemplos citados con anterioridad, en el depresivo y la ordenanza, es fácil identificar las «sinestesias» más frecuentes, en éste de arriba son las: Ki-D.I. las que se repiten; en el caso de la depresión es: Ve-Ki(-) al igual que la de la conserje. En la primera de ellas no se detectan, y en la que corresponde al trabajo, es: Ke-Ki.

Todos estos detalles serán de gran utilidad posteriormente cuando entremos a desarrollar con detenimiento las técnicas avanzadas y completas del modelaje, por lo que es necesario cultivar esa cualidad de calibración precisa a la que en tantas ocasiones hago referencia.

Reanudando el análisis de las estrategias, nos detendremos ahora en lo que llamamos *punto de decisión*. Se trata de un paso, de una modalidad de la cadena en la que la estrategia puede cambiar, modificar, anularse o finalizar. Ese punto o puntos es / son los que, dependiendo de ciertas cualidades decide /n:

a) Finalizar o salir de la estrategia.
b) Cambiar el contenido operacional.
c) Dar paso al siguiente eslabón.
d) Modificar la estrategia en función a la operatividad de la misma.

TEXTO	ANÁLISIS	PREDICADOS	INDICADOR OCULAR
«A medida que leo esto...»

«... Siento que hay alto que falta...»

«... Y no dejo de preguntar...

... ¿qué puede ser?...»

«... Y cómo puede afectar...»

«... A la comprensión del texto...»

«... No sé qué responder...» | Comienza con un estímulo visual externo –texto escrito– que ha leído (Ve). El estímulo visual le conecta con la kinestesia interna respecto a lo leído (ki). La kinestesia le lleva a un diálogo interno (DI)

Ahora accesa a una serie de imágenes comparadas (Vc/Vbr). Estas imágenes le conectan de nuevo con la sensación (Ki). Pasa a razonar digitalmente el efecto de la kinestesia interna (Ki). El último paso que sería la toma de decisión es procesado de nuevo digitalmente, para posteriormente verbalizar la respuesta. En este caso es no tomar ninguna decisión, que es una de las alternativas que tiene la estrategia de decisión, probablemente hasta que tenga más información. | «Leo»

«Siento»

«No dejo de preguntarme»

El predicado, aunque no es preciso es: «¿qué puede ser?»

«Afectar»

«Comprensión»

«No sé que responder» | Los ojos examinan las hojas de papel recorriendo el texto.

Respira profundamente, y los ojos bajan para situarlos abajo a la derecha. La mano se acaricia levemente la cara inclinada, deteniéndose en la barbilla en tanto que los ojos se desplazan a la izquierda. Ojos arriba a la derecha e izquierda, incluso balancea la cabeza. Cabeza abajo, ojos a la derecha. Los ojos se desplazan a la izquierda y hace un gesto extraño con el rostro contrayendo y soltando los músculos faciales. Mira directamente a su interlocutor, haciendo una mueca con la cara. |

Veamos un ejemplo:

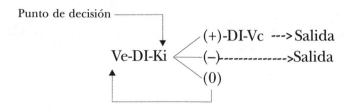

Punto de decisión

Ve-DI-Ki
(+)-DI-Vc ---> Salida
(–)-------------->Salida
(0)

Aquí tenemos el *punto de decisión* en (K_i) que presenta tres alternativas:

a) Si K_i (+) desencadena otra estrategia DI-V_c
b) Si K_i (–) sale directamente
c) Si K_i (0) activa un «bucle»

Entonces, los *puntos de decisión* son uno (o varios) pasos en el discurrir de la cadena en los que una modalidad (en este caso la K) presenta diferentes direcciones a seguir en las siguientes secuencias, dependiendo del valor (+/–/0) que adquiera para el sujeto en el referido punto. En una estrategia, y cuanto más compleja sea ésta mayor posibilidad de que así ocurra, pueden existir varios *puntos de decisión* acoplados a distintas modalidades dentro de la misma.

Supongamos un individuo con la siguiente serie:

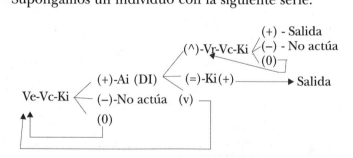

En este caso tenemos *puntos de decisión* en K_i, en DI y en la K_i del último tramo, con sus correspondientes alternativas y «bucles» incluidos. Aquí podría ocurrir que en el paso A_i (DI), de la primera alternativa, la opción esté supeditada a la submodalidad ritmo y que ésta sea crítica, o tal vez lo sea el tono; y que cualquiera de esas submodalidades sea alto, bajo o medio, las condiciones decisivas para continuar hacia es eslabón de la cadena siguiente.

La habilidad (entre otras) de un experto modelador, es alcanzar a identificar con total precisión los pasos del contenido de las estrategias investigadas a partir de los más mínimos detalles suministrados por el sujeto. Cuantas más sutilezas captes de las que surgen en las descripciones facilitadas, tanto en el aspecto verbal como no verbal, más posibilidades tendremos de determinar la secuencia correcta y detallada. Sin embargo, no caigas en el error de ser excesivamente minucioso, el abuso de insignificancias puede llevarte a deformar la visión del conjunto que estés desempaquetando. En el término medio –como decía Aristóteles– está la virtud. Atiende a los detalles, pero sólo selecciona los que sean auténticamente significativos o necesarios.

El anclaje

Ya sé que si alguien está leyendo este texto conoce sobradamente el tema y la práctica de los anclajes, pero a pesar de ello, creo que no está de más recordarlo y de paso ampliar las bases que ya se dominan.

Al trabajar con las estrategias de alguien, tanto si hemos podido obtenerla o no, tendremos siempre una herramienta muy valiosa para *reacceder* a la misma. Si en algún momento de la investigación conviniera (por la circunstancia que fuese) interrumpir el proceso, utilizaremos un «ancla», ésta nos asegura un acceso rápido y seguro a los puntos claves o a la estrategia total.

A cerca de las anclas, la definición que R. Bandler, J. Grinder y R. Dilts dieron en su día es que: «Un ancla es, en esencia, cualquier representación (generada interna o externamente) que desencadena otra representación, (modalidad- V/A/K/O/G) o serie de representaciones (estrategia) en la experiencia. Una presuposición básica, que existe detrás del anclaje, es que todas las experiencias están representadas como gestalts (cadenas) de información sensorial del sistema representacional. Siempre que cualquier porción de una experiencia particular o sistema representacional está reintroducida, otras porciones de esta experiencia serán reproducidas en algún grado. Cualquier porción de una experiencia particular, entonces, puede ser utilizada como anclaje para acceder a otra porción de esa experiencia.»

Ciertas tendencias psicológicas han comparado las anclas con el modelo *behaviorista* del investigador ruso Pavlov, y sus experimentos caninos del «estímulo-respuesta», sin embargo, para nosotros, existe una diferencia incontestable, y es que un ancla sólo requiere un instante de estímulo para establecer la «sinestesia», que es en definitiva en lo que se basa el anclaje. Indudablemente, un ancla (y su consecuente «sinestesia») será más potente, firme y duradera, si repetimos el estímulo adecuadamente. Con un ancla (bien realizada) obtendremos respuesta al primer intento. En los anclajes, a diferencia de Pavlov, no medimos únicamente como respuesta las conductas externas o fisiológicamente cuantificables (la salivación de los perros), nosotros consideramos como respuestas al estímulo del ancla, tanto una nueva imagen mental, como el cambio de submodalidades en las mismas, o un nuevo diálogo o sensación interna. Al establecer un anclaje, se construye neurológicamente una «sinestesia», que como ya sabemos, es una conexión directa y consolidada entre dos modalidades del S.R. y que puede llegar a ser permanente. Podemos afirmar que creamos una «miniestrategia» adicional que tiene como función desencadenar la otra estrategia de mayor tamaño y que se ensambla en el *punto de decisión*.

En la vida cotidiana, nos encontramos anclados a innumerables disparadores: música, carteles, aromas, ambientes, etc.; desde el lenguaje escrito y hablado, hasta muchas de nuestras respuestas conductuales interactivas, son anclas establecidas en nosotros de manera consciente (por aprendizaje) o inconsciente (por impactos o condicionamientos).

Podemos instalar anclas en cualquiera de las modalidades del SR, y del mismo modo desencadenar representaciones en todas ellas.

Por ejemplo: Si yo escribo, y usted lee «coche» (V_e), generará una representación visual recordada ($V_{i,r}$) –sea consciente o no de ello– de un automóvil, puede incluso recordar el sonido del motor o del claxon ($A_{i,r}$) y la sensación que le produce sentarse en sus asientos y conducirlo (K_i), y hasta recordar el olor a gasolina o del interior (O_r). Otros anclajes sólo desatarán «sinestesia» en una sola de las modalidades, y ello dependerá del tipo y calidad del ancla utilizada. Aquí intervendrán como factores condicionantes: el tiempo de duración en el establecimiento del anclaje, el contexto en el que se instale, y las peculiaridades personales, en especial, su modalidad más valorada. Al leer: «Angustioso pesar», es muy posible que sólo le conecte con una respuesta cinestésica interna (K_i). Para nosotros, y esto es muy importante, a la hora de identificar una estrategia, tengamos presente que ésta es una secuencia de modalidades encadenadas por medio de anclajes enlazados uno con otro, el anterior al posterior. Como ya he indicado, las anclas pueden ser visuales, auditivas, cinestésicas, olfativas o gustatorias; y usaremos una u otra dependiendo del lugar, tiempo, personas y de nuestra habilidad para instalarla. La forma de instalar un ancla es muy sencilla, basta con provocar un impacto (que puede ser sutil) en cualquiera de las modalidades en el momento adecuado de presentarse el estado o estrategia que deseamos poder «reaccesar». Por ejemplo, si queremos que un sujeto vuelva a experimentar un estado de receptividad, tendríamos que conseguir primero que lo viva, y en el punto álgido de la percepción, presionaremos su codo (ancla K). Posteriormente, cuando pretendamos que el individuo vuelva a estar receptivo (dado que se distrae con facilidad), apretaremos su codo del mismo modo que lo hicimos al disponer el anclaje. Al igual que kinestésicamente, lograríamos el mismo efecto con anclas visuales, auditivas u olfativas. Visualmente mostrando un pañuelo de color, auditivamente chasqueando los dedos, olfativamente quemando un incienso.

Alcanzarás resultados eficaces con un amplio abanico de anclas distintas como las que vienen referidas a continuación:

VISUALES: Gestos específicos, posiciones de las manos visiblemente determinadas, posturas concretas, flashes luminosos, objetos, símbolos impresos, colores, todo aquello que pueda producir un impacto visual tanto consciente como inconscientemente.

AUDITIVAS: Sonidos reproducibles con precisión, tintineos, timbres, golpes, palmadas, chasquidos, usando las modulaciones de la voz, etc. Al igual que con todo anclaje, aquello que genere una impresión en cualquier nivel mental.

CINESTÉSICAS: Cualquier presión, toque o contacto que con rigor repitamos. Caricias, abrazos, apretón de manos, golpecitos, etc. También puede actuar como ancla cinestésica la humedad, la presión atmosférica, la temperatura, y otros elementos existentes en el medio ambiente (es el caso de las alergias).

OLFATIVAS: Aromas, perfumes, olores.

GUSTATORIAS: Sabores en general.

Recapitulando lo dicho sobre los anclajes tenemos:

a) Un anclaje es una forma segura y eficaz de asegurar un acceso o reacceso fácil a una determinada estrategia.

b) Un ancla es básicamente, cualquier representación generada tanto interna como externamente, que desencadena otra representación o estrategia.

c) Cualquier trozo de una experiencia particular, que codificamos como una cadena, puede ser utilizada como anclaje para tener acceso a otro trozo de esa estrategia.

d) El anclaje se aproxima a la fenomenología del «estímulo-respuesta» con algunas salvedades:

   1. El ancla no necesita repetirse para establecerla.

   2. Un ancla no precisa de esfuerzo o recompensa.

3. Las respuestas internas que se generan son tan valiosas para nosotros como cualquier conducta externa.
4. Utilizamos cualquiera de las modalidades para anclar (V / A / K / O/ G), y todas ellas sirven.
5. Las estrategias son cadenas de modalidades ancladas las unas a las otras.
6. Las anclas no son permanentes, ni son siempre igual de efectivas, dependen de diversos factores.
   e) Un ancla es la forma más simple y fácil de reproducir modelos sencillos.

Pasaremos seguidamente, al análisis de los factores que condicionan el éxito y la duración de un anclaje. Lo primero que debes tener en cuenta a la hora de establecer un anclaje, es que éste sea selectivo y particular en su estímulo. Esto significa que no sirve cualquier impacto; si utilizas elementos o zonas corpóreas excesivamente comunes, los efectos quedarán mermados casi instantáneamente por las frecuentes e ineficaces activaciones a las que el sujeto se verá sometido. Por tanto, es conveniente manejar acicates que no los manipule cualquiera a fin de evitar fracasos innecesarios. El segundo punto con el que contar en el momento de instalar el ancla va a ser tu habilidad para establecer la asociación entre ésta y la experiencia. Para ello tendrás presente que la eficacia dependerá del estado alcanzado por el sujeto e instante en el que ancles. Es necesario sincronizar el anclaje con el punto álgido de la experiencia, para ello la persona deberá mantener un estado de completa asociación.

Cualquier estado interno, tiene un proceso y un tiempo, veamos el gráfico de la página siguiente, y conviene localizar por medio de una aguda calibración cuándo se presenta el cenit de la estrategia, acomodando el ancla en ese instante.

Otro punto a considerar, es que cuantas más veces repitamos un anclaje, o/y reforcemos éste, tanto más permanecerá activo, al igual que si establecemos impactos multisensoriales (V/A/K) simultáneamente, éstos ayudarán al mantenimiento del

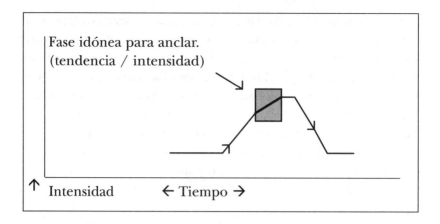

Fase idónea para anclar.
(tendencia / intensidad)

↑ Intensidad   ← Tiempo →

mismo, ya que si falla una modalidad, siempre estarán las otras para activar.

Como mencioné con anterioridad, un anclaje de estrategias es el modelo más sencillo de modelaje, y así mismo es aplicable a múltiples casos. Dos de los usos más frecuentes son la *creación* o/y *establecimiento* de nuevas estrategias. Para la *creación* de cadenas usaremos estrategias disponibles en los sujetos, mientras que en el *establecimiento* construiremos (crearemos un modelo) una específica para las necesidades de la persona. En el primer modo (*creación*), dispondremos de elementos propios internos de la experiencia a tratar conectándolos con otros elementos internos de otra experiencia que también pertenece al sujeto. Es lo que llamamos *colapsamiento de anclas.*

Ancla 1 - $(V_1\text{-}A_1\text{-}K_1)$

Ancla 2 - $(V_2\text{-}A_2\text{-}K_2)$

$> V_1V_2\text{-}A_1A_2\text{-}K_1K_2$

Al conectar, una vez ancladas ambas experiencias (1 y 2) y disparar simultáneamente las dos anclas, en el mismo momento, se generarán dos actividades neurológicas simultáneas, (que a escala subconsciente quedan conectadas) resultado de la combinación de modalidades de las estrategias participantes produ-

114

ciendo una mezcla o fusión de las mismas. El efecto es una nueva estrategia con las modalidades potentes (o benéficas) como más valoradas. Otra alternativa para este caso es la posibilidad de forzar la salida que convenga. Para utilizar la segunda forma, una vez «colapsadas» las dos estrategias, mantendremos activada solamente el ancla de la cadena que deseamos sea la solapadora o preferente en la salida final de la estrategia.

Tomemos el ejemplo anterior para explicar este segundo modo.

Éste podría ser un *modelo* para evitar estados de bloqueo, veamos cómo:

Ancla 1 - (V1-A1-K1)
Ancla 2 - (V2-A2-K2)
$\rightarrow$ V1V2-A1A2-K1K2 $\rightarrow$ Ancla 1 - V1-A1-K1

Supongamos que $[V_1\text{-}A_1\text{-}K_1]$ corresponde a una estrategia de creatividad o plenitud de recursos; y $[V_2\text{-}A_2\text{-}K_2]$ a otra de bloqueo o ineficiencia ante cierto tipo de situaciones. Anclamos cada una de las estrategias en sendas rodillas del sujeto, una primero en la derecha (por ejemplo $[V_1\text{-}A_1\text{-}K_1]$), y la otra después en la izquierda ($[V_2\text{-}A_2\text{-}K_2]$) Posteriormente activaremos simultáneamente las anclas presionando ambas rodillas a la vez. Ahora tendremos $[V_1V_2\text{-}A_1A_2\text{-}K_1K_2]$. Si lo que pretendemos es que el sujeto reaccione creativamente ante circunstancias que le inhabilitan; a continuación levantaremos la mano que presiona la rodilla izquierda (ancla $[V_2\text{-}A_2\text{-}K_2]$) y mantendremos un rato más la presión en la rodilla derecha para que perdure el anclaje de creatividad (ancla $[V_1\text{-}A_1\text{-}K_1]$) dando así salida a esta estrategia. A partir de aquí, el individuo al que hemos insertado el «colapsamiento», cuando inicie la estrategia de bloqueo desencadenará instantáneamente el caos ($[V_1V_2\text{-}A_1A_2\text{-}K_1K_2]$) y de ahí saldará al estado potenciador de creatividad ($[V_1\text{-}A_1\text{-}K_1]$).

En este tipo de procesos es necesario que tengas en cuenta, que la experiencia potenciadora ha de ser más poderosa que la limitante, dado que ha de solapar y superponerse a la otra. Qué decir tiene, que siempre recordarás las condiciones que facilitan los buenos y eficaces anclajes, descritos líneas atrás. Recuerda que cualquier ancla funciona si somos sistemáticos y precisos.

Otra aplicación de los anclajes es la destinada a construir estados de *excelencia*. Todos nosotros vivimos experiencias ricas y valiosas que mantenemos registradas en la memoria; y por medio de esta técnica estamos en disposición de acceder a ellos aisladamente o en su conjunto. Este modo de agrupamiento lo conocemos como *apilamiento* de anclas, y consiste en amontonar («apilar»), uno tras otro todos aquellos estados potenciadores que creamos nos pueden ser útiles en un momento u otro.

Gráficamente lo representamos así:

$(V_1\text{-}A_1\text{-}K_1);_1$ —Estado potenciador 1
$(V_2\text{-}A_2\text{-}K_2);_2$ —Estado potenciador 2
$(V_3\text{-}A_3\text{-}K_3);_3$ —Estado potenciador 3
$(V_4\text{-}A_4\text{-}K_4);_4$ —Estado potenciador 4

Y que una vez apiladas darían la siguiente cadena:

$$(V_1\text{-}A_1\text{-}K_1);_1 + (V_2\text{-}A_2\text{-}K_2);_2 + (V_3\text{-}A_3\text{-}K_3);_3 + (V_4\text{-}A_4\text{-}K_4);_4 \rightarrow V_1\text{-}V_2\text{-}V_3\text{-}V_4\text{-}A_1\text{-}A_2\text{-}A_3\text{-}A_4\text{-}K_1\text{-}K_2\text{-}K_3\text{-}K_4$$

O también es utilizable el «apilamiento» para habilitar estados completos en los que intervengan todas las modalidades amplificadas al máximo. Éste es el caso de los anclajes «up time» (sintonizando externamente) y «down time» (sintonizando internamente).

En el primero de ellos, acumulamos la mayor cantidad de referencias visuales, auditivas, cinestésicas, olfativas y gustatorias, que nos suministren los cincos órganos de percepción procedentes del exterior.

$(V_1^e\text{-}V_2^e\text{-}V_3^e\text{-}V_4^e\text{-}V_5^e...)\sum_V$: Aquí los subíndices se refieren a diferentes percepciones de calidades visuales: visión panorámica, detalles, colores, matices de color, luz, sombras, movimiento, proximidad, lejanía, etc.

$(A_1^e-A_2^e-A_3^e-A_4^e-A_5^e...)⚓_A$: Atendemos en esta ancla a los variados impactos auditivos externos: gama de sonidos, distancia, matices, voces, ruidos, origen, etc.

$(K_1^e-K_2^e-K_3^e-K_4^e-K_5^e...)⚓_K$: Sentimos y anclamos las percepciones de temperatura, roce de la textura, la brisa o atmósfera, humedad, etc.

$(O_1^e-O_2^e-O_3^e-O_4^e-O_5^e...)⚓_O$: Captaremos el mayor número o/y variedad de los olores presentes.

$(G_1^e-G_2^e-G_3^e-G_4^e-G_5^e...)⚓_G$: Procuraremos apreciar los sabores que podamos tener en la boca en ese momento o cataremos algo de lo que tengamos próximo.

Todas estas anclas se irán colocando una sobre otra en el mismo punto del cuerpo escogido para su ubicación.

$$(V_1^e-V_2^e-V_3^e-V_4^e-V_5^e...)⚓_V + (A_1^e-A_2^e-A_3^e-A_4^e-A_5^e...)⚓_A +$$
$$(K_1^e-K_2^e-K_3^e-K_4^e-K_5^e...)⚓_K + (O_1^e-O_2^e-O_3^e-O_4^e-O_5^e...)⚓_O +$$
$$(G_1^e-G_2^e-G_3^e-G_4^e-G_5^e...)⚓_G \rightarrow (V_1^e-V_2^e-V_3^e-V_4^e-V_5^e... A_1^e-$$
$$A_2^e-A_3^e-A_4^e-A_5^e... K_1^e-K_2^e-K_3^e-K_4^e-K_5^e... O_1^e-O_2^e-O_3^e-O_4^e-O_5^e...$$
$$G_1^e-G_2^e-G_3^e-G_4^e-G_5^e...)_a \rightarrow$$

$$[V^e_{1,2,3...}-A^e_{1,2,3...}-K^e_{1,2,3...}-O^e_{1,2,3...}-G^e_{1,2,3...}]⚓_{ap}^e \; [4]$$

El resultado de la operación descrita es un estado de excelencia, en el que nuestros canales de percepción externos (e) se expanden y agudizan. De modo similar actuaremos para construir un estado de «hacia dentro» o «down time». Basta aquí con introducirnos en nosotros mismos atendiendo a las modalidades de referencia interna (V_i / A_i / K_i / O_i / G_i), captando todo la rica gama de submodalidades, tanto del modo recordado como del creado, e igual que con el proceso de «apilamiento» ejemplarizado, ahora nos daría una cadena del tipo:

_____

4. Los subíndices del anclaje final ($⚓_{ap}^e$) indican que se trata de una «apilamiento (ap) externo (e).

$$[V^i_{123...} \text{-} A^i_{123...} \text{-} K^i_{123...} \text{-} O^i_{123...} \text{-} G^i_{123...}] \, \mathcal{L}^i_{ap}$$

Aquí los índices del ancla advierten que se trata de «apilamiento» (ap) de orientación interna (i).

Como bien sabes, la práctica es lo que hace a los expertos; si quieres dominar la técnica del anclaje es necesario perder el miedo a manejar el sistema en diferentes contextos, personas y situaciones de modo que aprendas a corregir los fallos que tanto en la fase de instalación como en la de activación se puedan presentar, observa las reacciones, calibra y desarrolla la habilidad.

Pasemos ahora al estudio del *establecimiento* o *diseño* de estrategias que es uno de los métodos de modelado básicos, y en los que se necesita el conocimiento de lo aprendido hasta ahora. Diseñar es estructurar un plan, un sistema, una secuencia para alcanzar el estado deseado previsto pero del que carecemos de competencia. La estrategia de consecución de cualquier objetivo, podemos programarla, y a continuación instalarla y ejecutarla. El éxito o la desviación van a estar directamente relacionados con la construcción de las secuencias, el momento en el que la apliquemos, la persona para la que haya sido planificada y por supuesto la calidad y precisión de la misma. Es posible que la persona u organización para la que estés trabajando, carezca de la estrategia necesaria para conseguir cierta meta; puede ser también que aunque la tenga, ésta sea larga, penosa e ineficiente; aquí es donde el *establecimiento* de nuevas cadenas tiene su utilidad.

Para construir una buena o eficiente estrategia, es condición *sine qua non* que el modelador descubra:

1º. El objetivo a conseguir por parte del sujeto, y que éste esté formulado, según las condiciones correctas.
2º. Qué clase de información necesita recogerse y en qué modalidad del SR, para que el resultado pretendido pueda alcanzarse.
3º. El tipo de pruebas, generalizaciones, diferenciaciones y asociaciones, que necesitamos hacer durante el proceso de toma de información.

4º. Cuáles van a ser las operaciones específicas, *puntos de decisión* y salidas necesarias a alcanzar por el individuo u organización, dentro de la estrategia y que permitan llegar al objetivo previsto.

5º. Detectar cuál de todas las posibles secuencias previstas será la más efectiva y precisa, tanto del POPS como de las estrategias que lo integran.

Los cinco pasos descritos, te servirán tanto para «diseñar» una nueva forma como para cambiar alguna de las existentes que no resultan operantes, o incluso para cambiar las ineficientes readaptando otras, o también perfeccionar alguna que ya poseemos y deseamos optimizar.

A la hora de llevar a cabo un «diseño» eficiente y preciso se requiere que:

a) La estrategia tenga en su secuenciación la representación explícita del resultado deseado. Aquí, el elegir las modalidades adecuadas es paso crucial para conseguir el éxito.

b) Las tres modalidades primarias más importantes: V, A y K, deben estar implicadas en la cadena que construye la estrategia.

c) Después de un cierto número de pasos de la secuencia, uno de los modificadores ha de ser de referencia externa:

$$V^i\text{-}A^i\text{-}K^i\text{-}V^e\text{-}A^i \rightarrow K$$

d) No debe haber bucles que bloqueen el flujo secuencial de la estrategia.

e) Constatación por medio de un «puente al futuro», lo que seguirá a la consecución del objetivo. Es decir, que el sujeto o la organización para la que «diseñamos» se concentre en cómo actuarán a partir de haber alcanzado el objetivo; o lo que es lo mismo: «como si...» ya tuviesen el estado deseado. Con este paso podremos identificar las posibles resistencias al cambio (ganancias secundarias, «agendas ocultas», beneficios emocionales subyacentes, etc.)

f) Que se tengan en cuenta las habilidades naturales del sujeto (persona u organización) para acceder, recoger, seleccionar y procesar en su S.R. o cuáles son las modalidades dominantes y las ausentes en sus otras estrategias.

Es recomendable recordar tres aspectos fundamentales de los principios en PNL y que son importantes para este trabajo:

1. Aplica el factor elegancia. En el *diseño* de una cadena procura escoger siempre aquella que contenga el menor número de pasos posibles. No compliques la estrategia si no es necesario.
2. El elemento dentro de un sistema con más alternativas es el que tiene el control. Tener una elección aunque no sea la óptima es mejor que carecer de opciones.
3. Procurar que las motivaciones de las estrategias sean positivas, siempre que sea factible. Lo positivo se refuerza a sí mismo, igual que sucede con lo negativo.

Y por último, pasemos a estudiar el modo de instalar una estrategia una vez diseñada. Existen para ello tres sistemas básicos:

1. Por medio de los anclajes.
2. Por medio del ensayo y repetición.
3. Sistema mixto: Ensayando, repitiendo y anclando.

Anclando. Para ello es necesario que la estrategia esté disponible en el sujeto aunque sea en otro contexto, y lo que harás será anclar y transferir (activar) en el contexto correcto. Esta estrategia ha de estar completa y disponible como una unidad para poderla anclar y reinstalar. La diferencia entre el uso de los anclajes en un proceso de «utilización» de estados, y las que se hacen para «instalar», es que, en los primeros lo que anclamos son contenidos de estado dentro de los pasos, y en el segundo lo que anclamos son los pasos.

120

Ensayando y repitiendo. Una vez diseñados todos los pasos de la estrategia, el sujeto los realizará uno a uno siguiendo las secuencias descritas por el modelador hasta completar el proceso. Es necesario en este caso, repetir varias veces («competencia consciente») las secuencias completas y seguidas, para alcanzar la «competencia inconsciente».

Ensayo y ancla. Es una variante de la anterior, que llevamos a cabo consiguiendo que el sujeto ejecute concretamente una vez todo el proceso y lo anclas, activando posteriormente el ancla para proceder a su instalación definitiva. En este caso es conveniente que la secuencia esté conectada (anclada) al contexto apropiado, como por ejemplo: Estímulos externos del ambiente en el que se desea activar, y éste sería el disparador cuando el mismo esté presente, y de tal modo la estrategia será operativa en el momento adecuado.

Si necesitas establecer nuevas estrategias de forma efectiva debes conseguir que se irrumpan los procesos mentales del individuo en cuestión (o en la dinámica operativa de la organización), de manera que rompas o interrumpas los hábitos anteriores que impedían nuevas alternativas. No creas que un *diseño* puede ser inoculado en cualquier momento, es preciso ajuste al instante conveniente. Una instalación inapropiada o mal colocada, producirá interferencias, rechazos o repulsas, con la consiguiente demora o pérdida de tiempo.

CAPÍTULO IV
EL ENFOQUE TERAPÉUTICO CON PNL

Es importante puntualizar al inicio de este capítulo, que al referirnos al enfoque terapéutico con PNL, no nos estamos limitando al tratamiento de personas; para los facilitadores de cambio con PNL, la terapia es aplicable a cualquier individuo, sea cual sea su dimensión, y en cualquier sistema sea cual sea su tamaño. Podemos decir, que para nosotros, terapia es tanto la intervención que realizamos con personas para eliminar una fobia, como el tratamiento que realizamos en una empresa en la que la comunicación entre departamentos genera graves conflictos internos; o la intervención que aceptamos en una reunión de empresarios y sindicatos para establecer un acuerdo sobre convenios laborales. Así que hablamos genéricamente de terapia abarcando a todo el universo de aplicación, o bien dividiéndola en dos campos de intervención a la hora de ser más específicos:

- Terapia individual, referida al ser humano como unidad.
- Terapia de sistemas u organizacional, referida al conjunto de individuos o grupos.

Sabemos que cuando se nos requiere para cualquier aplicación con PNL, es porque existe un problema que el sujeto (ya sea individuo u organización) se siente incapaz de poder resol-

123

ver por sí mismo, y necesita de la visión objetiva (meta-visión) del terapeuta, para aportarle una nueva perspectiva (o más de una). Así abrirá la vía al sujeto que le conduzca a la resolución del conflicto que lo mantiene bloqueado.

En PNL definimos un problema, como la distancia que existe entre el *estado presente* y el *estado deseado* de un individuo.

La intervención terapéutica sería entonces la facilitación de recursos, la búsqueda de alternativas, la generación de medios tendentes a la resolución del problema, o lo que es lo mismo, hacer que el sujeto vaya desde el estado presente al deseado, utilizando aquellas técnicas que le ayuden a conseguir ese objetivo.

En cualquier proceso de terapia, intervención o curación, han de intervenir tres factores claves:

- ➢ INTENCIÓN: Una fuerte intención de tratar (curar, resolver), tomando consciencia de que somos un canal, para que el proceso se lleve a efecto.
- ➢ RELACIÓN: Establecer una impecable relación con el cliente (paciente, sujeto, organización), utilizando el rapport a todos los niveles de comunicación que seamos capaces.
- ➢ RITUAL: Utilizar de forma precisa las técnicas más idóneas para el caso de entre los modelos disponibles en PNL.

El primer paso en este proceso no es otro que la identificación de los dos estados referidos, el presente y el deseado, para poder calcular la «dimensión» del problema. Esto que parece una perogrullada, es la causa de que muchos tratamientos terapéuticos fracasen al no saber ni de dónde surge el conflicto, ni hacia dónde desea ir el paciente.

¿Qué compone o qué es lo que forma la dimensión del problema? ¿Cuáles son los *atractores* que impiden el movimiento de cambio? ¿Qué pautas son las que identificamos?

No basta con querer, hay que saber qué se quiere. Y no sólo eso, hemos de identificar los impedimentos con los que nos enfrentamos.

Como podemos ver en el dibujo que se acompaña, son varios los factores que hemos de resolver a la hora de salvar la distancia del problema, y éstos son los siguientes:

1. **La identificación del estado presente.** Definir con precisión y diferenciar las pantallas de humo que en muchas de las consultas lanzan los sujetos. Para ello contamos con el metamodelo de lenguaje tal y como lo estudiamos en el *Curso de Practitioner*, y otros modelos de cuestionamiento que iremos presentando a lo largo de este texto. La correcta identificación de los síntomas y de las causas generadoras del estado presente, es una de las más valiosas habilidades que necesita desarrollar un profesional de la terapia, y muy especialmente de PNL. Parte del cometido del presente trabajo, es que puedan adquirir esa capa-

cidad. En este mismo capítulo profundizaremos más en el tema.

2. **La correcta formulación del estado deseado**: Un objetivo bien formulado, es más del cincuenta por ciento de la resolución de un conflicto. Las condiciones de buena formulación para la fijación de los objetivos, son piezas clave e imprescindibles en un proceso idóneo.

3. **Las creencias:**[1] Las generalizaciones que tenemos sobre nosotros mismos y sobre el mundo. ¿Qué es posible? ¿Dónde están mis (o las) limitaciones? ¿Cuál es el significado de lo que hago, o de lo que voy a hacer? ¿Qué es importante o necesario? ¿Cuál es la causa de esta situación? ¿Qué efectos produce o producirá? ¿Quién soy yo para querer o aspirar a eso? ¿De qué soy capaz?, etc.

4. **La fisiología**: Capacidad y cualidades físicas de que disponemos para alcanzar el estado deseado. Cuerpo, conductas y acciones están íntimamente relacionadas, tanto con la posibilidad o no de alcanzar la meta, así como con la disponibilidad de nuevos recursos. ¿Cómo son las secuencias específicas de comportamiento que se siguen para alcanzar el estado deseado? En el análisis de este factor hemos de contar con todas las pistas y signos que nos faciliten la detección de las estrategias (movimientos corporales, posturas, respiración, gestos, etc.). El estado físico juega aquí un papel importante, ya que dependiendo de la salud, fortaleza, edad o condiciones, podemos optar o no por ciertos objetivos. La calibración precisa es una herramienta fundamental en el buen desenvolvimiento de estos primeros pasos de intervención terapéutica.

5. **Las estrategias**: Los programas neurológicos que organizados en nuestro cerebro, dirigen y estructuran nuestros comportamientos y respuestas orgánicas. Estos diagramas

---

1. En el capítulo correspondiente estudiaremos con detalle las creencias, dada la importancia que tienen a la hora de generar cambios en los individuos y organizaciones.

mentales por los que nos movemos psíquicamente, las secuencias de pasos del SR que nos conducen a los resultados, es otro de los factores freno en la consecución de metas. Las herramientas con las que podemos contar para identificarlas son:

a. Sistema sensorial (perceptual): Sentidos, el Sistema Representacional y sus modalidades más altamente valoradas (VAKOG).

b. Submodalidades: Las calidades de las modalidades de las representaciones sensoriales. La diferencia que marca la diferencia.

c. Sinestesia: Aquellas secuencias específicas de respuestas preestablecidas que conectan dos modalidades del S.R. Cualquiera de los tres elementos citados ya tuvieron un amplio tratamiento en mi anterior libro.[2]

6. **Recursos**: No referimos a las técnicas, habilidades, patrones y modelos de conducta de que disponemos o necesitamos incorporar en el sujeto para mejorar y superar les interferencias.

7. **Interferencias**: Todos aquellos factores endógenos y exógenos que se interponen entre el sujeto y su estado deseado.

8. **Ecología**: Los elementos ambientales y de equilibrio (personas, medio, momento) que deben ser considerados con el fin de que no intercepten de ningún modo (ya sea física o psíquicamente) la meta marcada.

Los ocho puntos descritos, aunque no son los únicos como veremos, son los primeros a tener en cuenta al inicio de cualquier sesión terapéutica, sin olvidarnos de las tres M definidas en un correcto planteamiento inicial. Estos tres nuevos elementos que incorporo ahora son aplicables tanto al sujeto como al facilitador, e influyen tanto en la aceptación del tratamiento por

---

2. op. cit.

parte del cliente, como del terapeuta a la hora de ser más eficaz y profesional en su trabajo e intervención. Me refiero a:

- ➤ Motivación.
- ➤ Momento.
- ➤ Medios.

Motivación: Equivaldría a querer, a tener el propósito activo de alcanzar un objetivo en el que se cree. Para que exista motivación tenemos que considerar que la meta fijada es válida, beneficiosa y está dentro de nuestras posibilidades. La motivación está directamente relacionada con la pirámide que Maslow definió para las necesidades humanas. El terapeuta tendría que indagar y detectar en su cliente si existe la motivación para el cambio, de lo contrario las resistencias serán manifiestas y el esfuerzo extremo. Así mismo el propio profesional debería periódicamente analizar su motivación para el trabajo (muy directamente relacionada en este caso con sus valores e intenciones).

Medios: Cómo hacerlo. Es preciso conocer los pasos específicos, tanto físicos como mentales para alcanzar el estado deseado. Requerimos disponer de los recursos o conocer el lugar donde se encuentran, también consiste en tener la formación y la experiencia práctica para poder y saber aplicarlos. Aquí interviene también otro agente, que muchas veces ayuda más de lo que nos imaginamos, el ambiente en el que desarrollamos nuestra actividad. Si la sala, el gabinete o la consulta, son frías o poco cálidas, si la iluminación resulta agresiva o dañina (incluso a niveles inconscientes, si las paredes nos transmites sensaciones de agobio o rechazo, ¿qué podemos esperar del paciente? Es importante cuidar los detalles, si pretendemos una aproximación a los pacientes, para que nuestra labor resulte de mayor eficacia, conviene allanar el terreno haciendo que se sientan cómodos, aún mejor que en su propia casa.

Momento: Corresponde al desarrollo de la capacidad para detectar o determinar la oportunidad, el cuándo de la acción.

Es la habilidad de dar con el instante adecuado, de saber manejar las interferencias, evitando o superando las resistencias e imprevistos sin precipitaciones ni atropellos. Se precisa una especial y sutil atención para que las intervenciones técnicas se lleven a cabo justo en el preciso instante que sabemos va a ser de máxima eficacia. Milton H. Erickson, pasaba mucho tiempo con sus pacientes en conversaciones triviales, hasta que él detectaba el momento adecuado, y ahí irrumpía con su tratamiento. Ello le llevó a investigar junto con Ernest L. Rossi, lo que ocurría en esos precisos instantes que él intuía, y que eran el punto crítico para el abordaje terapéutico, y describieron los ciclos ultradianos[3] presentes en cada uno de nosotros.

No hay clientes resistentes, sino terapeutas inexpertos.

A continuación reproducimos los cuadros que utilizamos en las clases prácticas de los cursos Máster que organiza el Instituto Español de PNL. Pueden servir como orientación en los primeros pasos de investigación.

Modelo avanzado de análisis de los objetivos

DEFINICIÓN DEL OBJETIVO
El Objetivo debe estar definido según condiciones de buena formulación:
- Claro, concreto y específicamente redactado.
- Que esté formulado en positivo.
  (Que no contenga negaciones.)
- Que pueda ser alcanzado por el sujeto sin la intervención de terceros. Es decir, que sólo dependa de él.
- Que contenga evidencias sensoriales.
- Que sea ecológico.
- Que tenga un plazo concreto de ejecución.

---

3. Véase: *Veinte minutos de pausa.* E.L. Rossi. Ed. Edaf.

ESPECIFICACIÓN DE CREENCIAS
¿Por qué creo que es bueno para mí?
¿Por qué creo que eso es posible?
¿Por qué creo que el inicio y la consecución están a mi alcance?
¿Por qué creo que sólo depende de mí?
¿Qué significa para mí conseguir este objetivo?
¿Qué es lo que el objetivo tiene de importante o necesario?
¿Cuál es la causa de que quiera este objetivo?
¿Qué efectos creo producirá en mí ese objetivo?
¿Quién creo que soy para querer eso?
¿Qué limitaciones creo que tengo ahora que me impidan alcanzar el objetivo?
¿Por qué creo que soy capaz de conseguir este objetivo?
¿Qué creo que me ocurriría si no consigo este objetivo?

ANÁLISIS DE LAS ESTRATEGIAS
Descripción de estrategias más útiles para ejecutarlas en cada paso del POPS
ESTRATEGIA PARA LA FIJACIÓN DEL OBJETIVO
ESTRATEGIA PARA LA EVIDENCIA
ESTRATEGIAS OPERACIONALES

ANÁLISIS DE ESTRATEGIAS
Identificación de las estrategias a evitar.
¿Cuál/es de la/s estrategia/s limitante/s más frecuente/s en mí es/son la/s que se me pueden presentar?
EN LA FIJACIÓN DE OBJETIVO
EN LA DETERMINACIÓN DE EVIDENCIAS
EN LAS OPERACIONES

FISIOLOGÍA
¿Mi salud es la necesaria y suficiente para conseguir el objetivo?
¿Qué es lo que tengo que mejorar?
¿La fisiología que mantengo es la idónea?
¿Qué fisiología debería mantener?
¿Cuál es mi fisiología más operativa, útil y beneficiosa?

Dentro de la estructura básica de análisis anteriormente descrita, has de tener presente, que lo que siempre se pretende en cualquier proceso terapéutico, es ayudar a que el sujeto se traslade, como ya sabemos, del *estado presente* a un *estado deseado*,

manteniendo las *ganancias secundarias* que con el primer estado
–el presente– obtiene.

Por tanto, sugiero que las secuencias en el desarrollo completo de una intervención eficiente con PNL, deberían ser de momento, las de:

1. Identificación del «estado presente» y las «ganancias secundarias».
2. Identificación y definición del «estado deseado».
3. Aplicación del correspondiente modelo o técnica más adecuada al conflicto.
4. Reencuadrar la ganancia secundaria en el nuevo estado.
5. Realizar un chequeo ecológico.
6. Comprobar el resultado «como si...», y puente al futuro.

A partir de los últimos trabajos de modelaje que se han realizado a grandes genios,[4] muchos de los modelos se han visto enriquecidos, como ha sido el caso del prototipo que a continuación presentamos. Gracias al conocimiento aportado de ciertas áreas del pensamiento aristotélico, se ha introducido el patrón que llamo AMORE,[5] y que nos permite clarificar, ampliar y completar la información necesaria para manejar con una mayor precisión y eficacia cualquier cambio que queramos llevar a cabo.

En éste, como en otros estudios sobre los genios, su investigador Robert Dilts, ha seguido el siguiente cuestionario para llegar a desempaquetar sus estrategias: ¿Existe el genio? Si es así, ¿cuál es su naturaleza? ¿Cuáles son sus atributos? Una vez identificados esos atributos del genio, ¿son estos propios del genio? Si la respuesta es afirmativa, ¿cuál es la razón o la causa de esta relación? Una vez realizadas las preguntas, y siguiendo las direc-

---

4. Véase en este sentido *Strategies of genius* de R. Dilts. Meta Publications, 1994, Capitola, California.

5. Versión españolizada del modelo presentado por R. Dilts, que él llama *Score*.

trices del propio Aristóteles, no se podían dar cuatro respuestas distintas, sino buscar la convergencia en una sola: el principio primero. El propio Aristóteles afirma: «Conocer la naturaleza de una cosa, es conocer la razón de su existencia.» Esto es pues lo que pretendemos con este modelo, tomar contacto con la casa original investigando las diferentes cadenas causales que se presentan en todo hecho. Entonces, el modelo aristotélico no es otro que el análisis de las causas e intervenir sobre *el espacio problema*.[6]

> ➤ Causa Formal
> ➤ Causa Antecedente
> ➤ Causa Constrictiva
> ➤ Causa Final

A fines prácticos he cambiado las denominaciones de las causas por otras nomenclaturas más acordes con nuestro trabajo. Las siglas a que hace referencia el modelo AMORE de análisis son las primeras letras de los siguientes conceptos:

> ➤ **A**ntecedentes
> ➤ **M**anifestaciones
> ➤ **O**bjetivo
> ➤ **R**ecursos
> ➤ **E**fectos

Veamos ahora a qué nos referimos con cada uno de los citados términos:

1. **A**: Los antecedentes, o «causas antecedentes», son los elementos destacados responsables que en su día pasado provocaron la creación, el arranque o inicio, y el mantenimiento de los síntomas o manifestaciones externas –estado presente–. Son con bastante frecuencia, menos obvios que los síntomas que

_____

6. En el capítulo subsiguiente se estudiará detenidamente este aspecto.

producen y a su vez son los indicadores más claros de las ganancias secundarias.

No hemos de olvidar que la ganancia secundaria que un individuo consigue con el mantenimiento de un síntoma, es también la intención positiva de la conducta, el beneficio oculto que obtie-

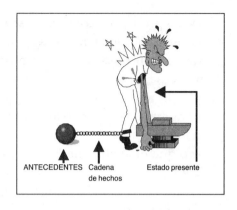

ANTECEDENTES Cadena de hechos Estado presente

ne; en muchas ocasiones muy distante –o incluso antagónico– de la manifestación en sí, o de las conductas relacionadas. Los antecedentes están conectados con acciones, situaciones, decisiones, experiencias, etc., del pasado que influyen en el presente de forma casi lineal –vendría a ser como un *gestalt*, que eslabón a eslabón, conecta el hecho inicial de una manera directa con una serie consecutiva de nuevas situaciones –todas ellas de algún modo subyacente, similares–, hasta llegar al presente de la manifestación sintomática. Podemos llamar también a esta situación: ESTADO PROBLEMA, ya que lo consideramos como la causa original y conflicto auténtico, que si no se llega a resolver aunque se eliminaran los síntomas, éstos aparecerían por cualquier otra parte de nuevo.

A la hora de llevar a cabo la investigación de las causas primeras o antecedentes, especialmente en terapia y sanación, conviene identificar los ciclos de las enfermedades, así como las pautas y clases más frecuentes que afectan al sujeto. También es interesante determinar los ciclos de enfermedades-muerte en la familia. Recuerde que las conductas se aprenden, y la enfermedad es una conducta, y para ello se necesitan términos de referencia, y como es lógico, éstos los tomamos del ambiente más próximo, que salvo raras excepciones es el familiar.

2. **M**: Las manifestaciones, síntomas o «causa constrictiva», son comúnmente los aspectos más fácilmente apreciables y cons-

cientes de un problema o del *estado presente*. Se trata únicamente de la punta del iceberg, donde por debajo de la línea de flotación se almacena ocultamente toda la masa crítica.

Las manifestaciones implican la existencia de *atractores*, enganches, creencias, condicionamientos, etc. para que un sistema se mantenga como está. Es lo que constituye en sí el *estado presente*, en el que intervienen presuposiciones de cómo tienen o tendrían que ser las cosas, limitaciones etc. Estos síntomas pueden ser tanto físicos como psicológicos, tanto internos como externos, cíclicos o permanentes, agudos o graves, generales o locales, etc.

Las manifestaciones son en todo su conjunto lo que conocemos como ESTADO PRESENTE.

3. **O**: Las órdenes, estamos hablando de los objetivos o causas formales, cada una de las metas o *estados deseados* que deberían ocupar el lugar de los síntomas. Podríamos definir este aspecto como aquello que describe el carácter esencial de un hecho, estado o cosa. Descubrir o identificar el estado deseado, la orden, equivale a descubrir nuestras creencias fundamentales y nuestros diagramas mentales sobre una situación.

Descubrir o identificar el estado deseado, equivale a descubrir nuestras creencias fundamentales y diagramas mentales sobre una situación. Si no conocemos «causa formal» –u objetivo– de una cosa, jamás podremos alcanzarla. Para poder ir a un lugar lo primero que tenemos que tener es la idea, la creencia, la noción de que tal lugar existe. Cuando un escritor se plantea desarrollar una novela, ante todo tiene un proyecto de lo que quiere narrar, luego toma su pluma y papel, y aquello que tenía concebido lo expresa. Aristóteles conectaba esta causa con la «intuición», ya que para llegar a desarrollar cualquier nuevo proyecto, investigación científica, descubrimiento, hemos de tener la «intuición» de su existencia o que podemos realizarlo. También lo denominamos ESTADO DESEADO.

4. **E**: Los efectos o «causa final», son los resultados, las consecuencias a largo plazo que permiten el asentamiento y permanencia del estado deseado. Son las razones o fines por los que deseamos que exista un estado nuevo. Los efectos establecen una relación futuro-presente, influyendo desde el mañana en el ahora. Es el porqué de la existencia de la evolución de un sistema, estableciendo una *visión* de lo que alcanzaremos.

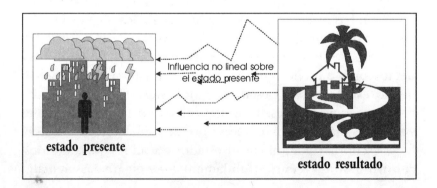

Descubrir o reconocer las «causas finales» o los efectos, significa tener en consideración las intenciones y deseos ocultos que guían a la persona e inspiran sus pensamientos y acciones. Este aspecto del proceso humano recibe también el nombre de ESTADO RESULTADO. Prescindir de él, como de cualquiera de las otros ya descritos, supondría una visión incompleta del proceso.

Éstas son las cuatro causas que sustentan cualquier fenómeno, y de su correcta identificación depende que un proceso de investigación sea completo o no. Por ejemplo, si estudias la aparición de cualquier enfermedad en un individuo, o una crisis en una empresa, no puedes limitarte a los *antecedentes* –causa antecedente–, ya que con ello te estás restringiendo a las «causas mecánicas» que lo generan. Es lo mismo que afirmar –como algunos niños creen–, que la leche se produce en una factoría como si fuera Coca-Cola.

Es necesario identificar con total precisión el *objetivo* –causa formal–, éste nos remitirá a las propuestas, a las intuiciones y a tomar contacto con una nueva realidad del fenómeno. ¿Qué significa la enfermedad para mí? ¿Qué significa la crisis para la empresa? ¿Qué es lo que pretendo conseguir? ¿Qué es lo que espero alcanzar eliminando la manifestación o la crisis?

De ahí necesitas pasar al reconocimiento del estado presente –causa contrictiva–, para analizar la estructura activa de la manifestación. Has de atender no sólo a lo obvio, sino a lo que subyace a todo fenómeno. La enfermedad tiene elementos físicos, psíquicos y emocionales, la empresa en crisis tiene problemas laborales, financieros, comerciales, etc. ¿Qué operaciones, o qué no operaciones han podido ser la causa de la crisis independientemente de su trayectoria comercial?¿Qué otras manifestaciones acompañan a la somatización de la enfermedad? Esto te conduciría a la búsqueda de los efectos –causa final–, para conocer las intenciones y visión final que tienes de la situación. ¿Podría ser la enfermedad una advertencia por el tipo de vida que llevo? ¿Es la filosofía de nuestra empresa la adecuada para el momento actual? ¿Cómo debería tomarme la vida en adelante?

¿Cómo debe ser nuestro proyecto empresarial, nuestra visión de cara al siglo XXI?

➢ Mirando el objetivo, la *causa formal*, ves la situación desde la perspectiva que posees respecto a cómo han de ser las cosas y las acciones de una persona.

➢ Observando los antecedentes o *causa antecedente*, valoras la situación como la consecuencia de acontecimientos y experiencias vividas por el sujeto.

➢ Atendiendo al estado presente, la *causa contrictiva*, te permite ver la situación como el producto de una vida única y exclusiva.

➢ Al poner nuestro foco de atención en los efectos, *causa final*, comprendes los acontecimientos como la consecuencia del destino o del diseño que has creado.

5. **R**[7]: Los recursos, u operadores, son los elementos que vas a tener que incorporar o despertar en el sujeto, y que serán responsables de eliminar las causas de los síntomas, y que al manifestarse de nuevo lo hagan manteniendo respuestas deseadas en la dirección de tu orden u objetivo.

7. Lo que viene a continuación no pertenece al modelo aristotélico, es la aportación hecha por parte del investigador Dilts para darle una estructura terapéutica al estudio del genio.

Es importante resaltar, que una técnica no es en sí misma un recurso. Una técnica solamente es efectiva para la extensión a la que puede acceder, por lo que nada más aplica recursos que son apropiados para cada uno de los elementos del sistema definidos en el modelo (antecedentes, manifestaciones, u objetivo). Las técnicas son estructuras secuenciales para identificar, acceder y aplicar o desarrollar recursos y habilidades en ciertos grupos de síntomas, causas y respuestas.

Por tanto, una vez explicados cada uno de los elementos, el modelo AMORE podemos representarlo gráficamente según el dibujo precedente, o bien utilizando el modelo sistémico que sigue:

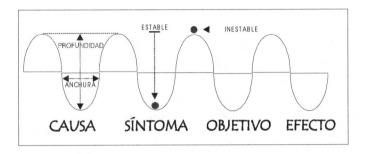

Aquí cada uno de los valles actúa como *atractor* de mayor o menor eficacia dependiendo de la profundidad y anchura de los mismos.

Como aclaración del uso práctico del presente modelo, y considerando su gran importancia, transcribo a continuación el resumen de una entrevista terapéutica en la que he seleccionado la parte en la que utilizamos este modelo de análisis. Es como podrás comprobar una muestra muy simple, en la que sólo pretendemos mostrar la operativa.

Se trata de un sujeto (mujer) de 42 años de edad, casada, con tres hijos (8/6/5). (Prescindimos de los preliminares).

Terapeuta: ¿Podría describir cómo es en este momento su estado?

139

Paciente: Tengo alergia primaveral, me han realizado los análisis y me han dado positivos a varios pelones que hay en esta ciudad. Todas las primaveras me ocurre lo mismo en cuanto llega el buen tiempo me pongo igual.

Se puede observar en la paciente una importante congestión del sistema respiratorio, así como algunas áreas epidérmicas irritadas. Su voz es entrecortada y muestra una gran tensión en la mayor parte de los músculos faciales.

T: ¿Cuáles son los síntomas que tiene? ¿Podría describirme todo lo específicamente posible cómo manifiesta esa alergia?

P: No paro de estornudar, tengo una congestión completa que me impide respirar bien, pesadez en toda la cabeza, agobio, yo qué sé, un montón de cosas más, usted ya sabe cómo son estas alergias, ¿no?

T: Sí, pero, ¿cuáles son las manifestaciones físicas que usted tiene? Cada persona es un mundo.

P: Estornudos casi constantes, no doy abasto con los «Kleenex», dolor de cabeza, dificultad respiratoria no sé si será asma, picores en diferentes partes del cuerpo. Esto es lo que hace que muchos días no pueda ni levantarme de la cama que es el único sitio donde me encuentro a gusto. Con todo el trastorno que eso conlleva para mi marido que tiene que ocuparse de los niños. Son muchos los días que me cuesta un trabajo tremendo poner el pie en el suelo para levantarme, ya que cuando lo pongo o me da un poco el aire, o simplemente con el cambio de temperatura de la cama a la sala, ya empiezo y no paro en todo el día. ¡Esto es un suplicio!

T: Bien, ¿y desde cuándo viene notando estos síntomas?

P: No lo sé, pero creo que desde que nos vinimos a vivir a esta ciudad.

T: ¿Cuánto tiempo hace de eso?

P: Hará unos tres años.

T: ¿Dónde vivía anteriormente?

P: En Sevilla.

T: ¿Allí nunca había padecido este malestar?

P: Que yo recuerde, no.

T: ¿Hay alguien en su familia que padezca o haya padecido de lo mismo o de algo similar?

P: Sí, tengo una tía, hermana de mi madre que también lo

padece desde hace muchísimos años, y no han podido curarla. Desde que se fue a vivir a Madrid y de eso hace ya más de treinta años.

T: ¿Qué contacto ha tenido usted con su tía?

P: Muchísimo, ella fue la que me crió, y después cuando se marchó a vivir a Madrid estuve viviendo con ella casi seis años, lo que duró la carrera.

T: ¿Entonces en su familia más directa, no ha habido nadie más que manifestara esos mismos síntomas?

P: No, mis padres que yo recuerde nunca han estado enfermos, y yo he salido a ellos en todo menos en esto. Jamás he tenido ninguna otra enfermedad, bueno siendo adulta, claro.

T: ¿Y con su marido cómo lo lleva?

P: Muy bien, aunque él está siempre tan ocupado que casi no nos vemos, pero es una bellísima persona. Cuando yo me pongo como me pongo, se desvive en atenciones y se ocupa de todo, de los niños, de la casa, de todo.

T: ¿Y con los niños cómo lo lleva?

P: ¿Mi marido?

T: ¡No, no usted!

P: Agobiada. Son tan pequeños y los tuve tan seguidos que no te dejan tiempo para descansar siquiera. Cuando no es una cosa es otra. Usted ya sabe. Antes al menos tenía a mi madre y a mi hermana que me echaban una mano, incluso salíamos a pasear o de fiesta, pero ahora es que ni eso. Mi marido trabaja tanto el pobre, que cuando llega a casa está agotado y yo lo comprendo, de él depende el pan de mucha gente.

Cuando la paciente ha comenzado a hablar de su vida en Sevilla con su familia, ha disminuido sensiblemente la congestión y la coloración roja de ciertas áreas de la piel. Se ha distendido facialmente, ha bajado el ritmo respiratorio y ha vivificado el tono de su voz.

T: ¿Y cuál sería su estado deseado?

P: Haaa..., mi estado deseado sería que a mi marido lo trasladaran de nuevo a Sevilla, allí seguro que se me quitaba por completo la alergia. El clima allí es diferente, para mí mucho más sano, pero eso es imposible. Lo único que quiero es encontrarme bien.

T: Descríbame cómo sería para usted encontrarse bien.

P: Pues..., que me desaparezca la congestión, que...

T: Describa, por favor, lo que considere pero utilizando términos positivos, no use negaciones. Por ejemplo, ¿cómo diría que desaparezca la congestión utilizando términos positivos?

P: No sé..., ¿respirar bien?

T: Sí, correcto.

P: Pues..., respirar bien..., tener ánimo por las mañanas... la cabeza despejada...

T: ¿Y cómo sabrá que respira bien, que tiene ánimo por las mañanas y la cabeza despejada?

P: Creo que sólo en cuanto deje de obsesionarme con la alergia, creo que será cuando no le dé tantas vueltas a la cabeza sobre este tema y sobre otros muchos que no me dejan de preocupar.

T: ¿Y qué efecto tendría eso en su vida, en su relación de pareja y en su familia?

P: Bufff... sería una maravilla. Creo que me sentiría mucho mejor en todos los aspectos, con mi marido podría aprovechar el tiempo que estamos juntos de forma más positiva, ahora sólo centramos las conversaciones en mi salud y en lo incómoda que me siento. Nuestra relación mejoraría seguro, no me cabe la menor duda. Y con mis hijos sucedería lo mismo, mucho mejor.

T: ¿Tiene su marido posibilidad de que lo trasladen de nuevo a Sevilla?

P: No creo que eso sea posible.

T: ¿Qué es lo que tiene en Sevilla que no tenga usted aquí?

P: Todo.

T: ¿Todo?

P: Bueno... a mi madre, a mis hermanos, pero en especial a mi madre que la añoro mucho. Ahora nos llamamos por teléfono todos los días, está tan preocupada por mi salud... Creo que sin ella es como si me faltara algo. Eso es lo peor.

T: ¿Cómo cree que se sentiría si no echara tanto de menos a su madre?

P: Creo que eso no sería posible, pero tal vez mejor. Todos los días me acuerdo insistentemente de ella, me ayudaba tanto.

T: ¿No hay nada que tenga aquí que no tenga en Sevilla?

P: Por supuesto, mi marido, mis hijos, y muchas otras cosas... por eso nos vinimos.

La entrevista continúa con sucesivas preguntas para poder concretar aún más cada uno de los puntos a investigar, y así poder construir un cuadro similar al que tenemos, y que es un tipo de resumen de lo hablado.

ANTECEDENTES	MANIFESTACIONES	OBJETIVO	EFECTOS
Vivía en Sevilla rodeada de familia. Muy apegada a su madre. Siempre tiene alguien que le ayude con los niños.	Alergia (?)	Estar relajada. Mejor estado de ánimo. Parar el DI. Mejorar la comunicación con su marido.	Salud. Relación de pareja sana. Atención a los hijos adecuada.
Traslado a otra ciudad. Su marido muy ocupado. Tiene que atender sola a sus hijos y la casa. No tiene diversión. No le gusta el cambio.	Ganancia Secundaria Mayor atención de su marido.	Aceptar el cambio como algo positivo para todos.	Crecimiento personal.

EJEMPLOS DE POSIBLES RECURSOS

- Corte de codependencia
- Cura rápida de fobias (alergia)
- Patrón de primer y segundo plano.
- Cambio de creencias.
- Chasquido.
- Cualquier otra técnica que se estime necesaria.

Los ejemplos de recursos propuestos no son los únicos utilizables, cada profesional ha de saber, en función a su propia experiencia lo más conveniente para el sujeto en cada momento. Aquí no existen recetas estándar, recordemos que un Máster no es un aplicador de recetas, sino el creador de sus propios modelos.

Éste sería el esquema de trabajo con el que desarrollar los sucesivos pasos en la intervención, es decir, los recursos a incorporar en el sujeto y las técnicas a aplicar. La investigación ha de llevarse a cabo lo más precisa posible siguiendo los cuestionarios (u otros similares) que vimos unas páginas antes, y que nos derivarán a un resumen similar al que vemos en el cuadro.

Si queremos ser aún más precisos, y eso es lo que se pretende alcanzar con la maestría, necesitamos recabar toda la información posible o necesaria. Las hojas de trabajo que siguen nos pueden servir de pauta.

ESTADO PRESENTE. Descripción general
Manifestaciones.
Respuestas conductuales.
Síntomas fisiológicos.

SIGNOS VITALES DEL ESTADO
Gestos y postura corporal:
Pistas de acceso y submodalidades. Sinestesias:
Predicados verbales y patrones del metamodelo.
Metaprogramas:
Creencias limitadoras, Valores, Criterios.

Los signos vitales serán aquellas características específicas o expresiones asociadas a cada uno de los elementos constituyentes del modelo AMORE. También es conveniente atender a las demostraciones comportamentales que los acompañan, atendiendo y anotando los ejemplos específicos y observables de las antedichas señas vitales en su conjunto y para cada uno de los estados.

En cada uno de los estados correspondientes del AMORE, iremos realizando la misma investigación, cambiando el contenido de las correspondientes descripciones generales, y manteniendo lo mismo para los «signos vitales del estado».

ESTADO DESEADO. Descripción general
Objetivo. Metas.

SIGNOS VITALES

ESTADO PROBLEMA. Descripción general.
Antecedentes.
Causas. Origen.
Experiencia impronta.

SIGNOS VITALES

ESTADO RESULTADO. EFECTO.
Descripción general.
Manifestaciones.
Respuestas conductuales.
Síntomas fisiológicos.

SIGNOS VITALES

Pero, ¿Cómo sabremos el modelo más idóneo para operar elegantemente a la hora de llevar a cabo una investigación?

Aunque en PNL huimos de etiquetar los estados, siempre conviene tener ciertos términos de referencia aunque sólo sea para unificar los conceptos y poder entendernos, nunca para sentenciar al paciente con patología. El modelo conocido como: CUADRO DE LOS 7 CONFLICTOS, es una adecuada guía para navegar en el complejo entramado de descubrir los fundamentos del problema y qué técnica aplicar. Los hemos clasificado por bloques a fin de facilitar la labor de identificación:

1. **LABERINTO**: Este tipo de conflicto se basa en la confusión y surge cuando el individuo tiene falta de claridad en sus ideas, o las tiene entremezcladas, o existe desorden en el escalonamiento respecto a las etapas del objetivo. A veces, incluso puede haber un desajuste o desorden en sus niveles lógicos que desencadena conflicto de ideas.

Recursos aplicables: Metamodelo de lenguaje, técnica de cambio de submodalidades de confusión a comprensión, ordenamiento de las secuencias del POPS, alineamiento de niveles.

2. **CONTENIDO:** Cuando la información que posee el sujeto es inadecuada, o errónea, o la organiza incorrectamente. En muchos casos se trata de «basura» (información inútil, viciada o dañina) que es manejada (consciente o inconscientemente) en los procesos de entrada, análisis y procesamiento y salida.

> *Recursos aplicables:* Revisar las condiciones de buena formulación para la consecución de objetivos, fomentar o desarrollar la calibración, precisión y agudeza sensorial, reestructuración de las prioridades, distinguir entre lo urgente y lo importante, y análisis de la eficiencia del POPS utilizado.

3. **SHOCK:** Se trata de la existencia de traumas o impresiones negativas provenientes de experiencias del pasado más o menos remoto.

> *Recursos aplicables:* Básicamente podemos utilizar el cambio de historia personal, la cura rápida de fobias, traumas, la reimpresión, anclajes y disociaciones, resoluciones de duelo y pérdida, etc.

4. **COMPARAR:** El individuo usa valoraciones y criterios que no son propios, comparaciones con otras personas por lo que hacen, son o tienen. Maneja expectativas que no le corresponden y se siente bloqueado por no poder alcanzar algo imaginado que dista mucho de sus propias capacidades presentes.

> *Recursos aplicables:* Modelaje para facilitar nuevas habilidades, cambio de estrategias e incorporación de nuevas, así como técnicas generadoras de nuevos comportamientos, reencuadre, cambio de creencias, ordenamiento de valores y establecimiento de jerarquía de criterios propios.

5. **CONFLICTOS:** Surge cuando en el sujeto se generan polaridades, o existen ganancias secundarias que se contraponen al desarrollo de los hechos. Se manifiestan como incongruencias físico-psíquicas fácilmente detectables por medio de la calibración y el metamodelo. Las agendas ocultas o intenciones ocultas son las desencadenantes principales de estos estados anómalos.

> *Recursos aplicables:* Dependiendo de la naturaleza de los conflictos podemos utilizar la fusión de polaridades, negocia-

ción entre partes (modelo del reencuadre) para encontrar un denominador común en los intereses enfrentados, todo ello llevado a cabo con aplicación de un rapport preciso y una permanente reestructuración de las partes enfrentadas.

6. **AMBIENTAL:** Se trata de la existencia de dificultades de adaptación al medio, obstáculos externos que impiden al paciente alcanzar su objetivo.

Recursos aplicables: Desarrollar la flexibilidad conductual y el pensamiento lateral para que el individuo aprenda a transformar las «variables del entorno» en «variables de decisión». Aplicar la técnica de psicogeografía para que aprenda a observar con mayor objetividad las situaciones. Modelaje de capacidades creativas como el modelo de Disney o similares.

7. **BLOQUEOS:** Cuando se presentan inseguridades y dudas con respecto a la posibilidad de realizar algo o de conseguir cualquier objetivo. Existencia de creencias limitadoras que impiden nuevas conductas, infravaloración de sí mismo, baja autoestima.

Recursos aplicables: Inoculación o/y cambio de creencias, patrón de chasquido visual o pragmagráfico, cambio de historia personal, puente al futuro.

Indudablemente la terapia sería muy sencilla si en todos los casos que se nos presentan, aparecieran los conflictos con tanta nitidez como los he expuesto, pero lamentablemente eso ocurre muy pocas veces. El hombre procura encubrir sus conflictos de la forma más sutil y astuta que nos podamos imaginar, casi siempre procura ocultar la experiencia original, el estado problema de múltiples y variadas formas. Será la habilidad del terapeuta neurolingüista el medio de desentrañar los auténticos contenidos, separando la paja del grano. Para ello has de desarrollar, como ya apuntaba en el segundo capítulo del libro, las facultades de análisis y conceptualización entre otras muchas, para capacitarte en la división de los problemas, como ya sabes, en trozos menores de fácil manejo.

Volviendo al análisis, en el modelo AMORE, lo primero que has de alcanzar, es una visión global del estado presente, investigar las partes que lo conforman, dividirlo en segmentos manejables y seguidamente ir a la búsqueda de las «causas antecedentes», sin perder de vista el estado deseado y los efectos resultantes previstos. Así con la visión de conjunto podrás plantear los modelos terapéuticos que faciliten los recursos necesarios a nuestro paciente. La visión holística es una cualidad necesaria a desarrollar en un Máster, la capacidad de observación desde una panorámica superior y objetiva que permita ver, no sólo el problema y sus antecedentes, sino el estado deseado, los efectos, y los resultados en todos los niveles al aplicar las técnicas previstas. Se trata pues de adquirir una mente analógica-digital simultánea, sin la cual, la calidad profesional que pretendes alcanzar quedaría mediatizada, dejándote únicamente como mero recetador y no como creador y resolvente.

Es conveniente, al iniciar cualquier tratamiento en especial de terapia individual, seguir una serie de reglas o principios que te facilitarán el trabajo. Son como una orientación hacia donde dirigir la atención en el momento de la investigación profunda de los conflictos.

1. Ante la presencia de un síntoma, descarta las aparentes relaciones causales en el plano funcional, éstas siempre están ahí, y su existencia no la cuestionamos. En nuestro trabajo de PNL, el síntoma sólo nos interesa en su manifestación cualitativa y subjetiva. Busca su presencia y cómo se manifiesta, no sus componentes orgánicos. Si te ocupas exclusivamente de la eliminación de síntomas, en poco te diferenciarás de un alopático, y a lo más que podrías aspirar sería a producir cambios remediativos. No quiero decir con esto, que un paciente con síntomas físicos no deba de ir al médico sino todo lo contrario. Cualquier enfermedad debe de ser tratada por el médico especialista correspondiente, nosotros nos ocupamos de los motivos, de las causas primeras, no del tratamiento de síntomas.

2. Analiza el momento de aparición del síntoma. Profundiza en la situación personal, en los estados del momento

(representaciones internas) y procesos internos, busca en sus fantasías y sueños; indaga en los acontecimientos y hechos que sitúan el síntoma en un momento del tiempo, en un lugar y con determinada/s persona/s.

3. Recomiendo prescindir del tratamiento sintomático (como ya he dicho, lo conveniente es dejarlo en manos de otros especialistas naturópatas o alopáticos. Seamos holísticos y comencemos a establecer nexos de trabajo con otros profesionales). Tú procurarás trasladar el síntoma al plano psíquico (insisto, que no quiero decir con esto que no se acuda al médico, sino que no le prestéis atención al tratamiento del síntoma). La atención debe ir enfocada muy especialmente a las expresiones lingüísticas, predicados verbales, violaciones del metamodelo, éstas son la clave. Recuerda que la comunicación verbal es psicosomática: *decimos lo que hacemos*, y ya sabes que para la PNL, la enfermedad es una conducta y como tal posee una estrategia operativa.

4. Las preguntas desafío de los operadores modales: ¿Qué es lo que te impide este síntoma? ¿A qué te obliga este síntoma? ¿Qué te impone o exige tener ese síntoma? Las respuestas suelen dar la clave muy rápidamente del tema o conflicto central de la enfermedad o crisis, así como de la ganancia secundaria.

5. Recuerda, y tenlo presente durante toda la intervención, que cuando llegue a un punto clave en la causa de la enfermedad, se producirá una respuesta no verbal en la fisiología de la persona. Por eso la calibración precisa y permanente, es fundamental en la entrevista terapéutica. Haz todas tus preguntas mirando al sujeto, ten presente que en el mismo instante que iniciamos la verbalización de la cuestión, comienza la búsqueda transderivacional en el oyente. Cuando una observación es acertada duele, y el dolor se manifiesta en nuestra fisiología.

6. El excelente manejo del metamodelo de lenguaje es fundamental para alcanzar la estructura profunda de la experien-

cia del paciente, y ahí es donde se encuentra alojada la causa real del síntoma; pero debe de ser el propio sujeto el que la verbalice, aunque tú la tengas muy clara desde algún momento anterior, o incluso desde el principio. «No debemos meter nuestros peces en la pecera del vecino.»

7. Si eliminas un síntoma sin haber eliminado (comprendido, recodificado, reencuadrado, aceptado, etc.) la causa antecedente, la real, el síntoma mismo, u otro reaparecerán de nuevo. Los síntomas son manifestaciones físicas externas o internas, de trastornos psicológicos o mejor dicho, de experiencias subjetivas que generan un conflicto. El síntoma es un elemento compensador en la completa dinámica del sistema, a través de él es posible y frecuente la descarga de ciertas energías (las de la causa) que de otro modo no podrían ser liberadas. El organismo lo necesita.

8. Para comprender, para adquirir una visión analógica-digital simultánea, holística, de una enfermedad o un conflicto, de sus causas, soluciones, efectos; busca una metáfora (analogía) de un proceso de la Naturaleza, y descubre cómo ésta lo maneja, opera y lo resuelve; transfiérelo a la enfermedad y tendrás posiblemente la solución.

Cuando aprendamos a leer de la Naturaleza, habremos alcanzado el Conocimiento.

OMAR ALÍ SHAH

Si ves una fórmula en la Physical Review que se extiende a lo largo de más de un cuarto de página, olvídala. Está equivocada, la Naturaleza no es tan complicada.

BERND. T. MATTHIAS
A Dictionary of Scientific Q.

Quiero advertir algo que para mí es importante en la formación del profesional terapeuta; y es que no hay que convertirse en una esponja que absorbe agua sucia. La PNL puede trabajar sin contenidos, eso lo sabemos la mayoría, y no hemos de olvidarlo nunca. No resulta útil para ninguna de las partes, ni para el paciente ni para el terapeuta, que el profesional se implique en exceso en el proceso de cambio del sujeto, no te transformes en «paño de lágrimas». No olvides nunca que quien ha de realizar el cambio es el cliente, que tú eres únicamente un canal, un facilitador de herramientas para que tal cambio se efectúe. Cuando consideres necesario o conveniente modificar algo en el sujeto, lo identificas y entras en 2ª posición con él, y desde dentro observas y diseñas la nueva estrategia y los caminos que ha de construir el paciente, pero a continuación sales y aplicas la técnica. El constructor es el paciente, tú eres el ingeniero.

Como ejercicio que te permita familiarizarte con los diferentes problemas que se pueden plantear, y las técnicas o los procedimientos para resolverlos, propongo que (tal y como hacemos en los cursos de Máster) redactes tres supuestos reales o inventados, de cada una de las diferentes categorías de los 7 conflictos, con sus correspondientes tratamientos.

Ejercicio de identificación de los 7 conflictos

1. **LABERINTO.** Redacta tres ejemplos que contengan los diferentes modos de presentarse esta característica.
   1.
   RECURSO A UTILIZAR:
   2.
   RECURSO A UTILIZAR:
   3.
   RECURSO A UTILIZAR:

---

2. **CONTENIDO.**
   1.
   RECURSO A UTILIZAR:
   2.
   RECURSO A UTILIZAR:
   3.
   RECURSO A UTILIZAR:

---

3. SHOCK.

1.

RECURSO A UTILIZAR:

2.

RECURSO A UTILIZAR:

3.

RECURSO A UTILIZAR

---

4. COMPARAR.

1.

RECURSO A UTILIZAR:

2.

RECURSO A UTILIZAR:

3.

RECURSO A UTILIZAR:

---

5. CONFLICTOS.

1.

RECURSO A UTILIZAR:

2.

RECURSO A UTILIZAR:

3.

RECURSO A UTILIZAR:

---

6. AMBIENTAL.

1.

RECURSO A UTILIZAR:

2.

RECURSO A UTILIZAR:

3.

RECURSO A UTILIZAR:

---

7. BLOQUEOS.

1.

RECURSO A UTILIZAR:

2.

RECURSO A UTILIZAR:

3.

RECURSO A UTILIZAR:

Mucho se ha discutido sobre si realmente una imagen mental (Vi/Ve) condiciona o genera el cambio en el cuerpo, en nuestra opinión es la imagen lo que permite o provoca que el cuerpo se organice y se sienta atraído hacia ese *constructo*.

Recordemos el gráfico de los atractores.

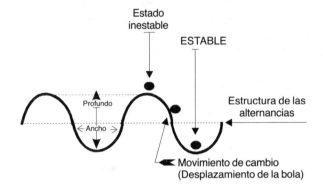

La imagen lo que hace es modificar la estructura de la curva y permite que actúe el *atractor*, ayudando a que se produzca un desplazamiento hacia el nuevo estado.

En el punto (1) del gráfico siguiente, no hay permanencia, una pequeña mejoría no se mantiene si no continúa el desplazamiento hasta la cresta y de ésta al fondo del valle en donde se sitúa el *atractor* de la salud.

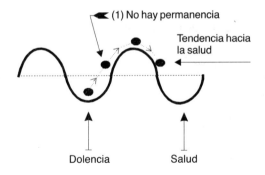

La *estructura alternante* a la que hago referencia, es como la historia personal, una especie de cuadro de nuestra vida y de las pautas de comportamiento. Este panorama puede ser modificado por medio de las técnicas adecuadas, no es inmóvil. La «reimpresión», el «cambio de historia personal», las «recodificaciones», pueden ser modelos valiosos, atendiendo siempre a las circunstancias personales en cada caso.

Al modificar la *estructura alternante*, lo que estamos haciendo, es construir una nueva curva, en la que las crestas y los valles pueden tener la altura y/o profundidad que convenga.

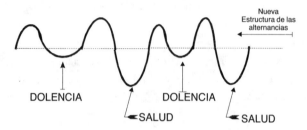

El síntoma no es la estructura, sino una pequeña parte de ella.

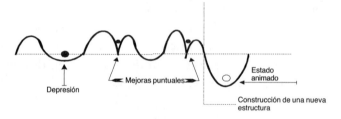

Existen cuatro formas de cambios posibles que a su vez dependen de la *estructura alternante*, según que tipo de organización sistémica haya constituido.

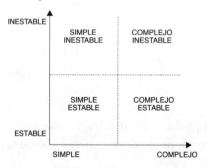

154

Los sistemas como vimos pueden ser: simples /complejos, estables /inestables.

Proporcionando así cuatro sistemas. Ejemplos de alternancias orgánicas en cada uno de ellos serían:

- Simple - estable: fobias.
- Simple - inestable: fobias alternantes, alergias estacionales.
- Complejo - inestable: cánceres.
- Complejo - estable: tumor estable, enfermedad estacionaria.

Para cada uno de estos sistemas se requiere así mismo un grupo específico de tratamientos. El movimiento dentro del proceso de cambio puede ser en ambas direcciones, de izquierda a derecha o a la inversa.

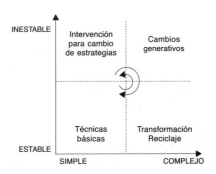

Cuando intervengas sobre un síntoma con una técnica, y ésta no funcione, o el síntoma vuelva a manifestarse más tarde, lo que te interesa es modificar la *estructura alternante*, ya que si ésta no cambia la recurrencia va a estar garantizada. Uno de los métodos para modificar las citadas estructuras, consiste en subir de nivel neurológico. Por ejemplo, si nos encontramos con un problema de creencias, y una vez tratado, el sujeto reincide en sus anteriores creencias, entonces hemos de operar en el nivel de identidad. En este caso la estructura de su identidad es tan rígida que no permite que cambien las creencias que la sustentan, por lo tanto el trabajo ha de ir dirigido a la comprensión de una identidad de orden más elevado, de modo que podamos inocular o sustituir tales creencias limitantes. El caso es que si dos personas se juntan e intercambian (cada uno da al otro) un billete de mil pesetas, cada uno seguirá teniendo un billete de mil pesetas. Pero si dos personas se juntan e intercambian una idea, cada uno tendrá dos ideas. Ésa es la forma en la que operamos al modificar las *estructuras alternantes* en los niveles lógicos.

Existe un factor muy poco estudiado a la hora de investigar la conducta humana. Me refiero a la atención, no a la atención como capacidad de observación centrada, sino a la «demanda de atención», a que se note que estamos ahí, a que los demás sepan que estamos ahí, y esto es una de las claves de las conductas humanas desequilibradas o equilibradas. Basta con una simple mirada a nuestro alrededor, y nos daremos cuenta de que, por lo general, lo que aparentan ser relaciones humanas e intercambios (sociales, empresariales, terapéuticos, comerciales, etc.), no son más que situaciones de búsqueda (o llamada) de atención encubiertas. Cuando alguien cree que está realizando una conducta con una determinada intención (comprar, vender, dialogar, exponer, etc.), y en realidad lo que está es demandando atención, el resultado de sus actos será cuando menos, mucho más deficiente tanto a escala consciente como inconsciente; pero, además, su capacidad de control conductual estará sensiblemente mermada, ya que sus razonamientos y emociones, estarán creyendo cosas que no son.

Sería importante, no sólo para el sujeto paciente, sino para el facilitador, que consideren las siguientes advertencias, si es que los planteamientos anteriores los considera ciertos:

1. Que la 2ª intención o intención oculta de muchas conductas puede ser muy diferente de la que en realidad cree que es. Y que con frecuencia esta intención oculta está generada por el deseo o la necesidad de manejo de la atención (llamar, buscar, dar, intercambiar, recibir).

2. Que es muy probable que este factor de atención, esté presente en la mayoría de las interacciones humanas en mayor o menor grado.

3. Que la actividad de llamar la atención, o hacernos notar, si llegamos a hacerla consciente, podremos ser mucho más eficientes, ya que al mantenerla bajo nuestro control, dejaría de ser una variable del entorno pasando a ser una variable de decisión.

Es frecuente que un sujeto se sienta frustrado al no haber recibido el reconocimiento que esperaba en sus relaciones humanas que no requieren de tal reconocimiento. Ello ocurre debido, a que subyacentemente el individuo no pretendía comprar o vender (o cualquier otro acto), sino que la acción superficial de compra-venta era para que la otra parte le reconociera y valorara (atraer atención). No estoy diciendo aquí, que el pretender atraer la atención sea en sí mismo algo contraproducente, lo que hace que pueda llegar a ser perjudicial o ineficiente, es no ser consciente de que tal elemento está afectando a la conducta. Como en todo, en el término medio está la virtud, ya que un exceso de atención (atraer, buscar, dar) puede ser algo ineficiente, o inútil. Lo mismo puede ocurrir con su escasez, o ausencia. Uno de los efectos nocivos que puede producir el exceso de atención es que cuando una persona necesita atraer fuertemente la atención (para satisfacerse emocionalmente), es fácilmente manipulable. Dado que la persona busca esa satisfacción, al recibirla de parte de otra persona u organización, queda bajo su influencia, debido a que si deja de permitir ser influenciada también dejaría de recibir atención. No siempre la búsqueda de atención es de forma positiva (agradable, amistosa), puede manifestarse también como rechazo, agresividad, grosería, etc. lo que importa es atraer esa atención, y el sujeto va a utilizar cualquier conducta para ello.

Muchos de los términos de referencia, creencias o incluso valores de los que un sujeto dispone en su etapa de adulto, proceden de situaciones en las que su voracidad de atención le ha dejado sin defensas que le pudieran proteger de la inculcación. Nuestra mente, como ese «pelotón de tontos», es la responsable de la inestabilidad en las ideas y opiniones, simplemente debido, a que según el «tonto» que esté al mando, la demanda de atención va a ir hacia un lado o hacia otro. La permanente hambre inconsciente de atención, es lo que hace que con frecuencia se busquen nuevos y variados estímulos que satisfagan tal deseo. Por ello la gente prefiere generalmente, nuevas vivencias, nuevos contextos, nuevos ambientes, en los que personas diferentes puedan saciar su hambre. Muchas veces se prefiere ser sorprendido por el flujo de atención. Resulta más emocionante no saber de dónde nos llegará la siguiente fuente de alimentación. Si nos diéramos cuenta conscientemente de cómo ese deseo de atención nos deteriora, podríamos utilizar de forma mucho más fructífera los potenciales de nuestra mente, entre ellos el de desarrollo, evolución y aprendizaje.

En los primeros años de la infancia, es cuando comienza a desarrollarse el deseo de atención. El niño asocia este deseo con su necesidad de afecto, de alimento, es casi parte del propio sistema de supervivencia y protección. Ahora bien, como otros muchos aspectos del desarrollo humano, si no se transforma cuando se es adulto, lo que era potenciador, se convierte en limitante y deformador (incapacitador). Como se puede observar fácilmente, mientras a los niños se les van corrigiendo o desviando de ciertas tendencias negativas como, la posesividad, la voracidad, el factor demanda de atención, pasa desapercibido y ausente del tratamiento. Consecuencia de esto, es por lo que los adultos siguen siendo automanipulados por tales características sin más alternativas. Un adulto puede desarrollar ese deseo de atención más allá de la mera satisfacción (una vez que toma consciencia de él), utilizándolo para fines mucho más transpersonales. Muchas de las situaciones de alejamiento o atracción entre los seres humanos, están basadas es el deseo de atención. Es fácil achacar tales fluctuaciones a cambios en nuestro estado interno o en el estado interno del otro, cuando en realidad lo único que ha ocurrido es que la atención no está siendo satisfecha del modo o en la cantidad exigida. Un «mal día» para alguien, podría no ser más que un día en el que sus expectativas de atraer la atención no se han visto cumplidas.

Síntomas que aparentemente no tendrían nada que ver con la demanda de atención, si se analizan desde esta perspectiva, podrían dar un muy diferente campo de tratamiento. Es lo mismo que ocurre cuando se sigue fanáticamente a un líder, buscamos dar o recibir atención. Es por esto mismo por lo que mucha gente se siente confundida, ya que el objetivo de la llamada de atención puede ser muy diverso, no sólo personas, sino objetos, ideas, ritos, etc.

Al conocer y aceptar la teoría del «deseo de atención», nos resulta mucho más fácil y manejable comprender hechos que anteriormente permanecían aislados, y que ahora podemos vincularlos. La nueva visión va a permitir un análisis mucho más holístico de cualquier acontecer humano. La incapacidad para percibir el momento en el que la demanda de atención se encuentra en activo, para potenciarla o frenarla una vez que ha sido activada, transforma al sujeto en una entidad débil y manipulable, pudiendo ser influenciado y dispuesto a recibir lavados de cerebro, inoculación de ideas o adoctrinamientos sectarios. Resulta muy fácilmente observable, como los individuos más primitivos (inmaduros) utilizan el incremento del tono emocional para ser foco de atención. Llanto, sufrimiento, emocionalidad exagerada o fuera de lugar, catarsis, enfados exagerados o fuera de tono, etc., son algunas de las manifestaciones de la inmadurez y de ese modo de buscar atención.

Por consiguiente, el aprendizaje del enfoque correcto de este factor de atención, es una ardua labor que requiere mucha disciplina y paciencia, el primer paso para su correcto manejo es la toma de consciencia, el darnos cuenta, y a partir de ahí comenzaremos a ser dueños de nuestras propias opciones.

Cierto día un comerciante de alfombras que esperaba la visita de uno de sus mejores clientes, observó que una de sus más hermosas y costosas piezas, tenía una extraña protuberancia en el centro. Rápidamen-

te saltó sobre el bulto para aplanarlo, y en ese momento lo consiguió. Casi al instante siguiente la deformación del tapiz surgió en otro extremo, de nuevo presionó sobre él y desapareció pero por breves instantes, para resurgir una vez más por otro sitio. El alfombrero saltó y saltó, una y otra vez, machacando, deformando y estropeando la magnífica alfombra en su enfado. Por último se le ocurrió alzar una de las esquinas de la alfombra, viendo salir precipitadamente una no menos malhumorada serpiente.[8]

---

8. Idrie Shah, autor y recopilador de historias de la tradición oriental. Éste y otros muchos cuentos similares, podemos encontrarlos en su amplísima obra publicada, y casi íntegramente traducida al castellano. Existen libros suyos en las editoriales Paidós, Kairós, Herder, Edaf y otras.

CAPÍTULO V
PSICOGEOGRAFÍA

Conviene recordar, ya que así ocurre en la mayoría de las escuelas terapéuticas de aplicación psicológica, que el fin de una terapia en resolución de conflictos o traumas de origen relacional, es dotar al sujeto de nuevos (u otros) recursos no utilizados hasta ese momento por él en la búsqueda de soluciones. Por supuesto que son muchas las tendencias dentro de la psicología académica que ayudan al paciente a ampliar sus mapas haciéndole comprender (?) que las otras partes pueden tener razón, es decir, que su *mapa no es el territorio* y que deben tenerlo en cuenta para resolver la crisis o agresión. ¿Cuál es entonces el aporte de la PNL en esta materia? Bien, ese elemento nuevo que la PNL ha introducido, y más que introducido lo que ha hecho es modelarlo y ponerlo a la disposición, procede del estudio y análisis que en su día se realizó de la técnica usada por Virginia Satir en la terapia familiar. Una vez extraído el modelo base, lo hemos perfeccionado añadiendo nuevos elementos que simplifican los modos y aceleran los resultados. En la base de los modelos diseñados con PNL para resolver conflictos en los sistemas humanos, está el que denominamos *psicogeografía*. Éste vendría a ser otro Metamodelo, que combina o completa los otros modelos (o Metamodelos) ya conocidos, así como alguno de los que presentaremos a lo largo de

161

este texto, y que nos aporta una potentísima herramienta terapéutica sistémica.

La *psicogeografía* es un término que hace referencia al espacio (–geografía–) y a la experiencia subjetiva (–psico–). Espacio que ocupamos tanto mental como físicamente, y al modo en que percibimos las experiencias (o como las valoramos) desde uno u otro de esos emplazamientos. Cuando un sujeto recuerda una experiencia y la proyecta en un espacio físico determinado –una especie de representación teatral– imaginando o visualizando tanto el contexto como los otros elementos (personas) del sistema involucrados, puede volver a revivir la secuencia con un alto grado de aproximación a lo experimentado por él en el transcurso de aquella situación. Es decir, la asociación del sujeto a la experiencia *impronta*[1] de la estructura profunda, es más completa. De ese modo, el terapeuta puede identificar con mayor precisión todos los aspectos que afectaron y traumatizaron al sujeto, y así proveerle de los recursos necesarios que le permitan salir del *engrama*.[2] La dinámica de utilización de la *psicogeografía* es muy similar a una escenificación (dramatización) donde el paciente, una vez identificado y asociado al momento del shock traumático u origen del conflicto, sitúa «imaginariamente» a los participantes del hecho en los lugares físicos que él recuerda que ocupaban en aquel momento. El sujeto, al recordar la situación, tiene en su mente una imagen (o hacemos que la traiga); al pedirle que nos describa, le iremos pidiendo que señale en el espacio físico que tiene delante de él, las posiciones que ocuparían cada una de las personas implicadas (padre, madre, hermano/a, esposo/a, abuelos, etc.) y qué es lo que cada uno de ellos hace en ese momento. Lo que antes era sólo una imagen mental, se convierte en una escena tridimensional que po-

---

1. Experiencia *impronta* es aquella que produjo una fuerte impresión –normalmente de tipo traumático–, y quedó firmemente registrada en la memoria. Por lo general suele ser la primera experiencia de tal naturaleza.

2. *Engrama*: impresión o huella en la memoria. Es similar a *experiencia impronta*.

demos mover y reencuadrar, de manera mucho más eficaz que operando con ella a nivel «visualización» o razonadamente. Cómo realizar estas operaciones lo iremos aprendiendo a lo largo de varios capítulos del libro. Los trabajos con *psicogeografía* se realizan todos ellos de pie (por lo que es necesario disponer de una sala para terapia lo suficientemente grande, que nos permita movernos con comodidad). Una vez situado el sujeto lo iremos desplazando de una a otra posición, asociando y disociándolo a los diferentes personajes, adoptando terceras y meta-posiciones alejadas del conjunto, de modo que le permitan analizar y valorar con objetividad el sistema íntegramente, su dinámica, y la solución más idónea, que ha de salir necesariamente de la ampliación de su mapa y de la comprensión de los mapas de los otros.

La mayoría de los modelos avanzados de la PNL sistémica, se sustentan en la *psicogeografía*, que combinada con otras técnicas hacen posible una amplísima variedad de recursos de probada eficacia, en donde la creatividad por parte del terapeuta es parte integrante de la propia técnica. Como ya he dicho en varias ocasiones, una de las cualidades de un buen profesional y Máster, es que ha de dejar de ser un mero aplicador de recetas, y comenzar a ser creador y diseñador de las mismas, ya que para cada sujeto hemos de establecer un modelo a su medida. A continuación iremos estudiando uno a uno los elementos fundamentales que intervienen en el correcto dominio del Metamodelo de la *psicogeografía*, y que podemos identificarlos como:

- Las posiciones perceptivas
- La *línea del tiempo*
- El espacio psicofísico

LAS POSICIONES PERCEPTIVAS

Dentro de un sistema, como indiscutiblemente son las relaciones interpersonales, una de las formas de mayor utilidad y resultado para poder analizar el *feedback*, las codificaciones, redundancias y en definitiva cualquier tipo de anomalía o agresión entre los elementos del sistema, es el análisis que en PNL Sistémica hacemos a partir de lo que conocemos como posiciones perceptivas.

Las posiciones perceptivas o perspectivas mentales, son las diferentes formas de analizar, experimentar o vivir cualquier experiencia presente, recuerdo del pasado o proyecto futuro. Se trata de la opción que cada uno de los seres humanos tiene para poder situarse en los espacios mentales más idóneos en cada momento. Esto es algo que comúnmente realizan muchos de los adultos. Pero a pesar de ello, también son muchos los

sujetos que quedan bloqueados en una u otra de las percepciones posicionales impidiendo nuevas alternativas, y como consecuencia de ello generando bloqueos en la observación de cualquier conflicto, generando como resultado una situación de tensión, agresión o estancamiento en las relaciones.

En realidad vivir y experimentar la vida es elegir la mejor opción mental del momento. Recordemos una de las presuposiciones de PNL, que dice que el individuo dentro de un sistema con mayor número de alternativas es el que controla el sistema: *Ley del requisito de variabilidad*.

Los tres puntos de vista básicos para una correcta evaluación de la experiencia son los siguientes:

1ª POSICIÓN: *Yo mismo*, desde mi propio punto de vista. Asociado completamente a mi propia experiencia subjetiva. Atendiendo a todos los canales de percepción y siendo consciente de mis propias respuestas internas, sensaciones y emociones. Empleamos la sensibilidad por entero. Si nos encontramos ante una situación, recuerdo o proyecto, de naturaleza personal que es positiva y potenciadora, entonces nos enriquecemos y gozamos plenamente con todas las emociones y sensaciones, ya que al vivirlo o revivirlo desde esta posición somos plenamente conscientes de todo lo que experimentamos internamente. En la primera posición, adoptamos el papel de actor protagonista. Vemos, oímos, sentimos con toda nuestra propia sensibilidad y valoramos la situación desde nuestro mundo subjetivo y personal.

2ª POSICIÓN: *El otro*. Desde el punto de vista de la otra persona. Disociados de nosotros mismos y asociados a la experiencia del otro, es decir metidos en «su pellejo». Atendiendo a lo que experimentamos siendo el otro, pensando como él, sintiendo como él y valorando a la 1ª posición «yo», como la valoraría el «otro». Aquí percibimos la vida como «viviéndola desde los zapatos ajenos». Nos encontramos valorándonos desde otra persona, distanciados de nosotros mismos para saber cómo nos perciben los demás.

Ésta es una posición perceptiva muy interesante para poder comprender correctamente las relaciones interpersonales, para darnos cuenta de que los otros también tienen sus «razones» que son tan buenas como las nuestras, y que nosotros no somos tan maravillosos como creemos. En 2ª posición podemos ponernos en el nivel de nuestros interlocutores y, adecuar nuestra comunicación verbal y no verbal a las necesidades de ellos. La perspectiva mental de 2ª posición nos abre las puertas de la flexibilidad y de la comprensión. Algunas escuelas llaman empatía a la adopción de esta posición, aunque no es exactamente lo mismo. No me cabe ninguna duda de que la adopción de este punto de vista es requisito *«sine qua non»* para la comunicación eficaz y el liderazgo personal. ¿Cómo, si no, podrías comprender las necesidades reales de los otros, sus potencialidades, las alternativas de que disponen, sus creencias, expectativas, criterios, valores, etc. de quienes te rodean, si no entramos en su mundo interno?

La 2ª posición cumple una doble función, por un lado nos conduce al mundo interno de los demás, para comprenderlos desde su perspectiva, sentimientos, etc.; y por otro lado, nos permite darnos cuenta y asumir cómo nos perciben y experimentan a nosotros.

3ª POSICIÓN: *El observador.* Desde esta posición somos capaces de mirar al «yo» y al «otro», como un espectador ajeno, como si la situación no fuese con nosotros directamente, sino que la observamos desde fuera valorando la interacción de ambos sujetos, el «yo» y el «otro», pero sin implicarnos emocionalmente (subjetivamente) en ella. Es apasionante esta capacidad de los seres humanos del poder colocarnos en la tercera posición perceptiva frente a nuestro propio «yo», ante los «otros», y frente a la situación («contexto»).

En cualquier instante puedes desarrollar o practicar esta capacidad de observación objetiva, para percatarte de tu propia postura corporal, de tus propios pensamientos, viéndote como caminas, te mueves, hablas, cómo sostienes este libro, cuáles son los mecanismos que utilizas para pensar lo que estás pensando ahora mismo... y todo ello observándolo como si fueses un observador ajeno a ti mismo. Ésta es una de las facultades que nos distingue de los animales, al permitirnos disociarnos de tal manera que podamos ser espectadores de nosotros mismos.

METAPOSICIÓN: En esta perspectiva mental integramos en la observación a los tres elementos anteriores: «yo», «otro» y «observador» (1ª/2ª y 3ª posición) observando el conjunto y sus interacciones, tal y como vemos en el dibujo que sigue desde la posición de lector. Algo así como ser observador del observador que observa a los sujetos implicados en la interacción.

La metaposición te permite evaluar todo el sistema, comprobar cómo vas realizando los cambios de posición perceptiva, si en algún momento de las disociaciones-asociaciones estás «arrastrando» los contenidos de una posición a cualquier otra. Ésta sería una valoración de supervisión y de control, tal y como si fueses un ojo omnisciente que todo lo ve y todo lo sabe, a fin de corregir las deformaciones, que sin darte cuenta, hayas introducido en los sucesivos procesos de pasar de una a otra posición.

Para aprender a utilizar adecuadamente las posiciones perceptivas, y a fin de construir una estrategia interna de paso a una y otra posición, hemos diseñado una serie de ejercicios que desarrollan esta habilidad. Estas sencillas técnicas que a continuación paso a describir, pueden servir en muchos casos de modelos terapéuticos.

El practicar los cambios posicionales con desplazamiento físico como vamos a proponer en los ejercicios siguientes, nos facilitará posteriormente un mejor manejo de la *psicogeografía* como veremos.

El aprendizaje de las técnicas de cambio de posición perceptiva, puede aplicarse a aquellas personas que tienen dificultad en ver la vida desde otros ángulos. Para los sujetos que viven en un permanente estado de sufrimiento, que todo lo experimentan interna y profundamente, que las desgracias ajenas las sienten como propias, con los consiguientes agotamientos emocionales y trastornos orgánicos; a tales personas les conviene aprender a salir de la 1ª posición en la que permanentemente se encuentran asociados o en posición 2ª, en la que entran fácilmente, y aprender a vivir más en 3ª posición. Sin embargo, aquellas otras personas frías, calculadoras, excesivamente objetivas y distantes, les viene muy bien acostumbrarse a entrar en 1ᵃˢ y 2ᵃˢ posiciones y vivir más desde ellas.

En el siguiente dibujo puedes apreciar los diferentes puntos de vista que se obtienen de un mismo objeto (o hecho), ubicándose en los tres espacios diferenciados y marcados con A, B, C.

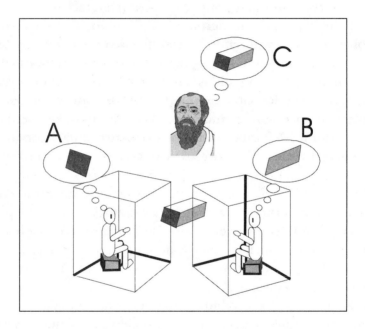

Esta visión tridimensional del sistema nos da una idea de lo que ocurre dentro de él (dentro de la relación interpersonal), cuando cada uno de los elementos se mantiene fijo en su posición y no acepta los otros dos puntos de vista. Cuando conseguimos que el desplazamiento posicional se produzca, ya sea física o mentalmente, los sujetos actores comienzan a vislumbrar otros aspectos no observados y, por tanto, no valorados que también se encuentran presentes en el hecho (objeto) y que hasta ese momento habían pasado desapercibidos. Al crear una estrategia de observación tridimensional en el sujeto, si es practicada, pasa a integrarse en el individuo como un programa neuro-lingüístico que permite, como consecuencia, una mayor flexibilidad y adecuación en sus respuestas ante este tipo de conflictos.

EJERCICIOS PARA LA GENERACIÓN DE ESTRATEGIAS DE VALORACIÓN DE LAS POSICIONES PERCEPTIVAS

Ejercicio de valoración desde 2ª posición

Éste como los demás ejercicios que vienen a continuación, han de realizarse en pareja, sentados el uno frente al otro y manteniendo un diálogo entre ambas personas. El sujeto, que será el que realizará la acción práctica lo llamaremos A (en el dibujo la figura sombreada) y al ayudante o interlocutor, lo llamaremos B.

Primeramente el sujeto (A) buscará un tema que le preocupe (un problema real, una situación a resolver, cualquier cosa) y que desee encontrar una respuesta satisfactoria. A continuación le planteará el tema a su interlocutor (B) quien sin darle respuestas le irá siguiendo la conversación.

Transcurridos 4 o 5 minutos interrumpirán la charla y se producirá una parada, como si todo quedara detenido en ese instante del tiempo, como si se congelara la escena. En ese momento A se levantará de su asiento y siguiendo las pautas del gráfico que viene a continuación se trasladará hasta situarse en el lugar de B. Los pasos que A vaya dando han de ser muy lentos e inestables,

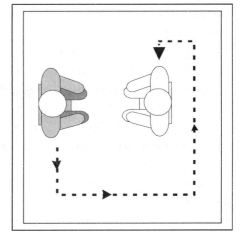

casi tambaleándose. Al llegar al lugar que ocupa B, éste se levantará y desplazándose un poco dejará que se sitúe exactamente en su sitio. A reproducirá la posición, el tono y los ritmos de B, rebobinará todo lo escuchado y dicho hasta el momento, volviendo a repetirlo. Seguidamente realizará el recorrido inverso para volver a posicionarse en su sitio, mientras B se vuelve a sentar en su asiento.

Esta operación se realizará tres veces, una cada 5 minutos de conversación. A la cuarta vez A, realizará mentalmente el proceso de levantarse, desplazarse, situarse en el sitio de 2ª posición B, y rebobinará todo lo hablado, pero esta vez sin moverse de su silla, sólo mentalmente. Cuando lo haya hecho, proseguirá hablando como si fuera el otro B, y dando (dándose a sí mismo) la solución al problema planteado.

Éste es un ejercicio que al igual que los siguientes conviene repetirlo varias veces, para que las estrategias mentales de observación en 2ª y 3ª posición se consoliden en nosotros.

Ejercicio de valoración en 3ª posición

Ahora, partiendo de una situación de comunicación entre A y B, vamos a analizar específicamente la relación entre ambos. Para ello es conveniente que entre los dos sujetos encuentren algún tema de conversación en el que discrepen y procederemos del siguiente modo:

1ᵉʳ Paso: Iniciarán la conversación, a los 5/6 minutos realizarán una parada y ambos detendrán el diálogo en el momento en el que se encuentre. En ese momento A se levantará y se traslada a la 3ª posición dando tres pasos y observa la interacción de ambas posiciones, la de A –que es él mismo– y la de B –que es la segunda posición–.

Véase el dibujo que viene a continuación.

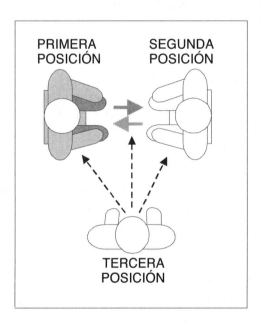

2º Paso: Repetirán la operación tres veces, mientras tanto ambos siguen la conversación, cada vez A vuelve a su 1ª posición.

3ᵉʳ Paso: A desde su posición valorará la relación del conjunto imaginándose que se levanta y se traslada a la 3ª posición. Tal como ya se explicó en el ejercicio precedente.

El tercer ejercicio de esta serie es el inventario conjunto y simultáneo de las tres posiciones perceptivas. Es conveniente rea-

lizar los tres seguidos para que las estrategias mentales se aso-
cien, y de ese modo cada vez que decidas analizar cualquier situación siguiendo la dinámica de las posiciones perceptivas, las
tres perspectivas entrarán en acción y la valoración que realices
será mucho más objetiva y próxima a los otros mapas.

EJERCICIO INVENTARIO DE LAS TRES POSICIONES

Como en los casos anteriores iniciaréis el trabajo encontrando un tema de discusión o problema que queráis encontrar nuevas formas de comprenderlo.

Al igual que en los modelos precedentes, te sitúas con otra
persona B y comienza la comunicación.

Paso 1º: Una vez iniciada la conversación, y como es común
(y no creo que sea necesario recordarlo) en todos los ejercicios
de PNL, previo establecimiento del rapport, interrumpiréis con
una parada, suspendiéndose la transmisión completamente en
ese momento, tanto A como B quedan en silencio durante los
siguientes 2 o 3 minutos. A continuación en 1ª Posición A –es
decir, sin moverse de su sitio–, valorará la situación y se pregun-
tará a sí mismo: ¿Cuál es mi intención positiva? Dándose ese
tiempo para reflexionar.

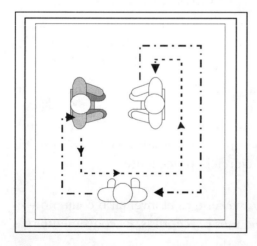

Paso 2º: Renováis la
charla, y transcurridos
otra vez 3 o 4 minutos,
de nuevo la parada.
Ahora A se levanta y se
desplaza tal como ya lo
hizo en la anterior prác-
tica a la 3ª posición. Una
vez en 3ª posición obser-
va la interacción y busca
la intención positiva de
ambos. Regresa al sitio
original.

Paso 3º: Se reanuda el proceso, y una nueva parada, para pasar a la 2ª posición como ya sabe hacer. En 2ª posición busca la respuesta a: ¿Cuál es la intención positiva de B? Reflexiona desde la posición de su interlocutor hasta descubrirla. Vuelve a su 1ª posición.

Paso 4º: Reiniciáis el proceso, y una vez más, parada y, a la tercera posición perceptiva. En 3ª posición ve el mundo desde los ojos ajenos de un observador imparcial. Ahora desde este lugar conoce las intenciones positivas de la 1ª, de la 2ª y la previa que hizo desde la 3ª, así pues ahora tiene la capacidad de alcanzar una más amplia objetividad que es lo que pretendemos con este trabajo.

Paso 5º: En 1ª posición repetís el proceso, pero esta vez sin que el sujeto se mueva del asiento, y realizando como en todos los demás ejercicios las correspondientes paradas de conversación para realizar el recorrido mentalmente.

Finalizado el trabajo es muy interesante compartir las comprensiones y las recapitulaciones a las que has llegado con tu compañero de ejercicio.

¡Atención!: Al salir de cada una de las posiciones mucho cuidado con no arrastrar anclas posicionales y posturales de las posiciones anteriores.

El modelo siguiente es una técnica muy especial para ayudarle a desarrollar, no sólo la habilidad de ponerse en 2ª posición, sino también para despertar ciertas capacidades mucho más profundas que hay en usted y que puede facilitarle la comprensión y darle soluciones a ciertos conflictos de una forma metafórica, aunque no por ello ausente de concreción y claridad.

Ejercicio de 2ª posición especial
Consulta a los «poderes de la Naturaleza»

Recomiendo seguir todos los pasos con total precisión y exactitud, si realmente quiere beneficiarse de lo que este modelo especial puede aportarle. La técnica está diseñada y experimentada con tremendo éxito, para resolver cualquier conflicto o problema que tengamos, y del que necesitamos una aclaración, una nueva idea, una perspectiva distinta o diferente.

1º: Escribe en un papel, lo más específicamente posible, lo que quieres conseguir con la consulta que vas a realizar. Una vez hecho, lo lees de nuevo, lo grabas en tu mente, lo doblas y lo guardas en el bolsillo.

2º: A continuación sales al campo, a la calle, lo que más fácil te resulte. Vas a caminar procurando mantener la mente vacía, tan sólo observando el entorno y dejando que algo de la Naturaleza o del ambiente, contexto externo en el que se encuentra te *llame poderosamente la atención*. Esta llamada de atención ha de ser imprevista, algo así como: «¡Ah! No esperaba encontrarme con esto.» O «¡vaya un susto!» O «¡qué extraño, no esperaba ver eso aquí!» Cualquier situación similar.

3º: Una vez identificado el elemento al que te vas a dirigir, realizas el *ritual de identificación*. (Véase dibujo.) Aquí lo que se trata de hacer es lo mismo que ejecutaste en el ejercicio de valoración de la 2ª posición. Tres veces. A la tercera te sentarás o pararás frente a él.

4º: Una vez sentado frente al elemento de la Naturaleza o de la calle, le preguntas en voz alta –de forma que tú mismo te puedas oír– lo que tienes escrito en el papel en 1ª posición. Seguidamente tomando la identidad del elemento, en 2ª posición con él, te responderás también en voz alta. Darás tres respuestas alternativas a la consulta.

5º: A los 15 o 20 minutos de estar frente al elemento y haber conversado con él, escribe las respuestas y busca la «meta-respuesta» (el denominador común que tienen las tres) que te ha transmitido.

6º: Regresa al punto de partida, y reflexiona sobre las respuestas, la mayoría de las veces metafóricas, y éstas se vinculan y responden a tu planteamiento escrito al principio.

Es muy importante ejercitarse en el uso y dominio de las posiciones perceptivas psicogeográficas, ya que a lo largo del presente libro utilizaremos esta técnica como parte integrante y fundamental de otros modelos de cambio. Progresivamente a medida que vayamos aprendiendo elementos básicos, iremos integrándolos en unidades más complejas, en las que intervienen la mayoría de los modelos que conocemos y que conoceremos.

EJERCICIO DE UTILIZACIÓN DE LAS POSICIONES PERCEPTIVAS PARA MEJORAR UN CONTEXTO DE RELACIÓN PERSONAL

Las instrucciones de este ejercicio están dadas para realizarlo personalmente o para dirigírselo a una tercera persona.

1.º Identifica a una persona con la que tengas algún problema de comunicación.
- Define un espacio físico donde puedas representar vuestra interacción (1ª y 2ª posición).
- Sitúate en el que sería tu propio espacio (1ª posición, asociado) y visualiza frente a ti a la otra persona (la 2ª posición).
- Adjetiva y comenta cómo ves a esta otra persona, qué piensas de ella, qué aspectos de su personalidad dificultan la buena marcha de vuestra relación. (Por ejemplo: es maniática, orgullosa, testaruda, etc.).

2.º Ponte ahora en la 3ª posición (disociado de la relación) y visualízate a ti mismo en esa interacción, tu papel en el sistema.

• Adjetiva tu propia conducta en relación con la otra persona. (Por ejemplo: sin iniciativa, sumiso, apático, etc.).

3.º Percibe cómo tu conducta provoca, dispara o refuerza la conducta del otro.

• Evalúa el sistema.

• Aumenta o disminuye la intensidad de tu conducta y observa el posible resultado.

4.º Imagina de qué otras formas podrías comportarte con el otro.

• ¿Si existen alternativas para ti, qué ha impedido hasta ahora que cambies tu conducta en esta relación?

5.º Sal fuera del sistema y obsérvalo desde una metaposición.

• Con esta nueva perspectiva, vuelva a adjetivar su propia conducta.

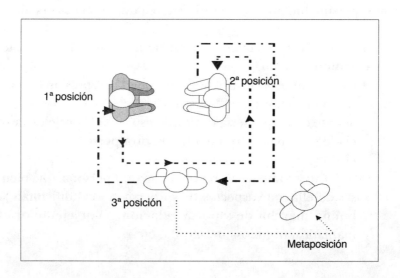

6.º Desde la metaposición, intercambia las actitudes de la 1ª y la 3ª (las dos relativas a ti). Es decir: traslada las reacciones y sensaciones de la 3ª posición a la 1ª, de modo que imagines cómo podrías reaccionar ante la otra persona con este nivel de respuesta. Lleva también las de la 1ª a la 3ª.

• Observa desde aquí los cambios producidos en el sistema.

7.º Vuelve a la 1ª posición y asóciate a ésta teniendo en cuenta las últimas revisiones.

• Observa los cambios producidos en tus reacciones y tus puntos de vista sobre el otro y sobre la situación.
• Puedes también asociarte a la 2ª posición y observar desde la perspectiva del otro estos posibles cambios.

8.º Cambia de posición perceptiva tantas veces como consideres necesario, hasta que puedas encontrar nuevas soluciones para este problema de comunicación.

9.º Puente al futuro.

Como puedes apreciar, son múltiples y variadas las aplicaciones que conseguimos con el modelo *psicogeográfico* y más específicamente de las posiciones perceptivas, y no acaban aquí. De una misma técnica, es posible su utilización para aplicaciones en diferentes niveles.

Por ejemplo, vamos a conocer ahora una variante del modelo explicado anteriormente. De nuevo, el diseño original de la citada aplicación, va enfocada fundamentalmente a resolver conflictos interpersonales. Pero, ¿qué son los conflictos interpersonales básicamente? En un principio problemas de conductas, aunque subyacentemente están interviniendo otros niveles lógicos, y los resolvemos subiendo de nivel, yéndonos a las capacidades. Ahora en esta nueva variante, aún nos elevaremos un peldaño más, para entrar en los niveles transpersonales para intervenir en el proceso.

Veamos cómo se hace:

Proceso: «La mente del corazón»

1. Piensa en una situación en la que el conflicto englobe a otra/s persona/s con la/s que tengas problemas o dificultades.

   Sitúate en el espacio problema y reconoce e identifica lo que sientes a partir de tu propio punto de vista (asociado a su 1ª posición).

2. A continuación, una vez que hayas realizado completamente la valoración previa (1ª posición), pasas a observarlo todo desde el punto de vista de un observador omnisciente (meta - posición).

   Comprendido el alcance del conflicto, y su responsabilidad en él, busca y alcanza un estado de «estar alineado» con tus propósitos más elevados, con tu espiritualidad, con tu corazón, esencia, mente o Fuerza Superior.

   Ese estado de «estar alineado», es un estado de recurso transpersonal o espiritual.[3] Procura recordar un momento en el que alcanzaste un estado de relajación, plenitud, o contacto con ese algo más elevado sintiéndote como parte integrante de esa Totalidad o Mente Superior.

   Una vez identificado y asociado completamente al recurso, toca con tu mano derecha el centro de tu pecho (ánclate en el centro del pecho).

3. Vuelve a la 1ª posición dentro de aquella situación problema y, activa el ancla (mano en el centro del pecho). Deja que el recurso, el estado se expanda dentro de ti. Amplía tu conciencia hasta ser capaz de percibir todo a tu alrededor como extensión de tu ser.

4. Manteniendo la mano en su corazón (ancla en el centro del pecho), ponte en la perspectiva de la otra persona (asociado a la 2ª posición), profundizando tu sensación

---

3. Véase el capítulo siguiente en su apartado correspondiente a la «Alineación de niveles», y más concretamente lo que se refiera al nivel espiritual.

de esta posición perceptiva hasta que sientas ser «UNO CON» el otro.

5. Con tu mano en el corazón, muévase hacia la posición de entre tú y la otra persona (asociado a la tercera posición). Amplía tu percepción hasta que puedas experimentar que tanto tú como el otro, sois parte de un sistema o «Mente» mucho más amplio.

5 bis. Si se realiza este trabajo con un facilitador («Ángel de la Guarda»), espera a que él esté también asociado a un «estado de alineamiento» y te ayude a anclarte. Él pondrá su mano izquierda sobre la tuya en el corazón y la derecha en el centro de tu espalda a la misma altura (dándote soporte y apoyo). El «Ángel de la Guarda» continuará con su propio estado de alineación, y seguirá tocando su pecho y su espalda mientras tú experimentas y expandes las 1ª, 2ª y 3ª posiciones perceptivas de la situación del problema.

6. Por último realiza un puente al futuro que te permita comprobar los cambios que se han producido a partir de la nueva comprensión transpersonal del conflicto.

El asentamiento y el desarrollo de la habilidad de adoptar las múltiples posiciones perceptivas, nos facilitan el establecimiento del vínculo terapéutico, que es la clave para una adecuada relación. En terapia lo importante no es la técnica, ni el terapeuta, lo único importante es el paciente. Cómo nos relacionemos con nuestros clientes va a determinar el éxito del tratamiento o de la intervención organizadora. Pregúntate permanentemente: ¿En qué estado quiero estar? Te ayudará a darte cuenta de cómo influimos. Dependiendo del estado permitirás o no que unas u otras cosas sucedan.

Existen ciertos términos que convienen clarificar, especialmente al tratar el tema que nos viene ocupando, y que es muy importante no confundir, éstos son:

> IMITAR: Equivale a aquella persona que manteniéndose en su 1ª posición copia las conductas y acciones de la

2ª posición. Yo sigo siendo yo, y lo que hago es actuar forzadamente reproduciendo únicamente los comportamientos externos (verbales e incluso algunos no verbales) del otro.

➢ ENTRAR EN 2ª POSICIÓN: Uno se pone en la segunda posición y se identifica, se introduce en el mapa de la otra persona. Éste es el objetivo máximo del establecimiento de un buen rapport. Es muy diferente de la imitación, ya que penetrando en la 2ª posición la experiencia es completamente nueva. Se llega a –en cierto modo– ser la otra persona.

➢ RAPPORT: Equivaldría a una variante más superficial y visible de la de entrar en segunda posición. Es la adecuación al mapa que podemos observar y calibrar de la otra persona.

➢ RITUAL: Hemos citado en algún momento este término, que para nosotros es equivalente a aquello que nos rodea, el contexto adecuado, la relación y vínculo terapéutico que facilita la conexión con el paciente. Podría equipararse al ceremonial, a la parafernalia que envuelve todo acto terapéutico, claro está, siempre dentro de la ecología, la ética y la moral que corresponde al profesional. Como dice Sheldon B. Kopp en su libro *Gurú, Metáforas de un psicoterapeuta*:[4] «El Gurú, sea cual sea sus manifestaciones en diferentes épocas y lugares, siempre es aquel miembro de la comunidad que entiende el lenguaje olvidado del mito y el sueño.»

Eran las grandes fiestas de la capital, y Nasrudín había ido a la gran feria de ganado que allí se celebraba. Todo estaba rebosando de gente. Por la noche cuando se trasladó hasta el «caravanserai» para descansar y pasar la noche, se encontró que todo estaba lleno de viajeros.

---

4. Editorial Gedisa.

*–Entre tanta gente –pensó– ¿cómo sabré quién soy yo, mañana cuan-
do me despierte? Bien me ataré un globo en el pie y así mañana cuando lo vea sabré que soy yo.*

*Así lo hizo. Pero un guasón que estaba al acecho, cuando Nasrudín
se hubo dormido decidió gastarle una broma. Le soltó el globo y se lo
ató al que estaba a su lado.*

*Por la mañana, cuando Nasrudín se despertó, miró su pie y no vio el
globo. Miró a su vecino y observó el globo en el pie de aquél.*

Alarmado exclamó:

–¡Si yo soy ése, entonces, ¿quién soy yo?!

El siguiente modelo, es una ampliación de la técnica de resolución de conflictos con *psicogeografía*, al igual que la que aca-
bamos de ver, como habréis podido comprobar no, es mas que
la de Alineamiento de Niveles en la que se le han incorporado
las figuras de los «consejeros» con las preguntas y respuestas.

Resolución de conflictos con transposiciones

Estudio y análisis de una situación problemática a través de
las posiciones perceptivas, con apilamiento de anclas de recursos y asociación con tres «consejeros transpersonales».

Es muy conveniente la utilización y detección de modalidades, las submodalidades, e incluso las sinestesias existentes de
cada estado con detalle.

Paso 1. Identifica una situación problemática para la que
aún no hayas encontrado una solución adecuada.

Sitúa en el espacio psicogeográfico, una metaposición, y el
espacio problema.

Asóciate con tu 1ª posición, dentro del espacio-problema,
y revive una experiencia típica de esa situación.

Paso 2. Dirígete a metaposición y evalúa la situación desde
ahí.

¿Cuál es el meta-mensaje que puedes detectar, respecto al
conflicto, teniendo en cuenta tanto la comunicación verbal como
la no-verbal de todos los elementos implicados?

En este punto, puede que tengas que realizar todo un trabajo previo de análisis y reencuadre en 1ª/2ª y 3ª posiciones, tal y como aprendimos a hacer en el capítulo IV.

Paso 3. Desde metaposición elige tres diferentes mentores que consideres valiosos para ti y que puedan aconsejarte sobre este tema. Sitúalos frente al espacio problema y en línea (observa el dibujo).

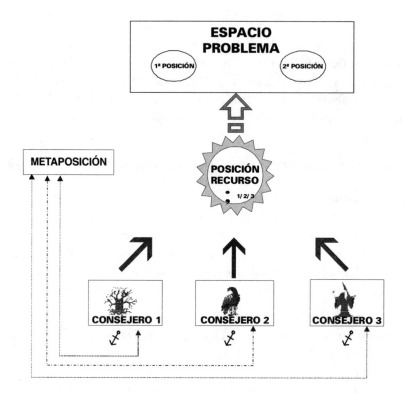

Paso 4. Entra en 2ª posición con cada mentor, uno por uno, y verbaliza (interna o externamente) el consejo que cada uno te dé en relación con este problema. Ancla este estado.

Para ello sitúate frente al grupo de mentores, formúlale la pregunta al primero, a continuación asóciate a él en 2ª posición (tomando su identidad) y emite el consejo desde el consejero.

Sal y regresa al punto desde donde preguntaste, para recibir la respuesta, escúchala y toma nota de ella.

Repite esta secuencia con cada uno de los «consejeros transpersonales» que previamente ubicaste.

Paso 5. A continuación, una vez recibidos y anotados todos los consejos, ve a metaposición, y desde allí identifica el meta-mensaje de cada uno de los mentores.

Paso 6. ¿Cuál es el mensaje común de los tres mentores? Encuentra el mensaje común subyacente de los tres mensajes o consejos que has recibido.

Paso 7. Para probar la validez de este mensaje común (meta-mensaje) vas de nuevo a realizar el proceso entrando en las posiciones de cada uno de los mentores y diciéndolo en voz alta desde una de ellas para verificar su congruencia.

Paso 8. Colócate en una posición (puede ser la misma que anteriormente), delante de los tres mentores, de forma que puedas imaginar cómo ellos ponen sus manos sobre tu espalda.

Si el ejercicio lo estás realizando con alguien que te dirija, éste apoyará su mano en la espalda (es un ancla) y empujándote levemente, te acompañará hasta el lugar que ocupa el espacio problema y tu 1ª posición.

Escúchalos comunicándote su mensaje común al unísono.

Paso 9. Oyendo, viendo y sintiendo el mensaje común de los mentores, entra nuevamente en el espacio problema, en 1ª posición.

Observa cómo ha cambiado tu percepción de la situación, de los mensajes y del meta-mensaje.

Paso 10. Agradece a cada uno de los mentores el apoyo brindado y despídelos.

Paso 11. Puente al futuro. Imagina cómo puedes utilizar el mensaje común en las situaciones adecuadas.

Ya hemos hablado acerca de la importancia de ser generadores de modelos, y no meros aplicadores de recetas. Por eso, creo conveniente presentar los modelos en el mayor número de versiones posibles, primero para que puedan disponer de una más amplia cartera de técnicas, segundo para que comprueben como se pueden reinventar, o adaptar los modelos, y tercero para que aprendan a crear sus propias versiones.

El modelo que presento a continuación, es otra variante del anterior enfocado a los niveles transpersonales o espirituales. Lo podemos utilizar cuando queramos efectuar ciertos cambios evolutivos, o que la comprensión del sujeto parta desde esos niveles y descienda al plano operativo.

Los pasos son muy similares al del anterior método, salvo sutiles diferencias como podemos apreciar.

1. Identifica una situación en la que usted duda de sus experiencias acerca de sus creencias o misión. Vuelva a vivir un ejemplo clave de la experiencia, es decir una situación en la que haya experimentado ese estado de conflicto, (1ª posición- Asociado en el Estado Problema).

2. Vaya a <metaposición> e identifique tres mentores, consejeros, entidades importantes que le ayudarán de forma positiva para influir en su vida «vinculándose» con, dándole algo o lanzando algo iluminador o profundo dentro de usted.

   Escoja un consejero relacionado con sus creencias y valores, otro relacionado con su identidad y un tercero relacionado con su percepción del mundo espiritual.

3. Desde metaposición sitúe a los mentores alrededor de usted en la situación en la cual usted experimenta la duda o el problema.

4. Físicamente desplazándose al lugar en el que visualizó a sus mentores se asocia con (va a 2ª posición) cada uno de ellos, uno cada vez, y le envía una mensaje a usted, quien está en el espacio de duda. El mensaje no

tiene que ser verbal. Puede ser enviado a través de cualquier canal, el que sea más apropiado según el mentor. Incluso, puede ser una metáfora o algo alegórico.

5. Sitúese en «metaposición» e identifique el «metamensaje», las presuposiciones detrás de los mensajes de cada uno de los consejeros.

6. Descubra el «mensaje común» que resuena dentro de los mensajes de todos y cada uno de los tres mentores, es decir, aquello que de igual y en lo más profundo están transmitiendo los tres.

7. De nuevo, asóciate a cada mentor (2ª posición) y comunica el «mensaje común» según el modo más apropiado para cada mentor.

8. Sitúese en la posición en la que experimenta la duda (Estado Problema). Experimente los mensajes de los mentores circundantes a usted, y que le comuniquen su mensaje individual y a continuación la sola voz común. Visualice y sienta la venida del mensaje a través de sus oídos y note cómo fluye a través de su cuerpo y cómo le penetra.

9. Oiga, vea y sienta el mensaje de sus mentores y el común, desde dentro de la experiencia del problema. Por último, note cómo viajan por su percepción los cambios de situación y cómo se transforma su comprensión.

10. Realizar un puente al futuro, como siempre al finalizar cualquier trabajo.

Capítulo VI
La línea del tiempo

Durante mucho tiempo, las ciencias psicológicas han basado gran parte de su trabajo sobre la base de que nuestras experiencias del pasado llegan a constituir la estructura de la personalidad. Quiénes somos, qué pensamos y cómo actuamos, viene determinado por nuestros recuerdos y por cómo los almacenamos, o lo que es lo mismo, el asiento de nuestra personalidad se encuentra directamente ligada al sistema de almacenaje los recuerdos.

Así pues, al modo de archivar nuestras experiencias vividas, al sistema que usamos para codificar en nuestro cerebro los recuerdos, al modo que los conectamos y cómo accedemos a ellos, es lo que en PNL llamamos *línea del tiempo*.

Si no existiera un sistema estructurado y ordenado dentro de nosotros, ¿cómo sabríamos que un hecho pasado es anterior o posterior a cualquier otro? Al disponer de un metamodelo de estructura temporal (la *línea del tiempo*), podemos realizar cambios de diferente orden en los recuerdos de una persona. Evidentemente, si nuestra personalidad se encuentra estrechamente conectada a los recuerdos, al modificar éstos (en su orden, en su calidad, en su contenido, etc.) estaremos realizando cambios generativos y evolutivos en el sujeto, ya que afectan directamente a la identidad global del individuo.

Consideramos la *línea de tiempo* como uno de los elementos fundamentales para comprender la personalidad, ya que de un modo u otro, nuestras experiencias del pasado, potenciadoras, limitantes, traumáticas, exitosas, neutras, o del tipo que fueren, van siendo archivadas y de ellas se nutre. Este hecho condiciona nuestra forma de entender el mundo, de construir nuestro mapa, de relacionarnos con el ambiente, y por lo tanto de entender la naturaleza del tiempo. Inevitablemente la manera de almacenar y de acceder a nuestros recuerdos va a influir decisivamente en nuestra forma de vida y en la valoración que vamos a hacer de las cosas.

¿A qué se debe entonces que ciertas personas valoren el tiempo de un modo tan diferente a las otras? Cada individuo tiene en su mente una forma de codificar el tiempo. El pasado, el presente y el futuro, están organizados en nosotros de forma que podemos saber cuál es cuál. Pues precisamente a eso mismo, a que cada uno de nosotros tenemos una peculiar manera de archivar, estructurar, organizar y de dividir este concepto tan subjetivo que es el tiempo. La *línea del tiempo* organiza en cada persona las secuencias de sus experiencias. De este modo podemos saber cuándo un recuerdo es del pasado o se trata de un sueño futuro. Si no existiera tal modelo interno, ¿cómo serías capaz de distinguir entre un recuerdo futuro y uno de tu niñez? Si no fuésemos capaces de distinguir la diferencia entre un hecho del pasado, una experiencia presente y una proyección al futuro, nuestra supervivencia como seres humanos, estaría en grave peligro.

Muchos de los cambios producidos en terapia (consciente o inconscientemente) son producto de modificaciones en la experiencia subjetiva que el individuo tiene del tiempo.

¿Cómo accedemos a la *línea del tiempo*? ¿Cómo podemos identificarla y saber cómo es?

Conocemos que la forma de hablar de una persona nos muestra cuál es su experiencia interna. Al hablar del tiempo, nos va a dar indicaciones claras de su experiencia interna, no una analogía, de cómo ese sujeto conforma su tiempo.

Universalmente se reconocen dos modos de organizar la experiencia subjetiva del tiempo: el occidental y el oriental.

EL TIEMPO OCCIDENTAL

Basado en el concepto de que una cosa sucede a la otra dentro de una secuencia ordenada, o de una serie de actos encadenados que requieren un esfuerzo y continuidad lineal. Probablemente el origen de esta concepción temporal sea bastante reciente, no más allá del siglo XIX en los albores de la industrialización. El tiempo occidental exige puntualidad, una hora detrás de la otra, un minuto seguido de otro minuto, y un segundo detrás de cada segundo. Los márgenes están limitados y definidos con absoluta precisión. Tiempo de reloj cronómetro. También le llamamos: TIEMPO LINEAL, DE UN LADO A OTRO DEL TIEMPO, o TIEMPO DISOCIADO. Esta concepción del tiempo es la que domina en los países anglosajones o de marcada tendencia industrial-fabril. Las personas que disponen de este tipo tienen su *línea del tiempo* organizada rectilíneamente de izquierda a derecha, o de derecha a izquierda, en forma de escalera, de ángulo, pero siempre, el pasado, presente y futuro estarán delante de él a la vista. De un golpe de vista lo tienen todo bajo control.

Puede haber muchas combinaciones o modelos de líneas, ya que se organizan como genuinas submodalidades de la *línea del tiempo* personal. Algunos ejemplos descritos en nuestros cursos y en sesiones terapéuticas son las representaciones que siguen.

Las personas que se representan el tiempo de este modo, consideran el tiempo como continuo e ininterrumpido, tienen una noción de «duración», de lo «largo». Como decía anteriormente, los recuerdos suelen ser disociados y «plegados en bloque». Tiempo y valor de las cosas, para estas personas tiene equivalencias muy próximas.

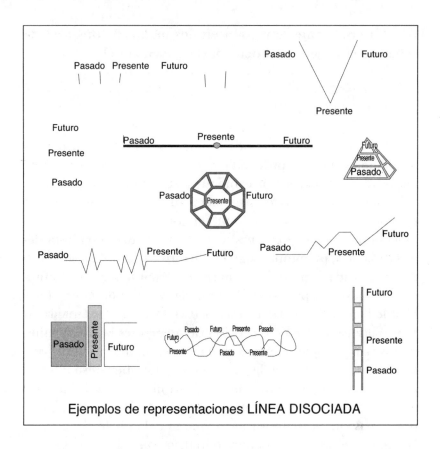

Ejemplos de representaciones LÍNEA DISOCIADA

«Cada cosa en su momento» es una frase de quienes están «de un lado a otro del tiempo», y esto entre otras cosas le impide desenvolverse bien en ambientes caóticos, la concentración en cada cosa, es cuestión de encajarla en su secuencia temporal correspondiente. Planear, organizar, secuenciar, pautas, minuto a minuto, en punto, a la hora, puntualidad, precisión, etc., son predicados característicos de esta modalidad.

EL TIEMPO ORIENTAL

Se fundamenta en el hecho de que el tiempo es algo que está sucediendo en este momento. En muchos de los casos el

190

futuro es algo irreal y el pasado sólo existe por la experiencia aportada.

Una persona que almacena el tiempo de esta forma, tendrá unas representaciones gráficas en las que parte del tiempo, el pasado, el presente o el futuro, se encontrará dentro o detrás de él sin distinción aparente. La disposición dará igual ya que sus características críticas son la asociación de los recuerdos, y la integración dentro de sí mismo de parte o de todo el espacio temporal. A esta disposición la llamamos también: EN EL TIEMPO, A TIEMPO, TIEMPO ENVOLVENTE O ASOCIADO AL TIEMPO (TIEMPO ASOCIADO). Las personas de «a tiempo» cuando acceden a un recuerdo, se remontan hasta él, hasta ese momento del tiempo, y están en él, completamente asociados (volviendo a experimentar lo mismo que en su día).

Una gran diferencia entre las personas de «un lado a otro del tiempo» y las de «a tiempo», es que las primeras ven los recuerdos en su ubicación lineal disociadas emocionalmente, y las segundas sienten de nuevo la experiencia.

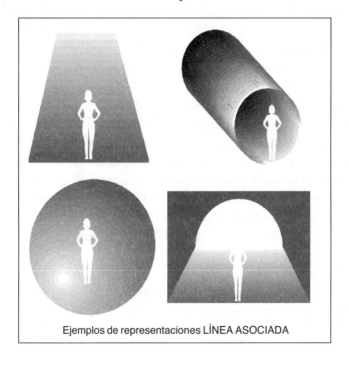

Ejemplos de representaciones LÍNEA ASOCIADA

Otro de los contrastes palpables es en el tema de la puntualidad en las citas; para una persona de «tiempo occidental», que llegues cinco minutos tarde a una compromiso es considerado por ella como impuntualidad, mientras que el mismo retraso, o incluso mucho mayor, ante una persona «a tiempo» ni siquiera será apercibido. Así mismo, otra diferencia, es la dificultad que tienen los de «un lado a otro del tiempo» para estar en el aquí y el ahora, para ello el pasado, el presente y el futuro, continuamente esta ahí delante como controlándolo todo; sin embargo, un «a tiempo» está justo donde está, si es en el aquí y en el ahora, será en el aquí y en el ahora, si es en el pasado estará colgado en el pasado, y si es en el futuro vivirá en las nubes, pero residirá ahí.

En el «tiempo oriental», los adverbios de tiempo cobran una dimensión totalmente subjetiva, lo que importa es el aquí y el ahora, lo demás es impredecible. Ahora, ya, en el instante, rápidamente, momento, etc., carecen de validez objetiva para ellos. Son personas de opciones abiertas, la actividad laboral es como un entretenimiento, sus experiencias son menos impredecibles y más espontáneas que en los «del tiempo lineal». Aquí no hay límites ni márgenes marcados, es una concepción global y envolvente.

La característica fundamental de la representación gráfica de este tipo de línea, es que la persona se siente envuelta por el tiempo, o que una parte importante de su tiempo, como puede ser el pasado (o el futuro, o incluso el presente), se encuentra detrás de él. Si cualquier parte del espacio temporal se encuentra dentro o detrás del sujeto, será un indicativo crítico de que nos encontramos ante una concepción temporal de «a tiempo».

La forma oriental de organizar el tiempo es la utilizada en la mayoría de los países árabes, mediterráneos, del Pacífico, desde la frontera sur de los EE.UU. hasta la Patagonia, Oriente, África y cualquier pueblo que viva de forma armónica con la Naturaleza (ya que para ella no existen los cronómetros), a excepción, claro está, de aquellos individuos de estas latitudes que se han dejado arrastrar por la vorágine occidental latente en la mayoría de las grandes urbes industrializadas.

Puedes observar algunas propuestas de sujetos en su forma de almacenar el «tiempo asociado» en los dibujos inmediatos anteriores. En las imágenes, el lugar de la figura blanca, es donde se sitúa el sujeto asociado a esa representación. En la mayoría de estos casos la persona no puede identificar (comúnmente) el espacio que podría corresponder al pasado y al futuro, en estos casos, tienen una experiencia de presente continuo que lo absorbe todo y donde no existen límites temporales.

Una de las tareas más delicadas para un terapeuta que trabaje con la *línea del tiempo*, es la de conseguir extraer la representación subjetiva que cualquier sujeto tiene del citado tiempo. Cuando se encuentra uno inmerso en una dinámica de formación de PNL, hablar de estos términos, de representaciones gráficas mentales, de forma de visualizar etc., es algo normal y corriente, pero cuando se trata de explicárselo a un paciente para que nos diga cómo se representa internamente el tiempo, no resulta una tarea fácil, por lo menos en mi experiencia así ha sido.

Las herramientas de las que nos hemos de servir para que aflore esta representación, han de ser las metapreguntas que construyamos y que apliquemos en función del sujeto, la atención consciente a los predicados verbales temporales, y a las manifestaciones no verbales de gestos, movimientos y señales que el paciente vaya realizando a lo largo de la entrevista. Preguntas del tipo que siguen valdrían para explicitar las correspondientes líneas:

- ¿Si tuviera que definir el tiempo, la vida, cómo lo representaría, como una secuencia ordenada de acontecimientos que están ahí delante, o como la sensación de algo que nos envuelve y que nos pertenece?
- ¿Si le pidiera que hablara del futuro, en dónde lo situaría, a la derecha, a la izquierda, arriba, delante... dónde?
- ¿Y el pasado?
- ¿Y el presente?
- ¿Cómo sabrías qué recuerdos pertenecen al futuro y cuáles son del pasado?

- ¿Y de los del pasado, cómo sabe los que son más antiguos y cuáles más recientes?
- ¿Desde qué dirección vienen sus recuerdos del pasado?
- ¿Hacia qué dirección van sus proyectos de futuro?
- ¿Y ahora si me tuviese que dibujar de algún modo ese tiempo, esa vida, cómo sería el gráfico?
- ¿Cómo sabe ahí lo que corresponde al pasado, al presente y al futuro?
- ¿Cómo es su representación interna del tiempo, de la vida?

Éstas o cualquier otra pregunta que se nos ocurra para poder sacar del sujeto su representación analógica temporal, serán válidas. Aunque simultáneamente realicemos los cuestionamientos, nuestra atención ha de estar dirigida a la localización de los predicados verbales, y frases predicativas que nos darán otra clave más de identificación.

Predicados «de un lado a otro del tiempo»: El tiempo es oro, el valor de cada minuto, ahorrar tiempo, invertir tiempo, en punto, las cosas a su tiempo, hacerlo puntualmente, planear y programar el tiempo, organizar el tiempo, pillado de tiempo, no tengo tiempo, minuto a minuto, etc.

Predicados de «a tiempo»: vivir el presente, el ahora es lo que cuenta, meterse en el recuerdo, estar donde se está, todo el tiempo del mundo, no te apures, sin prisa todo llega, hay tiempo para todo, tranquilo no hay prisa, tómalo con calma, la calidad de los momentos, disfrutar del momento, etc.

Por último, la agudeza sensorial y la calibración para determinar los gestos, movimientos y señales que indiquen la forma de concebir el tiempo que tiene nuestro paciente. Esos mensajes pueden ser desde claras demostraciones indicativas con las manos, como marcando una línea, o esferas, espacios limitados, delante de nosotros, o rodeándonos, señalando delante o detrás, arriba o abajo, tocándose, etc.; hasta sutiles movimientos de los ojos o la cabeza. Todo ello ha de sernos de utilidad a la hora de identificar cómo nuestros clientes organizan su tiempo.

Cuando almacenamos los recuerdos en muestra mente, éstos no se colocan sin más o azarosamente en cualquier espacio, sino que se van disponiendo en cadenas eslabonadas. Eso es lo que se llama un *gestalt* de experiencias. Las cadenas o gestalt conectan entre sí, experiencias de igual o muy similar carga emocional. De este modo, al detectar un impacto emocional en el presente, si desenrollamos su gestalt completo, en la mayoría de los casos, llegaremos a la experiencia inicial desencadenante de la emoción. Los recuerdos en torno a cierta materia, o alrededor de cierta emoción se sintetizan en estas cadenas. Sea cual sea nuestro modo de codificar el tiempo, todos nosotros disponemos de *gestalt* de recuerdos, la única diferencia que manejamos, es el modo de vivenciarlo en cada uno de los casos y la forma de acceder a ellos.

Dos de las principales necesidades humanas son la supervivencia y la evolución; para satisfacerlas a ambas, nuestras percepciones y nuestros procesos internos se dirigen a suministrar un significado a cada acontecimiento. En el proceso de esa comprensión damos nuestros propios significados de acuerdo con muestro mapa, con las cadenas de significados que hemos establecido previamente. Ahí es donde toma parte la cadena de *gestalt*, proporcionando una especie de cuadro o fotografía de conjunto para que el hecho pueda tener un significado. Como ya sabemos, toda conducta tiene una intención positiva, y se encuentra gobernada por el principio de adaptación, necesario para la supervivencia. Este proceso nos facilita el medio para satisfacer nuestras necesidades individuales percibidas, conectándonos con aquellos elementos exógenos (humanos y físicos), de los que el individuo espera lograr la ayuda que le permita alcanzar su intención. De este modo, «manipulamos» el medio para ajustarlo a nuestra percepción y conseguir (o pretender) el objetivo conductual. El *gestalt* construido sobre la base de emociones negativas, nos proporciona un tipo de guía para conocer todas aquellas experiencias en las que, de algún modo, hemos fracasado en nuestros intentos de satisfacer la necesidad. Como veremos más adelante, cuando estudiemos el sistema de creencias y la «reimpresión», las cadenas de recuerdos nos facilitarán el camino para acceder a los hechos iniciales o primeros eslabones. Al tomar contacto con la experiencia *impronta*, y reencuadrarla, del modo más conveniente, lo que estamos haciendo es desarmar toda la cadena de recuerdos, ya que al cambiar la emoción asociada a tales experiencias, la cadena deja de tener sentido y se desvanece.

¿Qué aplicaciones terapéuticas se pueden realizar a partir de lo conocido hasta ahora de la *línea del tiempo*?

Una de las primeras cosas que tenemos que saber antes de proceder a ejecutar cambios en las *líneas del tiempo*, es cómo llevar a cabo tales cambios.

Aquí y de momento, hemos de trabajar con visualizaciones. ¿Cómo se imagina nuestro paciente su *línea del tiempo*? ¿Dónde se encuentran situados su pasado, su presente y su futuro? Es decir, todas aquellas preguntas que nos lleven a poder descubrir, con la mayor precisión posible, la representación interna que sobre el tiempo tiene el sujeto. Una vez que tenemos exteriorizada la *línea de tiempo*, procederemos a realizar los cambios o modificaciones, como si estuviésemos trabajando con submodalidades, que estimemos convenientes para la situación de la persona.

Por ejemplo: Un sujeto nos indica que tiene un grave problema de estrés producido por la sensación de creer que le falta tiempo para todo, que siempre anda apurado, que los minutos le parecen segundos y que no ve la forma de cumplir con los plazos que le marcan. Investigamos, y descubrimos que su *línea del tiempo* es «de un lado a otro del tiempo», que la tiene delante de él, que es bastante corta, dividida en pequeños segmentos que indican las horas, el presente es sólo el punto de intersección entre el pasado y el futuro, nada más ve el pasado y el futuro inmediato. Al preguntar por la sensación que le produce observar su propia línea temporal, nos dice que es agobiante, y manifiesta evidentes signos de agitación. ¿Qué diligencias asumiríamos realizar? Dado que no existe un patrón determinado, hemos de ir probando y calibrando los cambios. Podemos hacer las siguientes modificaciones: Le pedimos que haga más larga toda la línea, que amplíe los mini segmentos, que le dé espacio al presente, un espacio lo suficientemente amplio para que se pueda mover fácilmente en su interior. Véase el dibujo siguiente.

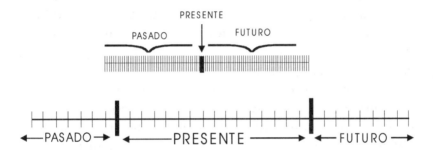

Otra situación bien diferente podría ser la de una persona que su problema es la gran dificultad que tiene para organizar y programar sus actividades, se puede pasar las horas muertas sin hacer nada, cuando se mete en algo, se olvida hasta de comer. Viene a nosotros a demandar ayuda dado que ya ha tenido serios conflictos laborales. Cuando le pedimos detalles de la *línea del tiempo*, nos encontramos con la siguiente descripción: «...es como un espacio sin límites, más que una línea es una sensación de algo que está aquí. El pasado lo siento detrás de mí, pero tengo acceso simplemente yéndome al pasado y ahí estoy. El futuro es como un almacén de sueños por el que me paseo de vez en cuando.» La sensación descrita es la de bienestar, de tranquilidad, de que no existe el tiempo. Como podemos observar, se trata de una representación de «a tiempo» de la que disfruta plenamente. A este sujeto hemos de enseñarle a utilizar alternativamente la otra modalidad de *línea del tiempo,* en especial durante sus actividades laborales. La forma es pedirle que construya una imagen lineal del tiempo, en donde el pasado, presente y futuro, con sus plazos, se encuentren nítidamente definidos; y que esa imagen la procure mantener en mente en los períodos de trabajo, cuando realiza sus programas o cuando ha de organizar las cosas para cumplir con ciertas fechas. Una vez que acabe con la actividad laboral, que vuelva a su manera habitual de representarse y vivir el tiempo, ya que es como realmente disfruta.

Éstos no son más que ejemplos ilustrativos; a la hora de trabajar se encontrarán con muy variadas formas de representación temporal, será su experiencia como profesionales, su capacidad de análisis y abstracción las mejores ayudas de que dispondrán para descubrir los cambios más idóneos que podrían aplicar en beneficio del paciente.

Otro uso de la *línea del tiempo,* es el que hacemos de ella *psicogeográficamente.* El manejo de este recurso nos va a permitir como terapeutas, disponer de un amplio abanico de posibilidades técnicas para la resolución de múltiples y variados conflictos. Esta aplicación, además, es la base de gran parte de modelos que estudiaremos a lo largo de esta formación de técnicas avanzadas de PNL o *Curso de Máster.* En *psicogeografía* la *línea del tiempo* es utilizada para trasladar al sujeto a espacios (recuerdos de experiencias) en los que podamos realizar toda una amplia gama de operaciones, desde reencuadres hasta recuperación de habilidades o recursos del pasado, o incluso de terceras personas.

Para trabajar con la *línea del tiempo* en *psicogeografía,* le pediremos al sujeto que identifique su *línea del tiempo* en el suelo. También le podemos sugerir que la línea ya está ahí, y que él lo único que tiene que hacer es marcarnos dónde se encuentra su pasado, su presente y su futuro. Como es obvio, este tipo de sesiones se han de realizar de pie, en una sala que nos permita poder desplazar el sujeto hacia delante, hacia detrás, sacarlo de la línea, ponerlo en 2ª, en 3ª y en metaposiciones, etc. Este «espacio ritual» es muy importante en la variante terapéutica que estamos planteando. Podemos trabajar con marcadores gráficos, es decir, escribiendo en un papel el espacio correspondiente, o simplemente utilizando la «alucinación» guiada del sujeto.

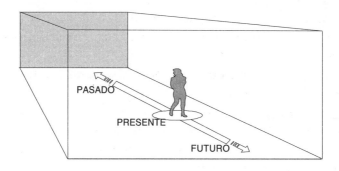

Otra de las características del sistema al que recurrimos en ocasiones, es la posibilidad de manipular el emplazamiento de la línea imaginaria según nos convenga. Por ejemplo, si el recorrido que realiza el sujeto es excesivamente largo y se excede de los límites de la sala, puede «doblar» la línea tantas veces como sea necesario, si nos encontramos con algún obstáculo, la torceríamos, la angularíamos, la cortaríamos o la empalmaríamos, según fuese necesario para la operativa del trabajo. Veamos a continuación en el dibujo en planta, varias de esas «manipulaciones» de la *línea del tiempo psicogeográfica*. A parte de ésas, cualquier combinación de corte, giro, o ángulo, que nos veamos necesitados a realizar con la línea, como acabo de indicar, serán válidas en el contexto terapéutico que estamos manejando.

Cuando un sujeto se mueve sobre su *línea del tiempo psicogeográfica*, es muy importante, tener presentes lo siguientes factores, ya que influyen de manera muy profunda en el subconsciente del individuo.

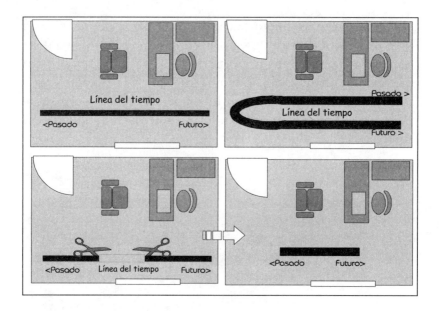

A) Cuando la persona se desplaza caminando de espaldas en dirección hacia su pasado concurren varias circunstancias:

1. Es muy posible que entre en un trance bastante profundo y muy rápidamente. No es generalizable, pero ocurre con mucha frecuencia.
   De no ser así, sería conveniente que con un buen rapport y lenguaje hipnótico (del tipo eriksoniano), lo conduzcamos nosotros a estado alfa, en donde será más operativo el proceso que ejecutemos.
2. El sujeto se va conectando con los eslabones de la cadena *gestalt* de la que haya partido en el presente.
3. Al sacarlo perpendicularmente de la línea, sale del trance de la posición 1ª, y puede o no seguir en estado hipnótico.
4. Al volver a reintroducirlo en el punto de donde salió, recupera el recuerdo de la misma experiencia asociándose de nuevo a ella.

5. Si prosigue desplazándose el sujeto más allá de la primera experiencia de la cadena o *gestalt*, es probable que entre en un espacio mental de vacío, conectados con extrañas emociones que pueden desconcertarlo.

    Otras terapias hablan aquí de recuerdos intrauterinos, o incluso de preconcepción u «otras vidas» (?), nosotros no nos ocupamos de ello (al menos de momento). Con esto no quiero decir que no podamos utilizar ese elemento si es que surgiera, sino que lo abordemos como una analogía, o como una metáfora si quieren.[1]

Otra advertencia importante es que debido al estado de trance en el que se encuentra el paciente, y a las experiencias que tendrá acceso, es necesario un perfecto acompañamiento a todos los niveles, verbal, no verbal e incluso afectivo. Mucha atención para evitar toques o agarrones innecesarios, puede estar anclando sin darse cuenta estados muy desagradables.

---

1. A veces, cuando un paciente llega a la consulta con la creencia de que su problema tiene un origen prenatal, y al analizar el material sobre el que trabajar me percato de que se trata de algo muy arraigado, me inclino a intervenir tomando esos elementos, ya que si no los utilizo en el tratamiento, muy posiblemente el efecto terapéutico se vea mermado.

Al trabajar con esta metáfora de la vida pasada, lo que puede hacer, es manejar el lenguaje lo más hábilmente que sepa, tal y como hacemos al trabajar con los sueños o las «sillas calientes». Preguntando al paciente: ¿Si tuvieses que indicar cuándo iniciaste ese estado (conducta, bloqueo, o lo que sea), cuando sería que empezó, antes, después o durante tu nacimiento o gestación? Y en esta línea proseguiríamos nuestro interrogatorio, dando por buenas cualquiera de las respuestas que el sujeto nos facilite.

La utilización de la analogía y de este tipo de lenguaje, no supone la existencia o nuestra creencia de vidas pasadas, sin embargo, las tenemos en cuenta únicamente a efectos terapéuticos. Lo que cuenta son las creencias de nuestro cliente y su modelo del mundo, y basándose en ellas haremos las intervenciones necesarias para que en el presente se le resuelva el conflicto, y eso es lo que importa.

B) Cuando el sujeto camina de frente, mirando al pasado o al futuro, hemos de saber:

1. Que el sujeto va a estar casi completamente consciente de los recuerdos a los que accede. Puede incluso seleccionar él mismo las experiencias que desea revivir.
2. Las experiencias no tendrán la misma fuerza de asociación, ni de carga emocional, incluso, pueden ser recordadas disociadamente.
3. Después de haber reencuadrado cualquier tipo de experiencia en el pasado, y regresar (caminando de frente al futuro) al presente, el sujeto se va a ir desconectando de cada uno de los eslabones que daban forma a su cadena emocional.
4. Como en el caso anterior, cualquier ancla que establezcamos, consciente o inconscientemente, se irá arrastrando desde el punto de anclaje hasta el presente o más allá (Puente al futuro).

Por último, recordemos de nuevo, que el modelo de la *línea del tiempo psicogeográfica*, es la base para muchas otras aplicaciones que iremos estudiando y ampliando a lo largo del libro, por tanto, los ejercicios del mismo los pospondremos para cuando practiquemos esos modelos específicos en los que se encuentra integrada.

Es obvio, que la experiencia temporal y el manejo del tiempo, no es imprescindible llevarlo a cabo exclusivamente con *psicogeografía*, son muchas las técnicas que podríamos mostrar para manejar el tiempo y la *línea*, sin necesidad de hacer desplazamientos.

Uno de los efectos que se produce en nuestra mente al adquirir una nueva perspectiva supratemporal, es una clase de expansión de la consciencia, una nueva capacidad de abarcar el espacio y el tiempo de forma completamente holística. Seguidamente, propongo una práctica que produce esos beneficios.

Podríamos incluso clasificarla dentro de los términos conocidos como meditación. Éste es un trabajo que normalmente realizamos en los cursos, es por supuesto dirigido y ejecutado en grupo, y como tal así lo presento.

El nombre con el que la denomino es el siguiente:

PROCESO DE INTEGRACIÓN DE ESTRUCTURAS TEMPORALES

Las explicaciones van dadas para todo el grupo, aunque pueden ser para un mínimo de dos personas.

Empecemos:

1. Colóquense junto a un compañero, frente a frente, de pie o sentados al alcance de sus brazos. (Tal como indica el dibujo).

2. Miren atentamente el rostro de la otra persona que tienen enfrente y experimenten profundamente en sí mismos lo que sienten en este instante (esto es, estar completamente consciente de lo que están viendo, oyendo, sintiendo, gustando y oliendo ahora mismo).
   Experimenten cada uno de ustedes como sendos seres humanos compañeros de viaje «de cuerpo» (o de traje hecho de carne y huesos).

3. Ahora por turnos, primero los que están sentados a la derecha proseguirán del siguiente modo:
   Cuando sea capaz de experimentar en sí mismo, total y concretamente este aquí y ahora, este presente consciente en su cuerpo, extienda su mano derecha y coja la mano derecha de la persona que tiene enfrente. Mantenga por un momento sujetas sus manos transmitiéndose interna y conscientemente toda la experiencia viviente.

4. Suelte su mano, cierre los ojos, lleve su mano al centro del pecho, respire profundamente e inviertan los papeles, baje su mano.
   A continuación los que están sentados a la izquierda realizarán el anterior (3) paso.

5. Finalizadas estas mismas operaciones (del paso 2 al 4) por parte de la otra persona, prosiga la primera persona. Mirando nuevamente al rostro de su compañero, expanda su percepción del tiempo desde el momento inmediato del contexto de esta actividad, hacia una estructura temporal de todo el programa, (o desde que entró aquí). Más allá, hacia el periodo de vida en el que se encuentra, hacia toda su vida, hacia una estructura temporal mayor que su vida, la vida de sus padres, la de sus abuelos, las generaciones que le precedieron en el tiempo, a la llegada del hombre a nuestro planeta, a las eras del planeta, y así hasta el principio de los tiempos. Expandiendo el tiempo hacia el pasado y hacia el futuro. Hacia el futuro de su vida, de la de sus hijos, de los hijos de sus hijos, hasta el fin de la humanidad, y más allá, hasta el fin del planeta, del Sistema Solar, y hasta el infinito.

   Experimente con el otro como dos seres espirituales con una *misión* conjunta y, teniendo una «oportunidad para que el infinito se manifieste».

6. Cuando usted sea capaz de experimentar que una sensación de tiempo eterno o atemporal se está aproximando,

levante su mano izquierda y coja la mano izquierda de la persona que se encuentra frente a usted. Mantenga las manos unidas, lo suficiente para poder transmitir a la otra persona interna y profundamente la experiencia que vive.

7. Suelte su mano, cierre los ojos, lleve su mano al centro del pecho respire profundamente e inviertan los papeles.

8. Una vez realizada esta segunda parte (pasos 5 al 7) por la otra persona, mírense ambos nuevamente. Mírense directamente a los ojos y respiren nuevamente, entonces levanten sus manos y, cruzando el brazo derecho sobre el izquierdo, cojan las manos de su compañero. En este estado pensarán en «tres deseos» de energía transpersonal u holística (cura, beneficio espiritual, salud, desarrollo, etc.) uno para usted, otro para su compañero y un tercero para alguien que no esté presente en la sala.

9. A continuación, levántense y recorran la sala repitiendo esta última parte del proceso (paso 8).

Es recomendable que al finalizar todo el proceso se permanezca en estado de recogimiento y serenidad beneficiándose al máximo de la expansión de conciencia percibida.

Esta técnica es utilizable y muy valiosa, en aquellos casos en los que se tenga necesidad de ampliar la comprensión del sujeto, o mudar su experiencia tendente a la transformación de tipo evolutivo. Las creencias son más asequibles al cambio cuando se trabaja con ellas desde la perspectiva del tiempo expandido.

Uno de los progresos más significativos del estudiante de PNL, es llegar al manejo total de las técnicas. Esto no significa conocerse los modelos de memoria o al pie de la letra, quiero decir, alcanzar a comprender sus dinámicas de funcionamiento y, cómo podemos interconectarlas para aplicarlas a la necesidad del momento y de la persona.

Siguiendo un poco con el proceso explicativo que llevábamos, entraremos en un nuevo ejercicio, en el que compaginaremos, *línea del tiempo* y posiciones perceptivas. Podría llamarlo: «Proceso reflexivo de relaciones», o reconsideración de relaciones, o... el nombre es lo de menos, lo importante es su aplicación.

Muchos de nosotros, alguna vez en la vida, nos hemos visto obligados a evaluar una relación de las que mantenemos. No nos satisface como se está desenvolviendo, o queremos que en el futuro sea de otro modo más acorde con nuestros demás objetivos globales, o que en el pasado se interrumpió por circunstancias y deseamos poder manejarla, etc. Todas éstas son situaciones posibles, y de hecho muy frecuentes.

Como es común para cualquier experto en PNL, cuando se presenta un problema, de la naturaleza que sea, lo primero que tira es de su bagaje de técnicas conocidas, si ninguna le sirve, accederá a ciertos textos para que le faciliten nuevos modelos, y si sigue sin encontrar el remedio, inventará la técnica.

Veamos ahora un modelo para la REVALORACIÓN DE RELACIONES.

1. Hemos de situar tres espacios en la *Línea del tiempo,* que previamente el sujeto habrá identificado, en los que los posicionará, indicándole que sean otros tres momentos en el tiempo y que correspondan al Pasado, Presente y Futuro, de la relación que quiere reevaluar.

2. Ahora colocando al sujeto en cada uno de los tres espacios, pidiéndole que se asocie completamente a cada uno de los momentos. Primero en el presente, luego en el pasado y por último en el futuro, le preguntaremos y le pediremos que verbalice:
   – ¿Qué es lo que desea ahora en el presente de esta relación?
   – ¿Qué es lo que deseaba en el pasado de esta relación?
   – ¿Qué es lo que desea en el futuro de esta relación?
   Démosle tiempo para que responda reflexivamente.

3. Desde metaposición le pedimos ahora que identifique las diferencias. Es muy conveniente que el facilitador (máster) tome buena nota de todas las respuestas que vaya dando el cliente, con el fin de ayudarle a recordar cuando lo necesite o lo creamos nosotros.

Reforzaremos la idea o el principio de que los deseos cambian con cada etapa de la vida, y que los cambios son naturales y necesarios en la evolución humana. Que algo que antes queríamos de una forma, ahora puede carecer de sentido, y no es que eso sea malo, sino que las necesidades y objetivos han experimentado una evolución.

4. Seguidamente, asociándose primero al pasado, le indicamos que identifique cómo la otra parte satisfacía o no sus necesidades en el pasado. Podemos hacerle preguntas tales como:

    – ¿Qué es lo que usted consiguió con la ayuda de la otra parte (la 2ª posición), más allá de lo que usted esperaba?
    – ¿Cómo participó la otra parte en su desarrollo como ser humano?
    – ¿Qué es lo que aportó la otra parte a su crecimiento, a su progreso o a su mejor estar?

    Luego pídale que pase al espacio de futuro, y que haga lo mismo, evaluando la situación desde allí identificando cómo podría satisfacer sus necesidades en el futuro.

    – ¿Cómo podría participar en su desarrollo?

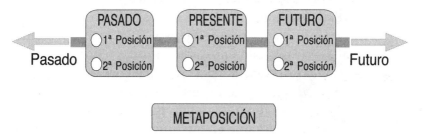

5. Ahora vamos a descubrir las conductas objetables de la 2ª posición (de la otra parte de la relación).

    Pedimos al sujeto que se asocie en el espacio del pasado a la 2ª posición.

    Que procure acceder a los estados internos de esa parte que son los desencadenantes de las conductas objeto de rechazo en la relación.

207

También ha de encontrar los gatillos, los disparadores de lenguaje verbal y no verbal que desencadenan reacciones conflictivas o los estados internos previos.

5. Realizado lo anterior, y previo pasa por metaposición, procederemos a la identificación de las no-acciones del sujeto.

   Asociado en el pasado primero, y en el presente después le preguntaremos:

   – ¿Qué es lo que no hizo usted, que de haberlo hecho hubiera supuesto un cambio útil en la /s conductas censurables de la otra parte?

7. Ahora, desde la metaposición primero y pidiéndole que observe las situaciones del presente y del futuro, le interrogamos:

   – ¿Cree que fulanito /a (el nombre del sujeto) estaría dispuesto a incorporar esas acciones (las no-acciones identificadas en el paso anterior)?

   – ¿Cómo cree que respondería a la relación en el futuro si fulanito /a incorpora esas acciones?

   – A continuación le indicamos que se asocie en 1ª posición en el presente, y le volvemos a preguntar:

   – ¿Está dispuesto a incorporar esas acciones?

   – Obtenida la /s respuestas o/y comentarios pasamos a asociarlo igualmente en el futuro;

   – ¿Cómo responde la relación a la incorporación?

   Es muy importante en este paso sexto, que podamos identificar todos los cambios que el sujeto tendría que hacer hoy para que en ese futuro se diera la que él desea que se dé.

8. Finalmente, asociándolo al presente, utilizamos una batería de preguntas que conducirán al sujeto a una reflexión profunda. Haber adquirido todas las perspectivas anteriores, le permitirá decidir qué opción tomar en la relación.

   – ¿Está dispuesto a llevar a cabo todos los cambios previstos?

- ¿Está dispuesto a realizar el esfuerzo?
- ¿Le merece la pena el esfuerzo?
- ¿A qué tendría que renunciar para conseguirlo?
- ¿Está dispuesto a ello?
- ¿Qué ocurriría si no realiza los cambios y no cuenta en el futuro con la relación?
- ¿De decidir los cambios, cómo se comprometería para llevarlos a efecto?
- ¿Qué pasos son y en qué tiempos lo va a realizar?
- ¿Cuándo cree o qué fecha se fija para que todos los cambios se hayan realizado y el futuro sea presente?

Capítulo VII
Niveles lógicos en PNL

Uno de los aspectos más interesantes y operativos que se han desarrollado en PNL, gracias al esfuerzo investigador de R. Dilts, es el referente a los Niveles Lógicos y sus implicaciones sistémicas y neurológicas. Partiendo de los planteamientos de Whitehead y Russell[1] sobre la teoría de los «Tipos Lógicos» y las aportaciones posteriores que G. Bateson hicieran, la PNL ha venido incorporando cada vez con mayor profundidad y éxito todo un cuerpo teórico-práctico, que nos permite utilizar en nuestro trabajo un sistema eficaz de estructuración de los sistemas (humano-personal, grupal-familiar, social-empresarial, etc.), de cómo analizarlos y de cómo intervenir.

Ya vimos en el primer capítulo al estudiar las bases de la cibernética y su aplicación en la PNL, que los diferentes elementos de un sistema complejo se organizan y ordenan por tipo y niveles. Desde los átomos al organismo vivo, y desde éste hasta la más compleja sociedad humana en función de *atractores* y *redundancia* (o pautas) de sus elementos. También quedó expuesto que esos niveles interactúan y están presentes en los procesos de aprendizaje, de cambio y de comunicación, siguiendo unas re-

---

1. *Principios de la matemática.*

211

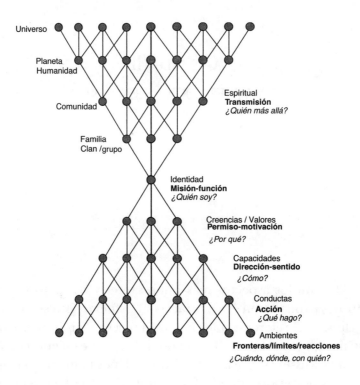

Universo

Planeta
Humanidad

Comunidad

Espiritual
Transmisión
¿Quién más allá?

Familia
Clan /grupo

Identidad
Misión-función
¿Quién soy?

Creencias / Valores
Permiso-motivación

¿Por qué?

Capacidades
Dirección-sentido

¿Cómo?

Conductas
Acción
¿Qué hago?

Ambientes
Fronteras/límites/reacciones
¿Cuándo, dónde, con quién?

glas que ordenan, mantienen y en cierto modo permiten que todo ello se lleve a cabo.

Los niveles nos indican que hay diferentes operadores y que actúan en distintas ocasiones. Un nivel de proceso va a maniobrar sobre los procesos de otro nivel del modo que se muestra en el ejemplo gráfico de la página siguiente.

Así, la identidad que respondería a las preguntas de: ¿Quién soy yo? ¿Por qué pienso como pienso? Actuaría sobre el nivel de las creencias que motivan y promueven las capacidades generadoras de estrategias y emociones, éstas a su vez son el motor de los comportamientos lingüísticos y paralingüísticos que modifican o afectan el ambiente que se puede ver oír y tocar.

Todos estas influencias que afectan a los diferentes niveles se sustentan sobre la base de ciertas normas regentes en la dinámica de sistemas.

Las principales reglas que sustentan las estructuras de estos niveles lógicos podríamos enunciarlas como siguen:

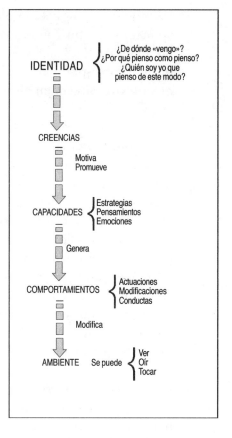

> *Lo que parece caos en un nivel, en otro puede ser orden y trabajo conjunto de todos los elementos y en la forma correcta.*

> *La función de cada nivel consiste en organizar la información del nivel inmediatamente inferior.* Esta regla nos lleva a poner en práctica el pensamiento de Einstein al proponer que la solución a un problema está siempre en el nivel superior en el que se produce. Por ejemplo, si tenemos la intención de modificar una conducta ineficiente, hemos de operar en el nivel de capacidades o recursos, generando la motivación, decisión, voluntad, etc. (todas ellas capacidades), ya que de otro modo resultaría excesivamente costoso y largo conseguir un auténtico y duradero cambio.

> *Las reglas que rigen los cambios son distintas para cada uno de los niveles.* No obstante aceptamos los planteamientos de la teoría del «Campo unificado» en la búsqueda de las leyes válidas para todos y para todo en el Universo. No es necesario explicar que la transformación de una creen-

213

cia requiere métodos completamente diferentes a los que aplicamos en un cambio referente a los conflictos ambientales o relacionales, aunque como se verá en los capítulos correspondientes a estos últimos, existe una conexión casi directa en el sistema de creencias.

➤ *Un cambio en un nivel superior afectará, casi con toda seguridad, en diversos puntos de los niveles inferiores.* Basada en la primera de las reglas presentadas, ésta lo único que nos confirma es que al llevar a efecto una modificación en los niveles superiores, se producirá casi inevitablemente una reacción en cadena que afecte a todos los niveles subsidiarios. Este apartado avala el párrafo anterior en lo concerniente a los cambios y cómo afectan a los niveles inferiores, o cómo éstos se encuentran generados por aquéllos. Por ejemplo, yo me siento mal en ciertos lugares o con ciertas personas, por qué (creencia) creo que esos lugares o tales personas me perjudican, me son dañinos, o son de tal o cual manera que a mí en nada me benefician.

➤ *Un cambio en un nivel inferior no tiene por qué afectar necesariamente a los niveles superiores.* Lo antedicho se debe al hecho de que no rigen las mismas reglas para niveles diferentes. Es posible que consigamos soportar ambientes o «la gente que me cae mal», pero ello difícilmente haga que mis creencias al respecto se transformen, aunque a la larga sí que puede ayudar a ello.

➤ *Un nivel inferior mal estructurado es como un soporte insuficiente para el nivel superior, más «pesado».* Como consecuencia la supervivencia de un sistema depende de la totalidad del sistema y no sólo de los niveles superiores del mismo. Un ejemplo muy simple, aunque extrapolable, sería el de aquel individuo que no aprendió (conducta) en su momento a leer correctamente o a hablar, se encontrará con serias dificultades para adquirir algunas capacidades lingüísticas como escribir o disfrutar de la novela o poesía.

➢ *Para que los elementos de un sistema puedan sobrevivir y evolucionar, requieren una cierta dosis de flexibilidad.* La flexibilidad a la que nos referimos ha de ser proporcional a las diferencias de intensidad potencial, o a la incertidumbre en el seno del sistema.

Vuelvo a insistir una vez más acerca de la necesidad de ser flexible en las conductas (también capacidades y creencias) para estar dispuestos a modificar, congelar, aparcar o sustituir las que tenemos en un momento dado, en pro de alcanzar los objetivos propuestos. En la medida en que un sujeto es más limitado, es más inflexible, y viceversa, en la medida de su inflexibilidad se limita. Un caso típico es el de aquellas personas que frecuentemente insisten y actúan sobre la base del «yo nunca...» o «es que yo soy así».

En PNL consideramos los siguientes niveles lógicos aplicables a cualquier sistema y en especial al humano que es en definitiva el que nos ocupa aquí prioritariamente: AMBIENTE (contexto), CONDUCTAS (comportamientos, acciones), CAPACIDADES (recursos, habilidades, estados internos, emociones, metaprogramas), CREENCIAS (valores, criterios), IDENTIDAD (concepto de sí mismo) y ESPIRITUALIDAD (transpersonalidad).

Los niveles no se improvisan en el ser humano, sino que a medida que vamos creciendo y desarrollándonos se experimentan y consolidan o quedan deficientes, y de ahí vienen muchos de los trastornos de personalidad. A continuación y con el mayor detalle ampliaremos los contenidos de cada nivel en la medida que nos sea posible para el fin de este libro.

AMBIENTE

El primer nivel lógico se refiere al contexto externo, al entorno en el que existimos. Cuando nacemos, con lo primero que hemos de enfrentarnos y experimentar es con el medio ambiente que nos rodea, necesitamos desarrollar y aprender la importancia de este estadio sobre la base de un desarrollo equilibrado. Aquí contactamos con los primeros impactos agresivos del medio, sentimos la proximidad o lejanía de otros seres, saciamos o no nuestras necesidades de alimento, bebida, tacto, limpieza, calor o frío, y aprendemos a sobrevivir acercándonos a lo que nos causa placer, y alejándonos de lo que nos genera un sufrimiento, procurando que el entorno nos resulte lo más satisfactorio posible. Si alguno de los aspectos de este nivel (entorno físico, momento y personas) no es comprendido o asimilado correctamente quedan lagunas o traumas que producirían una deficiencia en el mismo, siendo por lo tanto un nivel poco consistente para soportar al nivel superior. El proceso de aprendizaje de este plano, aunque dura toda la vida, es fundamental que se consolide entre los 0 y los 3 años de edad, para que el sujeto pueda establecer unas bases sólidas que consoliden su proceso de crecimiento equilibrado.

El nivel ambiente, es el lugar en el que ejecutamos las acciones, con quién las realizamos y en los momentos en que se efectúan. Incluye tanto el entorno natural como el laboral, social, y familiar. Es todo el mapa del mundo externo que nos sirve de plató para realizar nuestras actividades, trabajo, relaciones humanas y amorosas, diversiones, empresas, proyectos, creaciones artísticas, y todo lo concerniente a la acción humana. En él vemos, oímos y sentimos, donde se escribe la historia, donde ocurren los hechos y, donde viven los seres. Lugar, momento, y personas, de estos tres elementos exógenos y de su cuidada, o no, atención va a depender en muchos casos el éxito en la consolidación del nivel ambiente. ¿Dónde, cuándo y con quién quiero hacer hago, o me siento, o enfermo, o actúo de tal o cual manera? Son las preguntas que nos haremos para descubrir qué es lo que acontece en este estadio y detectar si existen conflictos.

En el nivel de ambiente afectan las tecnologías, contaminación, desarmonía, injusticias, ruidos, violencia, faltas de atención en la infancia, malos tratos, etc., todo ello ayuda a nuestra insatisfacción y nos predispone a las alteraciones de salud que a la larga se manifestarán, tal vez, sin que seamos conscientes de su origen, y es importante tenerlo presente en cualquier trabajo terapéutico que ejecutemos.

El sistema nervioso periférico se encuentra directamente relacionado a este nivel y lo identificamos o reconocemos a partir de las sensaciones y acciones reflejas. Muchas de las somatizaciones manifestadas a partir del citado sistema y todo lo que él abarca, tienen que ver con conflictos en este orden.

Comportamientos

Este nivel lógico es el que contempla y aglutina las acciones específicas realizadas en cada contexto. A partir de los primeros años de vida (2/3) el individuo comienza el aprendizaje consciente de conductas: hablar, caminar, utilizar correctamente los movimientos corporales, a manejar ciertos instrumentos para ejecutar acciones más complejas (cubiertos, lápices, puzzles, etc.). De nuevo la experiencia correcta y bien dirigida permitirá que el sujeto adquiera soltura, dominio y equilibrio en sus comportamientos básicos como soporte para todo el aprendizaje conductual-cultural que deberá ir realizando a lo largo de su vida. En ese periodo de la infancia, el niño experimenta y asimila las conductas básicas que desarrollará de adulto, a partir de la observación e imitación de las que sus progenitores o educadores ejecutan delante de él, –aunque éstos no sean conscientes de ello–. De ahí aprenden formas de hablar, de moverse, de comer, de querer y de no querer, de enfadarse y alegrarse, de comunicar, de divertirse, e incluso de enfermar. Tanto los comportamientos verbales como los no verbales que más tarde utilizan en su forma de comunicación tienen su origen aquí, y son ejecutados por todos nosotros y en cualquier momento. Aquí incluimos tanto los actos operativos y útiles como los anómalos, malsanos, compulsivos e incluso los achaques, para la PNL, toda enfermedad es una conducta, por tanto, somos responsables de la generación de las mismas y como consecuencia de la pérdida de nuestra salud. ¿Qué hago? ¿Qué evito? Son las preguntas que nos permiten investigar a fondo el nivel de comportamientos, y descubrir las alteraciones aquí existentes.

El sistema motor, –piramidal y cerebelo– se encuentra directamente relacionado con el plano del que hablamos. Cualquier trastorno del sistema motor tiene su raíz o conflicto dominante en alteraciones desarrolladas por inadecuación de este nivel. Las acciones conscientes, aunque tras un aprendizaje hayan pasado a ser competencia inconsciente, están colocadas en el nivel de comportamientos, que como ya he dicho, si no se encuentra lo suficientemente fortalecido y preparado, para seguir perfeccionándose a lo largo de toda la vida, produce deficiencias en el conjunto del sistema humano debido a que es un soporte pobre para el siguiente nivel.

CAPACIDADES

Estrategias, estados, recursos, habilidades, cualidades, emociones, programaciones mentales, etc., entran dentro de este apartado. A partir de los 6 o 7 años de edad el niño comienza a ser consciente de la realidad que le circunda razonando las causas y las consecuencias de sus propias conductas y de las ajenas. Ahora el aprendizaje que tiene que llevar a cabo es el desarrollo de habilidades, estrategias, estados internos potenciadores o limitantes, y el de la identificación de los estados emocionales. ¿Cómo puedo o no puedo? ¿Cómo hago o me impido hacer? Son los estados internos del individuo que le permiten o no ejecutar ciertas conductas. Aquí es donde las personas inician su formación en el desarrollo de todo tipo de estrategias mentales. No se debería dejar al azar, como muchas veces se hace, la generación de tales recursos, ya que serán decisivos en la vida del sujeto. Éste es el nivel donde opera con mayor asiduidad la PNL ya que aquí se producen los bloqueos más frecuentes, y donde sus efectos pueden ser experimentados con mayor facilidad. Se trata pues de la dirección que imponemos a nuestra vida, y al sentido que le damos a nuestras conductas.

Cuando queremos investigar la naturaleza, la situación del nivel de capacidades, recurriremos a la pregunta: ¿Cómo hago para...? ¿Cómo se generan en mí...? ¿Cómo me impido...? Todas ellas nos conducen a las estrategias mentales que nos programamos para poder o no poder llevar a efecto cualquier acción mental o motriz.

El sistema cortical (movimientos oculares, gestos, posturas, etc.), es el que se encuentra relacionado con el nivel de las capacidades.

Ya estudiamos en el *Curso de Practitioner* el modo de tener acceso a nuestros sistemas representacionales que son los que dominan y estructuran nuestras experiencias subjetivas y las estrategias mentales de todo tipo. Más adelante veremos cómo hasta nuestras emociones están programadas según estrategias firmes (meta-programas) que sin ser consciente de ello se desencadenan a partir de ciertos estímulos. Hablamos de las acciones semi-inconscientes que sólo podremos manejarlas adecuadamente si las hacemos conscientes.

Estudios muy recientes[2] han demostrado que la mayoría de los enfermos de cáncer en los EE.UU., son personas que reprimen sus sentimientos hostiles y tienen una baja autoestima, o ante una pérdida importante se sienten abandonados e incapaces de reaccionar. Sin embargo, personalmente discrepo de tales resultados ya que, como veremos un poco más adelante, aunque ésta parezca ser la causa inmediata, siguiendo otras directrices e investigaciones clínicas realizadas,[3] afirmo que la causa original, el estado problema, se encuentra en la mayoría de los casos en el sistema de creencias sobre identidad. ¿Qué

---

2. Estudio realizado por el Dr. Lawrence LeShan. *Peace, Love and Healing*.

3. Drs. S. M. Simonton, O.C. Simonton and J.L. Creighton. *Recuperar la salud*. Drs. T. Dethlefsn y R. Dahlke. *La enfermedad como camino*. Dr. N. Cousins. *Anatomía de una enfermedad*.

es lo que hace que una persona reprima sus sentimientos o que posea una baja autoestima? La respuesta está en las creencias del tipo limitadoras que sentencian el no poder o no ser capaz. Como reza la frase de Henry Ford que repetimos frecuentemente: S*i crees que puedes, o si crees que no puedes, estás en lo cierto.*

CREENCIAS

¿Por qué hago o haría las cosas? ¿Por qué las cosas son como son y no de otra manera? Estamos ante el permiso o motivación para desarrollar las capacidades y el eje sobre el que construimos toda nuestra existencia. Aunque el nivel de las creencias es un estadio en permanente cambio y transformación, comienza a consolidarse a partir de la adolescencia, y permanece en construcción toda la vida, mientras permitimos que el proceso de evolución humana siga latente en nosotros. No olvides que la época de la pubertad es el punto clave en la existencia terrestre ya que es el momento de acopio de términos de referencia necesarios para comprender el mundo que nos rodea. Si las creencias no nos resultan válidas comenzamos a experimentar un vacío existencial o una búsqueda materialista que nos mantiene en un caótico y permanente estado de insatisfacción. Este rango es el más complejo y múltiple de toda la escala, como más adelante veremos,[4] lo forman todo el entramado de valores, criterios y creencias propiamente dichas. Son de tal importancia las creencias, que un grupo de éstas conforman las fijaciones y las pasiones del ego. También soportan la identidad y nos abren las puertas del poder o no poder. Debes tener presente y en cuenta que las creencias ni son buenas ni son malas son potenciadoras,

---

4. En el capítulo XII ampliaremos entrando en todo el «paquete» que conforman lo que denominamos creencias, dada su trascendencia ya que representan uno de los factores decisivos en el mantenimiento del equilibrio orgánico, de la salud y de la posible evolución humana.

útiles o limitantes e inútiles, en función a que nos permitan o no seguir un proceso de desarrollo humano completo.

El sistema nervioso autónomo (frecuencia cardiaca, pulso, dilatación de la pupila, etc.) es el que directa, o indirectamente, está relacionado con este peldaño, y sus manifestaciones son respuestas inconscientes. Éste es en último término quien acepta o deniega la posibilidad de que en nosotros se generen ciertos trastornos y no otros, ciertas potencialidades y no otras, son la llave que nos abre las capacidades y recursos para hacer frente a las necesidades de la vida.

Entrelazados con el complejo sistema de creencias, se encuentran nuestros valores y criterios, como ya he mencionado líneas más arriba, y que en su conjunto dan forma a lo que conocemos como personalidad. La pregunta: ¿Por qué? Nos trasladará siempre a una creencia subyacente y éstas no son otra cosa que las manifestaciones o expresiones lingüísticas de nuestras experiencias subjetivas.

De nada sirve intentar convencer a otra persona de que sus creencias son erróneas (inútiles), porque de hecho no es así, a él le sirven, son parte de su experiencia, y en el momento en el que las manifiesta (por estar integradas), es la mejor opción disponible y la más ecológica para él en ese instante. Un cambio de creencias sólo es factible en la medida en que el sujeto tome conciencia de que necesita otra creencia más acorde o conveniente, y entonces siendo sustituida podrá modificarse. No podemos quitar una creencia sin más, no podemos dejar el hueco, hay que colocar otra en su lugar.

Un apartado de máxima significación es el que se refiere a los valores y a los criterios, que trataremos también con detalle en los capítulos correspondientes. Pero para que puedas construir una idea global del conjunto de niveles, adelantaré al menos los conceptos básicos de ambos aspectos del pensamiento humano.

Por su parte, los valores son los principios rectores de la vida, son aquellas cosas –a menudo abstracciones–, por las que estamos dispuestos a esforzarnos, sacrificarnos e incluso cambiar para conseguirlas. Vienen a ser como el núcleo de este nivel lógico, ya que en torno a ellas se estructuran las creencias. Así mismo, constituyen el meollo de la personalidad y dan sentido a la existencia del individuo.

Los criterios, a menudo se confunden o se equiparan a los valores, aunque tienen muy poco que ver con ellos. Se trata de las normas que utilizamos para decidir qué hacer o no hacer, qué es lo que está bien y mal y, por tanto, implicarnos o no en las conductas consecuentes. Los criterios, podríamos decir, que son la clave de los comportamientos.

IDENTIDAD

A partir de los 20 años los individuos tienen que comenzar a edificar sólidamente el nivel de su propia identidad, que es complejo y de precisa elaboración, ya que va a servir de faro para el resto de la vida. Aunque en ocasiones se considera la identidad como sinónimo de personalidad, no son lo mismo. La identidad va mucho más allá conteniendo incluso los fines últimos a los que el sujeto aspira en la vida, es el propio concepto del «sí mismo», mientras que la personalidad tiene que ver más con la imagen proyectada. La identidad es la respuesta al cuestionamiento de: ¿Quién soy yo? ¿Quién es fulanito? ¿Quién es este yo mismo? ¿Quién creo que soy, y como consecuencia dónde pongo mis límites?

Este nivel está conectado interdependientemente con el sistema inmunológico y endocrino (funciones profundas del mantenimiento de la vida). Quienes trabajamos asiduamente con este modelo de PNL, hemos podido detectar, que en las situaciones en las que se presentan casos de enfermedades degenerativas (tipo cánceres e inmuno insuficiencias), existe en los sujetos un grave conflicto de identidad mantenido durante largo tiempo. Una imagen deteriorada o sobredimensionada de uno mismo, sustentada por sistemas de creencias diferentes o contradictorios que ocasionan una deformación de la realidad objetiva, y como consecuencia una experiencia subjetiva total-

222

mente alucinatoria y falsa, provoca alteraciones en todo el organismo llegando a crear un caos interior. Otro tanto ocurre con otras enfermedades relacionadas con el sistema endocrino. No quiero decir con este comentario que la PNL cure el cáncer, en absoluto, lo que digo es que los conflictos de identidad al tener relación directa con el sistema inmunitario facilitan el desarrollo de éste, y que si se resuelven, pueden facilitar o ayudar a otros métodos a una más rápida y eficaz solución. En la mayoría de los casos es el nivel responsable de las llamadas enfermedades incurables o genéticas, el enfermo se identifica con la afección debido al desconocimiento o carencia de una identidad real, facilitando de ese modo el arraigo de la misma como parte de él.

La teoría aquí expuesta, ha sido en cierto modo confirmada y ratificada por el Dr. Ernest L. Rossi, colaborador de Milton H. Erickson, que tras largas investigaciones clínicas ha llegado a detectar la relación directa existente entre nuestro pensamiento y la respuesta celular en la producción de hormonas. El dibujo siguiente describe el proceso y los tránsitos que se producen en nuestro organismo desde la entrada de información hasta las respuestas celulares. Quiero hacer la salvedad para aquellos eruditos que lean mi libro, que no pretendo ni mucho menos, hacer una exposición de neurobiología, ni histología, tan sólo muestro un sencillo y elemental dibujo, de lo que podría ser el proceso.

Las hormonas y las también llamadas «sustancias informativas», trasladan los datos de información perspectiva de una a otra zona del organismo, para así permitirnos que éste actúe adecuadamente. Tales «sustancias» (incluidas las hormonas) regulan las funciones del sistema neurológico que tiene codificaciones de programas memorísticos y de aprendizaje; esto se produce en un doble sentido: en una dirección las «sustancias» orgánicas pueden modificar las representaciones subjetivas, y por el otro las representaciones subjetivas pueden modificar las «sustancias» orgánicas y actuar sobre las células de nuestro organismo. Lo que nos hace presuponer que existe una interacción mente-cuerpo, sistema de creencias o de identidad-sistema inmunológico;

éste es nuestro concepto de mente-cuerpo al margen del cartesianismo oficial.

Para nosotros una experiencia mental (imágenes, sonidos, sensaciones subjetivas) es *transducida* a escala orgánica a través del sistema límbico-hipotalámico y de él al resto de los múltiples sistemas orgánicos (inmunológico, hormonal, neuropéptido, etc.), llegando a poder incidir en la actividad de los órganos y tejidos.

¿Entonces de qué depende nuestra salud o gran parte de nuestra salud? Indudablemente para nosotros, del contenido de nuestros pensamientos, y éstos están en función al conjunto de nuestras creencias y valores que definen nuestra identidad. Si yo creo que soy de un determinado modo de ser, voy a filtrar los impactos procedentes del territorio (lo objetivo) con los condicionantes de mi mapa dirigiendo mi experiencia subjetiva del hecho en esa dirección prefijada.

Espiritual

Una vez que el sujeto está comprometido en la consolidación de su identidad, debe iniciar el reconocimiento y la filiación del nivel individual más alto, el espiritual o transpersonal. ¿Qué o quién más hay conmigo, por encima de mí, más importante que yo? ¿Qué o quién hay más allá de mí? ¿Cómo vivo mi experiencia de pertenencia a un sistema más amplio y determinante que el de mi propia identidad? Son las preguntas que te conectarán con el grado de trascendencia. Éste es el espacio interno que nos vincula con lo transpersonal, incluso con lo sublime, o con la parte más profunda de nosotros mismos, eso que llamamos Esencia, Ser Esencial, Espíritu, o con aquellos aspectos de lo sublime como Energía Universal, Todo, el Oculto, lo Absoluto, Dios, etc. o la Humanidad, el Planeta, el Universo, etc.

Aquí consideramos al ser humano como un sistema unificado en sí mismo e integrante de otro sistema unificado mucho

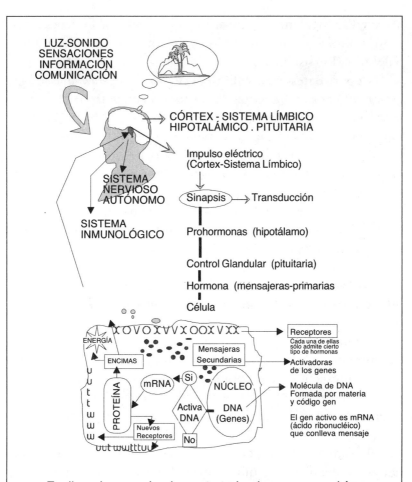

Explicando muy simplemente todo el proceso, podríamos decir que, la información recibida por medio de luz, sonido o tacto a través de nuestros órganos de percepción, al llegar al cerebro se *transduce* en información electroquímica. Esa energía electroquímica se transforma en molécula (protohormonas) que al llegar al control glandular de la pituitaria, se transforman de nuevo en hormonas (mensajeras primarias) portadoras de información a través del cuerpo. Al llegar esas hormonas a las células, éstas pueden activar o desactivar ciertos genes que permiten que la célula actúe (o produzca) de un modo y otro.

mayor. Estamos ante un nivel holístico (entendiendo este término como ser parte integrante de un sistema más amplio) o aglutinador sistémico.

Gregory Bateson en su libro ya citado: *Pasos hacia una ecología de la mente*, nos recomienda ponernos en contacto con esa *misteriosa* «Fuerza sistémica», que es la rectora de la Naturaleza, de modo que nos liberáramos del racionalismo restringido que pretende organizar, ordenar y dirigirlo todo, provocando tantísimo daño y contrariando las leyes sistémicas naturales –valga la redundancia– del Universo.

Es el nivel lógico menos estudiado, o en el que menos se ha profundizado en sus respuestas orgánicas ya que éstas se producen a escala integral.

Paso ahora a dar una serie de instrucciones sobre el trabajo que se puede realizar con los niveles lógicos. Estás ante un modelo de gran utilidad y eficacia, que permite rápidamente identificar conflictos subyacentes que son la raíz de síntomas y estados limitantes. Si alguien tiene una creencia limitadora y existe una manifestación de la misma en su ambiente o conducta, podemos establecer e investigar la línea de conexión y los estados intermedios que llevan de una o otros. El *quid* de la cuestión es descubrir la relación. Tengamos presente, que si queremos aprender algo nuevo, hemos de desestabilizar alguna parte del sistema existente. Si quiero quitar una creencia, he de desestabilizar otras creencias. En la medida en que los niveles superiores estén más consolidados, más facilidad para la mejora o modificación de niveles inferiores tendremos. Por ejemplo: Si deseo cambiar mi identidad profesional (nivel identidad), me costará menos esfuerzo, si mi estabilidad y vínculos familiares son firmes y sólidos (nivel transpersonal).

DENOMINACIÓN	CONTENIDO	EFECTO	RESPUESTA
Espiritual	Lo espiritual Transpersonal Supra individual	VISIÓN TRANSMISIÓN	¿quién más?
Identidad	Lo que creemos que somos. Sintetiza y abarca todo lo contenido en el nivel inferior.	MISIÓN FUNCIÓN	¿quién?
Creencias	Creencias Valores Criterior Metaprogramas	MOTIVACIÓN PERMISO	¿para qué? ¿por qué?
Capacidades	Estrategias Estados Emociones Habilidades	DIRECCIÓN	¿cómo?
Conductas	Comportamientos específicos. Reflejos condicionados. Hábitos, rituales Costumbres	ACCIÓN	¿qué?
Ambiente	El contexto externo. El mundo que nos rodea. Condiciones externas donde ocurren los comportamientos.	REACCIÓN RESPUESTA REACTIVA	¿cuándo? ¿dónde? ¿con quién?

El modelo o técnica que viene a continuación, por sí mismo, ya constituye una completa terapia, dado que el sujeto que la experimenta, pasa por un procedimiento ordenado de gestión y estructuración de sus procesos mentales, que hasta entonces, en muy raras ocasiones o tal vez nunca, lo había realizado de este modo. El modelo al que me refiero es el que llamamos: ALINEACIÓN DE LOS NIVELES LÓGICOS.

Aunque muchos de los lectores ya lo conozcan, he considerado oportuno presentarlo de nuevo, ya que constituye la base de otras técnicas que también estudiaremos aquí por ser un modelo con múltiples aplicaciones.

Como aportación a esta versión que sigue, diré que es muy importante profundizar en cada uno de los niveles del sistema a tratar, buscando y extrayendo aquellos *atractores* no deseados que pudiesen existir en cada escalón del alineamiento. Recuerda que es una técnica muy poderosa, y que en gran medida su éxito va a depender de:

- Rapport que el máster realice con el sujeto.
- La habilidad de calibración desarrollada, (ya que la mayoría de las respuestas que se producen son no verbales).
- Dominio del metamodelo a la hora de presentar y demandar respuestas.
- Capacidad de análisis para detectar los programas subyacentes.
- Capacidad de alternancia en las posiciones perceptivas para que la conexión con el sujeto sea total, y de ese modo se alcance el máximo beneficio en el tratamiento.

El requisito previo imprescindible para abordar un trabajo de alineación, es el de disponer de tiempo sin un límite preciso, ya que a lo largo del proceso pueden presentarse variables imprevistas, que demoren la realización, y no sería recomendable precipitarse porque el tiempo apremie. Otra exigencia, es habilitar una sala o habitación lo suficientemente amplia para que el sujeto pueda desplazarse, como tiene que hacerlo con los ojos cerrados, sin temor a tropezar. También es necesario que el ambiente sea lo más adecuado y a salvo de posible ruidos inesperados, que sobresalten y saquen del estado al paciente.

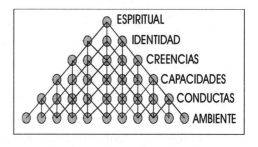

Patrón para alinear los niveles lógicos

Para iniciar la sesión, colocará en el suelo unas hojas con los diferentes niveles escritos en cada una de ellas. Esto sirve como ancla espacial y visual, y guía para el facilitador.

Paso 1. El sujeto definirá qué hecho de su vida futura desea utilizar para efectuar la alineación. Por ejemplo: Algún proyecto u objetivo, alguna nueva relación o trabajo, o incluso cualquier tipo de cambio que desee llevar a cabo. Algo así como cambiar de profesión, de abogado a ser comerciante.

A continuación, el sujeto que vaya a realizar el alineamiento se situará sobre el primer nivel AMBIENTE, de espaldas a los demás espacios y con los ojos cerrados.

Paso 2. El guía que está ayudando le pedirá que conteste a la pregunta: ¿Dónde y cuándo yo actúo o actuaré como X? (La X se refiere a la situación, hecho u objetivo que va a utilizar). En el caso del ejemplo sería: ¿Dónde y cuándo yo actuaré como comerciante?

Espera a que verbalice la respuesta con el mayor número de detalles posibles sobre el *dónde, cómo* y *con quién*. Identifica las modalidades y submodalidades dominantes, en el caso de que exista algún bloqueo ayúdale a eliminarlo.

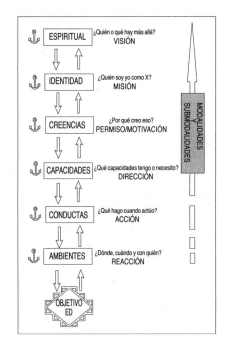

Paso 3. Recibida la respuesta anterior, se le pide al sujeto que sin abrir los ojos de un paso hacia atrás y se sitúe en el nivel

de CONDUCTAS y que responda a la pregunta: ¿qué hago cuando actúo o actuaré como X en esos ambientes? (como comerciante, por ejemplo). Igual que en el espacio anterior, el guía debe identificar las modalidades y submodalidades.

De nuevo espera a que surjan las respuestas lo más explícitas posible.

Paso 4. Completadas las contestaciones de lo anterior, se le indica de nuevo, que sin abrir los ojos, dé un paso más hacia atrás y se coloque en el nivel de CAPACIDADES y que conteste a la pregunta: ¿Qué capacidades tengo o necesito para ejecutar aquellas acciones en aquellos lugares y momentos?

Es muy importante que en este nivel se fuerce al sujeto a manifestar tanto las capacidades como la falta de recursos que crea que tiene, incluso detectando las emociones que se le presentan. Ahí también comienzan a aparecer en las respuestas los metaprogramas del individuo y es conveniente identificarlos y suprimir aquellos que pudiesen ser limitadoras o inconvenientes para el desarrollo de lo que se está trabajando. Identifique aquí también las submodalidades.

Paso 5. Culminado el paso anterior, de nuevo y de igual modo, el sujeto dará un paso atrás colocándose en el nivel de CREENCIAS. Contestará a la pregunta: ¿qué creencias y valores son importantes para mí cuando estoy actuando como X? ¿Por qué creo eso? ¿Por qué quiero ser o actuar como X?

Éste también es un paso en el que deberá detenerse todo el tiempo que sea necesario, las estrategias de creencias pueden ser limitantes o potenciadoras y, ése es el momento de ordenarlas o/y cambiarlas si fuera necesario.

Cuando pasemos al capítulo que trata de las creencias, su estructura y los diferentes modos de identificación, tendrás otra herramienta muy poderosa para resolver cualquier bloqueo (*atractor*), que se le presente en este nivel.

Paso 6. Un paso más atrás y de nuevo pregunta y pídale que conteste: ¿quién soy yo como X? ¿Qué tipo de X soy yo? Solicítale al sujeto que construya una metáfora representativa de este nivel. Debe verbalizar todas las respuestas y tú has de identificar los conflictos si los hubiera, así como las estructuras de soporte de las creencias que construyen su identidad.

Espera la respuesta y ayúdale si se encuentra atascado. Es muy importante para el sujeto que no pase al siguiente nivel sin antes haber definido bien su propia identidad. Aquí la labor del máster es crucial, ya que de su manejo del metamodelo, y de su habilidad para sugerir, sin imponer, respuestas, depende en muchos casos el resultado satisfactorio del alineamiento.

Paso 7. Llévalo al nivel ESPIRITUAL. Requiérele a que conteste las preguntas: ¿a quién más sirvo yo como X? ¿Quién o qué hay más allá de X? ¿Cuál es mi visión como X?

En este espacio, puede que el sujeto no pueda o no sienta la necesidad de responder verbalmente. Calibra atentamente sus modificaciones, permite que el sujeto se interiorice lo suficiente para conectar con su espacio TRANSPERSONAL.

Mucha atención, aquí se producen comprensiones muy profundas en ocasiones, dale tiempo, no te precipites. Acompaña al máximo al sujeto, existe una altísima sensibilización en este punto y se requiere mucho tacto, afecto y respeto para que el proceso se realice óptimamente.

Paso 8. Cuando observes y calibres que el sujeto ha alcanzado el punto álgido de la experiencia ancla el estado en que se encuentre en el nivel Espiritual.

Paso 9. Solicítale que tome esa fisiología y experiencia interna de VISIÓN y que la lleve al espacio de identidad para que pueda tener la experiencia de las dos al mismo tiempo. Una vez que le indiques que avance un paso y se sitúe de nuevo en el nivel de IDENTIDAD, activa el ancla, y déjale unos segundos que experimente el nuevo estado.

Pregúntale ahora: ¿cuál es mi *función* y *misión* para cumplir con mi identidad que emana de ese estado más allá de mí, de esa *visión*? Pídele que verbalice sus conclusiones.

Deja que conecte con las respuestas y vuelve a anclar apilando esta nueva experiencia a la anterior.

Paso 10. Sigue la pauta marcada, descendiendo, activando, reflexionando y preguntando en el nivel de CREENCIAS: ¿cuál es la *motivación* que emana de tu *función o misión* y que te ha sido transmitida por la *visión*? ¿Qué *motivación* es la que ahora te empuja para alcanzar a desarrollar tu *misión*?

Da tiempo a la reflexión y a la comprensión de la nueva experiencia, calibrando el momento adecuado para apilar con un ancla (siempre en el mismo punto).

Paso 11. Paso al nivel de CAPACIDADES, sigue con las mismas instrucciones, y en el momento adecuado pregunta para que él se responda y a ser posible verbalice: ¿qué *dirección* vas a tomar en tu vida, teniendo esa *motivación* que te ha generado tu *misión* a partir de la experiencia de *visión transpersonal* (o espiritual)?

Aguarda, escucha, observa, calibra y apila ancla.

Paso 12. Continúa a CONDUCTAS. Activa de nuevo el ancla. Pregunta por las *acciones específicas* que va a realizar para poner en marcha su objetivo, en la *dirección* proyectada dando cabida a su *motivación* y a su *misión* proveniente de la *visión* transmisión espiritual. Que verbalice. Ancla y apila.

Paso 13. Sigue hasta el espacio AMBIENTE. Activa el ancla. ¿Cómo será ahora la relación con el ambiente de tu objetivo? ¿Dónde, cuándo y con quién llevarás a efecto tu objetivo?

Deja que el sujeto viva la experiencia con toda su intensidad y lujo de detalles, que verbalice la experiencia y las conclusiones a las que llega.

Paso 14. Por último pídele al sujeto que dé un nuevo paso más allá del nivel ambiente y que haga un puente al futuro.

Es conveniente que dejes pasar un rato antes de proseguir la comunicación con el paciente, o de dar por finalizada la sesión; ya que en muchos casos el proceso iniciado con la alineación prosigue con toda su intensidad. Procura ser muy amable y permite que el sujeto madure la experiencia.

Conviene advertir, que las sesiones de trabajo con el alineamiento pueden ser muy variadas y complejas, debido a que el sujeto está procediendo a realizar una nueva y muy poderosa estrategia de pensamiento (en especial aquellas personas que realizan esta técnica por primera vez). Durante el proceso puede surgir todo tipo de manifestaciones (especialmente no verbales), pudiendo incluso alcanzar el grado de catarsis. Muchas personas tienen los niveles enmarañados, o mejor dicho desordenados; suelen confundir (inconscientemente) creencias con capacidades o conductas, identidad con conductas, o cualquier otra permutación de los mismos. Por ejemplo, la persona que por el hecho de afeitarse la cabeza (conducta), ponerse una túnica azafrán y llevar un *mála* colgado del cuello (conducta), se afirma como budista (identidad). O la situación aún más común, identificarse con la profesión (capacidad o conducta) que realizan.

Cuando procedemos a la alineación de niveles, la mente inicia un proceso para ordenar, completar las alteraciones, deficiencias o la forma en la que tiene conectados los diferentes niveles, para estructurarlos en su orden lógico. Por ello, el máster que conduce el trabajo, ha de encontrarse muy sereno, atento, y dispuesto a intervenir cuando sea oportuno. Si por cualquier circunstancia, el terapeuta, sospechara que la situación se le puede ir de su mano, bastaría con pedirle o incluso forzar al sujeto a que salga del nivel en el que se encuentra, haciendo un desplazamiento lateral y pidiéndole que abra los ojos. Recordad, que en la mayoría de los casos, el sujeto entra en un estado de trance muy profundo durante la experiencia.

Una pregunta muy común de los alumnos en nuestros cursos de formación es ésta: ¿Qué se puede hacer cuado damos con estrategias limitadoras firmemente (*atractores*) adheridas en la persona?

Depende del nivel en el que surjan, y depende de la profundidad del trabajo que estés realizando. No es lo mismo llevar a cabo una alineación de niveles como método para descubrir o investigar, que hacerlo para resolver algún conflicto profundo específico. No es lo mismo un trabajo a nivel remediativo, que en el ámbito generativo o evolutivo.

Otra cuestión frecuente es: ¿Cómo opera la alineación de niveles en el plano subconsciente?

Bien, lo que estamos construyendo al establecer un orden lógico es una cadena de pensamiento ordenado con el contenido del estado deseado. Es importante tener en cuenta, que en cada escalón del proceso necesariamente has de procurar que el sujeto alcance una comprensión, lógica dentro de cada uno de ellos primero (en el ascenso) y analógica después (en el descenso), con el fin de que el enlace sea lo más completo posible y de carácter potenciador.

Hay que tener presente a la hora de alinear a alguien, que la conexión emocional con la que se parte, es la misma que va a arrastrar a lo largo de todo el proceso, ampliándose a medida que nos aproximamos al nivel transpersonal. Recomiendo encarecidamente que jamás se realice un alienamiento partiendo de estados negativos ya que pueden conducir al sujeto a experiencias muy desagradables. El propósito de la alineación es crear relaciones de experiencias y conocimientos que están en el sujeto, aunque éste no lo sepa ya que se encuentran a escala subconsciente.

Mi sugerencia basada en la experiencia, es que utilicen la técnica de «alineación de niveles» para producir cambios generativos o evolutivos, ya que, por el principio de la teoría de sistemas que afirma que, al introducir un cambio en un nivel superior los niveles inferiores se verán afectados casi con completa seguridad. Aquí nos apoyamos en el axioma «einsteiniano», de que cualquier problema tiene su solución en el nivel superior en el que se presenta.

Llegado a este punto, es necesario que el máster domine las técnicas que necesitará aplicar para introducir cambios generativos primeramente, me refiero concretamente a los niveles de creencias-valores y capacidades-estados internos. Saber

234

detectar conflictos en estas dos cotas, como en cualquier otra, es imprescindible para un buen profesional que desee alcanzar un alto grado de profesionalidad en el uso de la PNL. Será en capítulos sucesivos en los que trataremos con detalle técnicas de detección, análisis y resolución de conflictos en los estadios lógicos relativos a creencias, valores e identidad.

A continuación, lo que vamos a estudiar es el modelo tridimensional, en el que partiendo de la distribución de niveles podrás aprender a ubicar los conflictos dentro de una estructura sistémica.

La estructura sistémica o existencial viene dada por la interacción sincrónica de diferentes fuerzas o *atractores* que intervienen simultáneamente en el proceso permanente de la vida humana. Me refiero a la *línea del tiempo, niveles neurológicos* y *posiciones perceptivas*. Estos tres elementos son los que dan forma al modelo tridimensional. Se trata de ejercitarse en observar cualquier circunstancia considerando simultáneamente los tres factores determinantes de la conducta humana (nivel, momento, persona).

En PNL consideramos el ESPACIO PROBLEMA como el relativo a las situaciones que se puedan desarrollar en función al tipo de interacción humana. Es decir, la relación que se establece entre diferentes aspectos de «yo», o con respecto a otros sujetos. «Yo mismo» (1ª posición), «el otro» (2ª posición), y «ello», objetivo o contexto (3ª posición), son las unidades que constituyen el *espacio* o situación global del problema. Los tres aspectos quedan interconectados inevitablemente, generando una determinada fuerza –*atractor*– en función de la fuerza que tome cada agente desde el punto de vista vectorial en el eje de coordenadas formadas por el «yo», «otro», y «ello».

Por otra parte, el ESTADO PROBLEMA lo determina el *espacio problema,* y la naturaleza del mismo. El *estado problema* se organiza en *niveles lógicos,* como todo proceso humano, *posiciones perceptivas,* y en la *línea del tiempo,* o perspectiva temporal implicada.

Esta triple interacción, es la que nos sirve de base para ubicar cualquier tipo de conflicto, ya que todo lo que le ocurre a una persona o entre personas, va a estar incuestionablemente situado dentro de este marco de referencia.

Así pues, el simple hecho de enunciar: «Me gusta estar en este lugar», nos permite identificar el estado de la persona que emite la frase. 1ª posición (Me), presente (estar), ambiente (este lugar). O en la manifestación: «Cuando venga le va a oír», nos está indicando: 2ª posición (le/ a él), futuro (venga), conducta (oír).

A la hora de reconocer una crisis, lo primero que tienes que hacer, es ubicar la dimensión del *estado problema,* ya que las soluciones que aportes han de ser suficientes para que satisfagan las necesidades «dimensionales» del mismo, y como consecuencia, el *espacio problema* también se verá modificado.

Sabemos, que cierto tipo de pensamiento crea un problema, que ese mismo tipo de pensamiento no puede solucionarlo, hay que encontrar otra perspectiva para resolverlo. Recordemos que un problema se resuelve

siempre en un nivel superior al que se produce. Al detectar la dimensión de cualquier conflicto, las intervenciones terapéuticas se pueden ejecutar con una rapidez y precisión, ya que igualmente dispones de *operadores tridimensionales* que te facilitarán una nueva dirección ante la crisis. Estos operadores al igual que los *espacios* y *estados* interactúan entre sí, es decir, si modificamos uno de ellos, el valor de los otros dos también se modifica, y, por tanto, el estado asociado a ellos.

Los tres elementos de cambio –u operadores tridimensionales– son: el *metamodelo*, la *fisiología*, y el *sistema representacional* (con sus submodalidades). Como pueden observar, en ellos se aglutinan prácticamente la totalidad de técnicas o terapias, ya que éstas, o están basadas en la comunicación verbal, o a partir de ejercicios físicos y cambios posturales, o se centran en visualizaciones, audiciones y en definitiva cambios de imágenes mentales. Cualquier intervención que realicemos con metamodelo, producirá inevitablemente un cambio en la experiencia subjetiva del sujeto, y por lo tanto modificará también su representación interna que afectará indudablemente a su fisiología. Obviamente, si actuamos simultáneamente con dos o con los tres vectores los cambios serán mucho más rápidos y potentes.

Cuando aplicamos un operador –por ejemplo: metamodelo–, es decir, cuando damos una instrucción para cambiar de perspectiva mental o temporal, se produce un efecto inmediato en el *estado problema*, que así mismo incide en el *espacio problema*. Por ejemplo, si un sujeto con un conflicto de relación modifica su posición perceptiva, de 1ª a 2ª y 3ª, indudablemente cambiará simultáneamente la comprensión de la desavenencia.

Como ya indiqué unas líneas atrás, cualquier espacio problema puede emplazarse dentro de cada uno de los niveles lógicos, perspectivas posicionales y momento temporal, lo que nos da una serie de planos distribuidos en cuadrículas que facilitan la localización inmediata de cualquier *estado*. En el dibujo que sigue puedes apreciar con claridad cómo se reparten las diferentes combinaciones que podemos realizar con niveles, posiciones y tiempo.

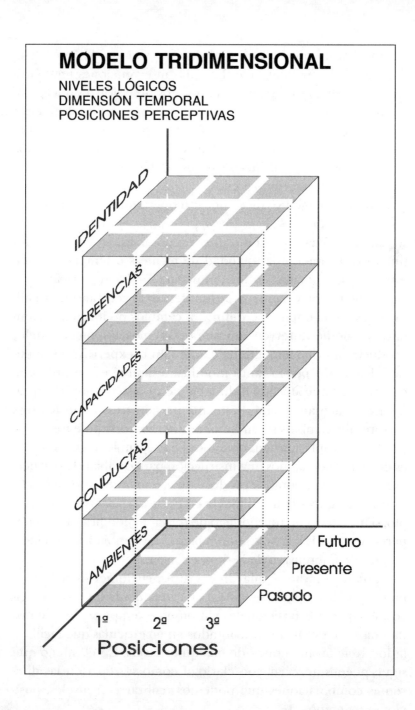

MODELO TRIDIMENSIONAL
NIVELES LÓGICOS
DIMENSIÓN TEMPORAL
POSICIONES PERCEPTIVAS

IDENTIDAD

CREENCIAS

CAPACIDADES

CONDUCTAS

AMBIENTES

Futuro
Presente
Pasado

1ª   2ª   3ª
Posiciones

238

Para que te familiarices, y aprendas a identificar rápidamente el emplazamiento de un conflicto, te propongo la realización del siguiente ejercicio, tal como lo hacemos en los cursos de formación.

IDENTIFICACIÓN DEL ESPACIO-ESTADO-NIVEL

En grupos, mínimo tres personas.

Objetivo: Adquirir práctica en la ubicación de conflictos.

Pautas:
1. Construir cada uno 15 frases del modo:
   • Tres por cada nivel lógico (excepto el espiritual).
   • De las anteriores, una por cada posición perceptiva.
   • Cada una, en un tiempo distinto (Pdo.-Pte.-Fut.)
2. A continuación, por turno cada uno de los miembros del grupo leerá las frases que han construido y los demás han de identificar el espacio que ocupan en el modelo tridimensional.
3. Comentar, y rotar los papeles de forma que todos hagan todo.

Como habrás podido comprobar, esto nos lleva una vez más a la base de este libro que hace referencia a la teoría de sistemas. Todo se encuentra interrelacionado, aunque a la misma vez (como planteaba Einstein), nada de lo observable es absoluto, sino que es relativo (subjetivo) en función del observador. Tiempo, espacio y observador son conceptos

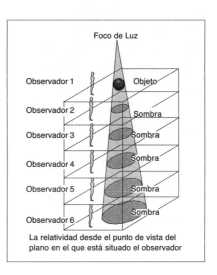

La relatividad desde el punto de vista del plano en el que está situado el observador

239

sujetos a la relatividad en función del punto de vista que se adopte, o del plano en el que nos situemos a la hora de valorar (observar) un hecho.

Dentro del plano material no existen «hechos objetivos» absolutos, tan sólo existen acontecimientos que corresponden a la percepción que cada uno percibe, en función de su mapa. Ahora bien, en la medida que el ser humano evoluciona, es decir, adquiere la capacidad de observar los fenómenos desde planos cada vez más elevados u holísticos, podrá aproximarse más a la Realidad (con mayúscula).[5]

Respecto a la comprensión y percepción del tiempo –estudiado ampliamente en el capítulo anterior–, ocurre lo mismo, no podemos hablar de «tiempo absoluto», ni tan siquiera de «tiempo objetivo», ya que cada elemento de referencia posee su propio tiempo específico. Lo que llamamos «tiempo objetivo», tan sólo es un acuerdo establecido entre partes, que permiten cierto tipo de control. La concepción que tenemos del tiempo, sólo es una secuencia ordenada y seguida de sucesos, un ordenamiento secuencial de nuestras representaciones internas, por tanto no puede haber nada absoluto u objetivo a lo que se le pueda dar el concepto tiempo.

Un cuerpo material cuyos períodos de transformación dependan de ciclos cortos, no percibe el paso del tiempo de igual modo que uno cuyos ciclos son largos. Por ejemplo: una persona que lo único que pretende en la vida es sobrevivir sin asumir responsabilidades (ciclo largo), nunca apreciará el tiempo como el «broker» que especula en bolsa y que su existencia depende de las rapidísimas fluctuaciones del mercado internacional de valores. Cuando una persona pierde la capacidad (o la desconoce) de comprender que, la percepción, los procesos internos, las estrategias internas y las respuestas adaptativas de un momento del tiempo, y con ciertas personas, no son más que el

---

5. Aunque la Realidad nunca podrá ser aprendida ni comprendida sino que Ella nos comprenderá y aprenderá a nosotros, y de ese modo llegaremos a dejar de ser nosotros para ser Realidad.

producto de su parcial observación de ese momento; es entonces cuando surgen los auténticos conflictos y problemas. Como máster, es necesario desarrollar esa facultad de observación holística que permite la flexibilidad conductual y esa capacidad de comprensión, de modo que pueda enseñar a sus clientes a adoptar esa visión global que les abre a nuevos discernimientos.

Son muchos los modelos de resolución que se han desarrollado a partir de estas teorías de sistemas en PNL, pero hay dos especialmente que permiten adquirir una visión transpersonal más allá de otras técnicas. Me refiero a ciertos procesos en los que manejamos la «figura» de lo que hemos dado y que podríamos llamar «*consejeros*» o «mentores».

La función de estos *consejeros*, es la de aportar una comprensión aún más analógica de la que el sujeto pudiera ya estar realizando. El elemento *consejero*, que vamos a utilizar, va a surgir de la fantasía, del mundo metafórico que posea el propio sujeto. Cualquier figura material o inmaterial, física o espiritual, viva o inerte, mineral, vegetal, animal, humana, genio, ángel, o elemento simbólico que se le ocurra inconscientemente, es válida en este trabajo. Lo únicamente importante es que la forma surgida, tenga sentido y significado metafórico para el individuo. Estos «mentores» van a ejercer como vía de comunicación con los estratos profundos del subconsciente, por lo que conviene seguir una serie de requisitos:

1. Cuando se lleve a cabo una intervención con cualquiera de los modelos que incorporan la figura del *consejero* conviene que el sujeto se encuentre en trance, con el fin de que el símbolo que aflore sea fruto del subconsciente, y no de su lógica ni de una idea preconcebida.
2. Interesa mantener al cliente plenamente asociado en cada uno de los pasos del proceso, salvo en aquellos que específicamente se indique lo contrario.
3. El facilitador deberá tomar notas de los mensajes que dicten los *consejeros*, ya que es fácil que la persona no recuerde lo trasmitido.

4. El rapport, la calibración y el uso adecuado del metamodelo por parte del acompañante que conduce la técnica son imprescindibles para optimizar los resultados.
5. En ocasiones, en el momento de asociarse a cada uno de los «mentores», el sujeto puede experimentar fuertes cambios o incluso ciertas catarsis, es normal. En tales situaciones, el máster proseguirá con su acompañamiento procurando suavizar el proceso.
6. La duración de cada intervención será la adecuada al cliente. Cada uno tiene su ritmo de desarrollo, y aquí es importante respetarlo.

Las dos técnicas que presento a continuación, corresponden, una a una *alineación* especial con «consejeros», y la otra es para resolver conflictos con *posiciones perceptivas* en la que los «mentores» representan un papel de «metametaposición» o posición transpersonal como yo la denomino.

ALINEACIÓN DE NIVELES CON ASESORAMIENTO DE CONSEJEROS

Paso 1. La persona que va a experimentar el trabajo definirá primeramente qué situación de su vida futura desea utilizar para efectuar la alineación. Por ejemplo: Algún proyecto u objetivo, alguna nueva relación o trabajo, o incluso cualquier tipo de cambio que desee efectuar.

Tal y como se realizó en el ejercicio previo de alineación de niveles, esta definición de objetivos ha de hacerla situado en el espacio indicado como objetivo o estado deseado. También conviene, en esta posición, ubicar el lado –derecho o izquierdo– respecto de la línea de niveles en el que colocará a sus *consejeros* (véase el siguiente dibujo).

A continuación, el sujeto se situará sobre el primer nivel AMBIENTE, de espaldas a los demás y con los ojos cerrados.

Paso 2. El guía le requerirá que conteste a la pregunta: ¿Dónde y cuándo actúas o actuarás como X? (La X se refiere al objetivo utilizado.)

Espere que verbalice la respuesta con el mayor número de detalles posibles sobre el *dónde, cuándo* y *con quién*. Identifique las modalidades y submodalidades dominantes, para el caso de que exista algún bloqueo poderlo eliminar.

Seguidamente le pide que se gire hacia el lado donde previamente decidió colocar a sus *consejeros*, y que visualice a uno de ellos, correspondiente al nivel *ambiente*. Cuando lo haya hecho, indíquele que le formule una pregunta que tenga relación con el nivel correspondiente (en este caso ambiente). Una vez enunciada, pasará a la posición que ocupa el «mentor», y se asociará (en 2ª posición) a él (sea lo que sea). Ahí permitirá escuchar como *consejero* la pregunta del sujeto, para a continuación emitir una respuesta. La contestación ha de ser expresada en voz alta, y usted –facilitador–, tomará nota de todo lo que diga.

A continuación pasará de nuevo a su 1ª posición en el espacio del nivel, y mirando al *consejero* escuchará el mensaje, agradeciéndole habérselo facilitado. Si requiere algún tipo de aclaración al respecto, volverá a emitir su pregunta repitiendo el recorrido.

Paso 3. Recibida la revelación, una vez que esté satisfecho con ella, se le solicita al sujeto que sin abrir los ojos dé un paso hacia atrás y, se sitúe en el nivel de CONDUCTAS. Ahora deberá responder a la pregunta: ¿qué hago cuando actúo o actúe como X en esos ambientes? Igual que en el espacio anterior, el guía debe identificar las modalidades y submodalidades. De nuevo espere que surjan las respuestas lo más explícitas posible.

De nuevo el ejecutante se girará, identificará otro nuevo mentor –distinto del anterior–, al que hará la pregunta de este nivel, pasando a asociarse con él, tal y como hizo antes. Una vez recibida la contestación en su 1ª posición, seguirá con su proceso.

Paso 4. Completadas las indicaciones de lo anterior, se le exhorta de nuevo, que sin abrir los ojos, dé un paso más hacia atrás y se coloque en el nivel de CAPACIDADES y, y que conteste a la pregunta: ¿Qué capacidades tengo o necesito para ejecutar aquellas acciones en aquellos lugares y momentos?

Es muy importante que en este nivel se fuerce al sujeto a manifestar tanto las capacidades como la falta de recursos que crea tener, incluso detectando las emociones que se le presentan. Aquí también comienzan a aparecer en las respuestas los meta-programas del individuo y es conveniente identificarlos y suprimir aquellos que pudiesen ser limitadores o inconvenientes para el desarrollo de lo que se está trabajando. Identifique modalidades y submodalidades dominantes.

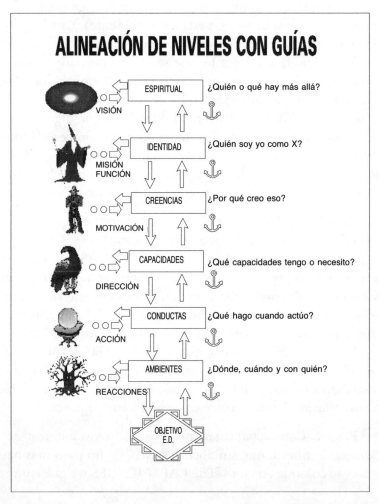

Seguidamente le pide que se gire hacia el lado donde están los *consejeros* y que visualice el correspondiente a capacidades, cuando lo haya hecho, indíquele que le manifieste la pregunta que tenga relación con el nivel. Una vez formulada, que se asocie (en 2ª posición) con el *consejero*, y permitiendo escuchar como él la pregunta del sujeto, que emita una respuesta. Que la pronuncie en voz alta, y usted como siempre escriba el contenido del mensaje.

Ahora regresará de nuevo a su 1ª posición en el espacio del nivel, y mirando al «mentor» escuchará el consejo, agradeciéndole habérselo dado.

Paso 5. Culminado el paso anterior, de nuevo y de igual modo el sujeto dará un paso atrás colocándose en el nivel de CREENCIAS. Contestará a la pregunta: ¿qué creencias y valores son importantes para mí cuando estoy actuando como X? ¿Por qué creo eso? ¿Por qué quiero ser o actuar como X?

Éste también es un nivel en el que deberán detenerse todo el tiempo que sea necesario, sus estrategias de creencias, pueden ser limitantes o potenciadoras y ése es el momento de ordenarlas o/y cambiarlas si fuera necesario.

Otra vez se girará, identificará un nuevo mentor, esta vez del nivel de creencias, hará la pregunta, pasará a asociarse con él, recibirá la respuesta desde su 1ª posición, y seguirá con su proceso.

Paso 6. Un paso más atrás y de nuevo pregunta y pídele que conteste: ¿quién soy yo como X? ¿Qué tipo de X soy yo? Pídele al sujeto que construya una metáfora representativa de ese nivel. Debe verbalizar todas las respuestas y hemos de identificar los conflictos si los hubiera, así como las estructuras de soporte de las creencias que construyen su identidad.

Espera la respuesta y ayúdale si se encuentra atascado. Es muy importante para el sujeto que no pase al siguiente nivel sin antes haber definido bien su propia identidad. Aquí la labor del máster es crucial, ya que de su manejo del metamodelo, y de su habilidad para sugerir, sin imponer, respuestas, depende en muchos casos el resultado satisfactorio del alineamiento.

Una vez más identificará un nuevo mentor, hará la pregunta de este nivel, pasará a asociarse con él, recibirá la respuesta desde su 1ª posición, y seguirá con su proceso.

Paso 7. Llévalo al nivel ESPIRITUAL. Pídele que conteste a la pregunta: ¿a quién más yo sirvo como X? ¿Quién o qué hay más allá de X? ¿Cuál es mi visión como X?

En este espacio, puede que el sujeto no pueda o no sienta la necesidad de responder verbalmente. Calibra atentamente sus modificaciones, permite que el sujeto se interiorice lo suficiente para conectar con su espacio TRANSPERSONAL.

Mucha atención, aquí se producen comprensiones muy profundas en ocasiones, concédele tiempo, no te precipites. Acompaña al máximo al sujeto, existe una altísima sensibilización en este punto y se requiere mucho tacto, afecto y respeto para que el proceso se realice óptimamente.

Paso 8. Cuando observes y calibres que el sujeto ha alcanzado el punto álgido de la experiencia ancla el estado en que se encuentre en el nivel espiritual.

Seguidamente le pides que se gire hacia el lado donde visualizará al consejero específico de este paso, cuando lo haya hecho, indícale que le formule una pregunta que tenga relación con el nivel correspondiente (en este caso el espiritual). Luego, ha de asociarse (en 2ª posición) con el consejero (sea lo que sea), y permitiendo escuchar como consejero la pregunta del sujeto, que emita una respuesta. Que la verbalice en voz alta.

Ahora pasará de nuevo a su 1ª posición en el espacio del nivel, y mirando al consejero escuchará el mensaje, agradeciéndole el habérselo facilitado.

Paso 9. Pídele que tome esa fisiología y experiencia interna de VISIÓN y que la lleve al espacio de Identidad para que pueda tener la experiencia de las dos al mismo tiempo. Una vez que le indiques que avance un paso y se sitúe de nuevo en el nivel de IDENTIDAD, activa el ancla, y déjale unos segundos que experimente el nuevo estado.

Pregúntale ahora: ¿Cuál es mi función y misión para cumplir con mi identidad que emana de ese estado más allá de mí, de esa Visión? Pídele que verbalice sus conclusiones.

Ahora volverá a hacerle a su consejero de este nivel, que ya tiene identificado, una pregunta con relación a su MISIÓN Y FUNCIÓN. Para ello realizará los mismos pasos secuenciales que hasta ahora ha venido realizando al convocar a su asesor-consejero. Deja que conecte con las respuestas y vuelve a anclar con *apilamiento*.

Es recomendable, que el ayudante (máster) vaya escribiendo las preguntas que va realizando y las respuestas que obtenga del sujeto, con el fin de que al finalizar pueda éste disponer de los recursos dados durante el proceso.

Paso 10. Que siga la pauta marcada, descendiendo, activando, reflexionando y preguntando en el nivel de CREENCIAS: ¿Cuál es la motivación que emana de tu función o misión y que te ha sido transmitida por la visión? ¿Qué motivación es la que ahora te empuja para alcanzar a desarrollar tu misión?

A continuación, volverá a conectar con el correspondiente mentor y a realizar las mismas operaciones que anteriormente. Dale tiempo para que reflexione y lleve a cabo la comprensión de la nueva experiencia, calibrando el momento adecuado *apila* con un ancla.

Paso 11. Paso al nivel de CAPACIDADES, que siga con las mismas instrucciones, y en el momento adecuado pregúntale para que responda y a ser posible te verbalice: ¿Qué dirección tomarás en tu vida, teniendo esa motivación que te ha generado tu misión a partir de la experiencia de visión transpersonal (o espiritual)?

Una vez más, que vuelva a conectar con el correspondiente mentor y realiza las mismas operaciones que anteriormente. Aguarda, escucha, observa, calibra y *apila* ancla.

Paso 12. Continúa a CONDUCTAS. Activa el ancla. Pregunta por las acciones específicas que va a realizar para poner en marcha su objetivo, en la dirección proyectada dando cabida a su motivación y a su misión proveniente de la transmisión espiritual.

Que vuelva a conectar con el correspondiente mentor, esta vez el de las conductas realizando las mismas operaciones que anteriormente, pregunta, asóciale, escucha, responde, que vuelva a la 1ª posición para escuchar el mensaje, y agradecerle. Que verbalice. Ancla y sigue *apilando*.

Paso 13. Sigue hasta el espacio AMBIENTE. Activa el ancla. ¿Cómo será ahora la relación con el ambiente de tu objetivo? ¿Dónde, cuándo y con quién llevarás a efecto tu objetivo?

Por último, visitará al mentor del nivel ambiente y ejecutará todo el ritual que corresponde. Deja que el sujeto viva la experiencia con toda su intensidad y lujo de detalles, que verbalice la experiencia y las conclusiones a las que llega.

Paso 14. Por último pide al sujeto que dé un nuevo paso más allá del nivel ambiente e imaginando que todos sus mentores le acompañan ahora y siempre, para facilitarle los consejos que necesite y cuando les necesite, que haga un puente al futuro.

Es conveniente que dejes pasar un rato antes de proseguir la comunicación con el paciente, o de dar por finalizada la sesión; ya que en muchos casos el proceso iniciado con la alineación prosigue con toda su intensidad. Sed en este punto extremadamente amables y comprensivos, permitid que el sujeto madure la experiencia.

Conviene advertir, aunque este comentario ya se ha hecho unas páginas antes, que las sesiones de trabajo con el alineamiento pueden ser muy variadas y complejas. El sujeto está procediendo a realizar una nueva y muy poderosa estrategia de pensamiento (en especial aquellas personas que realizan esta técnica por primera vez), y por lo tanto, pueden surgir en el transcurso todo tipo de manifestaciones (especialmente no verbales).

Otra aplicación del modelo es la del alienamiento conjunto. Imaginemos que dos o más personas desean alcanzar y ordenar neurológicamente un objetivo, para ello es conveniente que ambos (o el grupo) efectúen simultáneamente el ejercicio compartiendo el proyecto.

248

El modelo que se presenta, está referido a un proceso de alineamiento para dos personas, pero igualmente se puede extrapolar a tres, cuatros o más, sólo va a depender de nuestra capacidad de manejo de la situación y del espacio disponible.

Cuando compartimos una empresa con otras personas, podemos estar alineados con uno o varios niveles, pero es muy poco frecuente que lo estemos en todos. El acoplamiento y la armonización perfectos se produce cuando se realiza un ajuste en todos los niveles. Así es como se establece lo que llamamos «vínculo», por el contrario, cuando son algunos niveles nada más los que están alineados, sólo podemos hablar de «resonancia», «simpatía», de cooperación, pero nunca de vinculación o de estrechamiento de lazos: coalineamiento es como lo llamamos.

Proceso de coalineamiento de niveles lógicos

1. Sitúense en dos líneas paralelas señaladas previamente con los espacios correspondientes a los niveles lógicos.
2. Ambos entran en el espacio AMBIENTE e identifican un medio ambiente (un lugar y tiempo) que comparten. Describan su percepción del medio ambiente, del mundo que les rodea el uno al otro.
3. Pasen al siguiente nivel y en el espacio de CONDUCTAS contestar a una pregunta: ¿qué quiero y hago cuando yo estoy en ese tiempo y lugar? Describan uno al otro algunos comportamientos específicos y acciones que usted quiere para manifestar en su medio ambiente de acción.
4. Entren en el espacio de cada uno correspondiente a las CAPACIDADES y pregúntense describiéndose el uno al otro: ¿cuáles son las capacidades, emociones y estados internos que quiero tener para generar esas conductas y acciones que deseo tener en esos lugares y tiempo?
5. Pasen ahora al espacio de CREENCIAS. Coméntense el uno al otro: ¿por qué quiero esto? ¿Qué creencias tengo al respecto? ¿Por qué esas cosas son importantes para mí? ¿Qué

valores conlleva? ¿Qué valores son los que pretendo alcanzar con ello?

6. En el espacio de IDENTIDAD. Intercambien las respuestas a la siguiente pregunta: ¿Quiénes somos cada uno de nosotros como seres si tenemos esos valores y creencias?

7. Pasar al nivel ESPIRITUAL alcanzando la Visión de lo que os trasciende y compartiendo y explicando la experiencia de uno y otro. ¿Quién hay más allá de mí? ¿Quién me trasciende? ¿Qué o quién me transmite esa energía de vida y evolución?

8. Explorar de qué modo las dos VISIONES juntas se complementan la una a la otra. Juntos, fijan respectivas fisiologías y ponen sus manos derechas sobre el corazón. Trayendo la experiencia interior dan un paso al espacio de identidad experimentando ambos al mismo tiempo. Contesten y comenten las respuestas a las preguntas: ¿quiénes somos nosotros juntos? ¿Qué es nuestra identidad común? ¿Cuál es la misión compartida o complementaria?

9. Toman su experiencia de Visión y Misión de ambos, y vuelven a poner sus manos en el corazón. Seguidamente se trasladan a sus respectivos espacios de CREENCIAS. Contesten a unas preguntas: ¿cuáles son nuestras creencias y valores compartidos? ¿Qué motivación tenemos en la vida? Respondiendo a ello, tornan a colocar sus manos en el corazón.

10. Trayéndolo todo al espacio de CAPACIDADES comparten las respuestas a: ¿qué de común tienen nuestras direcciones en la vida? ¿Qué recursos compartimos y cuáles podríamos compartir? Colocan sus respectivas manos en el corazón.

11. Trayendo su visión, identidad, creencias, valores y capacidades en el espacio de COMPORTAMIENTO. Note cómo hasta los comportamientos más insignificantes son reflejos y manifestaciones de todo el nivel más alto que existe dentro usted. Contéstense y compartan una pregunta: ¿cómo serán nuestras acciones comunes juntos?

12. Traer todos los niveles de usted mismo al espacio AMBIENTE y experimente cómo se ha transformado y enriquecido. Construir una metáfora de la situación tal y como ahora la comprenden y la viven. Comenten y compartan la experiencia durante unos minutos.

Para trabajar con los niveles lógicos no es necesario hacerlo siempre con *psicogeografía,* podemos llevar a cabo los mismos procesos con la utilización de modelos lingüísticos. El ejercicio que viene a continuación, lo diseñé en el año 1995 para que sirviera de base operativa en los cursos intensivos de formación de máster. Lo bauticé con el nombre: «Descubriendo nuestro propio mapa», y consiste en una batería de preguntas dispuestas y estructuradas alineadamente que nos permite identificar, o servir como guía para descubrir nuestros (o los de cualquier sujeto) conflictos y en el nivel que se sitúan. Es una técnica muy valiosa para extraer material subconsciente, servir de inicio en los cuestionamientos o entrevistas terapéuticas y proyectar los límites de nuestros mapas.

En los cursos la práctica se hace en parejas actuando uno como terapeuta y el otro como cliente. Es imprescindible contestar sinceramente a cada una de las preguntas que vienen a continuación:

1. ¿Qué lugares me resultan insoportables?
2. ¿En qué ambientes me encuentro incómodo/a?
3. ¿En dónde surgen mis mayores conflictos?
4. ¿Qué ambientes son en los que enfermo, me contagio, se me manifiestan alergias, u otro tipo de malestares físicos?
5. ¿Qué sitios son los que procuro evitar?
6. ¿En qué momentos del día me siento peor?
7. ¿Qué horas son para mí las peores? ¿Al levantarme, al salir para el trabajo, a mediodía, por la noche?
8. ¿Quién me impide actuar decididamente?
9. ¿En qué momentos o en qué circunstancias me encuentro desconcertado/a, insatisfecho/a, vacío/a, decepcionado/a, etc.?
10. ¿Qué personas son las que en la actualidad me resultan insoportables?
11. ¿Qué personas me resultan solamente molestas o incómodas?
12. ¿Qué persona de entre mis compañeros o conocidos actuales me resulta incómoda?
13. ¿Qué personas me obligan a un esfuerzo para poder comunicarme con ellas?
14. ¿Con qué personas jamás podría comunicarme o relacionarme?
15. ¿Con quién discuto con más frecuencia?
16. ¿Quién o quiénes me generan sentimientos de rechazo?
17. ¿Cómo me comporto en esos lugares en los que me siento incómodo?
18. ¿Cuál es mi comportamiento en situaciones conflictivas?

19. ¿Cómo actúo en las discusiones?
20. ¿Cómo actúo cuando me llevan la contraria o me niegan lo que por derecho quiero?
21. ¿Qué hago cuando me siento bloqueado?
22. ¿Qué hago en mis momentos de inactividad u ocio?
23. ¿Qué hago cuando no sé qué hacer?
24. ¿Cómo me comporto cuando estoy descontento, insatisfecho, decepcionado?
25. ¿Qué conductas realizo para evitar a quien quiero evitar?
26. ¿Cuál es mi comportamiento cuando me encuentro en los lugares en los que no quiero estar?
27. ¿Qué enfermedades o dolencias desarrollo con más frecuencia?
28. ¿Qué estados emocionales (emociones) genero en esos lugares que no puedo soportar, y que me llevan a comportarme de la manera en que me comporto?
29. ¿Cuál es mi estado de ánimo provocador de discusiones?
30. ¿Qué capacidad es la que me falta para poder soportar a quien no soporto, o lo que no soporto?
31. ¿Qué emociones generan o desencadenan mis bloqueos en el trato a otros?
32. ¿Qué capacidades necesito para proceder de otro modo en esos momentos de insatisfacción, indolencia, vacío, etc.?
33. ¿Qué emociones identifico como las responsables de mis bloqueos e inseguridades?
34. ¿Qué emociones me impiden un recto hacer?
35. ¿Qué recursos o capacidades echo de menos en mí?
36. ¿Qué estados de ánimo me provocan esos sentimientos de rechazo hacia lugares o/y personas?
37. ¿Qué siento en los momentos en los que discuto o discuten en mi presencia?
38. ¿Qué siento, cuáles son mis estados emocionales, en mis situaciones de enfermedad?
39. ¿Qué emociones no experimento nunca, tanto positivas como negativas? ¿Qué emociones desearía no experimentar jamás?
40. ¿Qué capacidades son las más difíciles de adquirir o manejar de las que necesito día a día?
41. ¿Qué recursos echo en falta en mi vida cotidiana?
42. ¿Qué es lo que me imagino que me podría suceder en los lugares que me resultan insoportables, y que generan esas emociones y rechazos?
43. ¿Por qué creo que podría suceder eso?
44. ¿Qué es lo que pienso o espero obtener en una conversación o encuentro para empujarme emocionalmente a discutir?

45. ¿Por qué hago eso?
46. ¿Qué es lo que me falta para soportar a quien no soporto?
47. ¿Para qué lo necesito?
48. ¿Por qué?
49. ¿Cómo creo que son esas personas a las que no soporto?
50. ¿Cómo deberían de ser?
51. ¿Por qué?
52. ¿Para qué?
53. ¿Qué es lo que creo que me falta para que no existan en mí momentos de insatisfacción, vacío, etc.?
54. ¿Por qué?
55. ¿Y eso para qué?
56. ¿Qué es lo que creo que produce en mí los bloqueos, las inseguridades o las dependencias y enfados?
57. ¿Y eso a qué se debe?
58. ¿Y para qué lo necesitas?
59. ¿Por qué?
60. ¿Y esos recursos que has escrito antes que necesitabas, para qué crees que los necesitas realmente?
61. ¿Y por qué?
62. ¿Y qué crees que conseguirás con eso?
63. ¿Por qué lo crees?
64. ¿Por qué crees que saltan en ti esos estados emocionales que te impulsan a actuar como te comportas a veces? (Discutir, distanciarte, enfadarte, envidiar, temer, acaparar, distraerte de lo que tienes que estar atento /a, abusar del placer, depender, etc.)
65. ¿Por qué te sientes emocionalmente como te sientes cuando caes enfermo?
66. ¿Y por qué enfermas cuando enfermas?
67. ¿Por qué enfermas de lo que frecuentemente enfermas?

A continuación escribe DIEZ creencias propias, que consideres que te pertenecen y que forman parte de tus estructuras profundas, es decir, cosas que tú creas que son así. Sigue los armazones sintácticos que se proponen, utilizando cualquier tiempo verbal, o nominalización, para dar forma lingüística a tus creencias sobre el concepto que se propone en cada una de las preguntas que continúan.

68. Creencias sobre el trabajo o trabajar.
   a) Si .... entonces.......................................
   b) .... significa...................................
   c) .... causa (o es la causa)....................
   d) .... produce................................

e) Yo puedo........................ porque...............................
f) Yo debo........................ porque...............................
g) La gente debería .... porque...............................
   (o no debería)
h) Yo nunca....................... porque...............................
i) Ellos siempre.................. porque...............................
j) Es falso....................... porque...............................
k) Es malo........................ porque...............................

69. Creencias sobre el amor o amar.
    a) Si .... entonces.............................
    b) .... significa............................
    c) .... causa (o es la causa)................
    d) .... produce..............................
    e) Yo puedo................... porque...............................
    f) Yo debo.................... porque...............................
    g) La gente debería........... porque...............................
       (o no debería)
    h) Yo nunca................... porque...............................
    i) Ellos siempre.............. porque...............................
    j) Es falso................... porque...............................
    k) Es malo.................... porque...............................

70. Creencias sobre la familia.
    a) Si .... entonces.............................
    b) .... significa............................
    c) .... causa (o es la causa)................
    d) .... produce..............................
    e) Yo puedo................... porque...............................
    f) Yo debo.................... porque...............................
    g) La gente debería........... porque...............................
       (o no debería)
    h) Yo nunca................... porque...............................
    i) Ellos siempre.............. porque...............................
    j) Es falso................... porque...............................
    k) Es malo.................... porque...............................

71. Creencias sobre la vivienda, las propiedades.
    a) Si .... entonces.............................
    b) .... significa............................
    c) .... causa (o es la causa)................
    d) .... produce..............................
    e) Yo puedo................... porque...............................

f) Yo debo.......................... porque.....................................

g) La gente debería............... porque.....................................
   (o no debería)

h) Yo nunca......................... porque.....................................

i) Ellos siempre..................... porque.....................................

j) Es falso........................... porque.....................................

k) Es malo........................... porque.....................................

72. Creencias sobre los hijos, la descendencia (los tengas o no).

a) Si .... entonces...................................

b) .... significa...................................

c) .... causa (o es la causa).....................

d) .... produce....................................

e) Yo puedo......................... porque.....................................

f) Yo debo.......................... porque.....................................

g) La gente debería............... porque.....................................
   (o no debería)

h) Yo nunca......................... porque.....................................

i) Ellos siempre..................... porque.....................................

j) Es falso........................... porque.....................................

k) Es malo........................... porque.....................................

73. Creencias sobre la salud, el estar sano.

a) Si .... entonces...................................

b) .... significa...................................

c) .... causa (o es la causa).....................

d) .... produce....................................

e) Yo puedo......................... porque.....................................

f) Yo debo.......................... porque.....................................

g) La gente debería............... porque.....................................
   (o no debería)

h) Yo nunca......................... porque.....................................

i) Ellos siempre..................... porque.....................................

j) Es falso........................... porque.....................................

k) Es malo........................... porque.....................................

74. Creencias sobre el dinero.

a) Si .... entonces...................................

b) .... significa...................................

c) .... causa (o es la causa).....................

d) .... produce....................................

e) Yo puedo......................... porque.....................................

f) Yo debo.......................... porque.....................................

g) La gente debería.............. porque.............................
(o no debería)

h) Yo nunca.......................... porque.............................

i) Ellos siempre....................... porque.............................

j) Es falso............................ porque.............................

k) Es malo............................ porque.............................

75. Creencias sobre el aspecto físico, la buena apariencia, la imagen.
   a) Si .... entonces.............................
   b) .... significa.............................
   c) .... causa (o es la causa).....................
   d) .... produce.............................
   e) Yo puedo.......................... porque.............................
   f) Yo debo............................ porque.............................
   g) La gente debería.............. porque.............................
      (o no debería)
   h) Yo nunca.......................... porque.............................
   i) Ellos siempre....................... porque.............................
   j) Es falso............................ porque.............................
   k) Es malo............................ porque.............................

76. Creencias sobre la forma de vida, del vivir como vives.
   a) Si .... entonces.............................
   b) .... significa.............................
   c) .... causa (o es la causa).....................
   d) .... produce.............................
   e) Yo puedo.......................... porque.............................
   f) Yo debo............................ porque.............................
   g) La gente debería.............. porque.............................
      (o no debería)
   h) Yo nunca.......................... porque.............................
   i) Ellos siempre....................... porque.............................
   j) Es falso............................ porque.............................
   k) Es malo............................ porque.............................

77. Creencias sobre tu profesión, la carrera profesional, la forma en la que
   te ganas la vida, o te gustaría ganártela.
   a) Si .... entonces.............................
   b) .... significa.............................
   c) .... causa (o es la causa).....................
   d) .... produce.............................
   e) Yo puedo.......................... porque.............................
   f) Yo debo............................ porque.............................

g) La gente debería................ porque...
   (o no debería)
h) Yo nunca............................ porque...
i) Ellos siempre...................... porque...
j) Es falso.............................. porque...
k) Es malo.............................. porque...

78. Las creencias sobre la política, ser político, dedicarse a la política.
   a) Si .... entonces..
   b) .... significa..
   c) .... causa (o es la causa)......................
   d) .... produce..
   e) Yo puedo............................ porque...
   f) Yo debo.............................. porque...
   g) La gente debería................ porque...
      (o no debería)
   h) Yo nunca............................ porque...
   i) Ellos siempre...................... porque...
   j) Es falso.............................. porque...
   k) Es malo.............................. porque...

79. Creencias sobre las relaciones personales, la amistad, la pertenencia a grupos.
   a) Si .... entonces..
   b) .... significa..
   c) .... causa (o es la causa)......................
   d) .... produce..
   e) Yo puedo............................ porque...
   f) Yo debo.............................. porque...
   g) La gente debería................ porque...
      (o no debería)
   h) Yo nunca............................ porque...
   i) Ellos siempre...................... porque...
   j) Es falso.............................. porque...
   k) Es malo............................. porque...

80. Creencias sobre la muerte.
   a) Si .... entonces..
   b) .... significa..
   c) .... causa (o es la causa)......................
   d) .... produce..
   e) Yo puedo............................ porque...
   f) Yo debo.............................. porque...

258

g) La gente debería................ porque.............................
   (o no debería)
h) Yo nunca.................... porque.............................
i) Ellos siempre...................... porque.............................
j) Es falso................ porque.............................
k) Es malo.................... porque.............................

81. Creencias sobre el Mundo Transpersonal, Espiritual, Otra Vida, el Más Allá.
   a) Si .... entonces...............................
   b) .... significa...............................
   c) .... causa (o es la causa)...................
   d) .... produce...........................
   e) Yo puedo.................... porque.............................
   f) Yo debo.................... porque.............................
   g) La gente debería................ porque.............................
      (o no debería)
   h) Yo nunca.................... porque.............................
   i) Ellos siempre...................... porque.............................
   j) Es falso................ porque.............................
   k) Es malo.................... porque.............................

Aquí es posible añadir todo tipo de conceptos, y seguir el mismo modelo, si lo que necesitamos o buscamos es descubrir toda la estructura de creencias básicas de nosotros o de cualquier otro sujeto.

82. ¿Quién soy yo que cree todo eso?
83. ¿Qué es ser............(lo que en la pregunta anterior haya respondido)
84. ¿Qué es para ti ser uno mismo?
85. ¿Quién es uno mismo?
86. ¿Crees entonces que eres un solo mismo, o eres varios yoes diferentes que se presentan según las circunstancias y el momento, demandando cada uno de ellos lo que le apetece en ese instante? ¿Estás seguro de que eres uno solo?
87. Si crees que eres quién eres, creyendo lo que crees, ¿por qué permites experimentar esas emociones que desencadenan esas conductas anómalas o inútiles, en esos lugares y con esas personas?
88. Si eres quien crees que eres, creyendo lo que crees, ¿por qué permites sentirte como te sientes para enfermar, y de sentirte como te sientes durante tus enfermedades?
89. ¿Quién eres tú pues, quién eres que no tienes certeza de quién eres en realidad?

90. Tú no eres un cuerpo, tienes un cuerpo, usas el cuerpo, pero eres más que el cuerpo.

Tú no eres tus acciones, actúas, te comportas, pero las acciones las realizas tú.

Tú no eres tus emociones, tú las desencadenas, tú las controlas.

Tu no eres tus pensamientos, los tienes tú, los piensas tú.

Tú no eres tus creencias, a ellas las pones y las quitas cuando quieres, tú decides sobre tenerlas o no.

Si no eres nada de todo eso, ¿Quién eres entonces?

91. ¿Qué es ser eso para ti?

92. ¿Qué es lo que hay más allá de ti, más allá de ese tú?

93. ¿Qué es eso que crees que te mantiene vivo /a?

94. ¿De dónde o de quién recibes ese impulso de vida?

95. ¿De dónde procedes antes de nacer?

96. ¿Hacia dónde te diriges al morir?

97. ¿Qué hace que ahora vivas?

98. ¿Qué relación hay entre tú y el resto del Universo?

99. ¿Qué relación existe entre tú y el resto de la Humanidad y del Planeta en el que vives?

100. ¿Qué es pata ti eso? ¿Qué conexión existe entre tú y ESO?

260

Capítulo VIII
Estructura de la personalidad

No resulta nada sencillo dar una definición clara de personalidad cuando las propias escuelas psicológicas académicas no se ponen de acuerdo sobre el tema. Mientras para Lersch (1962), es «la forma fundamental del ser humano», para Wellek (1966), se trata «del ser psíquico global en su realidad única e irrepetible», en tanto que Thomae, dice que se trata del «aspecto individual del hombre». No cabe duda, de que cada tendencia ofrece su particular enunciación del tema. Ya Sto. Tomás se refería a ella como «la condición o el modo de ser de la persona». Sin embargo, fue Nietzsche quien se aproximó más al sentido dominante que le adjudicamos hoy en día, diciendo: «... algunos hombres se componen de más personas y la mayor parte no son personas en absoluto. Por doquier predominan las cualidades medias que importan a fin de que un tipo se perpetúe, ser una persona sería un lujo... se trata de representantes o de instrumentos de trasmisión.»[1] Dentro de las actuales tendencias psicológicas, la que más se acerca a nuestra idea, es la vertida por H.J. Eysenck: «La personalidad es la más o menos estable y duradera organización del carácter, del temperamento, de la mente y del físico de una persona, organización que determina su adaptación al ambien-

---

1. *La voluntad de dominio,* Madrid, 1932.

te.»[2] El referido autor alude al carácter como al conjunto de comportamientos voluntarios, al temperamento como al control emocional, a la mente como inteligencia y al físico como cuerpo y sistema endocrino.

Por parte de la PNL, hasta ahora se ha venido usando por la mayoría de los practicantes los modelos tipológicos de Virginia Satir para definir y abordar los trabajos relativos a cambios en la personalidad.[3] Sin embargo, en la labor profesional que desde hace muchos años llevo a cabo, he venido detectando la escasa –en mi opinión– validez de los modelos tipológicos de Satir en trabajos individuales, sin menoscabo de que sean útiles para terapia de familia y/o sistémica. Por este motivo, comencé una labor de búsqueda de un modelo que ayudara en el abordaje terapéutico desde la estructura completa de la realidad individual o de su personalidad. Investigué en las diferentes teorías tipológicas –Freud, Jung, Briggs Myers, etc.–, encontrando aspectos interesantes para desarrollar el trabajo, pero que me resultaban demasiado restrictivas. Por fin, hace unos años tomé contacto con el Eneagrama,[4] un método ancestral, que pese a su complejidad, me aportaba todo lo que echaba de menos en los otros sistemas.

En estos capítulos siguientes vamos a estudiar los elementos que conforman la personalidad, según mi visión y en parte la de la PNL, y que nos permitirá poder realizar un trabajo terapéutico con profundidad, tanto en nosotros como en los demás, estos componentes a los que me refiero son los valores, creencias, criterios y metaprogramas. Este apartado también va a resultar de gran utilidad para aquellos que se dedican profesionalmente a la selección de personal, adecuación de puestos de trabajo y

---

2. *The structure of human personality*, 1953.

3. Esto fue debido en gran parte a que fue una de las terapeutas modeladas en los inicios de la PNL para construir la metodología que ahora nos ocupa

4. A quienes deseen profundizar en este apartado, les remito a mi trabajo *Eneagrama y PNL*, publicado en editorial Gaia, Madrid, 2001.

detección de causas del estrés laboral, tan frecuente en nuestros días.

No es fácil definir, lo que comúnmente llamamos personalidad, a pesar de las aproximaciones ya planteadas. Si nos atenemos a las definiciones escolásticas, la describiríamos como apunta el diccionario de psicología de Friedrich Dorsch, como *persona*, y ya no entra en más definiciones. Si recurrimos al diccionario ideológico de la lengua, nos encontramos: «Particularidad que distingue a una persona de todas las demás. *Fil.* Conjunto de cualidades que constituyen a la persona o supuesto inteligente.» Ésta podría ser una aproximación para tomarla como punto de partida.

Con el fin de situar al lector en los aspectos básicos de esta metodología que he incorporado (como otros autores e investigadores de PNL) al trabajo terapéutico con programación neurolingüística, voy e exponer brevemente los fundamentos que creo que conforman la personalidad y que tienen su base en el Eneagrama.[5]

En la teoría del Eneagrama consideramos que todo individuo posee una naturaleza esencial o «esencia», y una personalidad adquirida a lo largo de la vida a la que llamamos «ego». La «esencia» vendría a ser como la potencia pura que nos es propia, algo así como la parte divina que poseemos y con la cual nacemos, y que una vez que nos vamos condicionando, acumulando mecanismos de defensa, creencias y valores materiales, revestimos a esta de una falsa imagen a la que llamamos «personalidad» o «ego». La personalidad se desarrolla e incluso, podría decir que es necesaria, para sobrevivir en este mundo, y en cierta medida es la protectora de la «esencia»; claro está siempre que no lleguemos a creer que el «ego» somos nosotros. Existe un dicho de la tradición de Oriente que resumiría perfectamente estos dos conceptos. *Cuando aprendas a distinguir el recipiente del contenido, habrás alcanzado el Conocimiento.*

---

5. Véase nota anterior.

Muy bien el recipiente podría ser la personalidad, y el contenido la «esencia».

DESARROLLO DE LA PERSONALIDAD SEGÚN LOS NIVELES LÓGICOS EN PNL

ESPIRITUALIDAD — 28/30

IDENTIDAD — 19/21

SISTEMA DE CREENCIAS

SISTEMA RACIONAL CAPACIDAD DE SER — 9/14

SISTEMA CONDUCTUAL SUPERVIVENCIA INDIVIDUAL — 5/7

SISTEMA REACTIVO EL AMBIENTE / EL MUNDO — 3

Nivel estructural interno — 0 — Edad

En el propio proceso de crecimiento y desarrollo orgánico y, mental, que vivimos todos lo seres humanos, se va produciendo una programación que nos condiciona a experimentar el mundo de una forma limitada y condicionada. A medida que el hombre crece va perdiendo su contacto con la «esencia» como consecuencia de los filtros adquiridos desde la infancia. Poco a poco comienza a sentir un cierto vacío que le genera una insatisfacción permanente, ese vacío lo va llenando con ciertos valores, creencias, criterios, metaprogramas, y todo tipo de condicionamientos, la mayoría de todo ello inconscientemente. Más adelante, y una vez consolidada la personalidad, se recubre de otros aspectos aún más falsos para seguir ocultando –esta vez lo que no nos agrada de nuestra personalidad–, y construyendo en torno a la primera una «falsa personalidad»

–ésta bastante consciente– que es la imagen que quiere que los demás vean de él.

Esta ancestral visión del hombre, sugiere que existen nueve naturalezas esenciales básicas y que la pérdida o desconexión con las mismas, es lo que va haciendo que la personalidad surja, crezca y domine como la única forma conocida de procurar llenar ese vacío que experimentamos. Esos nueve tipos –que en realidad son combinaciones de los nueve tomados de tres en tres–, surgen de la presuposición de que en todos y cada uno de los seres humanos existen tres centros básicos de transmutación y generación de energía que canalizan y responden a su manera de las facultades que les son propias. Estos centros son los de preservación de la especie, la preservación individual y el de la consciencia (razón), que respectivamente manejan y controlan las energías *reactivas*, las *conductuales* (acciones-emociones) y la *consciencia*.

Cada uno de los tipos (eneatipos) se encuentra emplazado en uno u otro de estos tres dominios energéticos, no quiere decir esto que no utilice los otros dos, sino que primariamente usan su centro dominante supeditando los otros dos a él. De este modo las características de la personalidad están impregnadas de la energía del centro que le corresponda. Como veremos más adelante en el gráfico correspondiente, el *centro reactivo* posee como energía esencial *la templanza* o *sobriedad*, aunque cargado de *miedo* cuando está dominado por su ego. El *centro comportamental* está sobreactivo en la búsqueda de reconocimiento y dominado por la *rabia*, al haber perdido el contacto con su energía esencial: la *entereza, honestidad* y *el coraje*. Y por último el *centro consciencia* queda supeditado a la *tristeza* por su desconexión con la *prudencia* y la *sabiduría*. Cuando la energía de estos centros se encamina a la autosatisfacción e incremento excesivo de la personalidad egótica, ésta se transforma en desequilibrio, vicio, pasión, fijaciones, compulsiones, etc.

El trabajo dentro del proceso de evolución humana, consiste en identificar lo que podríamos llamar nuestro «rostro egótico» que equivaldría a lo que conocemos como personalidad, e ir tomando consciencia de esas respuestas inconscientes o automáticas que nos dominan para poder corregir sus desviaciones.

Una vez que hemos identificado nuestro eneatipo, o personalidad global, habremos dado el primer paso para el autoconocimiento, seguidamente procuraremos ir eliminando las conductas ineficientes que nos son características, las pasiones que nos dominan e ir transformándolas en virtudes, y, las fijaciones que condicionan nuestro pensamiento en ideas sanas tendentes a niveles de consciencia transpersonales o espirituales. En todo este proceso de transformación es donde interviene la PNL, facilitando las herramientas más idóneas para que los cambios remediativos (aunque no sean suficientes) los generativos y los evolutivos, puedan tener lugar.

Así pues, desde la perspectiva sistémica como individuo que nos la da el eneagrama, podemos realizar con PNL un trabajo mucho más organizado y holístico que nos permita facilitar a quienes nos lo soliciten (o a nosotros mismos), un proceso de cambio en una dirección concreta que sea la más ecológica y posible para la persona en cuestión.

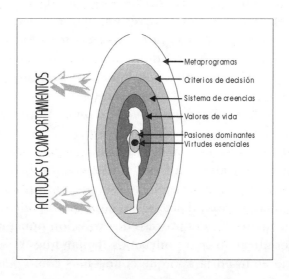

Por tanto, el primer paso que en un tratamiento completo e integral, es determinar el eneatipo o personalidad del sujeto, y qué es lo que dentro de ella impide que se desarrolle como ser humano, o que enferme, o se manifieste conductualmente deficiente.

Bajo la perspectiva anterior, podríamos definir la personalidad como el conjunto de valores a los que se tiende en la vida, a la red de creencias (conscientes y subconscientes) que sustentan esos valores, aquellas que cada individuo posee con respecto a todos los niveles y a los programas (estrategias, metaprogramas y criterios) con los que genera sus estados internos desencadenantes de conductas. Por tanto, la personalidad es algo así como la estructura individual de los niveles lógicos que cada persona posee. Y dentro del esquema de los niveles, el peldaño con mayor relevancia a la hora de constituir la personalidad sería, el de creencias y valores, que como ya he dicho, sirve de base a la identidad y a la espiritualidad, y que está formado –insisto– por el propio sistema de creencias, de valores (con su propia escala), en torno a los cuales se establecen los criterios de decisión y los metaprogramas (con su repercusión en el desarrollo de los estados internos, emociones y capacidades).

Mi experiencia acumulada durante años de terapeuta, de facilitador e investigador de PNL, me ha llevado a plantear la hipótesis de que el nivel lógico de las creencias y valores se conecta con el de capacidades a través de los metaprogramas y criterios. No es que sean como un cordón umbilical por el que fluyen los contenidos mentales, sino que forman parte de una especie de sinapsis que *transduce* los contenidos, no sabiéndose muy bien dónde acaba un nivel y comienza el otro. Bien es sabido, que un metaprograma es una estrategia, y como tal pertenecería al nivel de capacidades, aunque al ser más complejos ocuparían un escalón superior. Por otra parte, los criterios de decisión podrían considerarse como bloques de metaprogramas ensamblados para alcanzar un beneficio inmediato, y por tanto estarían ubicados en otra esfera superior a los anteriores. Sin embargo, dada la complejidad del tema que nos llevaría a replantear los niveles lógicos tal y como se conocen actualmente en PNL,[6] me voy a limitar a presentar básicamente qué son, cómo operan, y cómo cambian aquellos que limitan nuestras posibilidades de crecer y evolucionar como ser humano.

Para encarar el estudio de tan importantes niveles, seguiremos la siguiente pauta:

1. Metaprogramas.
  1.1. Emociones.
2. Criterios.
3. Creencias
4. Valores

_____

6. Bien podría ser ésta mi propuesta de los niveles lógicos ampliamente detallada.

METAPROGRAMAS

Mirando ampliadamente el nivel lógico que estamos tratando, apreciamos que los metaprogramas serían como la corteza del mismo, la parte que conecta con las capacidades, y la que constantemente se manifiesta tanto a escala lingüística como paralingüística.

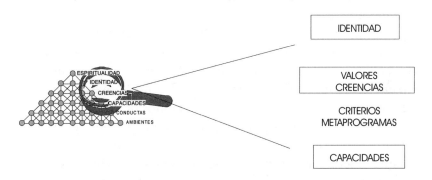

Los metaprogramas, podemos definirlos como filtros o programas internos que utilizamos inconscientemente para determinar a qué prestar atención, tanto interna como externamente. Éstos dan calidad y continuidad a nuestra existencia y son las partes que determinan nuestro interés y nuestra atención. Son bloques de programas básicos que determinan nuestra personalidad o más bien los aspectos externos de nuestra personalidad. Se manifiestan claramente en la fisiología y son condicionantes los unos de los otros, es decir, se encuentran anclados. Nos comportamos, nos movemos, adoptamos posturas, gesticulamos, etc., en función del uso arraigado de nuestros metaprogramas. Hay que observar los movimientos, posturas, gestos, predicados, etc. para poder identificar el metaprograma que opera. Estos filtros son las manifestaciones más superficiales y a la vez más inconscientes de nuestro sistema de procesamiento interno que en su conjunto determina la personalidad del individuo.

Una vez que la información procedente del exterior llega al córtex para ser procesada, pasa en primer lugar por los filtros de los metaprogramas, para a continuación recorrer los sistemas de criterios, creencias y valores, que previamente han sido construidos en torno al «rasgo principal»[7] del individuo y que está directamente relacionado con el conjunto de traumas emocionales profundos e inconscientes que marcaron a la persona en sus primeros años de vida. Éste podría ser una aproximación a los mecanismos de funcionamiento de los procesos mentales dentro del sistema integrado de la personalidad. Es bien cierto, que a estas alturas, no deberíamos permitir que los árboles nos impidieran ver el bosque, o lo que es lo mismo, que por querer comprender y simplificar los programas mentales, llegásemos a la especialización simplista de la ciencia oficial. Mantengamos permanentemente en nuestra mente, que el hombre es un sistema «autodesarrollante», y que como tal hemos de tratarlo.

A la hora de intervenir terapéuticamente hemos de tener en cuenta el presente esquema, y no creer que un cambio remediativo puede ser duradero ya que sólo está interviniendo en los aspectos más superficiales del individuo. Si queremos hacer modificaciones profundas, hemos de ir a realizar cambios generativos o/y evolutivos, ya que éstos son los únicos que inciden en capas profundas de la personalidad.

---

7. Para mayor información sobre este tema, véase la nota anterior.

Ya sabemos, pues así los definimos, que los metaprogramas son programas internos o filtros que distorsionan la realidad objetiva y que utilizamos inconscientemente para determinar a qué prestar atención, dando calidad y continuidad a nuestra experiencia, además de ser las pautas que determinan nuestro interés, siendo así mismo inconscientes para nuestra percepción, y a pesar de ello llegan a ser uno de los bloques más poderosos en la determinación de nuestra personalidad. Como recordarán, creamos nuestras representaciones internas de las experiencias que vivimos filtrando la información que nos suministran los cinco sentidos.

Los metaprogramas, como manifestaciones superficiales de los valores y creencias determinan cómo observar el territorio –la realidad–, y son los mecanismos que escogerán el modo de distorsionar, generalizar o eliminar la información recibida y también cómo acceder al registro de los recuerdos y a qué prestarle atención de ella. Una de las características de estas estrategias es que pueden cambiar con el tiempo, las personas y el contexto. Otro aspecto a destacar y de suma importancia para cualquier trabajo de cambio, es que el estado emocional es determinado y determinante del uso de unos metaprogramas u otros, como veremos más adelante en este mismo capítulo. Conocer los metaprogramas de otra persona puede ayudarnos a predecir con gran exactitud sus acciones.

Aquí como en cualquier trabajo de psicología, no existen unos metaprogramas mejores que otros, no hay una forma «superior» de ser o de filtrar la información, todo ello va a depender como en cualquier acción humana del lugar, tiempo, gente, intención y dirección. Recordemos que las personas no son sus conductas; las personas realizan conductas, y según nosotros siempre hacemos lo mejor que podemos en función a nuestros recursos disponibles en ese momento, hemos aprendido a ser así, porque nos han enseñado a ser así.

En PNL hay dos métodos de abordar el estudio de los metaprogramas: el desarrollado originariamente por Richard Bandler y ampliado por Roger Bailey, conocido como metaprogramas complejos, y el descrito por Tadd James basándose en las tipologías de Jung-Brigg y Myers, que lo denominamos metaprogramas simples ya presentados y estudiados en el libro *Curso de Practitioner en PNL.*

Seguidamente abordaré los que conocemos como metaprogramas complejos. El orden en el que se presentan no viene dado por su importancia o efecto en el sujeto, se ha establecido esta secuencia como se podría haber puesto otra. Insisto, que no hay metaprogramas «mejores» y «peores». Sin embargo, hay situaciones en las que es de mayor utilidad y eficacia utilizar uno u otro.

El estudio de estos filtros te facilitará conocer las estrategias condicionantes de tus clientes, pacientes o de ti mismo, responsables de que en un momento dado puedas responder conductualmente de manera más eficiente. Si detectas un metaprograma que boicotea un proceso de aprendizaje, cambio o maximización, podrás reemplazarlo por otro de salida útil. La habilidad que vayas adquiriendo como máster en PNL, te permitirá poco a poco identificar con mayor rapidez la presencia de los metaprogramas en la comunicación verbal de los sujetos. No existen fórmulas mágicas para detectarlos, tan sólo mucha práctica. En algunos casos para provocar las respuestas de tus interlocutores clientes, podrás servirte de preguntas que generen un tipo de respuestas direccionales. Al hacer preguntas para encontrar estos filtros, estamos buscando siempre la dirección predominante, es decir, la forma en la que la persona responde la mayor parte del tiempo. Como ya he advertido, no existen metaprogramas de primera y de segunda, pero lo que sí existen son metaprogramas más implicados en los procesos y que nos pueden servir con mayor facilidad para predecir cómo una persona actuará o reaccionará ante cierto tipo de situaciones. Esos metaprogramas podrían ser los de dirección, relación, atención y algún otro.

Es importante tener en cuenta que a la hora de investigar los metaprogramas de una persona, estamos buscando procesos (forma) y no-contenido; por lo tanto al sugerir las preguntas que más adelante planteamos para extraerlos, hemos de atender al *cómo*, no al qué.

Casi todos los metaprogramas son parte de un *continuum*, no son todo o nada, puede que en la investigación y en las respuestas del entrevistado, encuentres que el sujeto es un poco de esto con algo de aquello, y así es, ya que se puede tener un poco de cada aspecto. Así mismo, la mayoría de ellos disponen de dos o más alternativas de respuesta, es lo que llamamos: *salidas*, que son como la continuación de la estrategia a partir del *punto de decisión*.

$$V^e\text{-}A_i \begin{cases} V^r \text{- } K_-\text{-}K & \Leftarrow \text{Salida A} \\ \\ V^r\text{- } K_+\text{-}K & \Leftarrow \text{Salida B} \end{cases}$$

$\uparrow$

└ Punto de decisión

Resulta importante resaltar, que los metaprogramas son una herramienta extraordinaria para el modelado de pautas excelentes, para la selección de personal, para la formación de equipos de trabajo, para la asignación de tareas, para la modificación de estados emocionales limitantes.

A continuación presento los veinticinco metaprogramas más significativos con los que la mayoría de los seres humanos nos manejamos.

1. METAPROGRAMA DE DIRECCIÓN

Se trata de uno de los filtros básicos, existe en todas las personas. Se reconoce como una estrategia operativa a escala universal, todos los seres humanos nos alejamos del sufrimiento o nos acercamos hacia el placer, o lo que es lo mismo, huimos de lo negativo, o buscamos lo positivo. Es un metaprograma primitivo y tiene que ver directamente con el dominio del centro reactivo (búsqueda del placer) o del centro conductual (huida del sufrimiento). Es afín a los valores del individuo y con lo que es importante en su vida.

Cuando detectamos este programa, sabemos la dirección predominante de la persona y a lo que responde instintivamente la mayor parte del tiempo. Recuerda lo que ya hemos comentado en páginas anteriores, de que los metaprogramas cambian, que no son de por vida, y que pueden ser afectados por la tensión, el estrés o incluso por el ambiente, en un momento dado.

Las *salidas* de un metaprograma, son las posibles alternativas de respuesta que al mismo tiene la persona. En este caso son:

a) Cerca de... (o en dirección hacia lo positivo)
b) Cerca de con un poco de lejos de...
   (o huyendo de lo negativo)
c) Cerca de... y lejos de... en igual proporción.
d) Lejos de... con un poco de cerca de...
e) Lejos de...

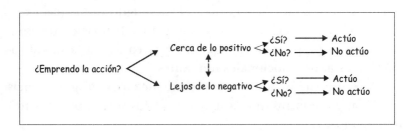

Has de tener en cuenta, a la hora de identificar esta o cualquier otra salida de los metaprogramas, que dependiendo de esos tres elementos tantas veces citados: lugar, tiempo o momento y personas con las que se relaciona un sujeto, aquella pueden cambiar. Por lo tanto, se requiere una atención y objetivos muy claros para especificar el para qué o en qué situaciones queremos conocer las salidas concretas del metaprograma investigado.

Existen ciertas distinciones adicionales del filtro de dirección. Como se puede comprobar, en los siguientes apartados, la aproximación o el alejamiento pueden estar generados por estos filtros adicionales de tal modo que podríamos acercarnos hacia personas, por ejemplo, y alejarnos de animales, o acercarnos en dirección hacia el placer, y huir permanentemente de los compromisos personales.

Éste por ser uno de los metaprogramas que se usan con mayor frecuencia en los humanos, es el más estudiado, y en el que se ha descubierto una amplia gama de condicionantes como veremos a continuación.

1. Objeto : Naturaleza del objeto al que se acerca o aleja.
2. Intensidad o actitud (Intensidad del movimiento de acercarse o alejarse.)
   a. Satisfecho.
   b. Apático.
   c. Activo.
   d. Inactivo.
3. Grado de movimiento de «cerca de» o «lejos de» con respecto a:
   a. Lo que no puedes hacer.
   b. Lo que quieres hacer.
   c. Lo que congruentemente deseas (alineado con tu concepto de uno mismo)
      – Lo que quieres más allá del largo plazo.
      – Lo que debes hacer o debes tener.
4. Hacia qué en relaciones.
   a. Cerca de valores o personas.
   b. Lejos de valores o personas.
   c. Contra ciertos valores o personas (cerca/lejos).

Al final de este apartado, se presenta un manual de preguntas recomendadas para conseguir detectar éste y todos los demás metaprogramas con sus salidas correspondientes. Recuerdo también algo escrito en el capítulo II, referente a la creatividad que debe desarrollar un máster, por lo que obvia decir que ninguno de los cuestionamientos que se plantearán más adelante son sacrosantos e inamovibles, sino que deben de ser adecuados por cada uno en función del contexto en el que se trabaje y para que sean más operativos.

2. Metaprograma de la Razón

Hace referencia a los operadores modales dominantes en la vida. Es decir, el significado de su actuación, su filtro para razonar. Se trata entonces de identificar el factor destacado en la determinación para actuar, y cómo tal operador condiciona nuestras acciones.

a) De posibilidad.
b) De necesidad.
c) Ambas.

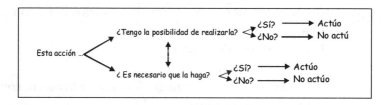

3. Metaprograma del marco de referencia

Este metaprograma canaliza la comprensión o discernimiento de la persona, focalizando su atención hacia fuera o hacia dentro para saber cómo son sus propias acciones y cómo las está ejecutando. Este filtro tiene mucho que ver con el desarrollo y la madurez, con el aprendizaje y la asimilación de las experiencias, es decisivo el desarrollo de una personalidad equilibrada y evolucionada. Aquí como observas, detectaremos la objetividad o la subjetividad en el proceder del sujeto investigado.

Se pueden identificar las siguientes salidas:

a) Marco de referencia interno. Las valoraciones son de carácter subjetivo.
b) Marco de referencia externo. Necesita de un *feedback* ajeno para realizar la valoración.
c) Equilibrado. Uso neutral de ambos referentes.
d) Interno con un *feedback* externo. Primero establece una evaluación interna, que posteriormente ratifica con el exterior.
e) Externo con *feedback* interno. En el primer momento se deja guiar por lo exterior, aunque más tarde lo ajusta con su propia valoración subjetiva.

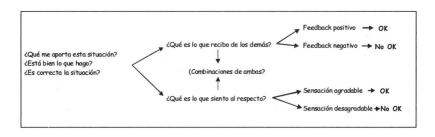

4. Metaprograma para convencerse

Se trata de los términos de referencia para que un individuo se persuada de algo, o sepa que algo es verdad. Tales datos están basados en este metaprograma y sus dos variantes, el correspondiente al sistema representacional utilizado para convencerse, y la del tiempo que necesita para ello. La combinación de estas variantes de salida, permitirán una mayor o menos rapidez en convencerse uno de algo, así como la mayor o menor posibilidad para ser manipulado, condicionado, adoctrinado, etc. La combinación de ambos grupos dará las características personales en este aspecto en particular.

A) Sistema Representacional más altamente valorado.
   a) Visual.
   b) Auditivo.
   c) Kinestésico.
   d) Digital.
B) Tiempo para convencerse.
   a) Automático.
   b) Varias veces.
   c) Período de tiempo.
   d) Nunca. Demostración permanente.

Así pues, por ejemplo, una persona puede ser dominantemente visual y requerir y que le repitan varias veces la información para convencerse; o kinestésico y precisar que la demostración le sea hecha constantemente; o auditivo y satisfacerse a la primera.

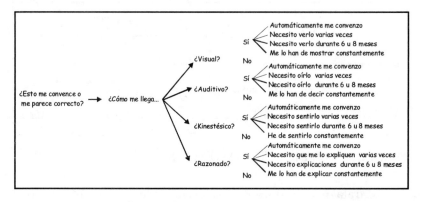

5. Metaprograma de gestión y autogestión

Se trata fundamentalmente de un programa empresarial o grupal, y nos facilita la detección de las cualidades personales para la autonomía, la dirección de personas y sus tendencias naturales a uno u otro de estos aspectos organizativos.

Aquí lo que registramos es la capacidad de manejo en las gestiones en las que se encuentran implicadas terceras personas: jefaturas, gerencias empresariales, los supervisores, etc., pueden ser correctamente seleccionados atendiendo a este metaprograma.

A) Uno mismo y los demás. (1ª/2ª y 3ª posiciones) Con esta salida el sujeto alterna sucesivamente sus posiciones perceptivas obteniendo una clara visión de las necesidades objetivas del conjunto. El sujeto que prefiere esta vía es un trabajador de equipo en el que quiere que todos participen y se responsabilicen por igual.

B) Uno mismo solo (1ª posición.) Se trata del profesional solitario al que le agrada realizar las tareas individualmente y sin el apoyo o la intervención de terceros.

C) Los demás solamente (2ª posición). Actitud de entrega y servicio a los otros, sin considerar sus intereses personales.

D) Uno mismo con los demás, pero no a lo demás. (1ª y 2ª Posición) Posición en la que se busca el interés individual apoyándose en los otros.

6. METAPROGRAMA DE ACCIÓN

Nos va a indicar la actitud de una persona ante los objetivos y metas. También nos puede mostrar la capacidad de respuesta al nivel de reacción que la persona tiene, o lo que es lo mismo, el grado de actividad de que dispone psicológicamente el sujeto que analizamos en el momento.

A) Activo.
B) Reflexivo.
C) Inactivo.
D) Proactivo.

Cabe incorporar dentro de este mismo metaprograma, dos variantes o subtipos:

A) Intensidad. Hace referencia a los cambios cualitativos y cuantitativos –en calidad y cantidad– que se producen dentro de la estructura de una acción, y que permite incrementar o disminuir la calidad de la misma, y en consecuencia su impacto en nuestro organismo.

a) Muy alta

b) Alta

c) Media

d) Baja

e) Muy baja

B) Ritmo. Se trata del ciclo o velocidad que acompaña o impregna a todas y cada una de las acciones. Cualquier experiencia tiene un ritmo; ese ritmo es una de esas cualidades de la experiencia a la que raramente prestamos atención, y, por tanto, permanecen desconocidas a pesar de ser un aspecto que forma parte de la experiencia en cuestión.

a) Lento

b) Medio

c) Rápido

7. Metaprograma de afiliación

Éste es un filtro muy interesante a la hora de seleccionar personas para trabajos en los que deba de estar sólo o participar en tareas grupales. Nos define la actitud del sujeto hacia el trabajo en equipo, y de ese modo poder situarlo en el puesto más idóneo. Se trata de un metaprograma diferente del de gestión y autogestión, aunque muy relacionado, sin embargo, mientras en aquél identificábamos la capacidad de gestión y organización de, y, con personas, en éste distinguimos si al sujeto le gusta o no trabajar solo o acompañado, a la hora de asignar un tipo de responsabilidad u otra.

A) Independiente.

B) Equipo.

C) Dirección.

8. Metaprograma de preferencia en el trabajo

Detecta la preferencia laboral de un sujeto, cuáles son sus tendencias y con lo que se sentirá más satisfecho al realizar cualquier trabajo.

A) Trabajo con objetos (manualidad).
B) Trabajo con sistemas (organización).
C) Trabajo con personas (relaciones humanas).

9. Metaprograma de interés principal

Determina a qué focaliza su atención principalmente a la hora de recibir o/y transmitir información o establecer ciertos tipos de relaciones, en especial cuando el sujeto tenga que aceptar, valorar o emitir cualquier tipo de comunicación.

Cada uno de nosotros marca un interés, una prioridad respecto a lo que queremos conocer en los procesos de recepción o trasmisión de contenidos informativos, y para ello seleccionamos del total comunicado la parte que llama más nuestra atención. Para cumplir con este programa utilizamos ciertas salidas, dependiendo de cada uno de los filtros y subfiltros secundarios que tengamos establecidos. Los principales tamices son:

A) Personas (quién)
   Filtros secundarios: Rango de personas:
   – Padres
   – Cónyuge
   – Amigos
   – etc.
B) Lugar (dónde)
   Filtros secundarios: Importancia del lugar:
   – Parlamento
   – La Bolsa
   – Oficina
   – etc.

C) Objetos (qué)
   Filtros secundarios: Valoración de las cosas:
   - Moda
   - Electrónica
   - Joyas
   - etc.

D) Actividad (cómo)
   Filtros secundarios: Lugar y tipo:
   - Trabajo
   - Hogar
   - Diversión
   - etc.

E) Información (por qué, qué información)
   Filtro secundario: A qué hace referencia:
   - Ideas
   - Datos
   - Entrevistas
   - etc.

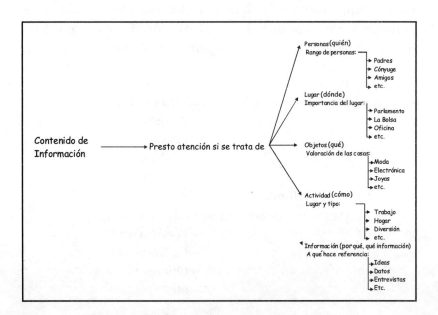

10. Metaprograma del tamaño del trozo

Cuando el sujeto transmite información o cuando la recibe, lo hace siguiendo una estructura. Cuando hablamos, escribimos, escuchamos y en general recibimos o emitimos comunicación, puede que estemos especializados, es decir, excesivamente fijados en alguna de las salidas siguientes:

A) Específico (Pequeños segmentos). O lo que sería lo mismo, exceso de pequeños detalles en la información.
B) Global. (Grandes segmentos). Información escueta, específica y a veces escasa.
C) De específico a global. Se dan todo tipo de detalles para finalizar resumiendo.
D) De global a específico. Se inicia la información con una especie de resumen, para proceder a detallar a continuación.

Filtros secundarios:
1. Cantidad de información de contexto para comprender los detalles:
   a) Mucha.
   b) Poca.
   c) Depende del tema.
   d) Ninguna.
2. Tolerancia a la ambigüedad:
   a) Alta.
   b) Baja.
   c) Media.
   d) Nula.

11. Metaprograma en la presentación de información

Cada individuo prefiere una determinada manera de presentar o de querer recibir las informaciones que le facilitan. Esta preferencia la centra en varios factores que determinarán si la comunicación le resulta o no aceptable.

A) Forma:
 1. Descriptiva. Lo que es.
 2. Evaluativa. Lo que debería ser.
 3. Manipulativa. Lo que deberías pensar.

B) Contenido:
 1. Centrado contra superfluo.
 2. Nivel de abstracción: Concreto ante abstracto.
 3. Tipos de ambigüedad:
   a) Nueva: Dudosa, equívoca, insuficiente.
   b) Compleja: Demasiada información.
   c) Insoluble: Información contradictoria.

C) Clasificación:
 1. Lineal.
 2. Secuencial.
 3. Cibernética.

12. Metaprograma de relación y comparación

Tanto a la hora de valorar lo nuestro, o lo ajeno, en las situaciones laborales o/y relacionales, seguimos un patrón para saber si lo que hacemos, hacen, tenemos o tienes es aceptable. Esos patrones de comparación los realizamos por:

A) Igualdad.
B) Igualdad con excepción.
C) Igualdad y diferencia por igual.
D) Diferencia con excepción.
E) Diferencia.

13. Metaprograma de respuesta en tensión emocional

Cada vez que una situación se hace tensa, o puede llegar a ser tensa, nuestra actitud emocional se lleva a cabo del modo, o nos comportamos de la forma siguiente.

  A) Disociado.
  B) Asociado.
  C) Selectivo.

14. Metaprograma del tiempo

Todos los seres humanos tenemos una determinada y peculiar manera de valorar, vivir y manejar el tiempo. Como ya vimos en el estudio de la *Línea del tiempo*, a éste lo consideramos los humanos de forma subjetiva, y sujeta a multitud de variantes, esto ya lo hemos estudiado ampliamente en el capítulo correspondiente, pero también se manifiesta como Metaprogramas del modo ya conocido, según sea para orientarnos, almacenar o acceder al tiempo.

  A) De orientación en el tiempo:
   1) Pasado.
   2) Presente.
   3) Futuro.
   4) Atemporal.
   5) Selectivo.

  B) Almacenaje y reproducción del tiempo:
   1) De un lado a otro del tiempo.
   2) A tiempo.

  C) Forma de acceder al tiempo:
   1) Por encima del tiempo.
   2) Secuencial.

15. Filtro de operadores modales secuenciales

También los operadores modales condicionan nuestros estados internos, y son, además, uno de los elementos clave en la generación de estados emocionales como veremos más adelante.

El que un sujeto utilice unos u otros operadores modales, va a hacer que su actitud ante la vida, las relaciones o el trabajo sean muy diferentes. Ya vimos en el metaprograma numerado como 2, que los operadores modales condicionan nuestras actitudes. Éste que analizamos ahora es una ampliación del anterior y es mucho más explícito, ya nos facilita información sobre las polaridades en las que se mueve el sujeto, así como de dónde ha recibido las órdenes que se han transformado en operador modal en él. Así pues, las salidas más comunes a este filtro de operadores modales son:

A) Del tipo:

Puedo	—	No puedo
Querría	—	No querría
Haré	—	No haré
Puede	—	No puede
Es posible	—	Es imposible
Debo	—	No debo
Podría	—	No podría
Debería	—	No debería
Tengo que	—	No tengo que
Necesito	—	No necesito
Es necesario que	—	No es necesario que
Necesito que	—	No necesito que

B) Procedencia:
1. De propia procedencia.
2. Dictada o procedencia externa.

16. Filtro de dirección de la atención (En la comunicación)

Otra característica a tener en cuenta en la determinación de los metaprogramas es el filtro de hacia dónde va la atención de un sujeto durante el proceso comunicativo.

    A) Interna.
       Uno mismo. (Se escucha).
    B) Externa.
       Los Demás. (Escucha a los otros).

17. Filtro de valoración en la consecución de metas

Cuando nos proponemos alcanzar un objetivo, aunque sea algo simple o común, incluso en nuestro cotidiano mundo laboral o personal; siempre tenemos un modo de saber que lo que nos proponíamos ha sido alcanzado, o no nos estamos aproximando a él. Éste es un metaprograma muy importante en el ámbito laboral o de ejecución de tareas, ya que puede, dependiendo de la salida, condicionar el éxito o fracaso de un proyecto. Esa valoración la llevamos a efecto por:

    A) Perfección. Exacto
    B) Optimización. Lo mejor que se puede.

18. Metaprograma de comparación

Veíamos en el filtro 12 el que corresponde a relación y comparación, cómo nos comparamos a la hora de saber si algo de lo que llevamos a cabo es satisfactorio o no, siempre desde nuestro punto de vista subjetivo que nos transmiten los metaprogramas que usemos. Pues ahora añadimos un detalle más a la comparación y se refiere a la calidad y naturaleza de la valoración. Se trata aquí de otro metaprograma, que bien podría ser un filtro secundario del 12, y que nos va a indicar la forma de comparación que usamos y la variante de naturaleza de las comparaciones.

A) Cuantitativa.   Números.
B) Cualitativa.   Bien /mal /regular.
C) Naturaleza de la comparación: (Comparado con qué /quién):
   1. Uno mismo con uno mismo: Estado ideal.
     Y uno mismo comparando:
      Pasado-presente.
      Presente-futuro.
   2. Uno mismo con los demás.
   3. Los demás con los demás.

19. METAPROGRAMA CONOCIMIENTO O DE CAPACIDAD PARA EL APRENDIZAJE

Hace referencia al tipo o modelo de aprendizaje que necesitamos. Es sabido que no todas las personas aprendemos del mismo modo, cada uno, además de toda una serie de condicionantes, sistema representacional, intención, metaprogramas varios, aprendemos o nos gusta aprender, o aprendemos más fácilmente, dependiendo de la especialización determinada por este metaprograma, así pues podemos tener más facilidad si nos es transmitida como:

A) Modelado. Conceptos.
B) Demostración. Ejemplo.
C) Experiencia. Lo ha hecho o la ha visto hecho.
D) Autoridad. Imposición.

20. METAPROGRAMA TERMINACIÓN E INTERÉS EN LA TAREA

Cuando emprendemos un nuevo trabajo, proyecto o tarea, cada uno de nosotros, cuando no estamos equilibrados o aún somos inconscientes de nuestros mecanismos internos, sentimos tendencia y nos especializamos en un momento del proceso, es decir, le prestamos una mayor atención a uno de los pasos del proceso, así:

A) Inicio.
B) Desarrollo.
C) Finalización.

21. FILTRO DE RECEPCIÓN COMPLETA DE INFORMACIÓN

Se trata de la capacidad, o filtro que ponemos para aceptar o no, información incompleta y procesarla desde la parte que nos han trasmitido.

A) Completa. No comprende si no tiene todos los datos.
B) Incompleta. Puede llegar a la comprensión faltando partes de la información.

22. FILTRO DE ORDENAMIENTO MENTAL

Al igual que en el filtro 20, también nos especializamos o le prestamos mayor atención a una parte de nuestros procesos mentales, y de ese modo atendemos con mayor interés, o valoramos más a las personas en las que dominan:

A) Procesos Internos. Lo que pensamos.
B) Estados Internos. Cómo nos sentimos.
C) Conductas externas. Cómo actuamos.
D) Respuestas adaptativas. Cómo nos responden.

23. METAPROGRAMA DE TIPO DE DECISIÓN

A la hora de decidir cualquier aspecto de nuestra vida, lo solemos hacer entre otros factores ateniéndonos a nuestro sistema representacional más altamente valorado, o el especializado para ellos. Tomamos decisiones en función a qué.

A) Recto parecer.   E) Oler bien.
B) Verlo bien.   F) Saber bien.
C) Sonar bien.   G) Me hace sentir.
D) Sentir bien.

Hay que tener en cuenta que la decisión es una de las capacidades más complejas del ser humano, e intervienen muchos otros elementos como puede ser el tiempo, los valores y otros varios metaprogramas.

24. METAPROGRAMA DE INTERÉS EN LA INTERACCIÓN

En cualquier situación personal y/o grupal, existe en nosotros un metaprograma que nos empuja a establecer o hacer que la citada relación se dirija de un modo u otro. También determina la actitud que tomamos cuando la situación no circula en la dirección pretendida.

A) Direccional: 1) Dirección de la armonía:
                       a) Cerca de
                       b) Lejos de
                2) Dirección desarmonía:
                       a) Cerca de
                       b) Lejos de
B) Actitud: 1) Facilitación.
                2) Desafío.

25. METAPROGRAMA DEL ESTILO DE PENSAMIENTO

Valoramos la comunicación, y llevamos a cabo nuestros procesos internos especializándonos en un estilo de pensamiento, que también depende del sistema representacional que más valoremos para este paso del proceso.

> A) Visión. (V)
> B) Acción. (Ke)
> C) Lógica. (DI)
> D) Emoción. (Ki)

26. Metaprograma de la jerarquía de valores

Los valores, además de ser un nivel lógico superior a los metaprogramas, y además de constituir gran parte del corazón de la identidad del hombre, están jerarquizados. La jerarquía de los valores es lo que da forma a este filtro y sus diferentes salidas. Nos muestran la forma en la que nos movemos en la vida, los intereses por los que nos esforzamos, son casi el sentido de la existencia, y por ello nos marcan de forma muy poderosa:

> A) Calidad. Fines :   1) Poder (Control).
>   2) Filiación (Relaciones).
>   3) Realización (Metas).
> B) Orientación: 1) Cerca de ciertos valores.
>   2) Lejos de ciertos valores.
>   3) Cerca de unos, lejos de otros.
> C) Modo: Forma de usar los valores.

A continuación, encontrará un modelo de trabajo práctico para la identificación de los diferentes metaprogramas o filtros y sus alternativas de salida.

En la columna de la izquierda, verás en negrita las salidas que corresponden a cada metaprograma y distinción adicional del mismo. En la columna de la derecha tiene una serie de preguntas que te orientarán (puede utilizar cualquier otra que sea en el mismo sentido), para extraer de tu interlocutor las de los metaprogramas que investigamos.

Las preguntas no corresponden en línea, sino que todas ellas tienen relación con el metaprograma. De las respuestas que el sujeto nos dé, nosotros extraeremos qué salida es la que está utilizando. Algunas veces necesitaremos hacer todas las preguntas, incluso tendremos que inventar otras para extraer la respuesta que contenga la salida del metaprograma que investigamos.

Mucha atención a no efectuar preguntas que contengan un condicionante direccional, es decir, que obligadamente el cliente tenga que responder con esa salida del metaprograma, como sería: ¿va usted al médico a buscar la salud? Aquí necesariamente el sujeto nos responderá que sí. Hemos de hacer preguntas abiertas que puedan ser interpretadas y respondidas según el filtro dominante del entrevistado.

Por ejemplo, en el siguiente metaprograma o filtro de dirección, a nuestro cliente, nosotros le haríamos las preguntas: ¿Qué quieres de un trabajo? ¿Qué quieres de un coche? ¿Qué es importante de lo que tú haces? Cualquiera de las cuestiones puede servir, y si con una no tenemos la respuesta, pues seguimos con otra, hasta que lo tengamos claro. Buscamos respuestas direccionales del tipo: *Que sea confortable.* Respuesta que sería de la salida a) cerca de... *confort.* Si por el contrario, al hacer otra de las preguntas otro sujeto nos contesta: ¿Qué quiere de un coche? Respuesta: *Evitar tener que ir en metro al trabajo.* Ésta sería una salida e) lejos de... *ir en metro.*

No esperemos que las contestaciones que nos puedan dar, van a ser de evidente interpretación; muchas veces tendremos que repetir una y otra vez, para obtener el resultado. Si haciendo la pregunta de una forma no conseguimos que aflore la salida del metaprograma que estamos investigando, tendremos que darle la vuelta y hacerla de otra manera o una distinta. Aquí se requiere una gran flexibilidad, y mantenernos en un permanente rapport, además de una gran habilidad expresiva.

En ciertas ocasiones, con una misma pregunta el sujeto nos va a responder a varios metaprogramas a la vez, sólo el desarrollo de nuestras atenciones va a posibilitar que se identifiquen y esto dependerá únicamente de la experiencia del máster. La mejor recomendación que puedo hacer es que se practique mucho para habituarnos a escuchar lo que necesitamos localizar.

Sigue la trascripción del modelo citado, es el mismo que utilizamos en los cursos de Máster de PNL, y los que yo mismo utilizo como guía para investigar los filtros en tratamientos terapéuticos o intervenciones en empresas, en especial para selección de personal o adecuación de puestos de trabajo.

CUADRO DE PREGUNTAS Y ESQUEMA PARA TRABAJAR CON LOS METAPROGRAMAS

SALIDA   PREGUNTAS
DEL METAPROGRAMA   PARA INVESTIGAR

METAPROGRAMA DE DIRECCIÓN

a) Cerca de   – ¿Qué quieres de un trabajo?
b) Cerca de con lejos de   – ¿Qué quieres de una relación?
c) Cerca de un poco lejos   – ¿Qué quieres de un coche?
d) Lejos de un poco cerca   – ¿Qué quieres hacer con tu vida?
e) Lejos de   – ¿Qué es importante acerca de lo que
                               tu haces?

DISTINCIONES ADICIONALES

a) OBJETO:
  – ¿Cuál es la naturaleza del objeto al que se acerca o del que
    se aleja?
  – Véanse los Filtros de Interés Primario.

b) INTENSIDAD ACERCAMIENTO O DEL ALEJAMIENTO:
  a) Satisfecho
  b) Apático
  c) Activo
  d) Inactivo
  e) Proactivo

c) GRADO:

  a) No puedes hacer

  b) Quieres hacer

  c) Lo que congruentemente deseas
     (alineado con tu concepto de ti mismo)

  d) Quieres más allá del largo plazo

  e) Debes hacer o tener

d) HACIA QUÉ RELACIONES:

  a) Cerca de ciertos valores y personas

  b) Lejos de ciertos valores y personas

  c) En contra de ciertos valores y personas

METAPROGRAMA DE LA RAZÓN

a) Posibilidad   – ¿Por qué elegiste tu trabajo presente?
b) Necesidad   – ¿Por qué estás eligiendo hacer lo que
c) Ambas   estás haciendo?

METAPROGRAMA DEL MARCO DE REFERENCIA

a) Interno   – Cómo sabes que has hecho un buen
b) Externo   trabajo?
c) Equilibrado   – ¿Lo sabes simplemente porque te sien-
d) Interno con una   tes a gusto, o te lo tienen que decir?
   comprobación externa
e) Externo con
   comprobación interna

METAPROGRAMA PARA CONVENCERSE

A) SISTEMA REPRESENTACIONAL MÁS ALTAMENTE VALORADO:

– ¿Cómo sabes cuándo otra persona es buena en lo que hace?

– ¿ Cómo sabes que un Colaborador es bueno en su trabajo?

– Tienes que...

a) Visual	¿Verlo?
b) Auditivo	¿Escuchar sobre ello?
c) Kinestésico	¿Hacerlo con ellos?
d) Digital	¿Leer acerca de ello, o leer algún informe que hayan escrito?

B) TIEMPO NECESARIO PARA CONVENCERSE

– ¿Cuántas veces alguien tiene que demostrarte su aptitud antes de estar convencido?

a) Automáticamente
b) Varias veces
c) Durante un período
d) Permanentemente

METAPROGRAMA DE GESTIÓN Y DE AUTOGESTIÓN

a) Uno mismo y los demás

a) ¿Sabes lo que necesitas hacer para aumentar tus oportunidades de éxito en un trabajo?

b) Uno mismo solamente

b) ¿Sabes lo que otra persona necesita hacer para incrementar sus oportunidades?

c) Los demás solamente

c) ¿Encuentras fácil decírselo, o no lo encuentras tan fácil?

d) Uno mismo pero no a los demás.

METAPROGRAMA DE ACCIÓN

– Cuando se te presenta una situación, ¿generalmente actúas rápidamente después de formarte una idea de ella o haces un estudio detallado de todas las consecuencias y después actúas?

a) Activo
b) Reflexivo
c) Inactivo
d) Proactivo

– Iniciada una acción, ¿cuál es el grado de tu involucración?
De forma frenética para acabar cuanto antes, o por el contrario te tomas tu tiempo pausadamente para realizar cada uno de los pasos.

Intensidad:
a. Muy alta
b. Alta
c. Media
d. Baja
e. Muy baja

–¿Al realizar tus tareas sigues un ritmo determinado, o por el contrario dejas que sea la propia tarea la que te marque el ritmo? ¿Ese ritmo es rápido o lento?

Ritmo:
a. Rápido
b. Medio
c. Lento

METAPROGRAMA DE AFILIACIÓN

– Recuerda y dime una situación de trabajo o ambiente en la que te sintieras completamente satisfecho y contento.

a) Independiente
b) Equipo
c) Dirección

METAPROGRAMA DE PREFERENCIA DEL TRABAJO

– ¿Con qué tipo de trabajo disfrutas más?
– ¿Qué tipo de trabajo sería el que te gustaría realizar y en el que te sentirías más satisfecho?

a) Objetos
b) Sistemas
c) Personas

METAPROGRAMA DE INTERÉS PRINCIPAL

– Háblame acerca de tu restaurante favorito.
– Háblame acerca de tus experiencias de trabajo favoritas.
– Háblame acerca de una de las diez mejores experiencias de tu vida.

a) Personas (quién)

– ¿A qué le prestas mayor atención cuando alguien te informa de algo?

b) Lugar (dónde)
c) Objetos (qué)
d) Actividad (cómo)

297

SALIDA DEL METAPROGRAMA	PREGUNTAS PARA INVESTIGAR
e) Contenido (por qué, qué informa)	
FILTROS SECUNDARIOS	
a) Personas	– Padres, cónyuges, amigos, jefe, socios, empleados, desconocidos, autoridades, etc.
b) Objetos	– Ropa, joyas, electrónica, moda juguetes, etc.
c) Actividad	– Trabajo, hogar, hobby, etc. ¿De qué tipo?
d) Contenido	– Ideas, datos, información, etc.

METAPROGRAMA DEL TAMAÑO DEL TROZO

– Si fuésemos a realizar un proyecto juntos, ¿querrías conocer la idea general y una visión global (cómo afectaría a la empresa, a nuestra ciudad, a la nación, etc.), o querrías mejor recibir los detalles de lo que vamos a hacer primero y cómo nos afectaría individualmente?

– ¿Tendrías que conocer realmente la visión del conjunto?

– ¿Tendrías que conocer realmente los detalles?

a) Específico
   (Pequeños segmentos)
b) Global
   (Grandes segmentos)
c) Específico a global
d) Global a específico

FILTROS SECUNDARIOS SOBRE TROZO DE INFORMACIÓN:
CANTIDAD DE INFORMACIÓN DE CONTEXTO PARA COMPRENDER
LOS DETALLES:

- a) Mucha
- b) Poca
- c) Depende del tema
- d) Ninguna

A) TOLERANCIA A LA AMBIGÜEDAD:

- a) Alta
- b) Baja
- c) Media
- d) Nula

B) CONTENIDO

- a) Centrado contra superfluo
- b) Concreto contra abstracto
- c) Ambiguo
  - 1. Nueva — Dudosa, equívoca, insuficiente
  - 2. Compleja — Demasiada información
  - 3. Insoluble — Información contradictoria

C) FORMA DE CLASIFICAR LA INFORMACIÓN

- a) Lineal
- b) Secuencial
- c) Cibernética

METAPROGRAMA DE RELACIÓN Y COMPARACIÓN

Usar tres objetos de similar forma geométrica pero de diferente utilidad
– ¿Cuál es la relación entre estas tres ... cajas?
Asegúrate de que la persona lleva más de dos años en el mismo trabajo.

299

– ¿Cuál es la relación entre lo que estás haciendo este año en cuanto al trabajo y lo que hiciste el año pasado en cuanto al trabajo?

(Puedes preguntar además de las anteriores una de las siguientes como confirmación)

– Cuando entras en una habitación, ¿qué es lo que observas primero?

– ¿Ves a menudo los pequeños cuadros que colocan en los ángulos o en las columnas?

– ¿Cuál es la relación entre lo que estabas haciendo hace un mes y lo que haces hoy?

– Cuando vives una nueva situación, ¿qué es lo que primero te llama la atención? ¿En lo que se parece a las ya vividas o en lo que se diferencia?

– ¿Cuál es la relación en cómo te sientes hoy y en cómo te sentías ayer?

– ¿Cómo han sido los trabajos que hasta ahora has tenido?

– Por regla general, ¿cuánto tiempo permaneces en un trabajo?

a) Igualdad
b) Igualdad con excepción
c) Igualdad y diferencia
d) Diferencia con excepción
e) Diferencia

METAPROGRAMA DE RESPUESTA
EN TENSIÓN EMOCIONAL

– Háblame acerca de una situación de trabajo, un antiguo suceso que te generó tensión y te dio preocupaciones.

a) Disociado
b) Asociado (K)
c) Selectivo

METAPROGRAMA DEL TIEMPO

A. DE ORIENTACIÓN EN EL TIEMPO:

–¿Qué recuerdos son los que te agrada más traer a tu mente cuando te paras a pensar? ¿Los buenos momentos que has pasado con alguien o en algún lugar? ¿O imaginas proyectos futuros? ¿Tal vez te quedes pensando en lo que haces en este preciso momento? ¿Puede que quedes imaginando cosas que no pertenecen a ningún momento preciso? ¿Tal vez selecciones con precisión los recuerdos no importándote que sean del pasado o del futuro?

1) Pasado
2) Presente
3) Futuro
4) Atemporal
5) Selectivo

B. ALMACENAJE Y REPRODUCCIÓN DEL TIEMPO:

– Me gustaría que te DETUVIESES... para relajarte por un momento... y evocarás un recuerdo del pasado... y ahora

301

un suceso del futuro. A continuación
señala en qué dirección está el pasado
y hacia qué dirección está el futuro.

a) De un lado a otro del
   tiempo. (Disociado)
b) A tiempo. (Asociado)

C. FORMA DE ACCEDER AL TIEMPO:

– Cuando accedes a recuerdos del pasado, ¿viajas por encima del tiempo
como si flotaras para localizar la experiencia de referencia?, o ¿ vas paso
a paso hacia atrás buscando cronoló-
gicamente en una especie de calen-
dario de archivo hasta la fecha que te
interesa recordar?

1) Por encima del tiempo.
2) Secuencial.

METAPROGRAMA DE OPERADORES MODALES SECUENCIALES

A. TIPO:

¿Por qué te levantaste esta mañana?
¿Cuál ha sido la última cosa que te dijiste a ti mismo esta mañana justo antes
de levantarte?
¿Qué es lo que te dices para hacer o no
hacer algo que no te agrada demasiado?

Puedo	No puedo
Haré	No haré
Es posible	Es imposible
Podría	No podría
Tengo que	No tengo que

SALIDA DEL METAPROGRAMA		PREGUNTAS PARA INVESTIGAR
Querría	No querría	
Puede	No puede	
Debo	No debo	
Debería	No debería	
Necesito	No necesito	
Es necesario que...		
No es necesario que...		
Necesito que...		
No necesito que.		
He de...	No he de...	

B. PROCEDENCIA:

– Cuando te dictas una orden imperativa, ¿es propia o es como si escucharas la voz de tu padre / madre, esposa / esposo, de tu jefe o de cualquier otra persona ajena?

a) Procedencia interna
b) Dictada o procedencia externa

FILTRO DE DIRECCIÓN DE LA ATENCIÓN

– Cuando te comunicas con alguien especial, ¿te prestan atención? ¿Están realmente prestándote atención? ¿Está tu atención completamente en la otra persona o te interiorizas con facilidad? Cuando te introduces en ti mismo, ¿vuelves a ir fuera? ¿Te observa la persona con la que estás hablando? ¿Se darías cuenta si no estuvieses allí? ¿Están interesados en tu reacción?

a) Uno mismo. Interna.
b) Los demás. Externa.

FILTRO DE VALORACIÓN EN LA CONSECUCIÓN DE METAS

– Cuando conseguiste aquella meta que tanto te interesaba, ¿trabajaste hasta que alcanzaste exactamente lo proyectado, o te conformaste con lo mejor que pudiste conseguir?

a) Perfección
b) Optimización

METAPROGRAMA DE COMPARACIÓN

– ¿Cómo te va en tu trabajo?, ¿Cómo lo sabes? ¿Qué perspectivas tienes en tu empresa con respecto al resto de empleados? ¿Cómo lo sabes?

a) Cuantitativa.
b) Cualitativa.
c) Naturaleza
   Uno consigo.
      Estado Ideal
      Pasado-Presente
      Presente-Futuro
   Uno los demás.
   Demás los demás.

METAPROGRAMA DE CONOCIMIENTO O CAPACIDAD DE APRENDIZAJE

– Cuando determinas que puedes hacer algo, o que sabes hacer algo, ¿de dónde obtienes ese conocimiento?

a) Modelado. Conceptos.
b) Demostración.
c) Experiencia.
d) Autoridad.

304

METAPROGRAMA DE TERMINACIÓN O INTERÉS DE TAREA

– Si fuésemos a realizar un proyecto juntos, ¿estarías más interesado en la fase de puesta en marcha, en la que estuvieses generando energía para el PRINCIPIO del proyecto; o lo estarías en cÓmo se va desarrollando, es decir, en la CONSECUCIÓN (Mitad); o en el resultado final, en lo que vamos a conseguir, es decir, en el FINAL del proyecto?¿Habría alguna fase del proyecto en la que no te gustaría estar implicado?

a) Inicio
b) Desarrollo
c) Finalización

METAPROGRAMA DE RECEPCIÓN DE INFORMACIÓN

– Una vez que hayas empezado a recibir información que contenga, por ejemplo, cuatro secuencias o pasos, ¿hasta qué punto es importante para ti que recibas los cuatro fragmentos para tener idea del contenido total?. ¿Cómo te mueves cuando la información es incompleta? ¿Te resulta fácil o complejo seguir un tema cuya información no contiene todas las secuencias?

METAPROGRAMA DE ORDENAMIENTO MENTAL

– En tus análisis, pensamientos o toma de decisiones, ¿prestas atención a los razonamientos que haces, a cómo te sientes internamente con respecto a eso, a cómo vas a responder a la situación, o a cómo van a reaccionar lo otros cuando tu actúes?

a) Procesos Internos
b) Estados Internos
c) Conductas
d) Respuestas adaptativas

METAPROGRAMA DE DECISIÓN

– ¿En qué te basas para tomar una decisión?
– Cuando tienes que comprar algo nuevo e importante para ti en qué te basas para elegir entre una cosa u otra.

a) Recto parecer
b) Verlo bien
c) Sonar bien
d) Sentir bien
e) Oler bien
f) Saber bien
g) Me hace sentir

METAPROGRAMA DE INTERÉS EN LA INTERACCIÓN

– En una reunión complicada, en donde es fácil que surja la tensión y los enfrentamientos, ¿qué es lo que más te importa y cómo actúas?

306

A) Dirección de la armonía
    Cerca
    Lejos
B) Dirección Desarmonía
    Cerca
    Lejos
C) Actitud
    Facilitación
    Desafío

METAPROGRAMA DE ESTILO DE PENSAMIENTO

– Cuando te planteas un nuevo proyecto, cuál es tu primer paso, ¿cómo inicias la gestación de ese nuevo plan, a qué le das prioridad? ¿Cómo sabes que es eso lo que quieres y que puede salir bien?

a) Visión
b) Acción
c) Lógica
d) Emoción

METAPROGRAMA DE JERARQUÍA DE VALORES

– ¿Qué valores son más importantes para ti en la vida?
– ¿Qué valores priman en tu vida laboral?
– ¿Qué es lo que pretendes conseguir en la vida?
– ¿Por qué trabajas?
– ¿Qué es lo que hace que trabajes en eso y no en cualquier otra cosa?

307

SALIDA DEL METAPROGRAMA	PREGUNTAS PARA INVESTIGAR
	– ¿Qué haces para alcanzar esos valores? – ¿Cómo haces para conseguir... (aproximarte o alejarte) de esos valores que te gustan o te disgustan?
A) Calidad:	a) Poder b) Filiación c) Realización
B) Orientación:	a) Cerca b) Lejos c) Cerca-Lejos
C) Modo de conseguirlos.	

Cuando indagamos las salidas de los metaprogramas, lo que buscamos al preguntar, es la forma, no el contenido. He podido observar en mis años de formador, que muchos alumnos se pierden en los asuntos de las respuestas, olvidándose de lo que realmente les interesa, que muchas veces son predicados verbales, frases predicativas, violaciones del Metamodelo, y todo el conjunto de lenguaje no verbal definidor del metaprograma. La habilidad en la identificación de metaprogramas está basada en la experiencia, en muchas horas de trabajo de identificación, en muchas entrevistas e interrogatorios. Tal vez al principio os sintáis frustrados por los escasos resultados o la dificultad que encontráis, pero la capacidad de detectar los metaprogramas, se alcanza como con cualquier otro aprendizaje, practicando.

Además de todas las aplicaciones ya mencionadas, los metaprogramas nos conducen directamente al conocimiento de los estados internos que se generan en el individuo. Como verás en el siguiente apartado, la combinación de ciertos metaprogramas da como resultado un tipo de emoción u otro, y por consiguiente, reconociéndolos podrás cambiar, mejorar o eliminar aquéllas.

CAPÍTULO IX

LAS EMOCIONES[1]

Veamos qué es lo que ocurre cuando en nosotros se genera un cierto estado interno, o una emoción, que es lo mismo. A partir de nuestras representaciones internas –es decir, de las imágenes que pensamos, de lo que nos decimos y recordamos– y, de nuestra fisiología –la postura que adoptamos, la actividad muscular que ejercemos– se generan los estados internos. Estos estados internos, en función del hemisferio dominante producirán un tipo de impulso u otro, que pasado por la criba de nuestros filtros, se transformará en acciones.

¿Y qué son ese tipo de impulsos? Son el resultado de la experiencia subjetiva que sobre todo, y en cada momento dado tenemos, y a eso lo llamamos emociones. Dicho de otro modo, las emociones son el producto derivado de lo que pensamos, de cómo lo pensamos, y la actitud corporal que adoptamos. Así pues, el comportamiento, las acciones que llevamos a efecto, la conducta verbal y física no es más que un subproducto derivado de las emociones, ya que son éstas las que impulsan a la acción.

Las emociones, como energía primaria, tanto las positivas como las negativas, son el estimulador de todo tipo de acciones,

---

1. El lector que desee ampliar sus conocimientos acerca de las emociones y su tratamiento con PNL, le remito a mi libro: *Inteligencia Emocional con PNL*, Editorial EDAF, 2001.

desde las más simples a las más poderosas o fuertes, y es esa señal la que las hace tan importantes en nuestra vida. También ayudan a organizar la experiencia, la comprensión que tenemos de los hechos vividos, pretendiendo colorear nuestra percepción y la de otros. Las emociones por tanto, son las que dirigen, guían y provocan nuestras acciones. Y en definitiva las definimos como: *el resultado de la experiencia subjetiva que sobre todo, y en cada momento dado, tenemos.*

Definida por la Enciclopedia Espasa, y la Real Academia, emoción es: *Agitación del ánimo, caracterizada por una conmoción orgánica consiguiente a impresiones de los sentidos, ideas o recuerdos, la cual produce fenómenos viscerales que percibe el sujeto emocionado y con frecuencia se traduce en gestos, actitudes u otras formas de expresión.*

Si recuerdas la definición que de emoción aporté, te darás cuenta de que existe una importante diferencia entre ambas. Para la PNL no es necesario la existencia de agitación de ánimo, ni la conmoción orgánica, ni tampoco fenómenos viscerales significativos, para que concurra una emoción de baja intensidad. Sin embargo, si el estado interno es desbordante, originará cierta descarga energética como consecuencia de la reacción límbica de respuesta automática.

Por tanto, conviene tener presente, que lo realmente revelador de una emoción es su función de señal, de advertencia o indicación, más allá de su respuesta orgánica. Las reacciones viscerales consecuencia de la emoción se pueden reprimir –de hecho, mucha gente cree que controla sus estados porque se cohíbe–, pero no sirve de nada, o mejor dicho perjudica su salud.

Así pues, el comportamiento es, a largo o a corto plazo, el resultado de las emociones. Al influir en las emociones, podremos conseguir efectos extraordinarios en las relaciones, en las habilidades de cambio que nos llevan a interactuar con el mundo.

Ya sabes, que el proceso humano de concepción de estados internos parte, de los impactos exteriores percibidos por los sentidos y filtrados por el sistema representacional. A partir de ahí, se construye una representación interna del impacto, es decir, se piensa sobre lo ocurrido –la mayoría de las veces por debajo

310

del nivel de conciencia– y se adopta cierta fisiología en función a la intensidad o naturaleza del hecho. A continuación se desencadena un estado interno o emoción, que se exterioriza a través de una respuesta adaptativa, *feedback*, o conducta –verbal o no verbal–.

Pero, ¿cómo se produce ese pensamiento al que me refiero?

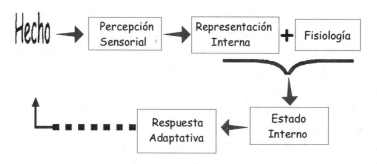

Se trata, ni más ni menos, que el producto de un diálogo interno, muchas veces por debajo del umbral de conciencia, en el que nos preguntamos y respondemos acerca del impacto recibido. Esta plática interior toma una dirección u otra en función del tipo de cuestionamiento planteado. No es lo mismo interpelarnos: ¿qué puedo aprender de esta dificultad? Que: ¿por qué siempre me ocurren a mí estas cosas?

La primera pregunta te conduce a un aprendizaje, mientras que la segunda desemboca en una justificación y, en el consecuente bloqueo. Inevitablemente del tipo de pregunta que produzcas en tu mente, dependerá el estado interno que generes. Recuerda que la fórmula para engendrar emociones es la siguiente:

REPRESENTACIÓN INTERNA + FISIOLOGÍA = ESTADO INTERNO O EMOCIÓN

La mayoría de las investigaciones académicas sobre emociones se han limitado a un puñado de ellas (miedo, ansiedad, rabia, y como mucho –recientemente– al estrés, y alguna más). Sin embargo, lo que a nosotros nos ocupa va mucho más lejos, e incluso es todo lo contrario, queremos facilitar la posibilidad de identificar y manejar el mayor número viable de estados con el fin de disponer de una amplia oferta emocional. Comúnmente se confunden los términos de referencia, y nos lleva a manejar erróneamente conceptos del valor de las experiencias. Ya vimos en páginas anteriores las distintas y distantes acepciones que unos y otros damos al concepto emoción. Por ello es muy importante comprender con total y absoluta precisión y primeramente que, las emociones no son lo mismo que los juicios que hacemos de ellas y tampoco son lo mismo que los comportamientos que generan.

La psicología tradicional no separa claramente la emoción de la conducta que la misma conlleva, olvidando que sin aquella no actuaríamos. En PNL no aceptamos definiciones tales como: «Las emociones consisten en patrones de respuesta fisiológica y de conductas típicas de la especie.» Consideramos, insisto, que *la emoción es un sentimiento de respuesta en un determinado momento;* y esto es muy diferente al término racional que utilizamos para describirla. Tampoco debes confundir la emoción con el grupo de sensaciones corporales que también se pueden estar sintiendo a la vez (cosquilleos, opresión en la boca del estómago, tensión muscular, retortijones, malestar lumbar, etc.) y que en muchas ocasiones acompañan a las emociones.

La mayoría de la gente tiene pocas experiencias codificadas como emociones, se limitan a menudo a algunas pocas como temor, odio, celos, envidia, regocijo, alegría, amor y tristeza. El resto no pasan de ser meras palabras descriptivas sin contenido. Determinación, responsabilidad, ambición, capacidad, confusión, frustración, orgullo, seguridad, y afección, no son simples manifestaciones conductuales, sino también, y esencialmente, emociones. La diferencia entre tener pocas emociones y una amplia gama de las mismas es, para nuestra vida, similar a la diferencia que puede haber entre la televisión en blanco y negro y la de color.

Otras muchas veces juzgamos nuestras experiencias por lo que estamos realizando, por nuestras intervenciones, olvidando que lo que hacemos y como nos sentimos es muy diferente. Por ello es imprescindible estar presente, aquí y ahora, siendo la única vía para el dominio y transformación emocional. El cómo se siente una persona afectará su comportamiento, y cómo actúa puede afectar a sus sensibilidades; pero ambas cosas son completamente distintas y deben ser diferenciadas en todo momento. Una emoción es sobre todo un *sentimiento de respuesta* en un determinado momento, y no se ha de confundir con la palabra utilizada para describirla. A pesar de que una emoción es un sentimiento de respuesta en un momento dado, y como ya he dicho anteriormente, no debemos confundirlo con el grupo de sensaciones corporales (fisiología) que podemos también estar sintiendo en ese mismo momento. «Un nudo en el estómago», no es una emoción, es una sensación orgánica. Hay una clara diferencia entre las sensaciones que envuelven partes de tu cuerpo y tu experiencia subjetiva del momento, o emoción.

Sin embargo, muchos sujetos son totalmente inconscientes de sus impresiones afectivas o pasionales, e incluso de sus sensaciones (orgánicas) o no pueden describirlos sensorialmente, sino tan sólo racionalmente, disociados e impasibles. Son personas que creen ser lo que hacen, sin percatarse que tras sus movimientos musculares existe todo un sistema nervioso que se ha puesto en funcionamiento a partir de ciertos impactos mentales, estados internos y emociones. A estos individuos se les pueden considerar como perturbados, descriptibles patológicamente como sujetos con dificultad para referir los sentimientos o para localizar las emociones.

Hemos visto hasta ahora, que las emociones son algo así como los guardianes de tu vida, agentes de información que te avisan de lo que está ocurriendo dentro y fuera de ti. Son llamadas de atención para que corrijas, varíes o mantengas el estado y las conductas en los que estas inmerso. Pero por supuesto, que cada indicación tiene su propio contenido, y advierte de anomalías peculiares al hecho del momento. No es lo mismo la recomendación dada por la frustración, que por la cautela. De lo que trata esa señal, lo que la emoción intenta trasmitirte o comunicarte es lo que llamamos: *función comunicativa* o *mensaje* de la emoción. Es como la explicación del mensaje, o mejor dicho, el contenido funcional, la misión que cumple en ese determinado momento la emoción que aflora o se hace consciente.[2]

El *mensaje* es el mismo corazón de la utilización de la inteligencia emocional, porque una vez que se especifica, que se hace explícita para una emoción en particular, inmediatamente transforma esa emoción en sentimiento provechoso de tener y sentir. Es útil saber cuándo has cometido un error, violado normas personales o estás luchando por algo; recibiendo así la retroalimentación de ser consciente de esas cosas y recibir el impulso para responder apropiadamente a la situación. Por tanto, la función comunicativa de una emoción desagradable, está diciéndote específicamente lo que necesitas hacer para responder apropiadamente a esa emoción. No es negativo tener emociones desagradables, ya que con ellas tenemos información de por dónde vamos y en qué nos estamos equivocando.

Para poder elegir tus emociones, o poder instruir a otros en su manejo, lo primero que debes tener en cuenta y aprender es a detectar la función comunicativa de las mismas, y ello se consigue deteniéndote un instante, identificándolas y preguntándote: ¿Cuál es el mensaje que me da esta emoción específicamente? ¿Qué es lo que está provocando? ¿Qué me quiere comunicar? Y si no lo sé, ¿qué podría ser si lo supiera?

Vayamos ahora a comprender la estructura que subyace en las estrategias mentales que generan las emociones. Partimos del supuesto de que las características de cada emoción son el resultado de series completas de componentes perceptibles, que forman las estructuras individuales de la misma. O dicho de otro

---

2. Para conocer un buen número de funciones comunicativas de las emociones, consúltese el libro citado.

modo, están constituidas por un conjunto de metaprogramas, que dan expresión a la correspondiente emoción. Estos metaprogramas conjuntados de una determinada manera, y que fijan una serie de patrones de pensamiento, lo llamamos componentes emocionales, filtros o metaprogramas emocionales.

Los metaprogramas que básicamente intervienen en el desencadenamiento de una emoción son los que siguen, que pueden estar presentes todos o en su mayoría, y que su adecuada combinación generará una u otra emoción, así como su intensidad.

Éstos son:

A. Metaprograma del tiempo.
    a. Orientación.
    b. Almacenaje-Reproducción.
B. Filtro de operadores modales secuenciales.
C. Metaprograma de acción.
    a. Intensidad.
    b. Ritmo.
D. Metaprograma de relación y comparación.
E. Metaprograma de valoración (Jerarquía de valores).
F. Metaprograma del marco de referencia.

Veamos uno a uno con detalle el significado e implicación de cada componente.

Metaprograma del tiempo

Como ya sabes, hace referencia a la proyección del tiempo mental. Cada individuo tiene una representación interna del tiempo, y ésta está orienta hacia el pasado, presente o futuro. Ese mismo programa mental es uno de los componentes más significativos de las emociones, ya que dependiendo de hacia dónde nos orientemos, surgirán o desaparecerán ciertas emociones.

Por ejemplo, unas emociones con salida de futuro en el metaprograma de tiempo serían:

- *Recelo / receloso*: Imaginar en el futuro algo no deseado.
- *Ansiedad / ansioso*: Pensar que hay algo en el futuro para lo que no estás preparado.

Emociones con metaprograma de tiempo salida de pasado:
- *Remordimiento*: Algo que no hicimos o hicimos mal en el pasado.
- *Resentimiento*: Alguien de confianza nos hizo algo en el pasado contrario a lo que esperábamos de él, y eso nos causó daño.

Emociones con salida de presente:
- *Aburrido / aburrimiento*: No se sabe qué hacer en el momento presente.
- *Inquieto / inquietud*: Insatisfacción con lo que estamos haciendo en este momento.

Ya tienes un elemento explícito de las emociones al que puedes acudir cuando quieras modificar alguna de ellas. Basta con cambiar el foco de atención del marco temporal de uno por otro (pasado por presente, futuro por presente, presente por futuro, etc.). Si un sujeto experimenta aburrimiento, por ejemplo, –que tiene características de presente–, haz que su mente se proyecte hacia lo que va a hacer más tarde, o lo que puede hacer en un futuro inmediato. Ese simple cambio, en muchos casos ya opera en su beneficio, deshaciendo la emoción de aburrimiento que hasta ese momento sentía. Y del mismo modo con todas las demás en las que intervenga este metaprograma como elemento clave de su estructura.

Metaprogramas de operadores modales secuenciales

Recuerda que se trata de órdenes implícitas que utilizamos en nuestro diálogo interno. Este filtro es un elemento clave para dar forma a la estructura lingüística necesaria para construir la emoción. Éstos pueden ser del tipo necesidad, posibilidad u obligatoriedad, en función de que impliquen órdenes de necesidad, posibilidad u obligación.

En la siguiente lista tienes algunas emociones y los operadores modales implícitos en su organización. Así por ejemplo, la *desesperación* se genera cuando me doy el mensaje de que *necesito conseguir o hacer* cierta cosa y, no consigo alcanzarlo o realizarlo. En el caso de la *obsesión*, la orden implícita es qué *debo* de hacer, independientemente de si puedo o no, o de si es el momento o no.

Así pues, veamos algún ejemplo:

OPERADOR MODAL	EMOCIÓN
Necesito…	Desesperación
	Necesidad
Debo…	Urgencia
	Abrumado
	Obsesión
Debería…	Obligación
Debería hacer…	
No debería hacer…	Culpa
	Remordimiento
Podría…	Esperanza
	Optimismo
	Prudencia
	Cautela
	Precaución
Puedo…	Habilidad
	Adecuación
	Confianza
	Seguridad
	Intrepidez
	Imprudencia

OPERADOR MODAL	EMOCIÓN
Sería posible…	Vulnerabilidad Recelo Curiosidad
Podría haber…	Decepción Reflexión
No puedo…	Inadecuación Impotencia Aceptación
No puede hacerse…	Desesperación Resignación Desesperanza
Quiero…	Motivación Deseo Atracción Codicia
Querría…	Tenacidad Determinación Paciencia Ambición
No quiero…	Flexibilidad Comprensión Tozudez

Para comprender la operativa de las modalidades expresivas, es conveniente que realices el siguiente ejercicio que te permitirá comprobar la eficacia con el simple hecho de cambiar la salida del metaprograma sustituyendo un operador modal por otro.

Paso 1. Supón que en este momento eres el responsable de mejorar la calidad de las acciones de un colectivo (familia, empresa, club, etc.).

Paso 2. Asóciate a la experiencia y siente en tu interior esa responsabilidad.

Paso 3. A continuación, vas a eliminar uno a uno los diversos componentes modales que dan forma a la emoción de responsabilidad.

Para ello procede así:

A. Comienza en primer lugar, creyendo que todo está bien como está en este momento, que no hay que modificar nada de la situación. Elimina el operador: «*necesita hacerse*».

B. A continuación piensa que el hacer algo es tarea de otros (padre, madre, director, presidente, etc.) Elimina el elemento lingüístico: «*es mi tarea*», o «*me corresponde a mí hacerlo*».

C. Ahora imagina que nada se puede hacer por cambiar la situación. Suprime el operador: «*puedo hacerlo*».

Paso 4. Observa y comprueba en qué ha quedado la responsabilidad.

El siguiente metaprograma implicado en la elaboración de las emociones es el relacionado con la respuesta modal. Al referirme a la respuesta, estoy considerando la actitud conductual ante el sentimiento o sensación que produce el operador modal, en la persona. O lo que es lo mismo, cómo reaccionamos o cómo resolvemos esos argumentos decisorios y actuamos. De ello se encarga el METAPROGRAMA DE ACCIÓN, y la actitud que adoptamos al respecto, que puede ser de dos tipos básicos, aunque en el filtro como tal se den más salidas:

➢ Activa: Nos involucramos e influimos en la acción consecuente.

➢ Pasiva: Esperar y ver qué pasa sin implicarnos directamente en la acción.

Como es obvio comprobar, en unos casos la orden nos impulsará a la acción, y en otros al bloqueo o a la paralización, incluso en determinadas emociones el impulso puede ser frenético, al igual que la pasividad puede llegar a experimentarse como rigidez. Para que la implicación tome una dirección u otra, el factor tiempo (metaprograma tiempo) juega un papel importante dentro de la estructura de la propia emoción.

Comprueba por medio del ejercicio siguiente la manera de modificar la implicación, y cómo afecta a las emociones correspondientes.

Piensa en algo sobre lo que ambiciones. Por ejemplo, tener un chalet, un mejor coche, viajar a un remoto país, ser empresario o socio de una empresa, ganar un premio, etc., cualquier cosa por la que realmente sientas una sana ambición. Asóciate completamente a la experiencia y, siente la ambición de que tienes que conseguir realizar ese proyecto y convertirlo en realidad.

Como puedes observar, aquí, hay una implicación activa, te das cuenta de que tienes que hacer cosas para conseguir tu ambición.

Ahora cambia esa implicación activa por algo pasivo, algo que no dependa de ti, que dependa de otros o de no sabes qué.

¿En qué ha quedado la ambición?

En la demostración previa, la ambición tiene dos componentes básicos, uno el metaprograma de operador modal con modalidad de *«puedo y lo haré»*, y otro, que ya vimos del tiempo que es de salida de futuro. Ambos elementos combinados llevan a que el metaprograma de acción sea necesariamente activo.

El cuadro que tienes en la página siguiente, nos muestra algunos ejemplos de emociones y su tipo de implicación.

Un subtipo del metaprograma de acción es la INTENSIDAD, que hace referencia a los cambios cualitativos y cuantitativos –en calidad y cantidad–, que se producen dentro de una misma estructura emocional, y que permite incrementar o disminuir la calidad de la emoción, y en consecuencia su impacto en nuestro organismo. La intensidad es como un *«continuum»*, que abarca desde el máximo hasta el mínimo en la escala de esa calidad emocional.

Resulta evidente comprobar que en función a la gradación con que se experimenta un cierto tipo de emoción, ésta puede

EMOCIÓN	ACTIVA	PASIVA
Determinación	x	
Esperanza		x
Ambición	x	
Apatía		x
Cariño-Afecto	x	
Complacencia		x
Curiosidad	x	
Satisfacción		x
Miedo	x	
Sumisión		x
Disgusto	x	
Aceptación		x
Frustración	x	
Soledad		x
Agresión	x	
Calma		x
Amistad	x	
Aburrimiento		x
Intriga	x	
Paciencia		x

cambiar su naturaleza. Por ejemplo, en la escala de la emoción *miedo*, podríamos considerar como el grado más bajo a la *inseguridad*, pero si incrementamos la intensidad llegará al *terror* o incluso al *pánico*. Y no es que haya situaciones o hechos que provoquen un nivel u otro de intensidad respecto al miedo (–ya hemos visto que no son las circunstancias las generadoras de las emociones–), sino nuestra propia valoración –intensidad– incorporada a la emoción en cuestión. Un mismo hecho dos personas distintas lo viven de forma muy diferente: Ante una película de «terror», un individuo sufre lo indecible, mientras que otro llega incluso a reírse en las escenas supuestamente «terroríficas».

Para modificar este submetaprograma, lo haríamos variando, como si de un potenciómetro se tratara, la intensidad de la emoción en cuestión. Tenemos por ejemplo las siguientes emociones con sus correspondientes escalas:

BAJA	MEDIA	ALTA	MUY ALTA
Decepción	Tristeza	Aflicción	Compunción
Satisfacción	Felicidad	Emocionado	Éxtasis
Preocupación	Enfado	Ansiedad	Histeria
Curiosidad	Interés	Excitación	Obsesión
Rechazo	Enfado	Agresividad	Cólera
Inseguridad	Miedo	Terror	Pánico

Otra subdivisión del metaprograma de acción es el RITMO, se trata del ciclo o velocidad que acompaña o impregna a todas y cada una de las conductas y las emociones.

Cualquier experiencia tiene un ritmo; ese ritmo es una de esas cualidades de la experiencia que raramente prestamos atención, y, por tanto, permanecen desconocidas a pesar de ser un aspecto que forma parte de la experiencia en cuestión. El ritmo se aplica a todo aquello que pretende generar estados emocionales en los demás. Es lo que ocurre con la literatura, el cine, la televisión, la música, etc.; donde las características de lentitud, acción, alegría, vivacidad, terror, etc., vienen determinadas por el ritmo implicado en las secuencias visuales y sonoras que lo acompañan. No afectan de igual manera, ni se producen las mismas emociones, con un ritmo que con otro. Cuando se modifica el ritmo en cualquier hecho, cambia el sentimiento que produce. Es el caso de la música por ejemplo, si una composición con ritmo de bolero se interpreta a ritmo de merengue, la sensación que genera es completamente diferente, como lo sería si la oyeras a ritmo de blues o jazz.

En el siguiente listado tienes alguna de las características de ritmo relativas a ciertas emociones:

RITMO RÁPIDO	RITMO LENTO
Excitación	Aburrimiento
Pánico	Soledad
Intranquilidad	Apatía
Impaciencia	Paciencia
Ansiedad	Desaliento
Enfado	Aceptación
Nerviosismo	Satisfacción

Aquí tienes otra sencilla práctica para experimentar los efectos que produce en ti los cambios de ritmo en las emociones.

Busca una experiencia en la que te sentiste excitado, y asóciate de nuevo volviendo a revivir la excitación. A continuación mientras sientes la excitación intenta experimentarla con un ritmo lento a la vez. A continuación y tras haber hecho lo anterior, asóciate ahora a una experiencia de tranquilidad y aplícale un ritmo rápido. ¿A que no puedes en ninguno de los dos casos?

Pues así de sencilla resulta transformar una emoción con un ritmo determinado en otra, o simplemente eliminarla, modificando éste.

Metaprograma de comparación

El metaprograma de comparación por el que nos guiamos a la hora de ejecutar las acciones equiparándolas, comparándolas o diferenciándolas con lo que hemos realizado en otras ocasiones, por lo que han hecho otros, o lo que son otras personas. Esta comprobación, como sabes, la llevamos a cabo básicamente por igualdad o diferencia.

Cuando contrastamos por igualdad, tendemos a unificarnos a lo comparado, y cuando lo hacemos por diferencia lo hacemos del modo: más que…, o, menos que… Así por ejemplo las emociones de agrado, satisfacción, felicidad, etc., actúan por igualdad, es decir, buscando relacionarse con lo conocido. Emociones del tipo envidia, presunción, desprecio, frustración, inadecuación, y otras, actúan por diferencias: «Yo soy menos que...» «Yo soy más que...»

Para aprender a modificar este metaprograma y la consecuente emoción, te propongo el siguiente ejercicio:

- Como en anteriores trabajos, experimenta asociadamente un recuerdo que contenga una de estas cuatro emociones: desagrado, frustración, desprecio o decepción. Todas ellas actúan buscando las diferencias entre el sujeto y lo que pretende, lo que es y lo que esperaba ser.
- Selecciona una de las anteriores y a continuación observa cómo estás prestando atención a lo que conseguiste o hiciste que no igualaba lo que querías o pretendías hacer. Una vez comprobado que actuabas buscando las diferencias, procede del siguiente modo: toma la experiencia creadora de la emoción e indaga sobre aquellas partes de lo que hiciste o conseguiste que igualaran –aunque fuese solo un poco– lo que querías o pretendías hacer. Observa cómo cambian tus sentimientos al respecto.

Metaprograma de jerarquía de valores

También nos permitimos llamarlo como los estándares de valoración que aplicamos en cada situación concreta. Este filtro trata de aquello que le da sentido a la experiencia que estamos viviendo en el presente, y, por ello, dependiendo del juicio que apliquemos en un momento dado, así será la emoción que se desencadene.

La valoración es decisiva para que una emoción tome un sentido u otro. Es algo similar a lo que vimos en el subprograma de la *intensidad*. Dos sujetos en iguales circunstancias experimentan emociones muy diferentes en función al valor que le den a los hechos. Mira los siguientes ejemplos comparativos para comprender mejor este aspecto.

Ante la situación de tener que cambiar de domicilio y de ciudad. Aquí podrían desencadenarse dos emociones casi diametralmente opuestas. Ambas poseen elementos comunes en la mayoría de sus componentes, siendo la única diferencia la valoración que se hace del hecho.

EMOCIÓN	ESPERANZA	TEMOR
Tiempo:	Futuro	Futuro
Operador:	Sucederá	Sucederá
Respuesta:	Pasiva	Pasiva
Intensidad:	Media-alta	Media-alta
VALORACIÓN:	*Ganar*	*Perder*

Otro ejemplo: Ante la propuesta de concederte un premio. Aquí como en el caso anterior los estados internos sólo se van a distinguir por valoración, produciendo, sin embargo, respuestas completamente distintas.

EMOCIÓN	AGRADECIDO ALIVIADO	IMPACIENTE AMBICIOSO
Tiempo:	Presente	Presente
Operador:	Puede ser	Puede ser
Respuesta:	Activa	Activa
Intensidad:	Alta	Alta
VALORACIÓN:	*Aceptación*	*¿Qué puedo ganar con esto?*

Como es fácil comprobar, con este metaprograma el tratamiento consiste en llevar a cabo un cambio en la jerarquía de valores del sujeto, ya que en el momento en que eso se realiza, la emoción se transforma inmediatamente.

Metaprograma del marco de referencia, que como recordarás puede ser de referencia interna o externa, equilibrada, interna-externa, externa-interna. Al referirnos a este filtro, hacemos hincapié en la cantidad de atención que focalizamos en la experiencia provocadora de la emoción. Es decir, si es más o menos de la necesaria para atender adecuadamente la circunstancia. Si se concentra mucha atención, se está pendiente de cantidad de pequeños detalles, lo que incrementa la intensidad de la emoción. Por el contrario si la atención es difusa, expandida o compartida, la emoción pierde fuerza o incluso se diluye. Es similar al efecto que se produce en la cámara fotográfica cuando tomamos un primer plano o una perspectiva general o panorámica. Amplificamos los detalles, o generalizamos la escena.

Advierte a continuación cómo nos afecta el cambio de foco en la experimentación de las sensaciones emocionales. Recuerda algo que deseas alcanzar o conseguir en este momento, pero que ahora te sientes incapaz de ello. Experimenta la emoción que ello conlleva. A continuación, empieza por dividirlo en partes cada vez menores, hasta que lo tengas reducido a esos segmentos o partes de conductas, percepciones o habilidades que consideras que están a tu alcance. Ahora organiza tu acercamiento al objetivo paso a paso, cumpliendo y ejecutando esos pequeños trozos que sabes que puedes realizar sin dificultad. Como te habrás percatado, la emoción ha cambiado.

Somos como pensamos, es el pensamiento mantenido el que crea las condiciones para que se generen las emociones y como consecuencia –éstas son el combustible– las conductas. No lo olvides. Lo que haces, como actúas, tu actitud ante la vida tiene su raíz en las emociones que permites que existan dentro de ti. Si mantienes emociones de felicidad, serás feliz; si mantienes emociones de inadecuación, serás inadecuado; si mantienes emociones de ambición, serás ambicioso, si son de flexibilidad, serás flexible, y si son emociones de cariño, afecto y amor, serás una persona cariñosa, afectuosa y amable. Sólo de ti depende cómo ser. Ten en cuenta, que son muchas las personas totalmente inconscientes de sus sentimientos, e incluso de sus sensaciones o no pueden describirlos sensorialmente, sino tan sólo racionalmente, es decir, de forma disociada e insensible. A estos individuos les llamamos *alexitimicos*, que serían aquellos sujetos con dificultad para describir los sentimientos o para identificar las emociones.

Existen numerosas técnicas para trabajar las emociones, modificarlas, eliminarlas, sustituirlas o prevenir su regreso. Seguidamente vamos a estudiar y practicar algunas de ellas, con el fin de que te familiarices con los modelos y sus aplicaciones. De todos modos, si deseas ampliar tus conocimientos sobre la materia, y conocer la mayoría de los modelos aplicables al desarrollo de la inteligencia emocional, te remito a mi trabajo *Inteligencia Emocional con PNL*, en el que encontrarás el tema ampliamente tratado.

La primera técnica que veremos está destinada a modificar la experiencia subjetiva generadora de una determinada emoción. Como observarás se trata de una combinación de modelos ya conocidos, pero aquí aplicados y conectados específicamente para este tratamiento.

MÉTODO PARA PREVENIR EL REGRESO DE EMOCIONES NO DESEADAS

Paso 1. Para comenzar el proceso establecerás la emoción que quieres evitar –o que tu paciente evite– que se te presente de nuevo.

Paso 2. A continuación, proyecta como si fuese una película la situación provocadora de la emoción. Las imágenes de la representación han de ser disociadas.

En la proyección que estás viendo se ha de identificar:

- Ambiente: Lugar, momento y gente.
- Duración: El tiempo que permaneció en ti.
- Conducta: ¿Qué hiciste para que ocurriera?
- Observa y analiza la 1ª y 2ª posición.

Una vez realizado lo anterior, pasa de nuevo la película y localiza:

– Las causas externas.
– Circunstancias.
– Conductas de otra gente.

Paso 3. Seguidamente busca los recursos que necesitas para que esas situaciones no vuelvan a provocar en ti tal emoción.

Paso 4. Una vez encontrado el recurso o recursos, ancla cada uno de ellos apilándolos.

Paso 5. Ahora recuerda otra época de tu vida en la que usaste con éxito esos recursos. De nuevo, ancla y apila.

Paso 6. Recuerda a continuación de nuevo la última ocasión en la que actuaste inadecuadamente experimentando esa emoción que quieres impedir que regrese, PERO ESTA VEZ COMIENZA EL RECUERDO UN MOMENTO ANTES DE QUE SURJA LA EMOCIÓN, y a la misma vez que comienzas a recordar, ACTIVA las anclas apiladas.

Paso 7. Pasa de nuevo la película desde ese momento anterior y observa cómo te manifiestas.

Paso 8. Por último, haz un puente al futuro.

Si la experiencia es como deseas, aquí termina el proceso. Si vuelves a experimentar la emoción, puede ser por dos causas:

a) Que los pasos 2 y 3 no estén bien identificados.
b) Que falten recursos.

– Si es el primer caso, repite el proceso desde el paso 2.
– Si es el segundo caso, repite desde el paso 4.
– Si a pesar de todo sigue sin funcionar, habría que investigar qué creencias pueden estar manteniendo tan firmemente arraigada la emoción.

El siguiente modelo permite alcanzar niveles de conciencia poco frecuentes en las personas con el fin de comprender y reencuadrar, no ya sólo la emoción en sí, sino la intención profunda que subyace en las conductas desencadenantes de los estados. Es un ejercicio muy intenso por el estado de conciencia al que se tiene acceso, y produce efectos de alcance trascendental. Aunque está presentado para poder hacérselo uno mismo, recomiendo que siempre que se pueda sea otra persona quien lo dirija, de modo que se pueda ajustar a los tiempos, y el sujeto no tenga que distraerse leyendo el texto.

TRANSFORMANDO LAS LIMITACIONES EMOCIONALES

Primero: Pregúntate: ¿Dónde, cuándo, con quién o con quiénes se manifiesta más críticamente ese estado emocional negativo? Escribe las respuestas a todas estas preguntas.

_____

_____

_____

_____

Segundo: Ahora cierra los ojos, y concéntrate en un recuerdo específico que tenga que ver con algún incidente relacionado con esa emoción específica. Consigue que el recuerdo sea lo más completo posible. Busca en tu cuerpo el lugar en el que se localizan los efectos de la emoción. Pregúntate: ¿En dónde siento con mayor intensidad los efectos emocionales? ¿En dónde se localizan físicamente?
Si lo que recuerdas son voces, identifica sus cualidades, similitudes, etc. Si son imágenes, observa en qué lugar de tu espacio mental se sitúan.

Tercero: A continuación vuélvete a preguntar: ¿Cómo se manifiesta esa emoción en mí? ¿De qué forma?
Presta mucha atención a lo que localizaste cuando cerraste los ojos en el paso anterior. Atiende con detalle para darte

cuenta de cómo actúa en ti, no sólo al modo en que se comporta, sino también al cómo se manifiesta internamente en tus órganos, en tu cuerpo.

Es de suma importancia para este proceso que identifiques con total precisión este *cómo*.

Cuarto: Interiorízate aún más, y hazte las siguientes preguntas: ¿Qué es lo que quiere esa emoción crítica conseguir para mí con esos estados que me provoca? ¿Qué es lo que pretende con esa actitud, con esa emoción?

Da tiempo para responderte. No aceptes respuestas analíticas, justificativas, negativas o limitantes. Recuerda que toda conducta, todo comportamiento tiene una intención positiva; es decir, cualquier acción o respuesta adaptable que realizas, en el fondo lo que pretende es producirte algún beneficio. Eso es lo que andas buscando, la intención oculta que hay detrás de que esa emoción se desencadene. Busca lo bueno que hay detrás de cualquiera que sean tus estados. De todos modos si después de insistir y, preguntarte: cuál es la intención positiva que tiene esa emoción con sus manifestaciones, no consigues una respuesta del todo positiva, no te importe, más adelante en el transcurso del ejercicio aparecerá.

Escribe las respuestas que te lleguen, ahí es donde se encuentra la intención positiva del área en conflicto.

Observa los gráficos y sigue todas las secuencias con precisión.

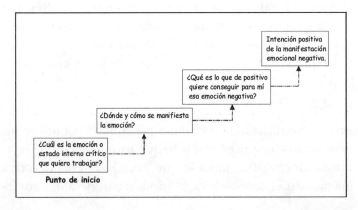

330

Sexto: El siguiente paso es descubrir las intenciones profundas, las intenciones transcendentes, para ello debes de hacer un alineamiento encadenado de preguntas, del siguiente modo:

¿Suponiendo que ya he alcanzado... (la intención positiva descubierta en el paso anterior)... completamente y de forma total, qué es lo que querría ahora conseguir más allá de eso, que fuese aún más importante y trascendente para mí? Espera y atiende a la nueva respuesta que le llegue. Toma buena nota de esta respuesta. Lo que surja de este cuestionamiento va a ser otra intención aún más valiosa y profunda. A ésta la llamaremos *intención profunda 1ª*.

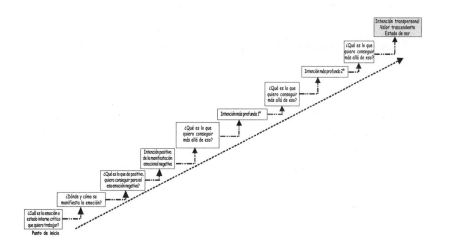

Séptimo: A continuación vuelva a preguntarse:

¿Suponiendo que ya tengo... (la nueva *intención profunda 1ª*)..., y la disfruto ya de forma plena e íntegra, qué es lo que querría conseguir más allá de eso, que aún fuese más valioso y trascendental para mí?

Una vez más espera la respuesta hasta que se produzca. Se tratará de un valor superior, anótalo. A este último valor lo llamaremos: *intención más profunda 2ª*.

Octavo: Haciéndonos este tipo de preguntas, continuaremos hasta que ya no existan nuevos valores o intenciones profundas (podría haber *intención más profunda 3, intención más profunda 4, intención más profunda... n*). Sabrás que has llegado a la experiencia trascendente por el estado de comprensión transpersonal que se alcanza, y porque ya no caben más respuestas.

Esa última intención, lo que llamo: «*intención trascendente*», es la que te conecta con lo espiritual que hay en ti, con tu mejor parte, con la manifestación del Ser.

Cuando llegues a esa intención trascendente o valor transpersonal o espiritual, pon tu mano derecha sobre su corazón, y manténgase unos minutos disfrutando de ese estado de permanencia de ser, de contacto con el Ser, esa plenitud nada tiene que ver con poseer o relacionarse con algo o alguien, o conocer, es una experiencia personal, algo que te pertenece desde el origen, tu rostro adánico, la emanación de tu Yo Superior y eterno.

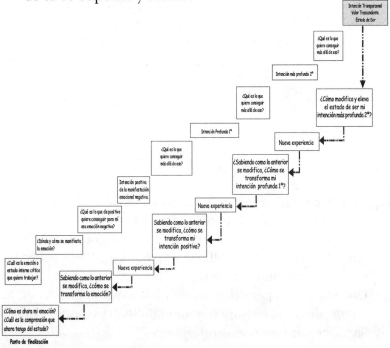

Noveno: Para continuar, y una vez disfrutado del estado de ser, de la emanación de tu Ser, levantarás la mano del corazón, y vas a llevar ese conocimiento y experiencia al nivel de emoción a resolver.

Pregúntate ahora: ¿Poseyendo este estado de ser, este valor transpersonal que me pertenece desde el origen, cómo modifica y eleva la «*intención más profunda 2ª*» (o la que corresponda, que puede ser la 3ª, 4ª o nª) –y la dices–. Antes de responder vuelves a colocar tu mano derecha sobre el corazón, y esperas la respuesta que nuevamente se producirá.

Décimo: Sigue preguntándote y encadenando las respuestas con las preguntas hasta llegar a la emoción crítica.

¿Teniendo y sintiendo la emanación trascendente de mi Ser, de forma permanente y eterna, y sabiendo cómo modifica y transforma mis intenciones anteriores, mis valores y estados de consciencia, cómo mejorará y transformará mis acciones en los lugares, momentos y con las personas que hasta ahora se venía exteriorizando? Vuelve a colocar tu mano derecha sobre el corazón, y espera la última respuesta.

Es muy conveniente que todo lo experimentado en esta última respuesta se escriba, para posteriormente recordar las formas y efectos que alcanzaremos.

_____
_____
_____
_____
_____
_____
_____
_____
_____

Este ejercicio puede producir un profundo impacto en algunas personas, por lo que recomiendo que una vez realizado, y especialmente si experimentamos fuertes sensaciones, nos mantengamos en recogimiento interior, para permitir que los efectos del mismo alcancen niveles más profundos.

Son multitud de estados internos y emociones los que se pueden experimentar como ya sabes, pero hay situaciones en la vida, especialmente delicadas o impactantes para ciertas personas, en las que se unen varias emociones creando un complejo estado interno. Me refiero por ejemplo en los casos de perdida de un familiar o amigo por fallecimiento, desaparición súbita, o incluso abandono. Ese estado es una suma de emociones, que en su conjunto bien lo podemos denominar como *duelo*. En PNL disponemos de un modelo específico para resolver estos casos, devolviendo al sujeto que lo padece un equilibrio y control emocional como el previo, o incluso en ocasiones aún mejor.

MÉTODO PARA TRANSFORMAR EL DUELO EN RECUERDO POTENCIADOR

Paso 1. Lo primero de todo, debes identificar la representación interna que tiene el sujeto de la persona supuestamente perdida, a la que a fines del ejercicio llamaremos X. Realizarás un preciso chequeo de submodalidades, con el fin de conocer la estructura de la experiencia subjetiva que tiene el paciente del hecho de la pérdida.

Paso 2. A continuación, le indicarás al cliente que traiga a su mente una representación interna de alguien que ya no está en la vida de esta persona pero que cuando piensa en ella, se siente bien y con plenitud. A esta otra persona la llamaremos Y. También realizarás un chequeo de submodalidades para posteriormente poder comparar ambas representaciones, la correspondiente al paso 1, y al 2.
En este punto le preguntarás a tu cliente:

– ¿Te sientes casi como si *Y* estuviese aquí contigo?
– ¿Puedes sentir cómo es estar con *Y* a pesar de que ya no es parte de tu vida?

– ¿Tendrías alguna objeción en pensar en *X* (persona perdida) de la misma forma que lo haces respecto de *Y*, de modo que puedas experimentar los buenos sentimientos que tuviste con él / ella en lugar de ese vacío?

Si alguna de las respuestas resulta inconveniente o limitadora, indícale que busque otra persona con la que esos sentimientos y recuerdos sean completamente satisfactorios y potenciadores.

Paso 3. Seguidamente, aplicarás las submodalidades de la representación interna de la experiencia con la persona <u>Y</u>, a la representación interna de la experiencia con la persona <u>X</u>, dándole la siguiente instrucción:

– A pesar de que has perdido esa relación con *X*, aún puedes tener esos buenos sentimientos contigo.

Paso 4. Realizado el paso anterior, prosigues pidiéndole al sujeto que pensando sólo en las experiencias positivas vividas en la relación con *X*, y pasando por alto las negativas, que identifique los *valores* que vivenció mientras esa relación perduró.

Paso 5. Ahora le solicitas al sujeto que cree una nueva imagen, que nada tiene que ver con ninguna de las anteriores en una ubicación diferente. Puede ser una imagen simbólica: una luz, una esfera, pirámide, galaxia, etc., y que a esa simbología le añada todos los valores identificados en el paso anterior.

Paso 6. En otro espacio mental diferente le indicas que imagine qué forma podrían adoptar esos valores en el futuro. Pregúntale:

– ¿Cómo podrías satisfacer esos valores con otra persona?

Esta nueva imagen ha de contener los valores de la imagen simbólica del paso anterior. Asegúrate de que así sea.

Paso 7. Instruye al sujeto para que tome la imagen del paso 6 (del futuro) y la multiplique como si se convirtiera en un mazo de cartas, un paquete de confetis, bolitas de colores, etc. Aunque tengan un aspecto diferente, cada una de ellas contendrán la esencia de los valores del paso 4.

Paso 8. Ahora, le dices que lance todas las cartas (o lo que sea) hacia el futuro de manera que se dispersen allí, unas quedarán más lejos y otras más cerca.

Puede que aún después de desparramarlas se siga apreciando la cualidad esencial (valores) de cada una de ellas.

Paso 9. Puente al futuro. Ahora indícale al sujeto que piense en X como lo hacía antes, y calibra sus manifestaciones por si persiste la sensación negativa. En el caso de que aún existan emociones negativas, debes volver atrás al paso 4, e incrementar los valores de la imagen del futuro.

Ya vimos, como ciertos metaprogramas facilitan la generación de los estados emocionales, y como consecuencia el cambio de éstos permite acceder a emociones determinadas, modificar las mismas o incluso suprimirlas. La técnica que secunda te aportará otra herramienta destinada a que puedas disponer de variadas emociones. Se trata de una nueva estrategia para formar, para hacer que surjan en nosotros las emociones que deseemos, y que ya conozcamos. Más adelante aprenderás a desencadenar nuevas emociones, construyéndolas a partir de las estructuras descritas en los capítulos anteriores. Podrás usar este modelo en multitud de ocasiones y para muchos fines, ya que te proporcionan la posibilidad de establecer en tu interior, o en tus clientes, el estado emocional que más te interese o te apetezca, cuando te interese y te apetezca, y con quien te interese y te apetezca.

«Cierto cliente, responsable del área de personal en una importante empresa, me solicitó tratamiento para poder orientarse adecuadamente cada vez que se veía obligado a destituir a un trabajador, o rechazar a un demandante necesitado. Su gran sentido humanitario le impedía disociarse de tales realidades, y sufría tanto al tener que ejecutar sus desagradables funciones, que innumerables veces delegaba en los subordinados la tarea del despido. Me comentaba, que no era capaz de encontrar el estado emocional idóneo que le permitiese, sin perder su humanidad, cumplir su cometido no perjudicándose emocionalmente, y aún menos quedarse enganchado por horas, e incluso días, en aquellos sentimientos de culpabilidad e injusticia.»

El primer paso en su tratamiento consistió en averiguar qué tareas similares realizaba en el ámbito personal sin que por ello se sintiese incómodo. Por ejemplo, cuando alguno de sus hijos quería algún juguete o capricho, fuera de lugar o momento, o se salía del presupuesto familiar, sabía muy bien decirles que no, pues el equilibrio económico de la familia, y la educación del niño, era más importante que un deseo por apetente que fuera. También recordaba las muchas ocasiones en las que debió ordenar a su pequeño que abandonara el salón de la televisión porque la película que se estaba proyectando no era recomendada para su edad, o el programa no estaba en consonancia con la moral que mantenía la familia. El siguiente paso gravitó en el reconocimiento de que su trabajo, como elemento de un sistema, adquiría una dimensión global, por encima de los individuos, y que la permanencia y desarrollo del conjunto estaba más allá de valoraciones o sentimientos personales. Que estaba muy bien sentir pena, y compartir el sufrimiento de aquellas personas a las que se veía obligado a comunicar el cese; pero si no lo hacía sería él el destituido. Por último le enseñamos a tener acceso a la emoción adecuada para esos momentos que era la ecuanimidad, la cual ya conocía, y desplegar tal estado interno siempre que estaba ante una nueva ocasión de cese.

Éste es el modelo utilizado para acceder a la emoción más adecuada al momento:

Paso 1. Especifica cómo quieres sentirte. Se trata de que te sitúes en un momento venidero determinado, uno de esos ambientes que sabes que se te van a presentar y en los que pretendes experimentar cierto tipo de emociones específicas.

Paso 2. Una vez ubicado en las condiciones futuras, pregúntate:

– ¿Qué puedo hacer aquí y ahora, o allí y entonces para tener esa emoción que deseo experimentar?

Paso 3. A continuación, y una vez que te hayas respondido a la cuestión anterior, repasa tu historia personal, identifica las formas que antes te fueron bien para acceder a la emoción escogida. Incluso si no te acuerdas o el recuerdo es difuso, puedes inventarte parte del contenido como si fuese realidad.

Paso 4. Selecciona las salidas de los metaprogramas que parezcan más apropiados. Es decir, los componentes de las emociones que estudiamos en páginas precedentes.

– Marco temporal
– Operador
– Respuesta modal
– Intensidad
– Clasificación
– Ritmo
– Valoración
– Foco de atención

Paso 5. Hazlo todo, y repasa los ingredientes emocionales que escogiste, analizando si son los más adecuados para ella. Sigue revisando hasta que consigas el objetivo. Si no resultara regresa al paso 3, y mejora la calidad del recuerdo o las imágenes que trajiste a tu mente para generar el estado de como si...

En la mayoría de las ocasiones, una emoción se libera como respuesta a una previa relación de causa-efecto que abrigamos. Tal correlación se encuentra determinada por la estructura de nuestro sistema de creencias; es decir, creemos que cuando se da tal factor, éste desata o provoca otra secuela o consecuencia. Esto lo ampliaré en los capítulos siguientes. Si cualquiera de nosotros rompe, o desvincula esta dependencia, el desenlace –la emoción– ya no se presentará, o no será igual su intensidad o naturaleza. No es ni más ni menos que desmontar la creencia que soporta la estrategia mental.

El modelo de cambio para la relación causa-efecto, tiene su base en la afirmación de una de las presuposiciones de la PNL: «Como seres humanos somos un sistema organizado en niveles; y el cambio en un nivel superior afecta ineludiblemente a los niveles inferiores.» Dentro del esquema de los niveles lógicos, las creencias son de rango superior a las emociones, como sabes, por lo que al alternar la creencia correspondiente, la emoción subsecuente se transformará inexorablemente.

Las creencias, son subjetivaciones de nuestras vivencias, o generalizaciones que hacemos sobre las causas, los significados, los límites de nuestros mapas, nuestras conductas, capacidades y nuestra identidad. Cada una de estas totalidades origina un cierto estado interno liberador de la emoción, y puesto que tales creencias son construcciones subjetivas, si las cambiamos, en nada trasformaríamos la realidad, sino tan solo la emoción que la acompaña. Muchas veces esta pauta de correcciones emocionales se da de forma natural en el transcurso de la vida, ya que a lo largo de la misma las relaciones causa-efecto que hemos utilizado para una determinada edad son sustituidas al asentarnos en otra etapa avanzada. Basta con recordar aquellas creencias o ideales de la adolescencia, que cuando eran violados saltábamos y nos enfurecíamos. ¿Qué queda de ellos a los cincuenta o sesenta años?

El siguiente modelo, cuando se realiza con un amplio número de respuestas emocionales se consigue un efecto sorprendente en las facultades, ya que éstas adquieren nuevas habilidades de respuesta. Donde antes producías un reiterativo *feedback* emocional, ahora puedes instalar una nueva y variada gama de alegatos para una misma causa.

Recuerda la ley cibernética, que en PNL hemos sancionado, y que dice: «El elemento con más alternativas es el que tiene el control del sistema.» Por eso, cuanto mayor sea el dominio emocional, tanto mayores y múltiples serán las alternativas que posee la persona, y en consecuencia el gobierno de la situación en la que se encuentre.

Secuencias del modelo:

Paso 1. Analiza y localiza qué es lo que te está provocando, o qué es lo que tú crees que genera tal sentir emocional desagradable o inapropiado, es decir, identifica la causa.

Paso 2. Selecciona la forma de anular el efecto de esa causa. Quizá pudieras cambiar tu perspectiva, situándote en otro enfoque perceptivo (segunda o tercera posición) siendo un observador ajeno. O también, viéndola desde el futuro como algo ya pasado, o alternando tu atención hacia otros estímulos, o saliéndote físicamente de la situación, alejándote de la imagen, tal vez disminuyéndola o enmudeciéndola. Tienes múltiples recursos dentro de las técnicas de PNL, en especial realizando cambios en las submodalidades de la imagen recordada.

Paso 3. Experimenta con aquello que has pensado como mejor medio, y muévete en tu imaginación de la forma que hayas seleccionado. Si lo escogido no resuelve o elimina el efecto, retrocede y busca nuevas opciones, nuevos recursos que hagan desintegrarse al efecto. Si no tienes más alternativas, invéntatelas, haz como si las tuvieras.

Paso 4. Cuando hayas anulado el fruto del estímulo, puedes continuar desplazándote al formato del ejercicio de «durante...» o a cualquiera de los otros muchos que hemos visto ya, o de los que prosiguen.

Esta prolongación o conexión con otros modelos permitirá que desmontes las relaciones de causa-efecto de muchas de las emociones que frecuentemente experimentas, y de ese modo, dejarán de molestarte por causas que carecen –como has podido comprobar– de consistencia real.

340

CAPÍTULO X
METAPROGRAMAS SISTÉMICOS

El trabajo que presento a continuación es nuevo en el campo de la formación en PNL, ya que hasta ahora no existía ningún estudio global en detalle sobre las estructuras de los metaprogramas como tales en el ámbito de sistemas autodesarrollantes o autoorganizados: sociedades, grupos, asociaciones, colectivos, etc. Sin embargo, en la esfera estrictamente empresarial, Peter M. Senge[1] propone, a partir de la teoría de sistemas, un nuevo enfoque para impulsar el aprendizaje en las organizaciones inteligentes, que tiene como base el estudio de lo que él llama *arquetipos sistémicos*, y que no son otra cosa que lo que yo denomino metaprogramas sistémicos. El presente estudio es el modelado de lo que en otros ámbitos se conoce como estructuras genéricas,[2] que fueron descritas en su día por los investigadores del pensamiento sistémico.[3]

Los metaprogramas sistémicos son estructuras de comportamiento corporativo presentes en las acciones que son realiza-

---

1. *La quinta disciplina,* Peter M. Senge. Editorial Granica.
2. Véase *System Dynamics Review, Generic Structures,* vol. 1, n°1, Mark Paich, 1985. *Generic models as a basis for computer based case studies,* Alan Graham, System Dynamics Group Working Paper, 1988.
3. Mark Paich, Barry Richmond, David Kreutzer, Allan Grahan, Jennifer Kemeney, Ernst Diehl Dan Kim, entre otros.

das dentro de cualquier conjunto. A diferencia de los metaprogramas individuales, los sistémicos no concurren todos en cualquier sistema, sino que se dan dependiendo de las circunstancias ambientales en las que en un momento dado se encuentra inmerso el propio sistema. Asimismo, sabemos que los metaprogramas individuales son estrategias firmemente adheridas y que operan por debajo del nivel de consciencia, en tanto que los metaprogramas sistémicos son patrones de conducta grupal, conjuntos de estrategias, POPS, que igualmente operan fuera de nuestra conciencia del sistema. Las estrategias influyen en las conductas, y dentro de un sistema complejo estructurado como tal, es éste quien genera sus propias crisis, que no se deben a

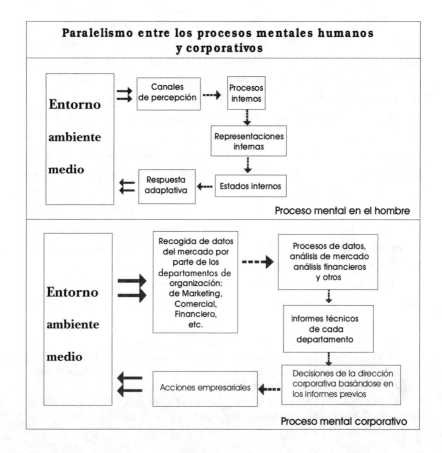

variables exógenas ni a errores humanos individuales. Los metaprogramas sistémicos se basan en las interrelaciones o acciones conjuntas de los elementos internos y otras variables, que median sobre la conducta grupal (sistémica) a lo largo del tiempo. Las variables a las que me refiero son del tipo supraindividual, tales como desarrollo de áreas sociales, ecología natural, crecimiento de la población, creatividad, producción, nuevos recursos productivos, ideas de nuevos productos, bolsa, guerras, equilibrio, etc., que de hecho inciden sobre el sistema obligándolo a adecuarse a tales factores, pasando, o mejor dicho, debiendo pasar ésta de ser una variable del entorno a ser una variable de decisión.

Estos tipos de estructuras de comportamiento sistémico son muy sutiles y poco perceptibles, ya que el observador es parte de ellas y, en consecuencia, es una pieza más del comportamiento a observar. Es por ello que, a la hora de identificar un metaprograma nocivo para la organización, el personal interno difícilmente sea capaz de localizarlo ya que es una porción del mismo. Es importante entonces la intervención de un experto en la materia ajeno al sistema para poder establecer la perspectiva mental adecuada que facilite la localización de la estrategia inoperante. Cuando se trabaja sistémicamente, se requiere una nueva habilidad de la que ya hemos hablado: se trata de la visión holística, puesto que los sistemas vivientes poseen una completa integridad, su existencia depende de la totalidad del propio sistema, y para comprender sus mecanismos es necesario verlo holísticamente. No nos sirve dividir el sistema en trocitos y arreglar, o intentar comprender, cada trocito; un sistema es una unidad y como tal hemos de tratarlo, aunque en el momento de operar sobre él, sí que será conveniente trocear a fin de manejar más eficazmente cada una de las áreas implicadas.

Es un poco como el relato sufí que se titula *Los tres ciegos y la cuestión del elefante.*

«Y dice que tres ciegos fueron a visitar el zoo de un circo que había llegado a su pueblo, pues les habían hablado de que en él estaba la bestia

más descomunal que jamás hasta entonces habían conocido los habitan-
tes del lugar. Cuando regresaron a su casa los ciegos, los familiares le
preguntaron uno a uno por separado cómo era el animal. El primero,
que sólo había tocado la trompa, explicó: "Es como una gigantesca man-
guera de riego que se zarandea de arriba abajo." El segundo que habien-
do palpado una oreja, argumentó que se trataba de una masa rugosa
y plana como si de una gigantesca alfombra se tratara. El tercero que en
sus tientos sólo alcanzó asir una pierna dijo que todos estaban completa-
mente confundidos, que realmente el animal no era sino una formidable
columna con estrías».

Es común entre los humanos, y especialmente lamentable entre los gobernantes, el valorar de ese modo sesgado los problemas de conjunto. Uno de los ejemplos que día a día soportamos, en la ineficacia en la resolución de los conflictos y problemas que soporta la humanidad en su totalidad por nuestra incapacidad de evaluarlo como una unidad de la que todos somos parte. Tristemente no podemos intervenir en la modificación de metaprogramas sistémicos, a menos que cambie nuestro modo de pensar, el condicionamiento occidental, ha impuesto ciertos parámetros mentales que culturalmente limitan nuestro pensamiento. Es como si estuviésemos atrapados por aquello que pretendemos que nos libere. Algo así como el mosquito apresado en la tela de araña, cuanto más se mueve intentando escapar más se envuelve en la red. Estamos acostumbrados a creer que lo obvio produzca los resultados, o proceda de causas obvias.

De nuevo una historia viene bien aquí, se trata de *El hombre que sólo veía lo obvio.*

«Un Buscador, que había recorrido medio mundo tras la huella de algún sabio, finalmente encontró a un hombre iluminado, que poseía la percepción y la comprensión de las cosas que no son accesibles a cualquiera.

El Buscador le dijo:

–Permíteme que viaje contigo para poder aprender de tu conocimiento, mediante la observación, y así alcanzar la iluminación a la que tu has sido elevado.

344

El Sabio le contestó:

—No creo que puedas soportarlo, ya que careces de la paciencia que se necesita para mantenerte alerta y en contacto con la esencia de los hechos. Tratarás de actuar con formas obvias en lugar de aprender.

El Buscador le prometió que se ajustaría a sus instrucciones, y que evitaría actuar con sus limitados prejuicios.

—Te pongo una condición, y es que no preguntarás nada, de los hechos que veas hasta que yo te dé una respuesta —dijo el Sabio.

El Buscador aceptó sin reflexionar y ambos iniciaron el camino.

Al cruzar un río a bordo de una pequeña canoa, el Sabio hizo secretamente un boquete en el fondo, con lo que la barca se hundió, agradeciendo de este modo la ayuda desinteresada que les había brindado el barquero.

El joven Buscador no supo resistir.

—¡Puede que hayamos arruinado al barquero, la canoa se perderá! ¿Es ésta la acción correcta de un buen hombre?

—Te advertí, ¿recuerdas?, que no serías capaz de evitar sacar conclusiones precipitadamente —le comentó el Sabio.

—Había olvidado mi promesa —contestó el Buscador. Y le pidió a continuación que le permitiera pese a su falta seguir con él. No obstante se sentía desconcertado.

Continuaron hasta llegar a un país en donde los recibieron espléndidamente, siendo acogidos por el rey e invitados a salir de cacería. El hijo del rey, el pequeño príncipe, iba delante del Sabio. En un determinado momento que quedaron algo más alejados del resto de la comitiva, el Sabio le dijo al Buscador:

—¡Rápido sígueme! —Torció el tobillo del príncipe, dejándolo en un matorral y salieron cabalgando velozmente tan lejos como pudieron hasta traspasar las fronteras.

El Buscador estaba completamente confundido y autoculpándose por haber participado en un crimen.

—¡El rey nos brindó su hospitalidad, nos confió a su hijo, y nosotros lo hemos maltratado! ¿Qué clase de acción es ésta?, ¡éstos son actos de malvado!

El Sabio se volvió serenamente hacia el buscador y le contestó:

–Joven compañero de viaje, estoy llevando a cabo lo que he de realizar. Tú has prometido ser un observador de los hechos, y te puedo decir que incluso pocas personas llegan siquiera a tal situación. De nuevo te recuerdo lo que prometiste.

–Reconozco mi promesa, y sé lo que por ella me ata. Si le vuelvo a interrogar una sola vez, despídame de su compañía.

Llegaron a una gran ciudad, pidieron algo de comer, pero nadie les dio ni tan siquiera unas sobras. La caridad y la compasión eran completamente ignoradas en aquellos lares. Les echaron los perros, y se vieron forzados a salir corriendo. Cuando llegaron en su veloz huida a los límites de la ciudad, extenuados, hambrientos y con sed, el Sabio dijo:

–Hagamos un alto aquí, pues tenemos que reparar ese muro derruido.

Trabajaron duro durante varias horas, haciendo adobes y levantando el tabique hasta que estuvo terminado. El Buscador se encontraba tan agotado que su disciplina y compromiso lo abandonaron.

–Ni tan siquiera nos agradecerán por lo que hemos hecho. Dos veces hemos pagado bien con mal, y ahora pagamos el mal con un bien. Ya no aguanto más.

–Deja de sufrir, y recuerda que me dijiste que si me interrogabas una vez más debía despedirte. Nuestros caminos aquí se separan, pues aún tengo mucho trabajo por hacer –añadió el Sabio–. Aunque antes de dejarte, te aclararé el significado de alguno de los hechos, de manera que algún día puedas emprender un viaje como éste.

»Con la canoa que hundí, conseguí con ello que no pudiese ser confiscada por un tirano que estaba apoderándose de todos los barcos para iniciar una guerra contra nuestro país. El príncipe al que torcí el tobillo tenía todas las características de un tirano, no llegará a ser rey, pues la Ley allí impide que un tullido herede el reino. En la ciudad de los egoístas agresivos hay dos pequeños huérfanos; cuando hayan crecido, la pared se desmoronará nuevamente y aparecerá un tesoro que he escondido en ella. Ellos serán lo suficientemente fuertes y sobrios como para utilizarlo correctamente y reformar toda la ciudad y sus habitantes, pues es su destino.

»Ahora márchate en paz. Estás despedido.»

Los sistemas humanos son complejos, como ya sabemos, y tal complejidad viene determinada por la cantidad de variables que presentan. Estas variables se pueden clasificar en dos grupos:
→ Variables de los elementos (individuos).
→ Variables de las dinámicas (interacciones).

Las segundas son muy intrincadas y difíciles de identificar, debido a que causa y efecto no siempre están visibles y, los tiempos en los que se manifiestan no son lineales. Sin embargo, cuando estas variables dinámicas son consideradas como tales, la complejidad tiende a minimizarse. Por su parte, las primeras pueden generar tantas alternativas como individuos conformen el sistema.

Imaginemos por un momento la cantidad de ingredientes que conlleva la preparación de un suculento guiso, preparación, forma de cocción, etc. Si lo analizamos linealmente, sería una acción casi imposible de llevar a cabo, pero visto en su conjunto sólo depende de la experiencia de quien cocina. No es cuestión de arrojar todos los ingredientes juntos en una olla y ponerla al fuego; se requiere otro tipo de intervención: hay algo que habrá que sofreír, otras cosas freírlas completamente, otras se añadirán crudas o tal vez precocidas, unas al inicio de la cocción y otras casi al final, añadiremos ciertos condimentos y especias en un momento adecuado, para conseguir no sólo que todo esté comestible, sino sabroso, oliendo bien, y con excelente impacto visual.

Si queremos profesionalizarnos y trabajar ayudando a mejorar organizaciones y grupos, es preciso que comprendamos tanto las variables dinámicas como las individuales, y no aisladamente sino en su conjunción activa. Un error muy común entre los «expertos» que pretenden resolver conflictos sistémicos es el de combatir la magnitud del problema con infinidad de intervenciones individuales, diseñando soluciones abigarradas y complicadas por la infinidad de partes que han de atacar. Esto se debe muchas veces a una confusión en la aplicación del principio aceptado por la PNL: *Es posible dividir procesos, estrategias, mensajes, situaciones, etc., en modelos de menor tamaño, con el fin de que puedan efectuarse cambios que no serían factibles si operásemos con gru-*

pos mayores. Lo expuesto es aplicable a escala individual, y tal vez en algunas situaciones sistémicas, pero no es generalizable. Es como si abordáramos un problema epidérmico en un sujeto tratando por un lado la soriasis de la mano, por otra parte la soriasis del pecho, por otra la de la pierna, y así cada una de las partes en las que manifiesta la enfermedad. «Los árboles nos impiden ver el bosque.» Esta forma de pensar y de proceder es la antagónica de las intervenciones terapéuticas sistémicas con PNL. Si nos preparamos y aprendemos a observar las interacciones que subyacen en todas las dinámicas, alcanzaremos la nueva comprensión, y como consecuencia la capacidad de intervención efectiva. Hemos de acostumbrarnos a la nueva visión de las interacciones y olvidarnos de las consecuencias lineales de causa-efecto. En lugar de ver representaciones estáticas de hechos, darnos cuenta que se trata de procesos en curso tendentes al cambio. El trabajo con metaprogramas sistémicos requiere desarrollar la metaposición en uno mismo, de modo que seas capaz de tener una visión omnisciente de los acontecimientos pasados, presentes y futuros, a la vez de ser capaz de tener presente todos los elementos que intervienen en el sistema, así como las variables implicadas.

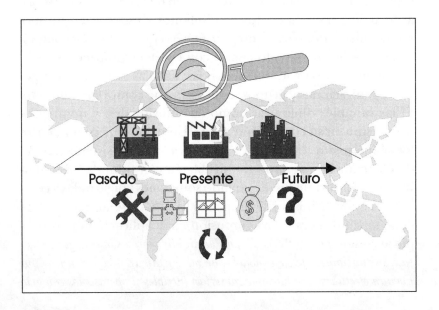

En el primer capítulo del libro vimos que uno de los fenómenos que se dan en los sistemas complejos es lo que denominamos *feedback* o *retroalimentación*. Y lo definimos como la respuesta de cualquier elemento de un sistema a la acción ejecutada por cualquier otro elemento dentro del sistema, y que puede tener efecto en otros puntos del sistema en ocasiones o momentos posteriores.

Esas respuestas de *feedback* pueden ser «reforzadoras» o «contrarrestantes», según se alineen en la misma dirección del impacto o reaccionen para corregirlo o amortiguarlo o/y equilibrarlo. Parte de nuestro trabajo como analistas de sistemas consiste en identificar las *redundancias* y las *restricciones*, que serán las que nos proporcionen las claves de las estrategias recurrentes o metaprogramas sistémicos ocultos.

Una de las mayores limitaciones que tenemos los occidentales a la hora de aceptar el pensamiento sistémico, por otra parte presente en todo el Universo, es el lenguaje. Nuestro lenguaje es lineal, en el que existe una estructura del tipo sujeto-verbo-predicado favorecedor de tal linealidad. Los orientales, en cambio, lo tienen más fácil en este sentido, al utilizar mucho más el lenguaje metafórico y analógico, que son lenguajes circulares y envolventes. Es éste el tipo de lenguaje requerido dentro del pensamiento sistémico, puesto que nos facilita una mayor participación interactiva y la visión de los procesos subyacentes, abriendo incluso la mente a la sincronicidad.[4]

No es lo mismo decir: «Yo clavo un clavo» que «la acción de mi mano-brazo sobre el martillo controla la profundización del clavo en la madera». Y, aún así, la segunda manifestación sigue siendo lineal, cuando en realidad, todo el sistema «clavar un clavo» forma una unidad inseparable, ya que «yo» sin el clavo no formaría parte del sistema, y a su vez «clavo» sin yo, tampoco. No es el «yo» el que realiza el acto, sino que participa en el con-

---

4. «Coincidencia en el tiempo de dos o más sucesos no relacionados causalmente, que tienen el mismo significado o un significado parecido.» También llamado «principio conector acausal».

junto del acto. La forma de expresar la situación, podría ser algo así: «Yo formo parte de que un clavo esté clavándose.» El problema del «yo», es que se cree centro del Universo, cuando de hecho sólo es una minúscula parte de un complejo sistema de interacciones infinitas.

Uno de los pilares del pensamiento sistémico es que la *realidad* –aún incluso considerando que el mapa no es el territorio– está constituida por círculos (o líneas curvas), pero nosotros sólo vemos líneas rectas por doquier. Un ejemplo sencillo; basta con que nos percatemos de que, en la superficie de la Tierra, lo que consideramos «recto», no es más que un segmento de una curva imponente (meridianos y paralelos).

Entonces, ¿cómo tenemos que proceder para ver la *realidad* que subyace en un sistema? Muy sencillo, aprendiendo a ver curvas o círculos en lugar de secuencias lineales como hasta ahora, y no ver relaciones aisladas sino como redes tridimensionales pertenecientes a un conjunto mucho más amplio multidimensional. Existe un dicho budista que expresa esta relación: *«El batir de las alas de una mariposa en el Tíbet puede desencadenar un huracán en las costas de América.»*

A continuación analicemos el hecho de «clavar una alcayata en la pared». En esta situación, operamos en un sistema de «fuerza del golpe del martillo», que involucra una serie de variables: profundidad que le queremos dar a la alcayata, nivel actual (o inicial) de la alcayata (con respecto a la pared), *problema* (la diferencia observada entre EP y ED -evidencia-test), posición del martillo, fuerza del golpe. Todas estas variables están integradas dentro de un POPS, que por supuesto no es lineal sino que está organizado en un círculo o curva de relaciones causa-efecto restrictivas que llamamos *feedback* o proceso de *retroalimentación*. En un sistema nunca hay influencias en una sola dirección, cualquier acción repercute en muchas (o varias) partes (elementos) del sistema.

Al adoptar esta visión del POPS, comenzamos a poder leer la historia que nos cuenta el proceso circular. Siguiendo los minicircuitos de afectación, observamos las *redundancias*, y cómo su repetición actúa en dirección potenciadora (útil) o limitante (ineficiente).

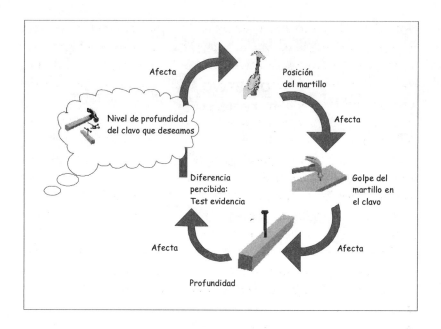

Como vemos en el dibujo precedente, cualquier elemento del sistema activo, se conecta, afecta a, y es afectado por otro. Los circuitos de afectación nunca existen aisladamente o en el vacío, sino siempre integrados dentro del sistema.

Identificar, leer un «*circuito de feedback*», o lo que es lo mismo, determinar los diferentes elementos afectados y sus influencias, es el primer paso para operar con los metaprogramas sistémicos, ya que de tales circuitos surgen los metaprogramas.

Para iniciar un trabajo de identificación, conviene comenzarlo por la búsqueda del punto de arranque, INPUT del POPS, que pone en marcha el círculo, y el de decisión que nos autoriza a abandonar o modificar el circuito. Otro aspecto muy importante en el estudio, análisis e interpretación de los metaprogramas sistémicos es considerar que, desde la perspectiva del *feedback*, todos los elementos del sistema comparten la responsabilidad de los problemas que se generen dentro del propio sistema. Aquí no hay un único responsable, no existen diferencias entre las «culpas» propias o las ajenas.

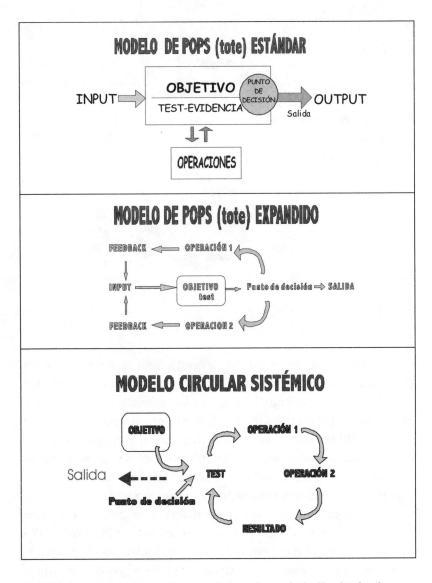

Páginas atrás, cuando escribía sobre el *feedback*, decía que puede ser *reforzador* o *contrarrestante*. Ambos conceptos son fundamentales para comprender e identificar los metaprogramas que nos ocupan. El «refuerzo» va en dirección al crecimiento y evolución del sistema, mientras que la «contrarrestación» actúa para mantener o establecer el equilibrio o un punto de equilibrio deseado (objetivo). Además, en cualquier *feedback* que se produzca, puede que esté sujeto a lo que llamo *hold back*, «tiempo muerto» o «tiempo de espera», una especie de amortiguadores que retrasan las afloraciones de los impactos o afectaciones.

En el *feedback* de *refuerzo,* conductas insignificantes pueden producir resultados sorprendentes o gigantescos (positivos o negativos), sirviendo como generadoras de nuevos cambios, amplificando y actuando en la misma dirección. Son espirales de crecimiento, lo que comúnmente se conoce como «círculos viciosos» –tendentes al desarrollo negativo–, o «círculos virtuosos» –si se mueven hacia el crecimiento potenciador.

Los *feedback reforzadores* y sus consecuencias son fáciles de observar en los sistemas de enseñanza-aprendizaje. Por ejemplo, el profesor comienza a recibir *feedback* de todos los alumnos desde el primer día de clase; progresivamente va identificando las *redundancias* de interés-motivación y las de desinterés-rechazo. A medida que transcurre el curso, el enseñante focaliza su atención hacia aquellos elementos que *redundan* en interés-motivación, y se va desentendiendo de los desinteresados-rechazadores. De este modo los elementos interesados y motivados reciben y proyectan más interés y motivación por parte del profesor, mientras que los desinteresados- rechazadores reciben y proyectan mayor desinterés y rechazo de su tutor escolar. Es el «efecto tornado»: en la medida que la espiral da una vuelta, incrementa su velocidad y se acorta el tiempo de respuesta.

El fenómeno está latente hoy en día en gran cantidad de ámbitos sociales en los que nos movemos. Desde el escolar al laboral, pasando por la familia, los valores, el desarrollo humano, etc. Hacer que un proceso de *feedback reforzador* se transforme en círculo vicioso o virtuoso, sólo depende de nosotros mismos. De la lectura del circuito de *feedback reforzador* anterior, se puede dilucidar que la conducta derivada de la situación es un crecimiento o deterioro acelerados. Si se cultivan los valores humanitarios y transpersonales, como la solidaridad, el respeto, modales, la ayuda, la colaboración, los servicios a la comunidad, etc., los individuos serán personas mucho más comprometidas socialmen-

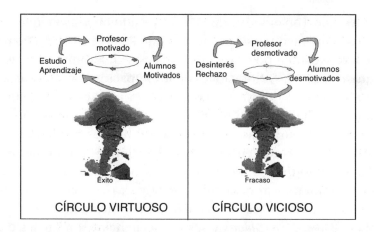

| CÍRCULO VIRTUOSO | CÍRCULO VICIOSO |

te, respetuosas las unas con las otras, educadas, ayudadoras de los necesitados, procurando ante todo el beneficio del conjunto; consiguiendo así una sociedad en la que a todos nos gustaría vivir. Por el contrario si lo que se fomenta (como lamentablemente está ocurriendo en muchos ámbitos comunicativos), son valores egoístas (mío, mi, para mí), los placeres indiscriminados

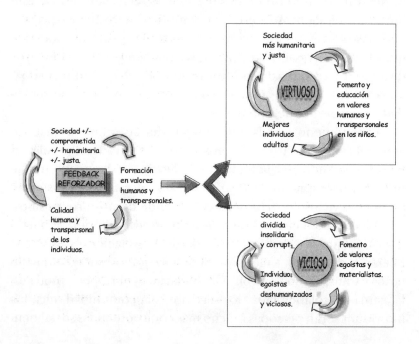

e ilimitados (sexo, drogas, poder), llegando más allá de la compulsión hasta el vicio como sucede; lo que obtenemos son individuos degradados humana y moralmente, antisociales, violadores de personas y derechos ajenos, asesinos y maltratadores, desentendidos e inhibidos de las necesidades ajenas. Este panorama proyecta a una sociedad desmembrada, insolidaria con otros pueblos, donde el lema es aprovéchate de todo y todos mientras puedas. Una sociedad al borde de la autodestrucción.

Cuando un sistema actúa por medio de *feedback contrarrestante,* busca el establecimiento o restablecimiento del equilibrio o estabilidad. Pretende situarse en el punto en que no exista tensión. En este tipo de acciones sistémicas, lo que se quiere es 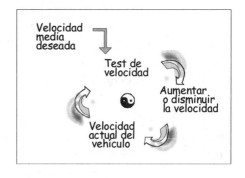 mantener o avanzar para custodiar un objetivo, evitando que el sistema se aleje de él. Si quiero viajar en automóvil a una velocidad media de 90 km/hora, el sistema actuará (recordemos que el conductor es parte del sistema) produciendo *feedback* para corregir (contrarrestar) las desviaciones que en mayor o menor grado, se vayan produciendo con respecto a la velocidad punta para alcanzar la media fijada.

Este tipo de circuitos de *feedback contrarrestantes* o reguladores, están presentes en todas partes y en todos los sistemas complejos. Los mecanismos de mantenimiento de la vida en el ser humano son un buen ejemplo de ellos. Como objetivo se tiene la consecución del nivel deseado, el establecimiento de una meta, y por lo tanto los elementos del sistema más activos serán los que realizarán los ajustes o esfuerzos correspondientes hasta que progresivamente se establezca el estado deseado. Podemos observar que en este prototipo siempre se actúa para reparar la diferencia existente entre el estado presente y el estado deseado. Aunque la estructura es muy simple, los *feedback* correctores

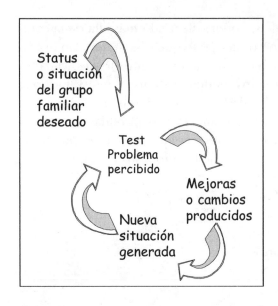

Status o situación del grupo familiar deseado

Test Problema percibido

Mejoras o cambios producidos

Nueva situación generada

pueden desencadenar conductas extrañas y conflictos graves si pasan desapercibidos. Incluso en ocasiones el *feedback* de respuesta a uno corrector puede ser una técnica o un modelo terapéutico.

Una manifestación de un *feedback contrarrestante* la podemos encontrar frecuentemente en un grupo familiar cuando se incorpora un nuevo elemento al sistema (el nacimiento de un nuevo vástago), y el miembro que antes pedía y recibía cierta cantidad de atención ahora necesita incrementar sus llamadas de atención para seguir recibiendo la misma cantidad. Es como estar montado sobre una cinta transportadora, en la que para mantenerse en un mismo punto del espacio, hemos de movernos en dirección contraria a la que se desplaza la cinta, debiendo modificar nuestra velocidad de marcha a medida que cambia la de la cinta. Lo que se conoce como «resistencias al cambio», no son otra cosa que las manifestaciones de estos procesos compensadores ocultos. Son mecanismos de supervivencia (infantiles), que automáticamente son disparados por ciertos elementos del sistema cuando sus creencias o valores (aunque sean limitantes o contraproducentes) se ven amenazados. En cualquier grupo u organización humanos subyacen cientos de *feedback contrarrestantes*, y especialmente en aquellos que establecen proyectos a largo plazo.

A diferencia de los procesos reforzadores, en los contrarrestantes o correctores, el análisis hemos de iniciarlo a partir del test (problema[5] percibido), para seguir recorriendo el circuito a partir de ahí. Como podemos observar en el dibujo que nos acompaña, aquí existe una diferencia entre el estado presente (status actual) y el estado deseado (nuevo status); cuando se introducen modificaciones en el sistema se genera una nueva situación que nos conduce inevitablemente a realizar un nuevo test, para identificar la lumbrera o diferencia existente con nuestro objetivo.

Carl Jung hablaba del inconsciente colectivo o mente grupal y de la sincronicidad. Comparto estas ideas, ya que los sistemas parecen tener una mente propia, y a medida que éstos son más evolucionados, tal hecho se hace más patente. ¿Que me lleva a pensar de este modo? Pues muy especialmente el «*hold back*» o amortiguadores, esas secuencias indeterminadas e indeterminables entre las acciones de los elementos del sistema y los efectos. De nuevo los orientales nos muestran su maestría en el pensamiento holístico, insistiendo reiteradamente en que la paciencia no es simplemente una virtud, sino una técnica, una habilidad que es necesario aprender a manejar en situaciones grupales, y que los hechos no siempre proceden de causas directas e inmediatas, sino extradimensionales y atemporales. Pero no confundamos paciencia con inactividad o dejadez. La paciencia implica espera con alerta para la acción, mientras que la dejadez conlleva abandono, negligencia o dejación.

Las intervenciones indiscriminadas o precipitadas sobre los *hold back* pueden ocasionar graves trastornos en la organización sistémica. Para que algo suceda en un sistema complejo, previamente han de darse las circunstancias de lugar, tiempo (momento) y elementos (gente). Las fases o esperas para la adecuación al lugar, tiempo y gente, es lo que produce los *hold back*.

La mayoría de las respuestas de *feedback* contienen *hold back* en mayor o menor grado; lo que ocurre es que con demasiada

---

5. Recuerdo que cuando hablo aquí de «problema» me estoy refiriendo siempre al concepto que tenemos en PNL de problema, como la distancia que existe entre el estado presente y el estado deseado del sujeto o sistema.

frecuencia estamos incapacitados para identificarlos o comprenderlos. Cualquier intervención que llevemos a efecto en este tipo de procesos de *feedback contrarrestador*, ha de realizarse suavemente, cuanto más brusca sea la acción más tardaremos en restablecer el equilibrio. Con frecuencia, una brusca intervención genera respuestas de rechazo contrarias a lo pretendido. Imaginemos si para establecer la velocidad media de 90 km/h que pretendíamos en el ejemplo, al detectar que viajamos a 120 km, frenásemos bruscamente, casi en seco, reduciendo la velocidad a 10 km, para seguidamente pisar a fondo el acelerador hasta alcanzar los 180 km, pretendiendo equilibrar de ese modo la marcha. ¿Qué ocurriría? Pues que nos costaría muchísimo más tiempo establecer la media pretendida.

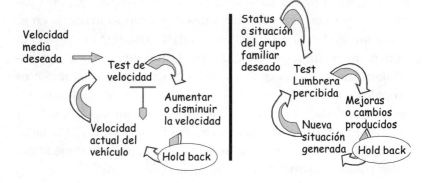

Como quiera que los sistemas complejos autodesarrollantes buscan su propia evolución, ésta no es instantánea, la visión sistémica es siempre a largo plazo, por lo que es necesario tener en cuenta los *hold back* y los ciclos recurrentes que se puedan ir presentando.

Lo que he explicado hasta ahora con respecto a los metaprogramas sistémicos no son más que los elementos constituyentes de las estrategias sistémicas o meta-POPS, son las piezas que dependiendo de cómo se combinen o entremezclen, nos darán los diferentes filtros sistémicos que seguidamente desarrollaremos. Sabemos, y en líneas anteriores lo repetía, que los metaprogramas individuales son estrategias firmemente fijadas en nosotros y que actúan a escala subconsciente y recurrente. Lo mismo ocurre con los metaprogramas sistémicos, aunque éstos son microestrategias o POPS Que no los conozcamos o que no seamos conscientes de su existencia no va a invalidar su operatividad. La ignorancia es la que hace que nos mantengamos adheridos a estrategias y POPS ineficientes durante gran parte de la vida. Una vez que tomamos la responsabilidad de detectar su existencia y traerlos a la luz, estamos en condición de superarlos o apoyarnos en ellos.

Hasta ahora hemos podido identificar una serie de meta-POPS, algunos de ellos no son más que variantes de otros, pero dada su diferencia los clasificamos como diferentes, y a continuación vamos a presentar los más significativos. En mi libro anterior de *Técnicas Avanzadas de PNL* me permití rebautizar a cada uno de ellos con un nombre en función a la situación que producen, en la actualidad he ajustado sus denominaciones a conceptos más simples y ajustados técnicamente a su realidad.

Metaprogramas sistémicos o meta-POPS

1. Salida falsa
2. Dependencia
3. Supervivencia
4. Cirugía
5. Límite
6. Impaciencia
7. Remedio tóxico

1. Salida falsa

Anteriormente llamado «pan para hoy, hambre para mañana», se encuentra presente cuando aplicamos soluciones puntuales en el momento presente, que conllevan la erosión o destrucción de la meta u objetivo principal que teníamos proyectado. Es el caso de los grupos que fueron creados para desarrollar una labor cultural, y debido a las dificultades económicas que se les presentan para poder sobrevivir, desvían sus intervenciones hacia sectores más lucrativos y rentables. O también en el caso de empresas productoras que reducen la calidad de sus fabricados, con la intención de disminuir los costos, en vez de transformar sus métodos productivos. Así mismo encontramos este metaprograma en las situaciones de organizaciones (como las gubernamentales) que para ajustarse a los índices y presupuestos congelan la incorporación de funcionarios, con la consiguiente pérdida de efectividad resolutiva y acumulación de tareas en los existentes.

Para resolver este tipo de desviaciones limitadoras, es fundamental e imprescindible no perder de vista el objetivo principal de futuro o, ese objetivo ha quedado obsoleto, producir las modificaciones tendentes a una formulación correcta del nuevo objetivo. De no actuar de este modo, elementos del sistema se sentirán agredidos o perjudicados y mostrarán en consecuencia una fuerte resistencia al cambio, o también, al ser distinta la dirección hacia la meta establecida, las acciones serán erráticas o cuanto menos deficientes.

2. Dependencia

Es el meta-POPS anteriormente citado como «dependencia terapéutica»; se manifiesta cuando un sistema al que se le ha aplicado un tratamiento puntual e inmediato para resolver un con-

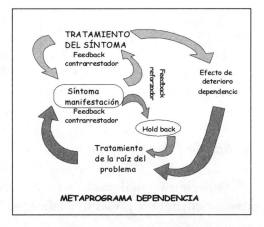

METAPROGRAMA DEPENDENCIA

flicto, y éste ha funcionado, resulta fácil caer en el error de seguir repitiendo la «terapia de choque» en lugar de insistir en la búsqueda de soluciones en la raíz del problema. Lo que sucede a continuación es que cada vez que repetimos el mismo tratamiento –lo que se hace con mayor asiduidad–, la capacidad de autorregeneración del propio sistema se deteriora y disminuye. O, lo que es lo mismo, creamos dependencia de la intervención.

El proceso del meta-POPS se inicia a partir de dos circuitos de *feedback contrarrestantes*, un síntoma-tratamiento que va sustituyendo al segundo que es raíz de problema-síntoma, debido a que entre la presencia del síntoma y la localización del estado problema (causa antecedente), existe una demora por la presencia de un *hold back* que oculta temporalmente la localización del conflicto. Como consecuencia se crea un tercer circuito reforzador de tratamiento sintomático, cada vez más frecuente, para mantener paliado el problema raíz.

La solución pasa necesariamente por afrontar de una vez por todas la raíz del problema y aplicar en él el tratamiento o la corrección atendiendo al tiempo de demora que existirá entre la aplicación del remedio y los resultados objetivos.

3. Supervivencia

Es frecuente que ocurra que cuando dos sistemas actúan sobre un mismo medio para obtener sus recursos de supervivencia y desarrollo, y siendo, como suelen ser, el medio limitado, ambos sistemas tenderán a asegurarse o conseguir los máximos recursos de los existentes, de tal modo que en muy poco espacio de tiempo terminan destruyendo el medio que necesitan para sobrevivir. Para evitar que este metaprograma destruya el medio en el que han de desarrollarse los sistemas implicados, es necesario un consenso de utilización de los recursos existentes en el medio, que puede ser impuesto exógenamente o de motu proprio, establecido entre los sistemas implicados.

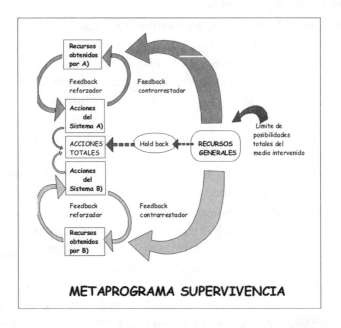

METAPROGRAMA SUPERVIVENCIA

Es fácil detectar la existencia de este meta-POPS –anteriormente llamado «sobrevivir a toda costa»–, cuando por ejemplo se presenta en países del Tercer Mundo, en las situaciones en las que se permite la explotación indiscriminada de los recursos naturales a todas las compañías extranjeras que lo deseen. Al cabo de no mucho tiempo, terminan agotando o expoliando sin control el medio. Más difícil de identificar resulta cuando el medio de subsistencia o desarrollo es inmaterial o intangible, como puede ser el «prestigio» o la «imagen», «el buen nombre», «liderazgo», «predilección», etc.; éste es el caso de los sistemas empresariales u organizaciones, incluso estatales y familiares, en los que diferentes secciones, órganos, ministerios o miembros, «luchan» por ganar el apoyo o el prestigio ante la clientela, los ciudadanos o el conjunto de miembros en detrimento de la reputación total o imagen global de la empresa u organismo. Aún más sutilmente se esconde este meta-POPS cuando, incluso dentro de una sección, un área o un sector de un sistema, varios elementos se esfuerzan por ganar o conseguir la atención del líder o jefe si no se ataja esta situación, los elementos tienden a su autodestrucción o incluso al desmembramiento del propio sistema.

4. Cirugía

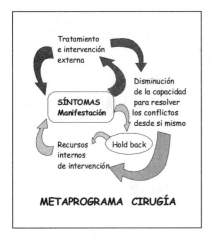

Existen ciertas variantes en el meta-POPS de DEPENDENCIA, y uno de los casos más significativos es el que nos ocupa.

Cuando la intervención, como vimos que ocurre en el metaprograma referido, procede del exterior y nos acostumbramos a ello, los elementos del sistema van perdiendo progresivamente su capacidad generadora de recursos para afrontar internamente los problemas.

Al detectar la posible existencia de este metaprograma, o la aproximación a él, es necesario intervenir en la generación de habilidades o recursos (de los que demandamos del exterior) en los elementos propios del sistema.

5. Límite

Citado en el libro anterior como «hasta aquí hemos llegado». Cualquier sistema (grupo, organización, empresa, etc.) progresa, y se autoabastece produciendo un desarrollo acelerado hasta llegar a un punto en el que comienza a ralentizar, se detiene o se invierte el proceso de crecimiento.

En este meta-POPS se solapan dos circuitos de *feedback*, uno *reforzador* (progreso-techo o límite) y el otro *contrarrestante* (techo-regulación). El progreso lo genera un circuito de *feedback reforzador,* mientras que el techo lo establece uno de *contrarrestación.* Así mismo, el límite puede estar condicionado por elementos endógenos o exógenos que actúan como freno al desarrollo.

Aquí la intervención consiste básicamente en la eliminación de la restricción y en evitar la pretensión de un exceso de crecimiento antes de que se presente la dinámica.

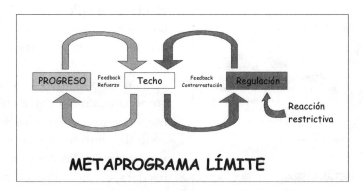

Es tan común este caso de meta-POPS, que basta con una mirada a nuestro alrededor para detectar su existencia, aunque en muchos de ellos pasa desapercibido por no ser tan obvio como suponemos. Por ejemplo: en ciertas áreas geográficas y debido a las presiones ecologistas, se restringe la caza mayor. Al no existir otro depredador natural en la zona, determinadas especies (como el venado, el zorro y otros) crecen desproporcionadamente, lo que ocasiona un incremento de enfermedades animales, agotamiento de recursos alimenticios y muerte o/y deterioro de la especie. Otro caso; una asociación de tipo cultural-social se desarrolla hasta que, debido a su propio progreso y diversificación de actividades, tiene que abrir las puertas a elementos que no comparten los mismos valores fundamentales que los promotores; como consecuencia, el conjunto del sistema pierde empuje, ilusión e interés e inevitablemente el grupo se deteriora o/y cambia de naturaleza.

Incluso en el ámbito individual, en el que muchas veces como sistema que somos, también están presentes estos meta-POPS

Podemos apreciar la presencia del filtro LÍMITE, cuando un profesional (muy especialmente los autónomos) comienza a prosperar en su actividad, creciendo y creciendo, hasta que el ansia desemboca en estrés, haciendo que actúe como freno llevándolo incluso a abandonar la profesión por serios problemas de salud.

6. Impaciencia

Se presenta cuando un sistema organizativo o un individuo (como sistema orgánico), trabaja hacia la consecución de un objetivo, y en un momento dado (como ocurre la mayoría de las veces), al presentarse los *hold back* en los resultados, cambian sus conductas para que se produzcan las respuestas deseadas sin esperar el tiempo necesario para que los efectos se manifiesten.

METAPROGRAMA IMPACIENCIA

Un ejemplo frecuente se da en los planes de enseñanza estatales, y muy especialmente en lo referente a la transmisión de valores a un grupo social o a una comunidad. Se infunden nuevos términos de referencia, que se espera tengan un resultado casi inmediato, sin tener en cuenta que los efectos, es decir la manifestación de tales valores o/y conocimientos transmitidos se activarán una vez que la personalidad de los individuos a los que le fue comunicado esté formada y lista para actuar. El instructor, en este caso, al no ser consciente de la existencia del *hold back*, se desmotiva, se desanima y abandona el esfuerzo que se requiere para llevar a cabo este tipo de formación. Caso similar es el de las familias con algún hijo adolescente problemático al que corrigen, aconsejan y castigan para modificar sus conductas o actitudes; al poco tiempo los padres se dan por vencidos, viendo la ineficacia de sus intervenciones, y abandonan (de forma manifiesta u oculta) al joven a su suerte.

En ambos sucesos, tanto con el adolescente como con el grupo, es necesario tener presentes los *hold back*, pero no sólo ello, sino también lo que pueden significar esas «resistencias al cambio», como ya planteé en paginas anteriores. Tener que desprenderse de beneficios, creencias y demás gratificaciones establecidas en los individuos o sistemas desde la infancia o primeros momentos de su existencia como ente (sistema, grupo, persona, etc.), tales como haber sido el niño mimado o consentido, hijo, nieto, sobrino único, acaparadores de atención y permisión, esto cuesta dejarlo, y supone tiempo, esfuerzo y comprensión, y como consecuencia se manifiestan en la demora del efecto deseado.

La intervención que se propone realizar ante la presencia del síntoma (que bien podría ser la actitud de abandono o desmotivación), pasa por dos fases o elementos:

a) Comprensión de que la lentitud de respuestas deseadas en este tipo de procesos es la que genera tensión.
b) Utilizar la paciencia como técnica y esperar, utilizando una óptima calibración a fin de observar y captar los cambios que se produzcan por sutiles o mínimos que sean.

Incluso después de lo antedicho, es importante llegar a percibir la diferencia entre demora (*hold back*) y rechazo, bloqueo o enfrentamiento ante los impactos, ya que si los confundimos podemos estar tocando una situación de inconsciencia o incluso dejación de responsabilidad. No debemos olvidar que si algo no funciona hemos de cambiar, pero teniendo siempre presente el momento adecuado, el lugar correcto y la situación personal del individuo. De este modo tendremos el éxito casi asegurado.

7. Remedio tóxico

Un metaprograma muy parecido al filtro de «pan para hoy...». Se trata de una estructura que se muestra en las circunstancias en las que un remedio o una intervención que tuvo éxito en su momento envenena el sistema de tal modo que requiere nuevas y periódicas inoculaciones del mismo re-

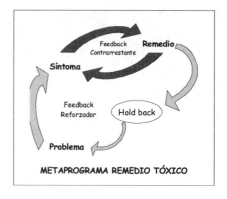

medio. Suele ocurrir en las organizaciones que contratan personal externo para resolver ciertas anomalías internas, en lugar de formar a los elementos propios para que puedan intervenir directamente cada vez que casos similares se le presenten.

No se han acabado aquí los meta-POPS existentes en los sistemas; quienes tengan interés en ampliar el tema, les remito a los trabajos de los autores referidos. Me consta que en el campo puramente empresarial estos metaprogramas, aunque puedan ser conocidos por otra denominación, son utilizados y manejados en los trabajos de organización y mejora. Pero el uso que aquí le damos pretendemos que sea mucho más universal y aplicable a cualquier otro sistema humano.

CAPÍTULO XI
CRITERIOS

Existe una cierta confusión con respecto a lo que son los criterios por el tratamiento que se ha hecho de los mismos hasta ahora por diferentes autores de PNL. En algunos casos se ha identificado criterio con valor, lo que ha conducido a muchos estudiantes, o interesados en el tema, a creer que ambos conceptos son los mismos. Por ejemplo, para Steve & Connirae Andreas,[1] se trata de normas valorativas aplicables a una amplia variedad de situaciones; también afirman que responden a *para qué* hacemos algo; y que son nominalizaciones que se usan en diversos contextos sirviendo para evaluar los resultados. Por su parte, Tadd James[2] explica: «Los criterios sumamente apreciados son también valores. Son nuestros valores principales, nuestros valores más importantes en torno a los que organizamos las creencias.» Robert Dilts equipara los criterios y valores asumiendo que constituyen una categoría especial de creencias, y que son creencias que mantenemos sobre *por qué* algo es importante o valioso; igualmente los define como «los valores o estándares que una persona utiliza para tomar decisiones o hacer juicios».

---

1. *Cambia tu mente para cambiar tu vida...*, Ed. Gaia.
2. *Time Life therapy*, Metamorphose Press.

Tal vez ésta última descripción sea la que más se ajuste a mis propios planteamientos, siempre y cuando suprimiéramos de ella el término «valores». Para poder poner un poco de orden en todo este *mare mágnum* de conceptos, he querido remitirme a la acepción etimológica del término y su significado filosófico, con el fin de diferenciar, según mi teoría, otros procesos de pensamiento que nada, o muy poco, tienen que ver el uno con el otro.

¿Qué son entonces los criterios?

Etimológicamente, criterio se deriva de *krinó*, yo decido, separo, juzgo. Como vocablo castellano comenzó a utilizarse alrededor de 1765; procedía del latín *criterium* que a su vez había sido tomado del griego *kritêriom* que significaba «facultad de juzgar» y «regla».[3]

Para mí, considerando los criterios como parte de los desarrollos internos que ejecuta la mente humana, los defino así: «Regla para decidir lo que es verdadero o falso, lo que se debe hacer o no hacer, etc.» Podría afirmar que criterio es sinónimo de canon, explicando éste como una norma de elección para un campo cualquiera de conocimiento o acción.

Como puedes observar, esto es diferente del significado de valor, que es aquello por lo que estamos dispuestos a esforzarnos, a invertir tiempo, energía, recursos e incluso cambiar, para conseguirlo. Los valores son las atracciones o repulsiones que le dan sentido a la vida. Por su parte, los criterios son reglas de conducta, conectadas con las creencias sobre comportamientos y que llevan a la acción o la bloquean; en tanto que los valores son necesidades ajustadas a la jerarquía de estos.

Los criterios bien podemos considerarlos como el beneficio inmediato que se obtiene con algo, sin tener en cuenta el largo plazo, ni el sentido global de la existencia. Éstos pueden ser afines a los valores o pueden ser opuestos, creando como consecuencia situaciones, o estados, de satisfacción o insatisfacción de vida.

---

3. Del diccionario etimológico de Joan Corominas, Ed. Gredos.

Desde mi personal perspectiva, los criterios tienen que ver con los centros reactivo y conductual –búsqueda del placer y huida del sufrimiento–, actuando siempre por debajo del umbral de conciencia. Sin embargo, cuando la conciencia alcanza un cierto grado de madurez y presencia, toma las riendas y decide, dejando de lado el benéfico inmediato, centrándose en los objetivos y en el sentido de la vida su vida.

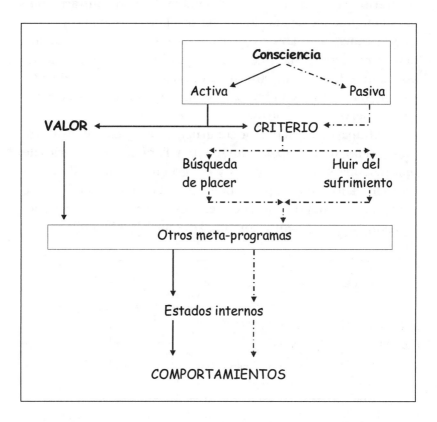

Tal vez éste sea el motivo por el que en muchas ocasiones se hayan confundido los criterios con los valores, ya que cuando la persona es consciente del criterio a manejar en una acción, éste tiende a identificarse y unificarse con el valor correspondiente implicado. Por otra parte, también es cierto que en la medida en que los valores de un sujeto sean más pobres o materialistas, tenderán a identificarse a los criterios, mientras que si los valores son elevados, transpersonales o espirituales, y están firmemente asentados y conscientes, serán los criterios los que se igualen a los valores. Por ejemplo, si una persona tiene como sentido de su vida el placer, la comodidad, el disfrute y otros similares, sus criterios para actuar estarán directamente conectados a aquéllos, y no emprenderá ningún movimiento que le recele efectos contrarios, como podría ser la disciplina. El caso contrario es el del sujeto que ha alcanzado un alto nivel de consciencia y posee valores transpersonales como ayudar a los necesitados; cuando deba emprender una acción en tal sentido, aunque ésta le suponga un esfuerzo y un sufrimiento, la ejecutará a pesar de ello, porque sabe que le conduce a la adquisición de su valor de vida: ayuda y servicio a los otros.

Se trabaja o se actúa en congruencia con los criterios propios, o si no, no se trabaja o no se actúa. Para que los criterios de una persona sean coherentes y congruentes han de llevar en dirección a los valores que se tiene. Normalmente un criterio se expresa en forma de nombre o expresión verbal. Por ejemplo: imagen, ahorrar tiempo, comodidad, estar al día, salud, etc.

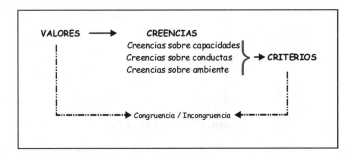

No todos los criterios que usa una persona tienen la misma importancia, sino que como el resto de las ideas firmes, poseen un orden jerárquico. Esta jerarquía de criterios se construye inconscientemente en función a las respuestas reactivas y conductuales dominantes. El orden en el escalafón va desde el criterio insignificante hasta el vital, y entran en faena de menos a más. Es decir, los criterios con los que se gobiernan la mayoría de las acciones son preferentemente los reactivos e intrascendentes, creciendo la calidad de los mismos a medida que la labor es de mayor importancia o trascendencia. Así por ejemplo, el común de las personas inician o no un comportamiento determinado de naturaleza intrascendente, por comodidad, ahorrar tiempo, por descanso, etc. A medida que la conducta se complica o requiere un mayor compromiso personal, el criterio aumenta su rango llegando a niveles de supervivencia como salvar la vida, mantener la salud, subsistir, etc.

JERARQUÍA DE CRITERIOS

Vamos a tratar ahora el modo de ordenar los criterios (propios y ajenos) por orden de importancia.

El patrón de cambio de criterios permite ajustar en la medida adecuada un criterio, rebajar su importancia relativa y/o aumentar la importancia de otro u otros. El objetivo en este proceso, es, primero, conocer los criterios de que se dispone; segundo, identificar la graduación; y tercero, decidir cómo se quieren tener, y de cuáles se desea disponer.

Para llevar a cabo la tarea, realizaremos una serie de cambios en la experiencia subjetiva relativa a los criterios en cuestión, haciendo éstos, tanto digital como analógicamente:

→ Cambio digital: es cualitativo.
   Por ejemplo: NO puedo, por SÍ puedo.
→ Cambio analógico: es cuantitativo.
   Por ejemplo: De MENOS brillante a MÁS brillante.

El modo de extraer los criterios de un sujeto es haciendo una serie de preguntas relativas a las decisiones que debería tomar en una supuesta situación. Conviene que partamos de cierto tipo de hechos intrascendentes de modo que puedan surgir un mayor número de criterios, ya que éstos, como vimos, se tor-

nan de supervivencia en el momento que la situación es media-
namente importante.

Analicemos el siguiente supuesto:

Preguntas que formularemos al cliente: P

Las hipotéticas respuestas se indican con una R.

P: ¿Qué cosa de escasa importancia podrías hacer normalmente, pero no la haces?

Respuesta hipotética que nos daría: R

R: Fregar los platos.

P: ¿Por qué no friegas los platos? ¿Qué es lo que te dices
para dejar los platos sin fregar? ¿Qué beneficio inmediato obtienes no fregando los platos?

R: Aquí nos dará un primer criterio.

P: ¿Qué tendría que ocurrir, teniendo los platos sin fregar
y sabiendo que te aporta... el criterio sacado), para que te pusie-
ras a fregarlos inmediatamente?

R: La respuesta facilitada es un hecho de importancia superior al simple hecho de tener los platos sucios. Aquí nos da una
situación.

P: ¿Qué ganarías con eso?

R: Un nuevo criterio de mayor valor.

P: A pesar de que con fregar los platos en esa circunstancia
anterior, tu tendrías....(criterio último), ¿qué es lo que tendría
que ocurrir para no fregarlos?.

R: Una nueva circunstancia.

P: ¿Qué ganarías con eso?

R: Un nuevo criterio de rango superior.

Seguimos haciendo esta batería de preguntas hasta que co-
miencen a repetirse los criterios, o llegue a criterios de supervivencia, o manifieste que no hay más.

La lista de criterios obtenida es jerárquica, de menor a mayor importancia, aunque como ya indiqué, los primeros que
entran en acción son los primeros extraídos. A partir de ahí, es

cuestión de analizar la calidad de los mismos, y determinar si es o no conveniente introducir algunos más, eliminar otros o cambiar el rango que ostentan.

Veamos un ejemplo de cómo se obtienen los criterios y su orden jerárquico:

Necesito un voluntario o voluntaria que quiera conocer sus criterios, y no le importe hacerlos públicos. Tú mismo, Javier. Ven hasta aquí y toma asiento en esta silla. Yo te voy a ir haciendo una serie de preguntas, tú me responderás, e iremos escribiendo las contestaciones en un folio. ¿De acuerdo?

P: Javier, piensa en algo de escasa importancia pero cotidiano o muy frecuente, que deberías de hacer pero no lo haces.

R: Llevar el coche a lavar.

P: Quieres decir que normalmente tienes el coche sucio, deberías llevarlo a lavalo, pero no lo haces, ¿es así?

R: Sí.

P: Muy bien, ¿qué beneficio inmediato obtienes no llevando el coche a lavar? ¿Qué es lo que ganas no lavándolo?

R: Creo que lo que me digo para no llevarlo al túnel de lavado es que de esa forma voy a tener tiempo disponible para otra cosa.

P: ¿Dirías que lo que ganas es tiempo?

R: Sí, eso es, gano tiempo.

P: Muy bien, aquí tenemos su primer criterio de decisión: ganar tiempo. Estupendo, piensa ahora qué circunstancia tendría que ocurrir para que, sabiendo que ganas tiempo no lavando el coche, fueses a lavarlo.

R: Bueno, que tuviese que ir con él a algún tipo de encuentro social.

P: ¿Qué tipo de encuentro social?

R: Una boda, por ejemplo.

P: Aquí tenemos un hecho de mayor rango que el anterior. ¿Y qué ganarías ahora lavando el coche, qué beneficio inmediato obtendrías?

R: Sin duda, dar una buena impresión al resto de los invitados.

P: Buena impresión o buena imagen, ¿es lo mismo para ti?

R: Sí, mejor dar buena imagen.

P: Aquí tenemos un nuevo criterio de Javier: imagen. Bien, y sabiendo que llevando el coche limpio ganas imagen social, ¿qué hecho tendría que ocurrir para que no lavaras el coche? Recuerda que tienes que ir a la boda, que ganarías imagen llevando el coche limpio, pero ahora decides no lavarlo porque hay algo más importante que atender. ¿Qué sería eso?

R: Que algún familiar enfermara y tuviese que irme con él a urgencias del hospital.

P: Y... ¿Qué ganarías con ello?

R: Cuidar de mi familia.

P: Cuidar, proteger, ayudar, ¿no?

R: Efectivamente.

P: Aquí tenemos otro nuevo criterio. Y ahora, sabiendo que ganas protección para tu familia, ¿qué circunstancia nueva debería ocurrir para que teniendo que llevar a tu familiar al hospital antepusieras lavar el coche?

R: No sé, creo que nada me haría posponer mi responsabilidad de padre o esposo. No sé, a no ser que alguien viniera y me pusiera una pistola en la cabeza a mí o a alguno de los míos y dijera: O lavas el coche o te mato.

P: Muy bien, he ahí otro, y creo que éste es el último de los criterios: salvar la vida, supervivencia.

Así que, como podemos ver, los criterios de Javier son: ahorrar tiempo o ganar tiempo, imagen, protección familiar y supervivencia. O lo que es igual, cuando Javier se plantea realizar una acción, sus criterios de decisión son: primero, ¿ahorro tiempo haciendo eso? Si la respuesta es afirmativa, ¿me aporta buena imagen? Un nuevo sí, le llevará a cuestionar: ¿es beneficioso para mi familia, con ello los cuido? Afirmando una vez más llegaría a: ¿hay peligro para mi vida o la de los míos?

El cuadro que viene a continuación resulta muy útil para extraer los criterios de una persona. Con él podemos seguir el desarrollo de las preguntas y nuevas situaciones, evitando la posible confusión que el proceso pudiera generar.

CUADRO DE TRABAJO PARA extraer CRITERIOS

Por ejemplo:		
(-) Podría lavar los platos, pero no lo hago.	*Hay platos sucios en el fregador.*	*Ahorrar tiempo.*
(+) Podría lavarlos.	*Hay platos sucios y viene una visita de alguien desconocido.*	*Causar buena impresión.*
(-) No los lavo.	*Hay platos sucios, viene la visita y tengo una cita muy importante a continuación.*	*Ser puntual.*
(+) etc.	*etc.*	*etc.*

Los criterios forman un *continuum* que va desde el menos importante al más valioso, y esta escala se basa en la cualidad analógica de las submodalidades que conforman las imágenes relativas de cada uno de los criterios. Por ejemplo: el más importante podría ser más brillante, con colores intensos, mucha luz, y movimiento lento; el segundo tendría brillo pero no tanto, colorido pero menos intensidad que el anterior, luz media, y movimiento natural; el poco importante es posible que no tenga brillo, colores apagados, poca luz, y movimiento rápido. Esta característica y continuidad de los criterios nos facilita la labor si deseamos cambiar o intercalar cualquier otro criterio en la secuencia identificada del sujeto.

El cambio de criterios a mayor nivel hará que las decisiones sean, obviamente, de mayor nivel. No es lo mismo decidir actuar por «ahorrar tiempo», que por «efectividad». No olvides que los criterios son las reglas que te abren o cierran las puertas de los comportamientos, y por tanto, la calidad de éstos vendrá determinada por la calidad de los criterios que las deciden. Por otra parte, recuerda la presuposición de PNL en la que afirmamos que «el individuo con más alternativas tiene el control»; pues bien, los criterios son las alternativas de que disponemos para actuar o no. No confundas formas de conducta con disposición de conducta, tú puedes actuar de muchas formas, pero siempre y cuando hayas autorizado la acción, y tal acción la permiten o no tus criterios. Así que, cuantos más criterios tenemos, de tantas más alternativas conductuales dispondremos. Una vida mediocre se maneja con unos cuatro o cinco criterios; una vida plena de recursos es aquella que dispone una amplia gama de criterios.

La identificación del *continuum* de criterios es bastante sencillo aunque un poco laborioso, ya que requiere una precisa tipificación de todas las submodalidades presentes en cada uno de los criterios de que dispone el sujeto, aunque podemos simplificarlo un poco siguiendo el sistema que a continuación explico. De todos modos, a mayor precisión en el reconocimiento y descripción de cada uno de ellos y sus submodalidades, mayor certeza tendrás del lugar exacto que ocupa cada uno de ellos y de sus cualidades analógicas a la hora de llevar a efecto los cambios o incorporaciones.

TÉCNICA PARA FIJAR EL *CONTINUUM* DE LOS CRITERIOS

Una vez identificados con el modelo anteriormente descrito, toma uno de poca importancia, incluso trivial, otro de mediana importancia, y frecuente uso, y un tercero que sea importante y que el sujeto utilice constantemente. Seguidamente pedirás y registrarás con submodalidades las representaciones de cada uno de los tres criterios seleccionados. A continuación, averigua qué submodalidades son las que usas para determinar el orden de importancia de tu *continuum* criterios. Por ejemplo: el más importante es más brillante; el segundo tiene brillo pero no mucho; el poco importante no tiene brillo.

Cambio o modificación de criterios

1º. Selecciona las submodalidades significativas del ejercicio anterior, y comprueba que éstas varían según la importancia del criterio. *Mucha atención a los cambios analógicos.*

2º. Identifica el criterio a cambiar o modificar de posición (sabiendo la posición que ocupa en la jerarquía). Si lo que se quiere es incorporar un nuevo criterio, has de determinar el lugar exacto entre qué dos otros se instalará.

3º. Especifica hasta que puesto quiere llevarlo. ¿Quieres que sea más importante, menos importante, o igual que... (alguno de los criterios ya existentes)?

4º. A continuación pasa a cambiar suave, lenta y amablemente poco a poco, el criterio, modificando cualitativamente las submodalidades correspondientes previamente identificadas.

5º. Comprueba después de una pausa que la instalación ha sido bien realizada. Para ello repite con un hecho similar el ejercicio que utilizaste para la identificación de los criterios.

6º. Por último, realiza un *puente al futuro* y haz un chequeo ecológico de los efectos que para la ecología del sujeto va a producir el cambio.

Dentro de los niveles lógicos, las creencias ocupan el grado superior del bloque que se asigna a los niveles correspondientes al grupo mental.

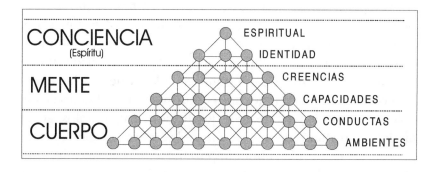

Este escalón, como ya expliqué en su momento al hablar de los niveles, es compartido por los valores y, de algún modo, también por los metaprogramas y criterios.

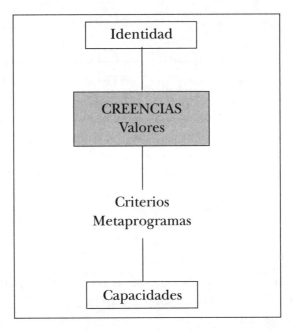

Podemos definir las creencias como «la manifestación lingüística de la experiencia», o dicho de otro modo, como «expresiones subjetivas de las experiencias». Son generalizaciones que hacemos sobre las causas, los significados, los límites de nuestros mapas, nuestras conductas, capacidades y nuestra identidad.

Nuestro cerebro registra y almacena las experiencias subjetivas como generalizaciones que conforman una red neural cuyo objetivo es filtrar los impactos que llegan agrupándolos, aceptándolos o rechazándolos. Por tanto, el cerebro reacciona y cambia cuando en la vida cobran importancia una convicción y una certeza personal profunda. Nuestras creencias y convicciones son parte de nuestros pensamientos y, por tanto, de nuestro cerebro. Cuando pensamos, construimos representaciones internas, o actuamos por una creencia profunda, estamos recorriendo un circuito neurológico ya existente. Es por ello, por lo que sentimos que lo que estamos realizando es auténtico y correcto; nos sentimos cómodos cuando operamos partiendo y apoyándonos en las estructuras de nuestras creencias que están profundamente arraigadas.

Las creencias se construyen a partir de un hecho, ya sean vivencias, informaciones, insistencias, rutinas, etc.; lo que emana de ese hecho es una experiencia subjetiva registrada en el sujeto con todas las modalidades del sistema representacional. De ahí surge una generalización, en unos casos desde el primer impacto, y en otros tras varias repeticiones, y ésa puede quedar clasificada como positiva para el individuo o negativa, dando lugar a las creencias potenciadoras y a las creencias limitantes, según procedan de una categoría u otra de impresión.

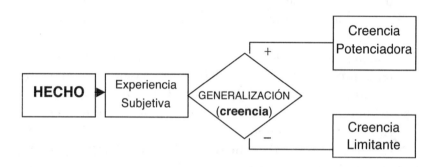

Como ya he dicho, las creencias son generalizaciones sobre nuestras acciones, acerca de lo que hacemos o proyectamos hacer. Constituyen afirmaciones referentes a nuestras representaciones internas (cómo interpretamos la vida y el mundo) y se exteriorizan en forma lingüística, tanto verbal como no verbal. Las damos por verdaderas o falsas siguiendo ciertos estándares que las validan o rechazan; esos patrones los podemos clasificar en:

- Pauta de eventualidad
- Pauta deductiva
- Pauta de probabilidad
- Pauta de refuerzo opuesto
- Pauta de contingencia
- Pauta de efecto comprobado

Pauta de eventualidad es el patrón que activamos para inferir que si una creencia contiene un supuesto, y tal supuesto se cumple, la creencia previa se hace más firme. El grado de fortalecimiento será mayor si el supuesto no ocurre por sí mismo. Si α implica a β, y β es cierto, damos por cierto que β ocurra.

Pauta deductiva. Hacemos que una creencia sea más fuerte cuando una conjetura parecida relacionada con ella comprobamos que es cierta. Si α es parecido a β, y β es verdadera, α tiene mayor credibilidad para nosotros. Y aunque lo parecido no pudiese ser probado como verdadero, pero sí digno de confianza, entonces también aumenta la fortaleza de la creencia.

Pauta de probabilidad: Opera cuando existe, o pensamos que existe, la probabilidad de que algo ocurra basándonos en comportamientos o hechos del pasado. Cuantas más veces sucede algo, más confirmamos que pueda ocurrir nuevamente. Al igual que si algo que resultaba improbable que sucediera, sucede, este hecho tiende a validar la creencia que lo soportaba.

Pauta de refuerzo opuesto: Estructura que entra en acción para el fortalecimiento de una creencia, cuando la creencia opuesta se comprueba que es falsa. Si α es opuesta a β, y β se demuestra que es falsa, entonces α se refuerza.

Pauta de contingencia. Cuando una creencia puede facilitar la consecución de un efecto con mejor resultado que fortuitamente, ésta se hace creíble.

Pauta de efecto comprobado. Si una creencia implica una consecuencia, y comprobamos que esa consecuencia es cierta, ello refuerza la creencia. Si α implica a β, y β es cierto, α se reafirma.

Las creencias básicas son los conceptos esenciales a los que nos atenemos, y conforman la base de nuestra identidad. Esto se produce a partir de un proceso adaptativo inevitable y subconsciente. Definen los sentimientos que cada uno tiene sobre sí mismo y el tono emocional de su vida, marcan las zonas, y actúan como términos de referencia para nuestra realización y bienestar. A escala lingüística tiene estructuras de relaciones causaefecto o equivalencias complejas y como consecuencia de ello nos ratifica la previsión de los acontecimientos. Éstas se organizan alrededor de los criterios, y nos permiten llevarlos a cabo o evitarlos. Las creencias orientan lo que va a pasar (o suceder) y son el filtro condicionante para que eso ocurra así. Podríamos afirmar que se trata de algo así como profecías autocumplidas. Por otra parte, las creencias definen los sentimientos que tenemos sobre nosotros mismos y los demás. Uno de sus mecanismos de funcionamiento es mediante la comparación de las situaciones nuevas con experiencias pasadas, para calcular riesgos, predecir desenlaces y tomar decisiones basándonos en recuerdos organizados y dispuestos en categorías. Podemos considerar que las creencias son como pensamientos víricos que contaminan –para bien o para mal– todos los procesos mentales y el sistema neural como consecuencia. Pero a su vez, son también necesidades biológicas sin las que no podemos vivir (a no ser que hallamos alcanzado la certeza absoluta de las cosas), y que si no se dan las condiciones idóneas no crecen. Las creencias nos hacen seleccionar inconscientemente todo aquello que se ajusta a sus evidencias.

CARACTERÍSTICAS DE LAS CREENCIAS

Expresivamente suelen ser a menudo afirmaciones cortas, enunciadas en primera persona (explícita o implícitamente), careciendo de adverbios que disminuyan su intensidad.

Las adjetivaciones suelen contener creencias ocultas. Respuestas del tipo «no sé...» pueden ocultar alguna creencia. Los operadores modales, equivalencias complejas, causa-efecto, cuantificadores universales, pérdida de concreción suelen representar creencias limitantes.

Respecto a su contenido, son válidas en todo tipo de contexto. No hay excepciones a su validez, aunque sí puedan surgir conflictos entre creencias y violaciones de las propias creencias, lo que conlleva incongruencias manifiestas.

Cuando una creencia firme es desafiada, atacada, negada o impugnada el sujeto reacciona, ya que produce en él un fuerte impacto. Fisiológicamente se manifiesta con alteraciones fácilmente calibrables, y verbalmente con desafíos y ataques.

Dada la naturaleza mental de las creencias, y su sistema de organización, el ser humano tiene la capacidad de darse cuenta de que éstas son una opción que tiene y que las puede elegir libre y conscientemente, para seleccionar sólo aquellas que le potencien y eleven.

Es sorprendente observar, que siendo como son las creencias aspectos tan subjetivos de nuestro mapa, desde que el hombre es hombre, han sido la causa de guerras, muertes y enfrentamientos encarnizados entre unos y otros partidarios de distintas creencias.

Cuando aceptamos una creencia, ésta desarrolla todo un entramado de relaciones causales y de significado que organizan y condicionan la vida del sujeto. Si las creencias que mantiene un individuo le mantienen atrapado en situaciones generadoras de conflictos internos, si su hacer es contrario a su creer, si su actividad cotidiana no le proporciona las satisfacciones que previamente creía que le aportaría, entonces esta persona se irá deteriorando progresivamente hasta la autodestrucción.

Como ya hemos visto, las creencias surgen como generalizaciones, comúnmente inconscientes que desarrollamos sobre:

a) Causas
b) Significados
c) Límites de:
    El mundo (ambiente)
    Conductas
    Capacidades
    Identidad
    Espiritualidad

Las creencias se estructuran y expresan del modo señalado en el cuadro precedente, construyendo un razonamiento basado en las siguientes relaciones.

Creencias a cerca la causa: **Relación causa-efecto.**

Si creemos que «X» es la causa de algo, nuestro comportamiento tenderá a provocar que «X» acontezca.

- ¿Qué hace que una persona sea desgraciada?
- ¿Cuál es la causa de la aparición del cáncer?
- ¿Qué hace que no pueda dejar de drogarme?
- Si me comporto así, seguro que me sucederá eso.

Creencias acerca de significados: **Relación equivalencia compleja.**

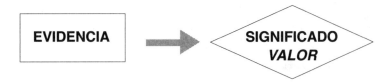

Esta estructura implica una relación de evidencia valor-significado, en la que adjudicamos una estipulación a los acontecimientos que supone un juicio de valor. Esta referencia da la orientación de nuestras acciones, y por tanto, la congruencia de nuestro comportamiento está directamente relacionada con nuestras creencias sobre significados. Esto no quiere decir que nuestras conductas, como consecuencia, sean correctas, sino que se manifiestan acordes con nuestro modo de pensar.

- ¿Qué significa esa enfermedad?
- ¿Significa que quien la padece la merece o la necesita?

- ¿Significa una tendencia a la destrucción?
- ¿Significa limpieza orgánica?
- ¿Qué es lo verdaderamente importante de este aconteci-miento?

Creencias sobre los límites: **Marcan las fronteras del mapa personal**.

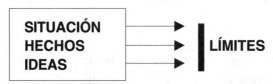

Con este tipo de argumentaciones establecemos topes rígi-dos y absurdos a nuestro mapa. Suelen estar expresadas como operadores modales y cuantificadores universales.

- No se debe hacer X.
- Debo ser Y.
- Todo el mundo debería comportarse de tal modo.
- Nadie puede Y.
- En tales situaciones uno debe actuar de forma Z.
- No es posible hacer eso.
- Necesariamente tenemos que actuar de ese modo.

De cualquiera de ambas formulaciones desarrollamos creencias sobre el ambiente, los comportamientos, las capacidades, la identidad y la espiritualidad o transpersonalidad. De todas ellas, las más poderosas y las que condicionan en mayor medida al individuo son las relativas a la identidad, aquellas que responden a la pregunta ¿quién soy yo?

Este último tipo de creencias supone frecuentemente resistencias al cambio y al desarrollo personal. Incluyen causas, significados y límites sobre la propia persona. Condicionan la existencia y abren o cierran las puertas de las capacidades humanas. *Si crees que puedes, o si crees que no puedes, estás en lo cierto.*

- ¿Qué hace que sea tan exigente?
- ¿Qué significa el movimiento de mi pie?
- ¿Cuáles son mis limitaciones en este tema?

Como ya vimos unos párrafos atrás, las creencias se agrupan en paquetes dicotómicos como potenciadoras o limitantes. Potenciadoras son aquellas que nos facilitan el camino de la realización, franquean el paso a cualquier potencialidad o habilidad, generan los recursos internos para alcanzar cualquier meta, y permiten que la persona crezca y evolucione. Por otra parte, las limitantes actúan de forma contraria impidiendo, anulando, bloqueando las capacidades, por lo que operan impidiendo con toda fuerza la realización de cualquier capacidad generativa de acciones útiles.

Las creencias que nos limitan suelen adoptar una de las siguientes formas:

- Limitaciones por falta de esperanza: Creencia de que el objetivo deseado es inalcanzable, independientemente de las propias capacidades.
- Limitaciones por falta de capacidad: Creencia de que el objetivo es posible, pero no se tienen las capacidades necesarias para alcanzarlo.
- Limitaciones por falta de motivación: Creencia de que no

merecemos alcanzar el objetivo a raíz de algo que hicimos o dejamos de hacer.

- Limitaciones por expectativas catastróficas: Creencias que auguran desenlaces desastrosos como consecuencia de nuestras acciones independientemente de la calidad de las mismas.

Dentro de este «paquete» de creencias limitantes, aquellas que más influyen y condicionan son las que se refieren a la identidad, por ser éstas las que ocupan mayor rango en lo referente al desarrollo y activación del equilibrio como persona. Por ejemplo afirmaciones del tipo: «Soy un inútil», «no valgo nada», «soy una víctima», «soy un gafe», son determinantes para no activar capacidades.

El estudio y la identificación, para el conocimiento y posterior cambio de creencias si es necesario, tienen una amplia gama de utilidades que van desde la terapia hasta la mejora del rendimiento laboral. A modo de resumen podríamos dar las siguientes aplicaciones:

→ TERAPIA:
1. Ampliar el mapa.
2. Modificar la personalidad.
3. Ampliar capacidades.
4. Resolver conflictos internos.
5. Salud.

→ EMPRESA:
1. Valoración de puestos.
2. Selección de personal.
3. Acoplamiento de funciones.
4. Negociaciones.
5. Resolución de conflictos.
6. Motivación.
7. Rendimiento y productividad.
8. Mejorar la creatividad.

→ ENSEÑANZA:
1. Mejorar las capacidades.
2. Crear sentido ético.
3. Identificar tendencias y aptitudes.
4. Adecuar aprendizajes.

Por supuesto, no todas las creencias poseen igual fuerza y arraigo, dependiendo del refuerzo que éstas hayan tenido en función a la repetición o impacto de la experiencia impronta, así habrán quedado más o menos consolidadas. Así pues, a partir de la definición de creencia podemos dar una serie de definiciones de otros términos que bien podríamos considerar como niveles de creencias.

CREENCIA: Generalización sobre la relación entre las cosas que percibimos en nuestro ambiente causa-efecto, significados y límites, construida a partir de la experiencia subjetiva.

SUPOSICIONES: Creencia inconsciente o implícita por detrás de una acción o creencia que le da significado. No necesariamente relacionada directamente con la acción o la creencia. La suposición da por sentado o existente algo y constituye una creencia sin experiencia que la soporte.

PRESUPOSICIONES: Creencia inconsciente implícita en la estructura de una acción o de otra creencia; necesaria para que la acción o la creencia tenga sentido. Es lo que se supone que es la causa o motivo de una cosa.

DEPENDENCIA: Creencia de que uno necesita algo o alguien para su supervivencia y/o existencia y de que no existen otras alternativas.

CODEPENDENCIAS: Relación basada en la presuposición de que ambas partes se necesitan mutuamente para vivir o/y existir y que no existen otras alternativas.

ENREDADO: Creer que algo o alguien es como parte de uno mismo.

INDEPENDENCIA: Creencia de que su identidad es completa y plena por sí misma y que uno mismo posee muchas alternativas para sobrevivir.

COINDEPENDENCIA: Creencia en poseer una identidad firme y fuente con capacidad de supervivencia con una variada gama de alternativas que puede escoger. La coindependencia se manifiesta cuando se dispone de una relación interdependiente que posibilita ampliar ambas identidades, aumentando las posibilidades de supervivencia.

VICIO: Creencia que soporta algo no ecológico que hace o usa. Cree que necesita de eso para sobrevivir y lo hace en tal extensión que pone en peligro su supervivencia. Suele ser expresada lingüísticamente como: «Creo que necesito más de eso.»

OBSESIÓN: Se refiere a querer algo o querer hacer algo más allá de lo que parece ser razonable o/y saludable. Las obsesiones resultan de la experiencia de no tener o no estar consiguiendo algo que se valora tanto que resulta esencial para ser quien se es o se desea ser. Surge de la confusión entre objetivo y evidencia. Creencia sobre identidad. Cree no tener, o no tener suficiente. No hay que confundir obsesión con compulsión –que es un comportamiento–. La compulsión es la necesidad que nos empuja a hacer algo incluso aunque nos parezca innecesario o perjudicial: tener pero no darse cuenta. Es una operación que no tiene un objetivo consciente o para lo cual el objetivo se extinguió. Ocurre por considerar una evidencia en el nivel lógico inapropiado.

El ser humano es tan estúpido en sus estados de falta de equilibrio o salud, es decir, cuando se encuentra dominado por ciertas creencias limitantes, que arbitra sofisticados métodos (subconscientes) para ocultar sus propias creencias perjudiciales. Sin embargo, éstas se muestran como desviaciones informativas o «trucos» para evitar que se puedan localizar o identificar por uno mismo, o por parte del terapeuta que le ayuda. No olvidemos que las creencias se expresan lingüística y paralingüísticamente, verbal y no verbalmente. Tales creencias dañinas suelen ser de las de mayor convicción, y éstas se encuentran más alejadas de la consciencia, y los mecanismos que usamos para ocultarlas son variados y sofisticados, aunque podemos clasificarlos en:

- Botes de humo: Este mecanismo de ocultación de creencias limitantes se hace patente cuando el sujeto tiende insistentemente a la abstracción y a la dispersión para evitar el contacto con las propias creencias, o con las sensaciones y sentimientos negativos relacionados con las creencias en cuestión.
- Señuelo de colores: En este caso el individuo aporta información que tiende a producir pistas engañosas o sin importancia, para narcotizarse, narcotizarnos o despistar a propósito.
- Peces propios en la pecera del vecino: Se trata del caso en el que el sujeto proyecta las propias creencias en la conducta de terceros. Afirmaciones como: «Sin conocer a fulanito yo ya sé que no viene con buenas intenciones.» «Aunque menganito diga que te quiere ayudar seguro que lo que pretende es aprovecharse de ti.» «Aunque alguien te diga lo siento, en realidad se está alegrando de tu desgracia, la gente es muy envidiosa.»

Es fácil por parte del terapeuta caer en este tipo de trampas y seguir las pistas engañosas que le proporciona el cliente tanto los «botes de humo» como los «señuelos de colores» o «los peces». También es frecuente que el facilitador introduzca sus propios «peces» en la pecera del otro, buscando aquello que previamente ya ha decidido que debe existir en sujeto. La historia que cita Dilts en su libro de *Las creencias,* narrada a éste por David Gordon, aunque bien podría ser de una película de Woody Allen, es ciertamente aleccionadora al respecto. Cierto terapeuta que se había especializado en la terapia con los sueños, albergaba la idea de que soñar con peces era la raíz de todos los problemas psicológicos.

> *Terapeuta:* Disculpe, pero ¿anoche tuvo algún sueño, por casualidad?

393

Cliente: No sé... Puede que sí... Sí, creo que sí que soñé.

Terapeuta: No soñaría usted con peces, ¿o tal vez sí?

Cliente: No, no.

Terapeuta: ¿Qué soñó, entonces?

Cliente: Bueno, nada importante, que iba caminando por la calle.

Terapeuta: ¿Y por casualidad, había algún charco en la calle?

Cliente: Bueno, no sé.

Terapeuta: ¿Hubiera podido haberlo?

Cliente: Supongo que hubiera podido haberlo.

Terapeuta: Y, ¿hubiera podido haber algún pez en el charco?

Cliente: No..., por supuesto que no.

Terapeuta: Y en la calle de su sueño, ¿había algún restaurante?

Cliente: No, no lo recuerdo.

Terapeuta: Pero, hubiera podido haberlo, ¿no? Usted mismo ha dicho que iba caminando por la calle.

Cliente: Bueno, sí... hubiera podido haber un restaurante.

Terapeuta: Y en ese restaurante servirían pescado, ¿no?

Cliente: Bueno, supongo que en un restaurante servirían pescado... podría ser, por qué no.

Terapeuta: ¡Ajá! ¡Lo sabía! Usted sueña con peces.

Y sobre todo, es importante no olvidar que el hecho de que frecuentemente existen múltiples causas y creencias implicadas en un sistema, que en la mayoría de los casos se trata de todo un sistema implicado, y no de una sola causa. Precisamente ésta es la labor más ardua del facilitador que desee realizar cambios a partir del sistema de creencias, la identificación o el descubrimiento de las creencias conflictivas o limitantes en un sujeto.

Los que siguen podrían ser los indicadores más evidentes de que en un individuo existen creencias responsables de sus conflictos o alteraciones. Ten en cuenta que lo dicho anteriormente sobre los modos de ocultación de creencias es aplicable aquí también, incluso alguno de los puntos se solaparán.

Así pues, ¿cómo sabremos que hay creencias conflictivas, limitantes, o generadoras de problemas? Cuando nos encontremos con una de las señales siguientes:

- CONTRADICCIÓN: Al acercarnos a una creencia conflictiva es fácil escuchar frases como:
  - «No sé qué me lo impide.»
  - «Esto parece un disparate, no tiene sentido.»
  - «Esto no tiene sentido... algo me lo impide; no sé que es.»
  - «Éste no soy yo, no me reconozco.»
  - «No comprendo esto, pero...»
  - «Sé que no es cierto, pero...»
  - «No me lo creo pero...»
  - «Sé que debería... pero es que...»
- NIEBLA: El sujeto tiende a despistar cuando se le cuestiona alguna creencia de las confesadas. En otras ocasiones, la persona manifiesta –y tal vez sea cierto–, que no tiene recuerdo de esa época. Éste punto es crucial, ya que se trata de una señal inequívoca de la existencia de una impronta muy significativa y raíz de creencias limitantes.
- BLOQUEO: Cuando el sujeto llega a un punto en su historia carente de importancia, o no sabe por dónde continuar.
- PROYECCIONES: La persona vuelca sus propias creencias en terceras personas, responsabilizando a éstas de sus males, o de los desastres del mundo.
- FISIOLOGÍA ASIMÉTRICA. Cuando el sujeto muestra evidentes señales de asimetría fisiológica: inclinación pronunciada de un hombro más que otro, gesticulaciones con un solo lado del cuerpo, etc.
- PSICOLOGÍA ASIMÉTRICA. Esta actitud se evidencia con manifestaciones de personalidad muy diferentes dependiendo del ambiente en el que se encuentre. Por ejemplo, la persona es excesivamente seria y rígida en familia, y cuando sale con los amigos es el más juerguista.

Uno de los procedimientos de abordaje terapéutico más sencillo para buscar creencias conflictivas es el que a continuación te describo.

1. Pídele a tu cliente que te describa una «pequeña preocupación» que tenga en ése momento. Poco importa aquí la naturaleza del conflicto, ya que se trata solamente de un argumento comunicativo para que puedas utilizar el modelo. Cuida primeramente de establecer un completo y adecuado rapport.
2. Atiende bien todo lo que dice y pregunta aquello que debes considerar como obligatorio para tener la certeza de que lo que te está contando es cierto.
3. Haz hipótesis sobre la raíz del problema, y de las actitudes del sujeto generadoras del mismo.
4. Repite y reformula con una de tus hipótesis y calibra:
   a. Si te responde calmadamente y te dice que no es eso, cambia de hipótesis; estás equivocado.
   b. Si por el contrario se sorprende, enrojece, se interroga, estás por buen camino. Continúa el cerco cada vez más cerrado, hasta obtener una creencia de identidad.
5. Retoma todo el proceso precedente y haz que describa una de sus pasiones, para cotejarla. Continúa de nuevo con la misma secuencia.

Resulta decisivo en el trabajo con creencias conocer a fondo las estructuras lingüísticas con las que son expresadas éstas, que como ya dije en su momento, se configuran básicamente como relaciones causales, equivalencias complejas, con operadores modales, cuantificadores universales y perdidas de concreción. El siguiente cuadro nos muestra algunos de estos armazones verbales en afirmaciones sobre creencias.

a) EQUIVALENCIA COMPLEJA:
   Si.............................. entonces.............................
   .... significa..............................

b) CAUSA-EFECTO:
   .... causa.....................................
   .... produce.................................
   .... consigues..............................

c) OPERADORES MODALES:
   Yo debo............................. porque................................
   No debería....................... porque................................

d) CUANTIFICADORES UNIVERSALES:
   Yo nunca.......................... porque................................
   Ellos siempre................... porque................................

e) PÉRDIDA DE CONCRECIÓN:
   Es falso............................ porque................................
   Es malo............................ porque................................
   Es absurdo....................... porque................................

Para descubrir creencias limitantes y transformarlas, además de la maestría en comunicación siguiendo las pautas indicadas, dispones de los tests y modelo de cambio presentados en mi anterior libro,[1] y de otros sistemas como éste que viene a continuación.

AUTOEVALUACIÓN DE CREENCIAS

Escribe una frase que describa en forma de objetivo tu propósito u objetivo. Como por ejemplo: «Creo que puedo ser un excelente máster de PNL y contribuir con ello a hacer un mundo mejor.»

_____
_____
_____

Para continuar, seleccionarás una de las valoraciones que siguen a cada una de las afirmaciones que añadirás en relación con tu objetivo.

Afirmación 1: *Mi objetivo de...* (aquí introduces el texto de la frase que has escrito líneas arriba)... *es deseado, conveniente, ecológico e importante.*

---

1. *Curso de Practitioner en PNL*, Ediciones Obelisco.

Valoración:
- No sé.
- Tal vez.
- Sí, pero...
- Puede ser cierto.
- Muy cierto.

Ejemplo: *Mi objetivo de ser próspero y contribuir a la prosperidad de otros es deseado, conveniente, ecológico e importante.*
Valoración:
- ~~No sé.~~
- ~~Tal vez.~~
- ~~Sí, pero...~~
- Puede ser cierto.
- ~~Muy cierto.~~

Afirmación 2: *Es posible para mí alcanzar o conseguir...* (aquí introduces el texto de tu frase escrita).
Valoración:
- No sé.
- Tal vez.
- Sí, pero...
- Puede ser cierto.
- Muy cierto.

Ejemplo: *Es posible para mí alcanzar o conseguir ser próspero y contribuir a la prosperidad de otros.*
- ~~No sé.~~
- ~~Tal vez.~~
- Sí, pero...
- ~~Puede ser cierto.~~
- ~~Muy cierto.~~

Afirmación 3: *Aquello que tengo que hacer para...* (frase del objetivo)... *es lo correcto, apropiado y beneficioso para mí y para los demás.*
- No sé.
- Tal vez.
- Sí, pero...
- Puede ser cierto.
- Muy cierto.

Afirmación 4: *Tengo las capacidades y las habilidades necesarias para conseguir...* (frase).

- No sé.
- Tal vez.
- Sí, pero...
- Puede ser cierto.
- Muy cierto.

Afirmación 5: *Merezco...* (frase).
- No sé.
- Tal vez.
- Sí, pero...
- Puede ser cierto.
- Muy cierto.

Una vez valoradas cada una de las cinco afirmaciones propuestas sobre tu propósito u objetivo, vas a seleccionar de entre ellas aquélla o aquéllas de las que no hayan alcanzado el ajuste máximo de *muy cierto*, y las someterás al proceso de refuerzo que viene a continuación.

Entonces, utilizando cada una de las palabras propuestas más adelante (**Inventario para el fortalecimiento**) procederás a completar, construyendo una frase que contenga la afirmación a potenciar.

Para comprender mejor el proceso, veamos un ejemplo aclaratorio. Tomemos como muestra la primera afirmación que marqué con *puede ser cierto*. Así haría:

1. Mi objetivo de ser un excelente máster de PNL y contribuir a hacer un mundo mejor es deseado, conveniente, ecológico e importante *del mismo modo que* he alcanzado otras cosas que me he propuesto.
2. Mi objetivo de ser un excelente máster de PNL y contribuir a hacer un mundo mejor es deseado, conveniente, ecológico e importante, *siempre que* con ello fortalezca mi identidad y me haga ser mejor persona.
3. ... *una vez que* acepte la responsabilidad que ello conlleva.
4. ... *en el instante que* me comprometa.

5. ... *si* soy constante, disciplinado y paciente.

6. ... *porque* con ello contribuyo al desarrollo de la humanidad y de mí mismo.

7. ... *desde el momento en que* decidí alcanzar la prosperidad.

8. ... *así que* es el momento de ponerme manos a la obra.

9. etc.

10. etc.

11. etc.

12. etc.

Deja que las palabras surjan fácil y espontáneamente de tu mente:

Inventario para el fortalecimiento:

a) ... del mismo modo que...

b) ... siempre que...

c) ... una vez que...

d) ... en el instante que...

e) ... si...

f) ... porque...

g) ... desde el momento en que...

h) ... así que...

i) ... cada vez que...

j) ... si no...

k) ... ya que...

l) ... por tanto...

Es obvio, que una vez detectadas e identificadas las creencias limitantes, el siguiente paso es preceder al cambio, y para ello la PNL cuenta con varios modelos destinadas a tal fin. El modelo anterior podría servir para ello, otro de ellos ya bien conocido, es el que se explica en el «Curso de Practitioner»,[2] y que aquí no vamos a tratar. Otras muchas técnicas podrían quedar amparadas

---

2. Véase el libro citado; Ediciones Obelisco, página 394 y siguientes.

en el cuadro esquema que viene bajo estas líneas y que explicaré someramente. Sin embargo, sí quiero hacer especial mención al modelo de cambio de creencias basado en desafíos lingüísticos ideado sobre la base de las *pautas* que estructuran las creencias, y específicamente dispuesto para rebatir todo tipo de argumentaciones, que se ha dado en llamar Metamodelo IV.

Si tomamos como punto de partida para cualquier desafío lingüístico la estructura básica de las creencias, todo el trabajo que tendremos que afrontar es el de desmontar tal estructura siguiendo los cauces siguientes:

1. Cuando existe encadenamiento de causas:
   a. Cuando en una creencia A>B>C, si cambiamos A, C también cambiará.
   b. Si en una creencia A(+)>B(−)>C(+), si B aunque sea negativo es originado por causa positiva y produce un efecto positivo, no sería necesario cambiar el punto medio.

2. Cuando existe cadena de significados:

Si existe la relación: $A(-) = B = C(+)$ entonces $A(-) = C(+)$

En el caso de que no exista tal relación, si consigues establecerla, la argumentación será la misma.

3. Comparaciones:

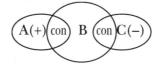

Si comparamos A(+) con B; y B con C(–), B es negativo comparado con A(+) pero es positivo comparado con C(–).

De igual modo, si conseguimos introducir este tipo de comparaciones, bastará con proceder a establecer la relación.

4. Nivel lógico de las creencias:
   Cuando existen creencias incorporadas dentro de una estructura de niveles lógicos, es suficiente con desafiar y desmontar la correspondiente al nivel superior, para que toda la cadena se venga abajo.

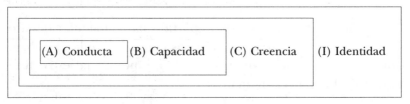

| (A) Conducta | (B) Capacidad | (C) Creencia | (I) Identidad |

Si (A) de conductas pertenece al conjunto (B) de capacidades y éste a su vez al (C) de Creencias, que pertenece al (I) de identidad, quiere decir que (A) pertenece a (I).

Los razonamientos que utilizaremos para realizar los cambios propuestos en cada uno de los cuatro apartados anteriores, que también forman parte del metamodelo IV, se fundamentan en los debates lingüísticos y discusiones socráticas que usaban los griegos en sus escuelas. Se trata de someter a la creencia, que queremos sustituir o modificar, a una serie de impugnaciones con una determinada dirección, que tienen como fin hacer que sea el propio sujeto el que vaya ampliando su mapa relativo a la creencia en cuestión. A este modelo bien lo podríamos titular también como «Catorce argumentos para convencer», dada la fuerza que tienen sus consideraciones para producir el cambio. Esta técnica requiere de una habilidad muy especial por parte del facilitador o terapeuta, ya que debe desarrollar una gran rapidez y agilidad mental para construir las frases de impugnación.

Una vez conocida la creencia que queremos «desmontar», procederás con los tipos de desafíos que a continuación explico:

1. **Redefinir:** Sustituirás una palabra utilizada en la afirmación de la creencia por una nueva palabra de significado similar pero con distintas aplicaciones. Es decir, procederás a crear nuevos significados a partir de la palabra clave de la creencia.

2. **Consecuencia:** Dirigirás la atención hacia un efecto positivo o negativo de la creencia a rebatir, o hacia una relación definida por la propia creencia. Aquí lo que vas a hacer es crear nuevas consecuencias relativas a la creencia no previstas por el sujeto.

3. **Intención:** Procura enfocar la atención al objetivo o intención de la creencia, más allá de la manifestación lingüística que se verbalice. Sirve igual si la intención de la creencia es positiva o negativa. Es muy conveniente reconducir al individuo a una intención positiva.

4. **Especificar:** Dividirás los elementos de la creencia en segmentos lo suficientemente pequeños para cambiar relaciones definidas por la creencia. Se trata de segmentar hacia abajo para minimizar la relación establecida en la creencia.

5. **Generalizar:** Lleva un elemento definido por la creencia a una clasificación más general, para cambiar la proporción delimitada por la creencia. Es una segmentación hacia arriba.

6. **Contraejemplo:** Descubre un ejemplo para el que no sirve la relación definida por la creencia. Es decir, busca la excepción, ya que si el sujeto la acepta, rompe la generalización que sustenta la creencia.

7. **Otro objetivo:** Desafía la importancia de la creencia y cambia al mismo tiempo de objetivo que el sujeto sustenta, aunque sea subyacentemente, con la afirmación.

8. **Analogía:** Construye una relación similar a la definida por la creencia, pero que tenga distintas implicacio-

nes. Puede tratarse de una metáfora construida para el efecto.

9. **Aplicado a sí mismo:** Evalúa la propia creencia según el criterio o relación definida por la misma creencia.

10. **Jerarquía de criterios:** Reevaluar la creencia según un criterio de mayor valor que los definidos por ella.

11. **Cambio de tamaño del cuadro:** Presenta nuevas implicaciones de la creencia en un contexto de más o menos tiempo, de muchas, pocas o una persona, o desde una perspectiva más cercana o más distante.

12. **Metacuadro:** Redefine la creencia como un proceso, y establece otra creencia sobre la creencia en un contexto orientado hacia la persona.

13. **Modelo del mundo:** Redacta la creencia a partir de un modelo del mundo diferente.

14. **Estrategia de realidad:** Expresa la creencia teniendo en cuenta que las personas construyen sus creencias a partir de percepciones cognitivas del mundo.

Veamos ahora unos ejemplos sobre el modo de construir los desafíos. Usaremos la creencia: «Creo que no te importo nada porque siempre llegas tarde a las citas conmigo.» A partir de ella realizaremos todo el trabajo.

Redefinir: Sustituirás una palabra utilizada en la afirmación de la creencia por una nueva palabra de significado similar pero con distintas aplicaciones. Es decir, procederás a crear nuevos significados a partir de la palabra clave de la creencia.

–No me retrasé; me retuvieron. O bien: *–Claro que me importas, lo que ocurre es que soy un despistado.*

Consecuencia: Dirigirás la atención hacia un efecto positivo o negativo de la creencia a rebatir, o hacia una relación definida por la propia creencia. Aquí lo que vas a hacer es crear nuevas consecuencias relativas a la creencia no previstas por el sujeto.

–Si no me hubiese retrasado para terminar lo que estaba haciendo, ahora no podría disponer de tiempo para ti.

Intención: Procura enfocar la atención al objetivo o intención de la creencia, más allá de la manifestación lingüística que se verbalice. Sirve igual si la intención de la creencia es positiva o negativa. Es muy conveniente reconducir al individuo a una intención positiva.

—No pretendía ser grosero; sólo intentaba cumplir mis compromisos.

Especificar: Dividirás los elementos de la creencia en segmentos lo suficientemente pequeños para cambiar relaciones definidas por la creencia. Se trata de segmentar hacia abajo para minimizar la relación establecida en la creencia.

—¿Cómo podríamos medir en cada segundo la importancia que tienes para mí?

Generalizar: Lleva un elemento definido por la creencia a una clasificación más general, para cambiar la proporción delimitada por la creencia. Es una segmentación hacia arriba.

—¿Consideras entonces que el tiempo es el factor más importante de nuestra relación?

Contraejemplo: Descubre un ejemplo para el que no sirve la relación definida por la creencia. Es decir, busca la excepción, ya que si el sujeto la acepta, rompe la generalización que sustenta la creencia.

—Pues conozco a personas muy puntuales que me merecen escasa confianza. O bien: *—Es normal que las personas cuidadosas se retrasen a veces, porque se preocupan de hacer las cosas muy bien.*

Otro objetivo: Desafía la importancia de la creencia y cambia al mismo tiempo de objetivo que el sujeto sustenta, aunque sea subyacentemente, con la afirmación.

—El problema no consiste en si soy cuidadoso o impuntual, sino en reconocer nuestras verdaderas necesidades y evitar peleas innecesarias.

Analogía: Construye una relación similar a la definida por la creencia, pero que tenga distintas implicaciones. Puede tratarse de una metáfora construida para el efecto.

—Si un cirujano se retrasara por hacer un trabajo mejor, ¿le reprocharías su impuntualidad?

Aplicado a sí mismo: Evalúa la propia creencia según el criterio o relación definida por la misma creencia.

–¿Y tú no te importas lo bastante para haber comentado esto antes? O bien: *–Si yo te importase a ti, no me reprocharías algo como esto.*

Jerarquía de criterios: Reevaluar la creencia según un criterio de mayor valor que los definidos por ella.

–¿No crees tú que es más importante dejar las cosas bien hechas que ser puntual?

Cambio de tamaño del cuadro: Presenta nuevas implicaciones de la creencia en un contexto de más o menos tiempo, de muchas, pocas o una persona, o desde una perspectiva más cercana o más distante.

–Mejor tarde que nunca. O bien: *–En la inmensidad de nuestra relación unos pocos minutos son como unos granos de arena de un desierto.*

Metacuadro: Redefine la creencia como un proceso, y establece otra creencia sobre la creencia en un contexto orientado hacia la persona.

–Considero que me reprochas eso porque tienes expectativas poco realistas sobre los demás, y si te fallan, luego les responsabilizas de tus decepciones.

Modelo del mundo: Redacta la creencia a partir de un modelo del mundo diferente.

–Según tus criterios yo puedo haber llegado con retraso, pero tal como yo veo las cosas, he llegado antes de lo que se podía esperar.

Estrategia de realidad: Expresa la creencia teniendo en cuenta que las personas construyen sus creencias a partir de percepciones cognitivas del mundo.

–¿Cómo sabes que mi retraso significa que no me importas?

Veamos otros ejemplos, esta vez sobre la creencia: «El cáncer es una enfermedad mortal.»

Redefinir (Crear nuevos significados):

–No es el cáncer lo que causa la muerte, sino las deficiencias del sistema inmunológico. O bien: *–El cáncer no causa la muerte, pero acaba con las ganas de vivir de aquellos que tienen la creencia de que es mortal.*

Consecuencia (Crear nuevas consecuencias):
–Creencias como esa pasan a ser profecías autocumplidas, porque las personas no suelen tener en cuenta otras opciones.

Intención:
–Yo sé que tu intención es evitar darte falsas esperanzas, pero así estás eliminando toda esperanza.

Especificar: (Segmentar hacia abajo):
–¿De cuanta parte de la disfunción o la muerte es responsable cada célula cancerosa?

Generalizar: (Segmentar hacia arriba):
–¿Un cambio en una pequeña parte del sistema puede provocar automáticamente la destrucción de todo el sistema?

Contraejemplo:
–Existen muchas personas que han tenido cáncer y han superado la enfermedad. O bien: *–Las personas con cáncer se mueren tanto en función del tratamiento cuanto del propio cáncer.*

Otro objetivo:
–La cuestión no es lo que causa la muerte, sino lo que hace que la vida sea mejor.

Analogía (metáfora):
–El cáncer es como el pasto, y las células del sistema inmunológico son como los corderos. El estrés, ciertos alimentos y la tristeza disminuyen la cantidad de corderos; así el pasto crece demasiado y se convierte en maleza dañina para el resto. –Si el número de corderos aumenta, la armonía ecológica vuelve a quedar restituida.

Aplicar a sí mismo:
–¿Para qué persistir tanto en una creencia mortal? O bien: *–Probablemente esta creencia se ha esparcido como un cáncer a lo largo de los años.*

Jerarquía de criterios:

–¿No te das cuenta de que es más importante reflexionar acerca de la calidad de tu vida que en lo que ésta va a durar?

Cambio de tamaño del cuadro:

–¿A ti te gustaría que un familiar querido, tu hijo o un hermano, tuviese una creencia como ésta? O bien: *–Si todas las personas pensaran de esa forma, jamás encontraríamos el remedio.*

Metacuadro:

–Te empeñas en creer eso porque no tienes un modelo de vida que te permita manejar todas las posibilidades que contribuyen en el proceso de la vida o muerte.

Modelo del mundo:

–Hay muchos médicos que creen que todos nosotros tenemos algunas células que sufren mutaciones constantemente, y eso es problemático sólo cuando el sistema inmunológico está debilitado.

Estrategia de realidad:

–¿Si esto no fuese cierto, cómo podrías saberlo?

Pasemos a otro tema. Cuando lo que queremos es reforzar alguna creencia que sea indispensable para reforzar cierto tipo de objetivo, recurriremos al siguiente modelo denominado: «Instalación o refuerzo de creencias.»

Las pautas a seguir son las que a continuación indico:

1. Hacemos que el sujeto imagine ante sí la línea del tiempo. Establecemos una metaposición fuera de ella.

2. El sujeto debe formular un objetivo que quisiera alcanzar en el futuro, y las creencias que van a permitir y motivar ese logro. En metaposición, repasamos las condiciones de buena formulación del objetivo, y elegimos una creencia fundamental en relación con él.
   • Con orientación hacia lo positivo: ¿qué es lo que quieres concretamente? ¿Cuál es la intención y la repercu-

sión que esta nueva creencia va a tener sobre tu identidad?

- Dentro de las posibilidades y responsabilidad de la propia persona: ¿qué vas a hacer para lograr tu objetivo?
- Establecimiento de evidencias sensoriales: ¿qué verás, oirás o sentirás al tener integrada en ti esta nueva creencia?
- Preserva las ganancias secundarias e intención positiva de la creencia actual: ¿qué es lo que ganas o preservas con la creencia actual? ¿cómo específicamente vas a mantener esa ganancia?
- Verificación ecológica: ¿cómo podría influir esta creencia en otras personas o cosas? ¿Qué vas a hacer para evitar efectos negativos, si pudiese haberlos?

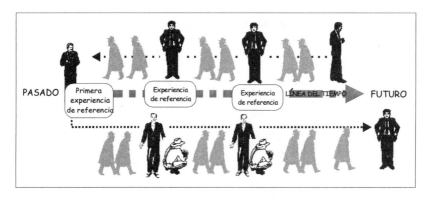

3. Le pedimos al sujeto que entre en la línea del tiempo, asociado a la posición del presente, mirando hacia el futuro. Le preguntamos: ¿cómo sería el futuro teniendo incorporada esta nueva creencia?

4. Hacemos que el sujeto se vuelva hacia el pasado. Debe caminar despacio por la línea del tiempo, buscando experiencias pasadas que puedan justificar y sostener la nueva creencia o capacidad deseada para alcanzar el ob-

jetivo (podemos anclarla). Puede también identificar personas significativas para él que pueden ayudarlo a desarrollar o reforzar esta capacidad. Si alguna experiencia elegida es confusa o inadecuada, le sugerimos que la salte o la rodee.

5. Una vez encontrada la experiencia más antigua que puede sostener la creencia, le pedimos al sujeto que se oriente de nuevo hacia el futuro y que vuelva despacio por la línea del tiempo, recogiendo los «tesoros» encontrados, hasta que llegue al presente. En este punto, tomando conciencia de las experiencias y personas significativas, planteamos de nuevo la pregunta: ¿cómo es el futuro teniendo esta nueva creencia?

6. Puente al futuro en la línea del tiempo: Hacemos que el sujeto camine hacia el futuro y experimente anticipadamente los frutos de esa nueva creencia.

LA REIMPRESIÓN

Entre las creencias limitadoras, posiblemente, las más perjudiciales sean las que quedaron arraigadas como consecuencia de un trauma, y que se mantienen a lo largo del tiempo como consecuencia de la poderosa grabación que se produjo en la memoria inconsciente del sujeto. A esta clase de hechos traumáticos o impactos los llamamos *impronta, engrama* o *impresión.*

Consideramos y definimos a la impronta, engrama, o impronta como una experiencia significativa del pasado que marca un punto de arranque para una creencia o un conjunto de creencias de naturaleza limitante. Dentro de este grupo de experiencias de alta intensidad podemos incluir los traumas, «shock» e impactos emocionales negativos muy fuertes.

Al producirse vivencias de esta naturaleza en el sujeto, y al no ser capaz en ese momento de codificarlas correctamente, por falta de términos de referencia adecuados, se generan frecuentemente bloques de creencias que configuran un modelo inconsciente que condiciona. Es muy frecuente que en las improntas estén implicadas personas significativas –padre, madre, abuelos, hermanos, profesores de la infancia, etc.–. En la mayoría de los casos los personajes involucrados son aquellos con los que el individuo tiene una relación de dependencia emocional, es decir, los que de algún modo le suministran, o le deberían suministrar, el polo energético emocional que necesitan para que sus emociones puedan manifestarse. El tipo de experiencias al que me refiero crea en la persona una huella, una impresión o un molde que filtrará en lo sucesivo cualquier experiencia en la que intervengan o puedan intervenir emociones de igual naturaleza que las presentes en la experiencia origen de la impresión. Las impresiones son las «bolas de preso» de esa cadena de experiencias traumáticas que vimos en el capítulo correspondiente a la intervención terapéutica, y la forma de desarticular toda la sucesión es de lo que vamos a tratar aquí.

El proceso –todo un modelo de terapia en sí mismo–, con el que trabajamos en PNL estas situaciones, consiste en volver a conectar al sujeto con la experiencia original y reencuadrarla, transformar la experiencia subjetiva que en su día instaló, y las consecuentes creencias limitantes que surgieron a partir de ahí. Es como si reimprimiéramos el molde.

El propósito de la *reimpresión* es encontrar los recursos necesarios para cambiar las creencias del sujeto y reorganizar los roles de las personas significativas relacionadas con la experiencia, de modo que las cargas emocionales que las acompañan desaparezcan.

Muchas veces o mejor dicho, la mayoría de las veces, los sujetos desconocen o no recuerdan cuáles fueron esos impactos iniciales que dejaron tanta huella en su vida.

¿Cómo localizar entonces tales situaciones? O en todo caso, ¿para qué utilizaremos esta técnica de reimpresión?

Cualquier patrón de conducta, cualquier bloqueo de capacidades, cualquier creencia limitante, todo ello puede ser tratado con el patrón de reimpresión, siempre y cuando sean situaciones reiterativas, o resistentes a otros modelos más simples, o reincidentes, o incluso que habiendo sido tratados con éxito utilizando otras técnicas reaparezcan al cabo de un tiempo. Para todo este tipo de situaciones nos resultará el método más eficaz y definitivo, si lo llevamos a término con precisión.

412

Como acabo de indicar, habitualmente la reimpresión se utiliza en situaciones problemáticas que tienden a repetirse y en las que se ha creado un patrón de respuesta cuyos síntomas parecen desencadenarse de forma casi automática. Estos escenarios suelen encontrarse en la infancia y pueden ser recordados, o simplemente conocidos, a través de otros (incidentes en el nacimiento, abandonos temporales del bebé, episodios o catástrofes familiares relatados por parientes próximos, etc.)

En el modelo se trabaja especialmente con psicogeografía, donde el adecuado y hábil manejo de las posiciones perceptivas, línea del tiempo, anclajes de recursos, capacidad del terapeuta de mantenerse en una metaposición permanente y una precisa calibración, van a ser las claves definitivas en la resolución del conflicto.

Durante el desarrollo de esta técnica, suelen presentarse algunas respuestas emocionales de cierta intensidad, por lo que considero importantísimo un rapport y acompañamiento constante, preciso y comprometido. En estos casos, puedes sacar al sujeto de la línea del tiempo y disociarlo de su experiencia, siempre que lo consideres oportuno. De este modo evitarás la explosión catártica, pues como afirmo frecuentemente, no es necesario sufrir para resolver los traumas.

Recomiendo que antes de utilizar el modelo de reimpresión, te repases los capítulos III, IV y V, en especial este último, en lo referente a los mecanismos que operan cuando utilizamos la «línea del tiempo» y las cadenas traumáticas. Insisto, debe prestarse mucha atención a las manifestaciones no verbales, pues a lo largo de todo el proceso van a ser la mejor guía para el terapeuta. Otro aspecto que quiero aconsejar es que procures ir construyendo, a medida que se desenvuelve el proceso, una imagen mental del conflicto que te presenta el cliente. Ten en cuenta que, habrá casos en los que la complejidad del escenario será tal, que si no lo tienes visualizado, te resultará muy difícil seguirle la pista, y en consecuencia dirigir al sujeto hacia la búsqueda de una solución real.

Organización y desarrollo psicogeográfico del Modelo

1. Identificación concreta del estado presente que vamos a tratar y de los síntomas específicos asociados a la situación problema (sensaciones, palabras, imágenes).

El primer paso es pedir al sujeto que identifique en el suelo su línea del tiempo, indicando dónde se encuentra su pasado, el presente y el futuro. A continuación pedirás a tu cliente que entre en la línea del tiempo y, en posición asociada en el presente, reviva interiormente la situación problema. Debe tomar conciencia clara de los síntomas, aunque sean desagradables.

Es imprescindible que la sensación con la que parta esté perfectamente identificada, y que se conecte fácilmente a algún tipo de emoción, ya que si no la filtra bien, o abarca más de una emoción, conforme avance el proceso la calidad de eventos que se va a ir encontrando hará cada vez más confusa e insignificante la sensación de salida, y al final probablemente no dé con la experiencia impronta.

Realizado lo previo, teniendo como vínculo de conexión la referencia de su propia sensación, caminará de espaldas al pasado, hacia atrás, por la línea del tiempo, deteniéndose en las situaciones de índole similar que pueda identificar, es decir, en aquellos recuerdos que le vayan llegando que tengan que ver con la sensación ya identificada. Es conveniente que, en cada uno de los recuerdos localizados, el sujeto nos facilite una referencia de los hechos, personas, y estado en el que se encuentra, incluso la fecha o la edad aproximada del momento. En esos puntos de la cadena, le harás preguntas del tipo: ¿está ahí la sensación? ¿Esa sensación te es conocida? ¿Es la primera vez que la sientes o ya te resulta familiar? Además de aquellas otras que te faciliten información sobre los hechos, para que posteriormente puedas valorar los cambios que se puedan haber producido.

414

Irás localizando la cadena de traumas conectados con la experiencia del presente. Así hasta encontrar la experiencia más antigua ligada a la sensación.

¿Cómo sabrás que es la primera experiencia? En primer lugar, porque el sujeto puede que te lo refiera cuando al preguntarle te diga que cree que es la primera vez que está sintiendo esa sensación. Segundo, para que tú lo compruebes, le indicarás que siga caminando hacia atrás, y le preguntarás: ¿está ahí la sensación? Él te dirá que no, que ya ha desaparecido, Esa área la llamamos de preimpresión, y está situada un tiempo antes del trauma original.

Una vez identificado el lugar de la impresión, vuelves a llevar al paciente hacia delante hasta el punto donde te dijo que era la primera vez que experimentaba la sensación de referencia. En ese punto, debe verbalizar su vivencia y las generalizaciones o creencias derivadas del hecho. Procura que te describa la situación con todo lujo de detalles.

2. Seguidamente le pides de nuevo al sujeto que dé un paso atrás, hasta el área de preimpresión, para que verifiques que no existe una experiencia similar anterior en el tiempo. Una vez hecho lo anterior, dale la instrucción para que salga luego de la línea del tiempo a una metaposición desde donde podrá observar el problema en su conjunto. Le solicitas que continúe verbalizando su análisis de los hechos y ampliando información acerca de las consecuencias y las creencias o generalizaciones derivadas a partir de ahí.

   – ¿Qué hace que te sintieras así?

   – ¿Por qué crees que eso era de ese modo? Etc.

   Es muy conveniente, cuando el sujeto esté en metaposición, que nos refiramos a él mismo, que está en la imagen disociada del conflicto, como a otra persona, incluso nombrándolo con el diminutivo infantil de su nombre, su apodo de la infancia, o como a ese niño que estás viendo ahí delante.

3. El siguiente paso es descubrir la intención positiva o ganancias secundarias del cuadro sintomático.

   Identifica las personas significativas relacionadas con el espacio problema (los síntomas pueden haberse copiado inconscientemente de una de ellas). Con la ayuda del sujeto, analizarás también las intenciones positivas y ganancias secundarias de estas personas en el momento de los hechos. Para ello, el sujeto ocupará momentáneamente sus posiciones espaciales asociándose al rol de cada cual, y explicando su situación. Esta fase es muy delicada y requiere, como ya hemos mencionado en varias ocasiones, una gran habilidad en el manejo de todos los elementos psicogeográficos y metamodelo. Aquí no existen patrones ni reglas precisas, cada caso resulta ser un mundo y nuestra maestría será la mejor guía.

4. Por cada una de las personas implicadas en la experiencia *impronta* has de conseguir el más completo cuadro de su mapa, o mejor dicho, del mapa que cree el sujeto que tienen los otros en función de su propio mapa. A partir de ahí:
   a) Identifica recursos u opciones que la persona necesitó y de los que no disponía en ese momento, pero que el sujeto tiene disponibles o utilizó alguna vez.
   Para recuperar el recurso necesario a cada individuo implicado en la escena, el sujeto entrará –lo conduciremos– en un punto en la línea del tiempo donde vivenció más intensamente la utilización del recurso (muy importante: el recurso debe estar en un nivel lógico adecuado). Anclarás el estado de recurso. El desplazamiento y la ubicación en el correspondiente punto de la línea del tiempo, se pueden realizar y acceder a ellos directamente desde la metaposición, y de nuevo regresará a metaposición
   b) Una vez anclado el recurso, pedirás al sujeto que se traslade (desde metaposición) hasta el espacio problema y que entre en la posición de la persona que

necesitaba ese recurso. Disparas el ancla del recurso y sugieres al sujeto que reviva la experiencia de *impronta* a través del punto de vista de esa persona, una vez integrado el recurso.

c) De nuevo el sujeto saldrá de la línea del tiempo, fuera del espacio-problema, a metaposición, y analizará, cambiará o actualizará la información y las generalizaciones que haya hecho en 2ª posición con la persona representada. Estas últimas operaciones de anclar recurso, asociarse en 2ª posición y valorar la experiencia, se realizarán con cada una de las personas importantes implicadas en la impronta.

5. Seguidamente le solicitarás al sujeto que identifique los recursos o creencias importantes que habría necesitado en la situación problema, incluso aunque las personas significativas no hubiesen dispuesto de los nuevos recursos. Una vez identificados los recursos, y llevando al sujeto al punto de la línea del tiempo de máximo manejo del mismo, anclarás éstos. Si lo que necesita el sujeto son nuevas creencias o modificar la existentes, necesitas realizar tales cambios, para ello lo más práctico es el uso del metamodelo y «las catorce llaves para convencer», y tu habilidad para reencuadrar sus creencias.

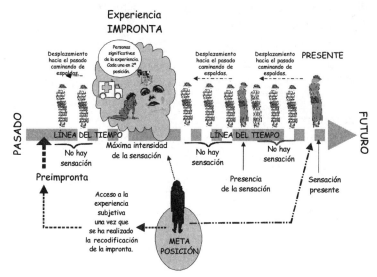

A continuación, conducirás a tu cliente a la zona de pre-impresión en la línea del tiempo, donde, después de hacerlo consciente de su edad aproximada en ese punto de la línea, activas el ancla y le pides que camine hacia el futuro, integrando la *reimpresión* y regresando al presente deteniéndose en cada una de las otras situaciones que previamente identificó como hechos traumáticos, tras haber experimentado los cambios resultantes de este proceso a lo largo de toda la línea del tiempo.

El chequeo para saber que la cadena de traumas se ha desenganchado, lo podrás comprobar al pasar de nuevo (avanzando hacia el presente), por cada una de las experiencias y recuerdos que al principio se fueron identificando y anotando. Tanto tú como tu cliente calibraréis y observaréis, que las situaciones han cambiado, en su forma, en las emociones y sensaciones asociadas a ellas, e incluso en muchas ocasiones en su contenido.

6. Antes de finalizar, verificarás el resultado calibrando sus respuestas fisiológicas y síntomas, y revisando las creencias o generalizaciones con las que enfoca ahora la situación inicial.

7. Por último, puente al futuro.

A continuación, paso a transcribir una sesión demostrativa del modelo de reimpresión realizada en uno de los cursos de formación de máster con el fin de que puedas apreciar la dinámica de esta técnica operando. Qué decir tiene que cada caso es un mundo, y que rara vez se presentan dos sesiones parecidas, y mucho menos cuando se trata de sesiones en terapia y sin la presencia de espectadores como ocurre en los seminarios. Al finalizar, presentaremos también una rueda de preguntas y respuestas relativas a la demostración y a otras muchas peculiaridades y variantes que se pueden presentar.

Salvador (Instructor): (A todo el grupo.) ¿Hay entre vosotros alguien que desee aprovechar la ocasión de participar en la demostración y de paso resolver alguna historia conflictiva atascada?

Linda: Sí, creo que puedo participar.

Salvador: Muy bien, ¿te importaría, si fuese necesario, revelar el contenido de la experiencia que trabajemos?

Linda: No, no me importa. Por eso he salido a la demostración.

Salvador: (A todos.) Aunque sabemos que el trabajo con PNL es eminentemente sin contenido, en algunas ocasiones, como en ésta, es útil conocerlo para poder manejar mejor la dramatización.

(A Linda.) ¿Qué nos puedes decir del estado presente que deseas trabajarte ahora, si es que a estas alturas del curso te queda aún algo para trabajar? (risas).

Linda: Bueno, se trata de un dolor casi permanente que tengo en el pecho, y de una sensación de asfixia que lo acompaña. Me han hecho todo tipo de radiografías y de pruebas y no hay ninguna lesión orgánica que lo justifique. Esta sensación me viene acompañando desde siempre.

Salvador: ¿Cuál sería tu estado deseado? Aunque la pregunta parezca estúpida (risas).

Linda: Por supuesto, que remita completamente el malestar y la asfixia.

Salvador: Linda, ¿tú has hecho el Practitioner conmigo, verdad? Y ¿te di el certificado? (Risas.) ¿Cómo hemos de formular un objetivo?

Linda: En positivo, entre otras cosas.

Salvador: Entonces, ¿cómo sería?

Linda: Sentir mi pecho despejado y poder respirar libre e intensamente.

Salvador: Muy bien, y ¿tienes una imagen de tu nuevo estado?

Linda: Sí, me veo disociada, sonriente, erguida y sana.

Salvador: ¿Qué efectos tendría ese nuevo estado en tu vida?

Linda. Me relacionaría mejor, sería más comunicativa, más abierta y alegre.

Salvador: Y en esa imagen que tienes, ¿te ves ya relacionándote, comunicándote abierta y alegremente?

Linda: Efectivamente, me veo con otras personas, concretamente habiendo alcanzado uno de mis objetivos más altos, que es impartir cursos de naturopatía. Creo que es parte de mi visión.

Salvador. (A todos.) Lo que estamos tratando de hacer primero, como ya os habréis dado cuenta, es especificar tanto el estado deseado como los efectos. Si surgieran conflictos ecológicos tendríamos que reencuadrarlos con el fin de que Linda no genere su propio boicot al nuevo estado.

Así que (dirigiéndose a Linda), la intención positiva que hay detrás del trabajo que estamos realizando, es la de restablecer la salud total en ti, para así poder alcanzar tu visión, ¿es así?

Linda: Así es.

Salvador. Muy bien, Linda, ahora te voy a pedir que te imagines que ahí tenemos tu línea del tiempo extendida sobre el suelo, y me gustaría que me dijeras en qué dirección sitúas el futuro y el pasado. (Linda señala.) ¿Dónde colocas, pues, el presente? (Vuelve a señalar.) En esta otra parte (Salvador señala una zona aislada y un poco distante de la línea) vamos a colocar un espacio para la metaposición, adonde acudiremos cada vez que sea necesario o conveniente para analizar desde una posición completamente objetiva la experiencia que queremos neutralizar. ¿Conforme? (Linda asiente.) Ahora colócate sobre el presente de espaldas al pasado. Cierras un momento los ojos, y te pido que te asocies totalmente a ese estado presente que deseamos transformar, ¿de acuerdo?

Linda: Sí, de nuevo la sensación de opresión y asfixia. (Podemos observar en la fisiología de Linda como su pecho se percibe hundido con los hombros inclinados hacia delante, al tiempo que su respiración se hace casi clavicular y entrecortada, realizando esfuerzos para dar algún que otro suspiro.)

Salvador. Ahora, manteniendo la sensación ahí, te voy a pedir que comiences a caminar hacia atrás y te detengas cada vez que detectes un recuerdo, una experiencia en la que esté de nuevo la sensación con igual o mayor intensidad. ¿De acuerdo, Linda?

Linda: (Asiente con la cabeza.)

Salvador. Cuando quieras...

Linda: (Después de haberse desplazado un par de pasos hacia atrás se detiene. De nuevo su fisiología denota que ha dado con alguna experiencia interna conectada con la sensación.)

Salvador: ¿Qué ocurre ahí? ¿Está la sensación?

Linda: Sí, aquí ocurrió algo, preferiría no comentarlo.

Salvador: ¿Está la sensación? ¿Te resulta conocida esa sensación que experimentas? ¿Te es familiar?

Linda: Sí, es la misma. Ya la conocía de antes, no es la primera vez que la siento.

Salvador: ¿Podrías dar algún dato del recuerdo para saber si a la vuelta se ha modificado?

Linda: Bueno, no sé, se trata de mi última relación en la que me sentí muy mal cuando la terminamos, estuve muy hundida, destrozada. (Las manifestaciones no verbales, voz y fisiología nos muestran lo que nos está diciendo.)

Salvador: Sigamos más atrás en el tiempo por si existe algún otro recuerdo asociado a esa sensación.

(Así prosigue el sujeto deteniéndose en cuatro nuevas situaciones y dando referencia sucinta de ellas. Todas tienen en común algún tipo de experiencia de sentirse abandonada, y en todas la sensación se encuentra con mayor o menor intensidad presente.)

Una vez detectada la impresión continuamos...

Salvador: ¿Qué está ocurriendo ahí? ¿Qué edad tienes?

Linda: Me encuentro sola, y me siento muy mal. Soy muy pequeña y no me cuida nadie. (De nuevo, la fisiología de Linda

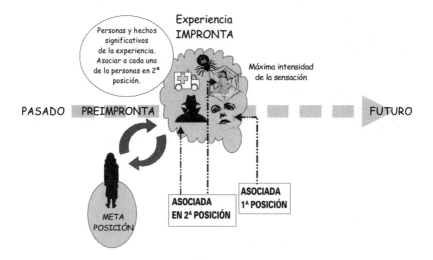

muestra tensión, dificultad respiratoria, y comienza a llorar emitiendo profundos suspiros como si le faltara el aire para respirar.)

Salvador: Muy bien, ahora te voy a pedir que salgas de ahí, fuera de la línea del tiempo y te coloques en este espacio que tenemos para la metaposición.

Desde esta posición y ahora que te encuentras completamente disociada de la situación, observando todo en su conjunto, y viendo a esa niña ahí, ¿qué crees que necesita la pequeña Linda para poder manejar correctamente la experiencia, y que desaparezca de ella esa angustia y esa opresión?

Linda: Que sus padres entiendan que no se encuentra bien.

Salvador: No. ¿Qué es lo que ella, la niña necesita?

Linda: ¡Ah, ya! Que la atiendan.

Salvador: Que la atiendan, ¿quién?

Linda: Sus padres, que la atiendan sus padres.

Salvador: Sus padres...

Linda: Que no la dejen ahí siempre.

Salvador: Vamos a pasar de nuevo el espacio de la experiencia, y te asocias de nuevo a Linda niña.

Linda: Sí, de nuevo estoy aquí sola en la habitación.

Salvador: Quiero, Linda, que traigas ahí a tus padres.

Linda: Sí, ahí están.

Salvador: ¿Y cómo te sientes teniendo a tus padres contigo?

Linda: Con desconfianza. Creo que no les importo.

Salvador: ¿Crees que no le importas a tus padres?

Linda: Sí, creo que no les importo.

Salvador: ¿Por qué crees que no les importas?

Linda: Porque nunca están ahí.

Salvador: Vamos a salir de nuevo un momento a metaposición para poder observarlo todo desde allí. (De nuevo coloca a Linda en el espacio de metaposición.)

¿Qué tendría que ocurrir para que Linda comprendiera que sí que es importante para sus padres?

Linda: Que se lo demostraran.

Salvador. ¿Cómo y quién crees tu que se lo debería de demostrar? ¿De cuál de los dos necesita la niña recibir esa demostración?

Linda: Yo creo que de quien más lo necesita es de su madre.

Salvador: Y en esa escena, ¿dónde está situada la madre? Señala desde aquí su posición.

Linda: Sí, ahí.

Salvador: Pues ahora quiero que te metas en los zapatos de la madre de Linda chica, mirando desde sus ojos, asociándote completamente en segunda posición. Vas a ser ella.

Linda: (Asociándose en 2ª posición a la madre.) Ajá. (En estos momentos se ha producido un cambio fisiológico muy importante, la sujeto se ha enderezado, y levantado la cabeza, de momento parece incluso que su tono de voz se ha hecho más firme, y su respiración más amplia.)

Salvador: ¿Cómo se llama usted? (Hablando como si lo hiciera a la madre de Linda.)

Linda: Ester.

Salvador: Muy buenas, Ester, ¿sabe usted lo que le ocurre a su niña?

Linda: La niña está bien, de momento está sana.

Salvador: No me refiero a eso, la niña se está sintiendo abandonada, le falta el cariño de su padre y especialmente el de su madre, o al menos eso es lo que a ella le parece.

Linda: Eso no es así, nosotros claro que la queremos. Lo que ocurre es que la niña lo único que quiere es que estemos con ella, y no comprende que hay que trabajar para sacar la casa adelante, son tiempos difíciles y tanto su padre como yo tenemos que trabajar.

Salvador: De todos modos, ¿no cree que podrían dedicarle un poco más de tiempo para que no se sienta abandonada?

Linda: ¿Usted se cree que no tenemos otra cosa que hacer? La niña tiene que aprender a estar sola, que no es la única de la casa y sus hermanos saben muy bien lo que ocurre, ella no va a ser la excepción.

Salvador: Sí, pero no todos los niños son iguales, ella es más sensible y necesita más cariño.

Linda: Y lo tiene, lo que le ocurre es que quiere más y más, creo que en cierto modo les tiene envidia a sus otros hermanos, y en cuanto me ve con alguno de los otros se pone celosa. Tiene que fortalecerse.

Salvador: Eso es muy natural en una niña de su edad, y usted lo sabe, ¿pero no había otra forma de que usted le pudiera hacer comprender eso? ¿De qué otro modo podría decirle, mostrarle y hacerle ver la situación?

Linda: No sé.

Salvador: Usted le ha explicado cuál es la situación familiar, por qué tiene que pasar tanto tiempo sola o con sus hermanos, sin que sus padres y en especial usted esté en casa.

Linda: No, no creo que le importe, y, además, es tan pequeña que no se enteraría.

Salvador: ¿Le importaría a usted en este momento explicárselo, hablar con ella, con toda la ternura y el cariño del mundo para que ella la entienda?

Linda: No creo que sirva de nada, pero por supuesto, por mi hija soy capaz de hacer cualquier cosa.

Salvador: Muy bien, ahí delante tiene a su hija, háblele y cuéntele lo que ocurre.

Linda: (Se agacha, como poniéndose a la altura de la niña, y con voz suave y gestos dulces, comienza a hablar como si se dirigiera a la pequeña Linda.) Mira, hija, tanto papá como yo te queremos mucho, todo lo que hacemos es por ti y por tus hermanos, ya sé que no pasamos todo el tiempo que a ti te gustaría que estuviésemos contigo, pero tenemos que salir a trabajar para darte todo lo que necesitas. Sino estoy contigo todo el día es porque salgo a trabajar a una fábrica en donde gano dinero para comprarte cosas, y para que tengamos comida, y que podamos vivir en la casa que vivimos.

Ahora tal vez no lo comprendas bien, pero cuando seas un poco mayor, como tus hermanos, te darás cuenta de que todo lo que hago es en tu beneficio. Yo te quiero mucho, y durante todo el día te echo mucho de menos, a mí también me gustaría poder pasar más tiempo contigo. (Las palabras que salen de la boca de Linda, van siendo cada vez mucho más emotivas, hasta el punto que las lágrimas comienzan a correr por sus mejillas, ahora hace un gesto como de abrazar a la niña y acurrucarla entre sus brazos.)

Te quiero mucho, hija, esto no quiero que se te olvide nunca, aunque no te lo vuelva a decir nunca más, recuerda que eres lo más valioso que para mí existe en la vida, y que por ti soy capaz de dar mi vida. Te quiero. (Sigue en posición semi arrodillada llorando y como abrazada a su hija.)

Salvador. (Dejando pasar un período de tiempo para que asimile completamente la experiencia.) Muchas gracias Ester, ¿cree que la niña la ha comprendido?

Linda: (Sollozando.) Sí, creo que sí.

Salvador. Bien, salga de esa posición y venga aquí conmigo.

Linda: (En metaposición.)

Salvador. ¿Cómo ves ahora la situación? ¿Crees que la niña ha captado completamente la situación y ha comprendido?

Linda: Sí, creo que sí.

Salvador. Muy bien, vamos a cerciorarnos. (Conduce a Linda a la posición que en el espacio «impronta» ocupa la niña.) ¿Cómo te encuentras, Linda? ¿Qué te ha parecido lo que te ha dicho mamá?

Linda: (Sollozando de nuevo) Sí, mamá tiene razón, mamá es muy buena, sí...

Salvador. ¿Cómo te sientes Linda?

Linda: Triste, porque mamá no puede estar siempre conmigo, pero ahora sé que me quiere, sé que me quiere mucho.

Salvador. ¿Cómo es esa sensación que ahora tienes? ¿Está ahí esa sensación antigua?

Linda: Me siento bien, sí, me siento bien aunque un poco triste, pero no es nada malo, ahora sé que mi madre está conmigo aunque no esté presente, me quiere.

Salvador. Muy bien, vamos a salir de esa posición y vas a situarte de nuevo aquí. ¿De acuerdo? (Linda se coloca de nuevo en la metaposición.) ¿Crees que Linda se encuentra completamente bien, crees que necesita algo más?

Linda: Creo que ha comprendido la situación, y ha escuchado de boca de su madre algo que no había escuchado nunca antes. Creo que ahora todo está bien. Ahora sé que mi madre me quiere, nunca hasta hoy me lo había dicho, yo también la quiero mucho.

Salvador. Estupendo, te voy a pedir a continuación que te sitúes en la línea de tiempo de nuevo, pero esta vez en un punto anterior al que hemos trabajado, de forma que cuando retrocedas puedas pasar de nuevo por ese espacio, y luego seguir caminando hacia atrás para llegar hasta el momento presente. ¿Comprendido?

Linda: Sí. (Se dirige al punto señalado por Salvador.)

Salvador: Ahora desplázate de espaldas e introdúcete en ese punto de cuando eras muy pequeña. Muy bien. ¿Cómo es ahora la situación? ¿Cómo te encuentras ahora? ¿Qué hacer? ¿Cómo te sientes?

Linda: (Quedando en silencio durante un momento, comienza a mover la cabeza para uno y otro lado –con los ojos cerrados– como observando lo que ocurre a su alrededor. Su expresión facial denota distensión, sonríe y la respiración es completamente distendida y plena.) ¡Estoy jugando con mis hermanos! Me río con ellos, me siento contenta y protegida. Aunque no veo a mis padres, tengo la sensación de que están ahí. Es una experiencia muy, muy agradable.

Salvador: Muy bien, pues en ese estado generado por la reimpresión, quiero pedirte que prosigas desplazándote de espaldas y parándote a revisar las situaciones por las que antes pasaste. Puedes comenzar.

Linda: (Caminado lentamente de espaldas y parándose en uno de los puntos anteriores en los que había identificado un eslabón de la cadena del gestalt.)

Todo está bien (sonriendo), era lo mejor que podía haber pasado, que descanso. Todo está muy bien, ahora parece una situación diferente, y, sin embargo, es esa situación y lo que recuerdo ahora es algo de la misma que tenía muy olvidado y que en este momento me hace sentir muy bien.

Salvador: De acuerdo, sigue hasta llegar al momento presente.

Linda: Sí, aquí estoy.

Salvador: ¿Cómo te encuentras? Describe tu estado presente.

Linda: Tengo el pecho completamente libre, respiro abierta y plenamente. Siento como si se me hubiese quitado un lastre o mejor como si me hubiesen deshollinado, ¿entiendes lo que quiero decir? Una sensación de total plenitud.

Salvador: Muy bien, Linda vas a dar uno o dos pasos al frente y te vas a proyectar en el futuro, a vivir una situación de aquí a unos días, o unos meses; ¿qué será lo primero que verás, oirás y sentirás para saber que tu estado es el deseado?

Linda: (Caminando dos pasos.) Me veo con un grupo de amigos hablando y riendo. Oigo las risas, oigo mi voz alegre y lo que me dicen, que me gusta y me satisface, me siento a gusto y contenta, hay en mí como una renovada ilusión, me siento sana, viva.

Salvador: Muchas gracias, Linda, puedes abrir los ojos y disfrutar de tu nuevo y potenciador estado. Enhorabuena por el trabajo que has realizado. Muchas gracias. (Dirigiéndose a todo el grupo.)

Ésta ha sido una sencilla demostración de una práctica de *«reimpresión»*, en la que la base ha sido la transformación de una creencia arraigada desde la infancia. Ahora me gustaría que las dudas o aclaraciones que queréis que se resuelvan con respecto a la técnica, las formuléis lo más específicamente posible a fin de poder responder con precisión, ¿de acuerdo?

Pregunta: ¿Cómo sabe que era una creencia la causante de todo el conflicto?

Respuesta: Sencillamente por la propia manifestación de Linda, creo recordar que en un momento de la conversación mantenida estando dentro del espacio «impronta» dijo algo así como: «Creo que no les importo.»

Pregunta: Si no hubiese manifestado tan abiertamente la creencia limitante, ¿cómo habría tenido que proceder?

Respuesta: Eso lo hubiera dado la propia dinámica del ejercicio, no se puede generalizar, tal vez tendríamos que haber profundizado hasta dar con la clave. Os recuerdo que cada caso es único y requiere un tratamiento único.

Pregunta: En el caso de que la madre de Linda no hubiese sido tan comprensiva con la situación, ¿qué hacer?

Respuesta: En esos casos es donde surge normalmente la complicación en el proceso. Puede haber varias alternativas: una, convencer del mejor modo posible a la madre utilizando Metamodelo, la técnica del Metamodelo IV para desmontar todo tipo de creencias; dos, desdoblar la línea del tiempo y realizar una reimpronta con la madre para resolver el conflicto que ella (la madre) nos presenta; tres, aportarle recursos de estados potenciadores a la madre provenientes de la hija, anclando y activando en la madre. Hay que ser muy creativos en este proceso, como ya os he dicho en varias ocasiones, hemos de ser capaces de crear las situaciones idóneas que faciliten el cambio, podemos aplicar todas las otras técnicas conocidas que nos permitan resolver el punto conflictivo en el que nos encontremos durante el transcurso de la sesión.

Pregunta: ¿Cómo se desdobla la línea del tiempo de la madre?

Respuesta: Una vez ubicados en la experiencia «impronta», y asociando al sujeto con el personaje conflictivo con el que queremos trabajar procedemos como si de un sujeto presente se tratara, es decir, realizamos la técnica con la persona en segunda posición, así: (Véase el dibujo de la pág. 421.)

En alguna ocasión me he visto obligado a realizar hasta un cuádruple desdoblamiento; el sujeto, su padre, su abuela y la madre de la abuela, su bisabuela, casi en el siglo XVIII.

Pregunta: ¿Y qué ocurre si a pesar de todo la persona conflictiva se niega a modificar su actitud?

Respuesta: Recordemos que no hay pacientes resistentes sino terapeutas inexpertos. Flexibilidad, dominio de las técnicas y una gran dosis de comprensión. Hemos de saber ponernos en una metaposición que nos permita constantemente observar todas las alternativas posibles, la atención, el manejo del Metamodelo van a ser herramientas claves en la resolución de cualquier conflicto. Paciencia, mucha paciencia, paz y ciencia, relajación, rapport y conocer un amplio abanico de técnicas.

Pregunta: Si el sujeto entra en un estado de catarsis provocado por el recuerdo de la experiencia traumática, ¿qué hacemos?

Respuesta: Eso va a depender del momento, de la situación, de la persona, pero por norma general no es necesario que el sujeto sufra; por lo tanto siempre tenemos una metaposición para poder sacarlo a ella y de ese modo distanciarlo del fuerte estado emocional.

Pregunta: Después de haber comprobado que la «impronta» se ha resuelto, ¿qué pasa si de regreso al presente no hay cambio en alguno de los eslabones de la cadena traumática?

Respuesta: Inevitablemente tendremos que realizar una nueva intervención. Tal vez existen elementos nuevos que de algún modo el sujeto ha conectado con el síntoma tratado, o puede también que no hayamos resuelto completamente la experiencia «impronta» y debamos volver a ella para recodificar los flecos que quedaron sueltos.

Pregunta: ¿Pasado un tiempo después del tratamiento puede volver el síntoma?

Respuesta: Si se ha hecho un trabajo correcto, no.

Pregunta: Pero, ¿y si vuelve?

Respuesta: Volvemos a empezar atendiendo muy conscientemente a aquellos pasos en los que hayamos podido dejar algún cabo suelto o a las sensaciones no identificadas, o personajes importantes no tratados. El retorno del síntoma puede estar producido por multitud de causas, pero si limpiamos bien la experiencia «*impronta*» y la recodificamos correctamente, es extraño que se pueda reproducir el mismo síntoma.

Pregunta: ¿Siempre se llega a un punto de la infancia?

Respuesta: No, puede ser un trauma mucho más reciente, o más antiguo, incluso puede aparecer una experiencia intrauterina, prenatal o de otra naturaleza anterior. Lo que ocurre, y esto es una opinión muy personal, a mí particularmente no me gusta trabajar con situaciones que no puedan ser constatables. Hay neurolingüistas que trabajan incluso con experiencias de vidas pasadas, a mí no me seduce la idea. Sin embargo, deben tener en cuenta que lo que estamos haciendo en este tipo de trabajos es modificar el sistema de creencias limitantes del sujeto, y si para ello es necesario acudir a un sistema de creencias que el sujeto tenga asentado aunque a nosotros nos pueda parecer extraño, o irreal, si a él le sirve, lo utilizamos y ayudamos a que de algún modo se reencuadre su experiencia. ¿No os parece?

Pregunta: ¿Qué ocurre si al cabo de dos o más horas no se ha podido resolver la situación y debemos interrumpir el proceso?

Respuesta: Sólo ocurre que no hemos finalizado, pero nada más. Eso sí, estemos donde estemos del desarrollo de la técnica, tenemos que cerrar el circuito. Regresar al punto de partida, tomando muy buena nota de todo lo sucedido, de los logros, de los impedimentos, etc., y a la sesión siguiente retomar el proceso. Aunque ya no será el mismo, el simple hecho de haber tomado contacto con la raíz del problema produce en el sujeto algún cambio aunque sea muy pequeño, pero ya no será lo mismo.

No pasa nada, pero es mucho mejor finalizar, si tenemos tiempo, en la misma sesión que empezamos.

Si nadie tiene más preguntas que hacer, daremos por finalizada la sesión demostrativa, y comenzaremos con las prácticas que ustedes mismos llevarán a efecto.

Por último recordar simplemente los pasos básicos del modelo «reimpronta»:

1. Identificación del estado presente del sujeto.
   a) Síntoma.
   b) Sensaciones asociadas.
2. Identificación del estado deseado.
3. Instalación del sujeto en la línea del tiempo.
4. Asociar al sujeto a la sensación.
5. Que camine de espaldas al pasado con los ojos cerrados.
6. Identificación de los eslabones de la cadena de igual sensación.
7. Llegar hasta la experiencia más antigua, que supuestamente será en la que la sensación sea más intensa.
8. Identificación de las personas significativas.
9. Recodificar la experiencia utilizando los cambios de posición y habilitando cambios de creencias y/o incorporación de recursos.
10. Regresar al presente pasando por cada uno de los eslabones de la cadena para confirmar que todo se ha resuelto.
11. Chequear nuevamente la situación en el presente.
12. Si todo es correcto, puente al futuro.

Capítulo XIII
Los valores

Mucho se ha escrito y explicado acerca de las creencias en PNL; sin embargo, para sorpresa de investigadores e interesados, de los valores podríamos contar con los dedos de la mano las referencias existentes. Es de ley reconocer que lo poco publicado sobre el tema merece la pena y que los ejercicios y técnicas conocidos para la identificación de valores son de gran ayuda para quienes pretenden conocer la materia o profundizar en su propio desarrollo.

Por mi parte, la aportación que aspiro a realizar va por la vía del estudio y análisis ahondando en la naturaleza de los mismos, y del impacto que tales ideas producen en el ser humano en el nivel de identidad y espiritualidad. No quiero detenerme en las simples explicaciones prácticas o comerciales que suponen aplicar algunos modelos, busco aportar una visión global de lo que entrañan los valores, no sólo como individuo, sino su proyección en el conjunto del sistema humano o sociedad al que pertenecemos. Sé que la tarea no es fácil, pero lo cierto es que el objetivo está ahí y, que con las herramientas disponibles de la PNL no resultará demasiado ardua la empresa.

Trataré el tema desde diferentes perspectivas a fin de que el lector, o alumno, pueda recabar la mayor cantidad de información que le permita posteriormente aplicarla a lo cotidiano, y adquirir experiencia real y útil.

Los valores son, como los definimos en PNL, generalizaciones y nominalizaciones acerca de aquello con lo que estamos dispuestos a relacionarnos o conseguir, aquello a lo que aspiramos, y por tanto, nos acerca o aleja de ello. Podría servirnos esta enunciación, pero estimo que resulta insuficiente, imprecisa y poco clara, por lo que buscaremos otras descripciones que puedan aportar luz suficiente a esta materia. Sé, por experiencia, que existe una gran confusión con este concepto, y que muchos alumnos y clientes se quedan perplejos cuando entramos en este capítulo: no sólo les cuesta identificar sus propios valores, sino encontrar un modo de expresar qué es para ellos un valor. Para la mayoría de las personas un valor representa únicamente el grado de utilidad o aprecio para satisfacer necesidades, proporcionar placer o bienestar.

El hombre no sólo es capaz de conocer por la observación objetiva, sino que también posee la facultad de tener un juicio sobre las cosas. Esta segunda capacidad es metalógica, y no cabe para ello una explicación formal. Pero respecto a los valores, estos no son ideales o abstractos, mantienen su forma de realidad por encima de nuestra apreciación o juicio. Tienen características determinantes apareciendo como cualidades esenciales que los sitúan en una atemporalidad sin ubicación espacial específica.

En sí, el valor no existe, sino que lo es al estar vinculado al hombre o a las cosas. Pero no son objetivos ni subjetivos, sino que ambas realidades participan por igual en su fundamento. Existe una relación imprescindible sujeto-objeto para la apreciación del valor. Sin una u otra realidad, el valor desaparece.

SUJETO ←→ OBJETO

VALORACIÓN ←→ VALOR

432

Esto nos lleva a comprender que los valores no pueden existir con independencia de las cosas, pero a la vez no son las cosas en sí. Por lo tanto, algo adquirirá la categoría de valor siempre que reúna una serie de características:

a) VALER. Que valga, es decir, no puede ser solamente «ente»,[1] ha de existir como realidad. Los valores no son idealizaciones, tampoco son realidades en sí mismas, han de ser valiosos. Por ejemplo: la bondad, la amistad, no son cosas reales por sí mismas, tampoco son entes ideales, ya que existen gracias a su pertenencia a algo o alguien. La amistad sin relación sujeto-objeto carecería de realidad y como idealización carecería de sentido.

b) OBJETIVIDAD. Que sea objetivo. Un valor no depende de las preferencias subjetivas, sino que mantiene su existencia por encima de toda apreciación o valoración. Por mi parte, considero que los valores son objetivos y absolutos, aunque no todos lleguen al nivel trascendente de realidades metafísicas.

c) VINCULACIÓN. Que dependa de. No existe independencia del valor y la cosa o el objeto. Esto no quiere decir que exista una subordinación, sino adherencia manifestada como predicación del ser.

d) POLARIDAD. Que tenga dos caras. Sólo es posible conocer estas realidades por la manifestación de sus opuestos. Los valores, como las virtudes, no existen de forma aislada, sino que se aprecian a partir de la presencia o ausencia de su polaridad. Así, frente a la amistad está

---

1. Entendiendo aquí por «ente» toda existencia tanto material como inmaterial, tanto abstracta como concreta; es tanto lo que es como lo que puede llegar a ser.

siempre la enemistad, frente a la bondad la maldad, la cara opuesta de la espiritualidad la ocupará el materialismo.

e) CUALIDAD. Los valores no se pueden medir cuantitativamente, aunque sí por la experiencia y sentimiento que percibimos.

f) JERARQUÍA. Rango de importancia. El conjunto de valores en el hombre se organiza jerárquicamente, ya que cada uno participa de un orden de importancia.

Mi propuesta jerárquica es la siguiente:

- Espirituales
- Transpersonales
- Éticos
- Estéticos
- Mentales
- Comportamentales
- Vitales

Así pues, lo que hace que un hombre –o mujer– tenga mayor o menor talla humana, no será la cantidad de valores que posea, sino el rango que éstos ocupen. No quiere esto decir que sea mejor el que posea solamente valores de naturaleza espiritual o transpersonal en detrimento de los comportamentales y vitales, sino que la guía de la conducta va a estar en función del contenido y posición que los diferentes valores tengan en la persona. Si la jerarquía es adecuada sabremos que existen valores cuyo fin es el de servir de medio para alcanzar otros más elevados. Por ejemplo, el dinero o las posesiones como valores han de servirnos para desarrollar otros más altos de ética o transpersonalidad, y no al revés como sucede en muchos casos. Cuando elevamos nuestras conductas o las de otros, los valores más altos son los primeros que buscamos, y hasta que éstos no quedan satisfechos no pasamos a los siguientes, que a su vez adquieren la máxima atención, y así hasta que llegamos al nivel inferior de la jerarquía personal.

Por supuesto, que los valores pueden ser de diferentes clases entrando a formar parte de una de estas cuatro categorías:

- Abstractos
- Concretos
- De medio
- De fin

Los valores cumplen una función de vital importancia en la vida de cualquier individuo; su conjunto es lo que fundamenta la misma y lo que le da sentido a la existencia. En este caso afirmamos la relación de ciertas cualidades con las tendencias de la vida. Valorar algo equivale a reconocer nuestra capacidad de promover objetivos o propósitos de la vida en su contexto sistémico y no en otro. Yo los defino como las cualidades que le dan forma a nuestra vida y son percibidas y manifestadas por y con el corazón y no con la razón.

Toda nuestra vida está impregnada y controlada por nuestra escala de valores, ya que éstos –de cada uno de ellos– penden de

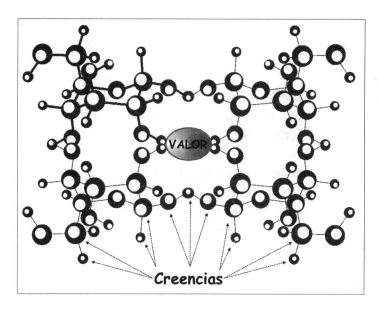

un entramado y complejo sistema de creencias que los sustenta y refuerza. Es posible que las creencias sean más conscientes que los valores de los que dependen, pero no por ello son más valiosas, a pesar incluso de que las estructuras profundas, representaciones internas acerca de cómo consideramos que es el mundo, estén marcadas por éstas. Las creencias, como ya vimos, serían como las ramas de un frondoso árbol cuyo tronco es el valor base de las mismas. Casi me atrevería a decir que no es provechoso el trabajo con creencias desligadas de su valor, ya que por muchos cambios que realicemos en éstas, siempre estarán supeditadas a la importancia del valor correspondiente.

Muy pocas personas son conscientes, o no tienen presentes, sus propios valores. Viven, o mejor dicho, se dejan vivir sin saber por qué se mueven. Actúan, se esfuerzan, buscan, luchan, trabajan, sin conocer para qué hacen lo que hacen. Conocer e identificar la escala de nuestros valores nos va a permitir ser conscientes, y por tanto poder modificar, si es necesario, la impronta que estamos marcándole a nuestra vida.

Otro de los aspectos de máxima importancia a la hora de reconocer nuestros valores, es la posible identificación de antivalores que son contrarios a la vida. Estamos hablando de las manifestaciones concretas del mal, y éste no es otra cosa que la oposición a la vida. Si un valor positivo nos conduce al crecimiento, al desarrollo, y en definitiva a la vida; y antivalor, o valor negativo es todo lo contrario, un freno, un impedimento; en definitiva, un instrumento de interrupción de la vida.

Entonces, podemos decir que el mal es una fuerza que reside dentro o fuera de los seres humanos, y que busca matar la vida o la vitalidad. Estos antivalores podríamos identificarlos con los vicios o pasiones que arrastran a la persona, y que la llevan por el camino de la autodestrucción. El bien es lo opuesto. El bien es lo que estimula la vida o la vitalidad».

Así pues, en la medida en que nuestros valores sean más elevados, ocupen un rango más alto dentro de los propios niveles lógicos, nuestra vida será más rica, más plena, más sana, más holística y más integradora.

Los valores, como hemos visto, pueden estar adscritos a cualquiera de los niveles lógicos, desde valores ambientales –vitales– a valores de nivel espiritual, Por ejemplo, en estos últimos serían: la alegría, la paz, el amor, la unidad, la armonía, la verdad, la belleza, la bondad, la gratitud. Y en general, la integración de las cualidades esenciales de Dios –entendiendo el concepto de Dios como lo Absoluto, el Todo, sin relación religiosa de ningún tipo–. Esas cualidades serían: Clemencia, Misericordia, Paz, Protección, Perdón, Honradez, Justicia, Paciencia, Sutileza, Clemencia, etc.

El alimento corporal que ingerimos se transforma en parte nuestra, orgánica y material el alimento mental hace desarrollar nuestra mente y sus facultades, y lo mismo ocurre con el alimento espiritual que nos transforma en elemento de igual naturaleza. Recordemos que, al elevar nuestros valores, estamos produciendo un alineamiento automático de todos los niveles inferiores, y por tanto mejorando todos los planos, creencias, capacidades y emociones, conductas y relaciones.

Los valores suelen ser el resultado de nuestra educación, aprendizaje y condicionamientos sociofamiliares que tras modelarlos inconscientemente de padres, tutores, líderes e «ídolos», los incorporamos a nosotros. Dependiendo de la edad y del desarrollo mental del sujeto, la formación de valores, y parte del sistema de creencias consecuente, adopta una u otras características. Básicamente distingo cuatro fases o períodos que denomino:

- Fase esponja . . . .   0-8 años
- Fase de copiado . . . .   8-13 años
- Fase de socialización . . . .   13-21 años
- Fase práctica . . . .   21 en adelante

La «fase esponja», que abarca desde los 0 a los 8 años, es la franja de edad en la que se absorben los modelos parentales de forma inconsciente pero muy profunda. En la mayoría de los casos, en torno a los 4 años queda instalada la programación de valores básicos o comunes, que regirán a la persona a lo largo de su vida, siempre y cuando no tome conciencia de ellos y los cambie. Es muy frecuente que éstos permanezcan si no hay intervención terapéutica o al menos externa.

Entre los 8 y los 13 años aproximadamente, el sujeto modela conscientemente aquellos valores que le favorecen, en especial de aquellos individuos adultos con los que se siente identificado: «héroes de ficción», «estrellas de cine», «ídolos de la canción», etc. Ésta es la fase llamada de «copiado».

A partir de los 13 o 14 años, y hasta los 21 (siempre edades aproximadas) comienza la «fase de socialización», en la que se van incorporando ciertos valores relativos al grupo de pertenencia: pandillas, clubes, peñas, sectas, etc.

La última fase, la «práctica», puede durar toda la vida ya que en ella se reajustan los valores que posee el sujeto en función a las experiencias que irá viviendo.

Una vez reconocidos y clasificados nuestros valores, podríamos querer incluir y sustituir alguno de ellos; en este caso se utilizará el mismo método que para la inclusión de creencias.

La lista de valores que viene a continuación la puedes usar para marcar en ella los que se ajusten a ti. Recomiendo que cuando se trabaja con los valores se hagan relaciones independientes para las distintas áreas de la vida –trabajo, relaciones personales, familia, diversión, desarrollo, etc.–, con el fin de tener claros todos nuestros intereses y nuestras inclinaciones. Si posteriormente interesa determinar el conjunto de valores de la vida, basta con seleccionar los primeros de cada lista, y serán esos los que muevan nuestra existencia. Puedes marcar los diez que creas más importantes para ti. Una vez hecho, clasifícalos por orden de importancia, y obtendrás tu propia jerarquía de valores.

Para indagar en tu propia jerarquía de valores te recomiendo que utilices las preguntas: ¿Qué es importante para mí en relación con mi...? (añade el área de tu vida con la que desees trabajar).

Una vez confeccionada la lista, sométela a la organización jerárquica procediendo del siguiente modo: teniendo delante el listado confeccionado previamente cuestiónate ahora:

Si tuviera que prescindir de alguno de estos valores ¿de cuál de ellos prescindiría?

El que elimines en primer lugar será el que ocupe el lugar 10° de tu jerarquía. De los nueve restantes vuélvete a preguntar: Si tuviera que prescindir de alguno de estos valores ¿de cuál de ellos prescindiría?

La respuesta te dará el valor que ocupa el puesto 9° en tu escala. Y así sigues hasta que te quede solamente uno, que será el 1° del orden.

Estudio	Amistad	Libertad
Alegría	Buen ambiente	Relaciones
Autonomía	Desarrollo	Poder
Consenso	Éxito	Integridad
Respeto	Emociones fuertes	Aprendizaje
Experiencia	Novedad	Riesgo
Compartir	Espiritualidad	Vivir bien
Sexo	Conocer gente	Ocupación
Diversión	Disponibilidad	Confianza
Proyección	Comunión	Vínculo
Contactos	Comprensión	Apoyo
Simpatía	Diálogo	Placer
Estabilidad	Viajar	Dominio
Servicio	Superioridad	Disfrute
Sinceridad	Autosuficiencia	Sumisión
Igualdad	Compromiso	Dinero
Virtud	Compañerismo	Aventura
Invención	Identidad	Ayuda
Ganancia	Profesionalidad	Estética
Riqueza	Conocimiento	Prestigio
Honradez	Funcionalidad	Estabilidad
Paciencia	Conexión	Imagen
Fuerza	Sensualidad	Gozo
Amor	Carácter	Belleza
Variación	Independencia	Creatividad
Deseo	Ternura	Atracción

Motivación	Seguridad	Actividad
Progreso	Mejora	Fama
Simplicidad	Reto	Rutina
Lucro	Improvisación	Disciplina
Justicia	Perfección	Comodidad
Cortesía	Valoración	Exclusivo
Ahorro	Aprovechar todo	Prudencia
Sabiduría	Coraje/ Valentía	Sobriedad
Moderación	Modestia	Templanza
Equilibrio	Entereza	Honestidad
Humildad	Virginidad	Astucia
Distinción	Inteligencia	Religiosidad
Tranquilidad	Estar informado	Sosiego
Amistad	Respeto	Castidad
Firmeza	Verdad	Dignidad
Renuncia	Soledad	Esfuerzo
Superación	Control	Felicidad
Delicadeza	Creatividad	Decisión
Cordialidad	Objetividad	Flexibilidad
Salud	Ética - Moral	Santidad
Sacrificio	Mantener la palabra	Paz
Educación	Generosidad	Ecología
Fe	Responsabilidad	Silencio
Fiesta	Estar bien	Enseñanza
Armonía	Gratitud	Comodidad
Desapego	Satisfacer deseos	Unidad
Evolución	Ser oportuno	Hacer cosas
Puntualidad	Candide-Pureza	Progreso
Altruismo	Caballerosidad	Compasión

Es muchas ocasiones existe una total y absoluta confusión o tergiversación del concepto aplicable a los propios valores. ¿Te has preguntado qué significa objetivamente para ti –por ejemplo– la amistad ?

Cuando un sujeto desconoce, o sospechamos que sus términos de referencia respecto a ciertos valores pudieran estar equivocados, poco claros o los confunde, utilizaremos el siguiente modelo de preguntas para extraer y reconstruir la deficiencia.

- ¿Cómo sabes cuándo eres[2] / estás / tienes... (aquí colocarás cada una de las palabras que has escogido como valores)?
- ¿Qué significa eso para ti? (Se trata de que amplíes la respuesta anterior).
- ¿Cómo sabes cuando alguien te... (por ejemplo: ama, comprende, etc. el valor correspondiente siempre que implique reciprocidad, no encajarían valores como altruismo, estar bien y otros).
- ¿Qué provoca que te sientas... (amado, comprendido, etc., aquí tampoco encajarían valores del tipo: fe, silencio, fiesta, etc.).
- ¿Qué detalles evidencian que para ti eso es... (el valor descrito)?
- ¿Cómo sabes que otra persona es / tiene /está (aquí colocarás cada una de las palabras que has escogido como valores, pero visto en otra persona. Por ejemplo: ¿cómo sabes que otra persona ama?).

Es muy importante tener en cuenta que el concepto definido no puede entrar en la definición. También debes evitar respuestas pueriles del tipo: ¡Porque lo sé! ¡Porque lo conozco! ¡Porque lo siento! No olvides que los cómo implican estrategias mentales para la comprensión y lo qué exigen respuestas de acciones específicas. Y recuerda que si un valor te conduce a otro, este segundo es de categoría superior.

Una vez realizado un trabajo como el precedente, si lo que se presenta es un conflicto de valores, es decir, que ciertos valores son contradictorios o se encuentran enfrentados por su na-

---

2. Usarás *eres, estás* o *tienes* según encaje mejor con el concepto a manejar. Por ejemplo: si trabajas con el valor amistad puedes utilizar dos de los tres verbos: Eres amigo y tienes amigos; no encajaría estás amigo.

turaleza antónima; como podrían ser sexo y castidad, fiesta y sobriedad, independencia y pareja, etc., podemos usar el siguiente modelo que nos permite reestablecer el equilibrio interno. Los valores en conflicto, inciden profundamente en los estados de salud y enfermedad, especialmente en aquellos que se relacionan con el sistema nervioso autónomo –pulso cardíaco, presión arterial, sistema digestivo e intestinal, etc.– y estados de descanso y vigilia –alteraciones del sueño, insomnio, cansancio crónico– e incluso las depresiones tienen que ver con ello.

Resolución de conflictos entre valores

Indicaciones para la utilización de la técnica: busca un espacio en el que puedas marcar o colocar unas hojas de papel dispuestas del modo que se indica en el dibujo.

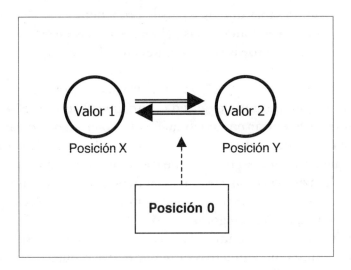

1°. Identifica los valores en conflicto, calibrando los rasgos fisiológicos que aparecen con cada parte del conflicto. Démosle especial importancia a la asimetría.

442

2º. Reconoce en cada uno de los valores todos los elementos del sistema representacional (lo que te imaginas, o ves internamente, lo que oyes internamente o te dices, las sensaciones que te produce, olores que te recuerde y sabores).

3º. Pasa a la posición X e identifícate con experiencias que contengan ese valor. Recuerda todo lo relacionado con él (visión, audición y kinestesia) y adopta la postura que más cómoda te sea en relación con ese valor y ánclala (1).

4º. Pasa ahora a la posición Y, e identifica el otro valor que asocias a esa posición, repitiendo los pasos anteriores. Ancla (2).

5º. Ahora desde cada una de las posiciones, observa a la contraria y explica lo que ves de ella. Puede que solo observes cosas negativas, pero lo importante es que atiendas a lo que no le gusta a una de la otra.

6º. Descubre a continuación la intención positiva y el propósito de cada una de ellas. Asegúrate de que cada parte reconoce y acepta que las dos tienen y quieren cosas positivas para ti. Toma conciencia de que el conflicto está impidiendo la realización de buena parte de esas intenciones positivas. Y es por ello por lo que hace falta buscar un nivel superior de intención de cada una de las partes.

7º. Descubre esa intención superior preguntándole a cada una de esas partes el fin que persigue. La pregunta es: ¿Para qué quieres eso –el valor o la intención? Y a continuación de la respuesta-pregunta de nuevo: ¿Y eso para qué? Y así sucesivamente hasta que aparezca una meta-intención que las dos partes comparten.

8º. Haz que cada parte mire a la otra y describa los recursos que hay en ella para alcanzar el objetivo común.

9º. Pregúntale a cada una de las partes por separado si está dispuesta a compartir sus recursos con la otra para alcanzar el bien común. Asegúrate de que existe congruencia en este acuerdo y decisión.

10º. Vuelve a identificar todos los aspectos de tus propios valores, tal y como lo hiciste al comienzo del ejercicio en los pasos 1º y 2º.

11º. Sitúate en la posición 0, e imagínate como si en cada una de las dos partes estuvieses tú, situado en ambas posiciones X e Y, y ahora comenzaran a acercarse poco a poco; a la misma vez y al mismo ritmo, tú (en persona física que estás realmente situado en la posición 0) comenzarás también a moverte, de forma que lleguéis los tres al mismo tiempo al centro.

En ese momento, haciendo un gesto de abrazar a las otras dos partes (X e Y), las integras dentro de ti. Experimenta la sensación, y revisa si ecológicamente está todo correcto. Da un paso hacia el frente y proyéctate al futuro a ver como actuarías en las circunstancias en las que anteriormente esos valores entraban en conflicto.

Si existe alguna resistencia o anomalía ecológica, repite el ejercicio desde el paso sexto teniendo presente esta nueva situación y los recursos que serían necesarios para que el equilibrio y la armonía fuesen completos.

Capítulo XIV

La identidad

La identidad podemos definirla como el conjunto de creencias y valores que determinan quien yo creo que soy, y lo que busco en la vida. La identidad está íntimamente ligada a la identificación, y ésta suele ser el termino de referencia con el que vamos dando forma a aquélla. Así pues, la identidad la vamos construyendo o/y modificando en función de los términos de referencia que tengamos; de este modo, aunque hallamos nacido y criado en una familia sana, a lo largo de nuestra vida integramos en nuestra identidad elementos artificiales e inauténticos. Entre esos elementos artificiales quiero destacar los que me parecen más trascendentes y más difíciles de detectar, me refiero concretamente a ciertas partes y funciones de la personalidad que están relacionadas directamente con las compulsiones o pasiones del ego, y que encubren actuaciones, necesidades o deseos, emociones y pensamientos, con los que nos identificamos.

Como ya sabes, la identidad responde a la pregunta: ¿quién soy yo? Y el primer paso para descubrir quienes somos realmente, pasa por desnudar nuestro cuerpo de todo aquello que no es, algo así como una muerte en vida. Quitar todo aquello con lo que nuestro ego está adherido y con lo que en la mayoría de los casos, se siente identificado, como: el cuerpo, los deseos los sen-

445

timientos, los pensamientos, las conductas, los defectos, las enfermedades y los problemas.

Un vacío en este nivel de la identidad lleva al individuo a una existencia sin sentido, sin dirección, sin objetivos claros y sin compromisos. La construcción de la identidad requiere esfuerzo, disciplina y sacrificio, para que a través de la autoobservación podamos eliminar todos aquellos aspectos indeseables y cambiarlos por las cualidades que queremos establecer. No es éste un trabajo superficial ni improvisado y, como ya sabemos ha de tener soportes sólidos en el nivel de creencias, donde los valores son sus fundamentos y su sostén.

La identidad se encuentra directamente conectada con la espiritualidad, y de ella emana y simultáneamente es el basamento de la misma, ya que ésta es el techo de los niveles lógicos, y sea cual sea la naturaleza de esa espiritualidad es como el vórtice al que tendemos. En el nivel de identidad hemos de conectar con nuestra misión o función en la vida. ¿Cuál es mi *misión* y *función* en la vida? Es una pregunta clave para identificarnos y comprometernos con nosotros mismos, que en definitiva es lo que hemos de conseguir en este plano.

Podríamos muy bien decir que nuestra identidad es como el tronco de un inmenso árbol, el eje de nuestro ser. Como tronco de árbol se ha desarrollado a partir de una simiente, y ha extendido profundamente las raíces que le proporcionan la nutrición. Pero la nutrición no solo proviene de las raíces, sino que como vegetal también se nutre a través del otro sistema de raíces aéreas que son las ramas y las hojas. Y así, como consecuencia, esas ramas y esas hojas van a estar moldeadas en función del sistema ecológico al que pertenezcan y a la propia naturaleza del árbol. De manera similar a la metáfora del árbol, nuestra identidad se mantiene gracias a una red invisible de raíces que las forman las redes neurales estructuradas y conectas ansón a ansón, dando lugar a las estrategias de procesamiento de nuestras percepciones, creencias, valores, capacidades, etc. Hacia lo externo, la identidad se manifiesta en función de lo involucrados que estemos en sistemas más amplios (familia, grupo, sociedad, etc.).

446

Árbol de la Vida

(Niveles lógicos)

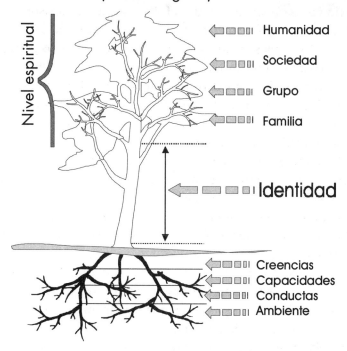

La esencia de la persona, con los velos que la cubren, los valores más o menos elevados que tenemos en la vida, y las creencias que los soportan, forman un complejo entramado que podríamos identificar como identidad. De todo esa maraña, la esencia, es el meollo, lo que realmente somos, la parte trascendente del ser humano. A su vez la esencia está dividida en dos partes: la primera es la realidad interior, que sólo se alcanza a conocer con la experiencia y nunca con razonamientos: la verdad de uno mismo; y la segunda sería como la suma de las gracias totales del individuo y que son cualidades impalpables. *«Quien conoce su ser esencial, conoce a Dios.»*

Los velos son algo así como las pautas de aprisionamiento, la complacencia en ciertos sentimientos vulgares que impiden

447

el uso correcto y las manifestaciones del espíritu humano (esencia). Los velos, también conocidos como cualidades culpables[1] son los que nos aprisionan e impiden que se muestre nuestra esencia tal y como es en realidad. Estos eufemismos son:

1. DESEO. Deseos basados en la ignorancia de lo que debería ser, y en suposiciones de lo que nos conviene. Es algo así como el deseo irracional o voracidad.
2. DISTANCIAMIENTO. Cuando la persona usa el razonamiento para justificar pensamientos y acciones que están centrados en ella misma y no en la realidad final.
3. HIPOCRESÍA. Caracterizada por la vanidad, posesión, falsa independencia y violencia.
4. NARCISISMO. Ausencia de la apreciación objetiva de uno mismo.
5. ORGULLO. Ilusión de ser una persona evolucionada.
6. AVARICIA y ENVIDIA.
7. CODICIA. El deseo de más, la voracidad irreflexiva.
8. IRRESPONSABILIDAD. Se manifiesta por el deseo de alcanzar algo que sólo existe en la mente, es como un frenético estado de búsqueda.
9. INCONSTANCIA. Tendencia a cansarse cuando no se consigue lo que uno tiene previsto alcanzar, algo así como la impaciencia.
10. NEGLIGENCIA. Pereza intensa que se demuestra con una falta de conciencia de las necesidades de una situación o un individuo.

Y poco más puedo añadir al tema después de haber estudiado los valores, las creencias, los criterios y los metaprogramas. Todo ello no es más que experiencias subjetivas, elementos de un mapa que nada o en los mejores casos, muy poco tiene que ver con el territorio, y mucho menos con la Realidad.

---

1. Véase el libro *Los sufís*, Idries Shah, Editorial Kairós.

El organismo humano como un todo integrado y holístico es monodireccional, es decir, todo él debe seguir la misma dirección, mente, emociones, cuerpo y espíritu (o sentido de la vida); en el momento que una parte del sujeto no actúa en la dirección del conjunto, se está produciendo una disensión, una rebelión o una incongruencia. Inmediatamente que esto ocurre, el propio organismo pone los medios para señalar la anomalía, podríamos compararlo a un servicio de investigación y detección de rebeliones. Este servicio de vigilancia lanza sus señales: dolor de cabeza, malestar estomacal, dolores musculares, estados de ánimo apáticos, etc. Si no hacemos caso al mensaje, esta señal se estabiliza y comienza a ser permanente. Recordemos ese principio que tenemos como reglas de la mente que dice: «Cualquier síntoma inducido emocionalmente, si persiste, tiende a ocasionar cambios físico.» Así nos ocurre cuando mantenemos la desarmonía interna, estalla la alarma, no le hacemos caso y enfermamos. Que una enfermedad sea más o menos grave sólo va a depender de la magnitud del conflicto que mantengamos permanentemente en nosotros. Uno de los mayores generadores de enfermedades en el hombre y la mujer, es lo que conocemos como los propios conflictos internos. ¿A qué me refiero o qué es lo que quiero decir cuando hablo de conflictos internos? Pues ni más, ni menos, que un conflicto entre diferentes partes, conflictos de valores –como ya hemos visto–, entre creencias, entre el quiero-debo, entre el deseo y el deber o tener que hacer, etc. Son muchas las investigaciones que en los últimos diez años se han realizado acerca de los factores que actúan, así como los que evitan o corrigen enfermedades graves (cáncer, sida, leucemias): entre ellos quiero destacar dos –ya citados–, como elementos que van a permitir que esas dolencias se amortigüen, se reduzcan, incluso desaparezcan o no se lleguen nunca a presentar. Me refiero a los trabajos de R. Dilts, Dr. Siergel y Srs. Simonton entre otros.

Veíamos al tratar acerca de las creencias, que éstas son base de la estructura de la personalidad, así que lo primero que podemos hacer es descubrir cuáles son nuestras creencias y cuáles nuestros valores, y si entre ellos existen creencias o valores deformantes o limitantes de nuestra identidad. Propongo una guía que puede serte útil para descubrir si existen tensiones, grietas o fisuras en ese entramado básico de nuestra identidad. Se trata de la identificación de las estructuras verbales de creencias sobre identidad. Para realizar este trabajo, el sujeto debe responder a cada una de las afirmaciones siguientes completando las frases a partir de los puntos suspensivos.

- Si yo consigo lo que realmente quiero entonces...
- Ser uno mismo significa...
- Ser uno mismo hará...
- Puedo no ser lo que realmente soy porque...
- No puedo ser quien realmente soy porque...
- No es posible para mí ser yo mismo porque...
- No soy capaz porque...
- Nunca seré diferente porque...
- Siempre tengo este problema porque...
- Si las personas supieran quién soy realmente,
  no me aceptarían porque...
- Yo no merezco ser quien soy porque...

Una vez analizadas las creencias y los valores sobre identidad, conviene que el sujeto, en un adecuado estado de relajación interior, lea y reflexione las siguientes afirmaciones, visualizando cada paso de la lectura y permitiendo su aceptación y reencuadre.

❖ *Yo no soy un cuerpo, pero tengo un cuerpo.* El cuerpo se cansa, se duerme, se enferma, se muere. Yo permanezco por encima de estos cambios. Por eso, yo tengo un cuerpo, pero no soy mi cuerpo.

❖ *Yo tengo deseos, pero no soy mis deseos.* Los deseos aparecen y desaparecen. Yo permanezco. Además, no es lo mismo el que desea que lo deseado. Por eso, yo tengo deseos pero no soy mis deseos.

❖ *Yo realizo acciones, conductas, pero no soy mis actos.* Éstos se realizan y se extinguen. Yo permanezco. Además, no es lo mismo el actor que la acción que realiza. Por eso yo tengo conductas, pero no soy mis conductas.

❖ *Yo tengo emociones, pero no soy mis emociones.* Éstas se generan y se apagan. Yo permanezco. Además, no es lo mismo el que siente las emociones que las emociones. Por lo tanto, yo tengo emociones, pero no soy mis emociones.

❖ *Yo tengo pensamientos, pero no soy mis pensamientos.* Éstos vienen y van. Yo permanezco. Además, no es lo mismo el pensador que lo pensado. Por eso, yo tengo pensamientos, pero no soy mis pensamientos.

❖ *Yo tengo defectos, pero no soy mis defectos.* Los defectos crecen y se anulan. Yo permanezco. Y no es lo mismo tener que ser. Por eso, yo tengo defectos pero no soy mis defectos.

❖ *Yo tengo enfermedades, pero no soy mis enfermedades.* Éstas surgen y se curan. Yo permanezco. Y no es lo mismo el enfermo que la enfermedad. Por eso, yo tengo enfermedades, pero no soy mis enfermedades.

En definitiva, el proceso para desarrollar una identidad firme, que irradie energía a los niveles inferiores, pasa por un auténtico proceso de transformación elevando los valores disponibles y armonizando las correspondientes creencias, adquiriendo con ello la responsabilidad y la libertad para hacer lo que hay que hacer y dejar que se desarrolle en uno mismo lo que se tiene que desarrollar. Sería, en definitiva, algo así como llegar a ser un artesano, que hace lo que es, y es lo que hace.

Si lo encontrado hasta ahora en la investigación sobre la identidad no le satisface, recomiendo lo siguiente, incluso si le ha satisfecho también. Que la persona comprometida con su propio proceso de cambio de identidad:

1. Haga una lista de las cualidades que estima en otros.
2. Estudie cada una de ellas, para saber realmente cuáles y cómo son.
3. Se pregunte cuáles posees y cuáles no.
4. Si las que no posee desea integrarlas, puedes hacerlo incluyendo la creencia correspondiente a esa cualidad.[2]

---

2. Véase: «El despertar de la esencia», *PNL y Eneagrama*, Salvador A. Carrión, Editorial Gaia.

Capítulo XV
Traspasando los límites del mapa

En este apartado trataré, en la medida de mis posibilidades, el nivel transpersonal y espiritual o trascendente, como le queramos llamar. Se trata, en definitiva, de aquello que está más allá de la identidad como individuo y que de algún modo nos da fuerza para vivir. Algo hacia lo que tendemos, algo que nos empuja y nos libera de los miedos y temores que engendra la vida.

Poco puedo aportar yo en este nivel que no se haya dicho por los grandes místicos, filósofos y maestros de todas las épocas. La espiritualidad es una experiencia personal y de nada servirían los discursos al respecto. El modo de vivir la espiritualidad, como decía Gregory Bateson, es dejarse guiar por las fuerzas sistémicas sin poner resistencias a su influjo. Incluso Einstein proponía la máxima conexión para alcanzar el conocimiento y la comprensión de la matriz mental del orden y armonía que hay en el Universo. Y así añadía: *Dios se revela a sí mismo en la armonía de todo lo que existe.* Y también: *Lo que importa es el conocimiento de Dios. Todo lo demás son simples detalles.*

En mi experiencia he podido observar que los cambios, y más que los cambios, la inclusión de este nivel en la dinámica de vida de un individuo, produce respuestas no medibles en la dirección de una mejor adaptación a la situación de conjunto de la persona. Insisto que no hay ningún estudio con profundidad, o al menos yo no lo conozco, sobre las reacciones de nuestro organismo en el ámbito clínico, aunque algunos neurólogos reconocen que este nivel es el responsable de que el sistema nervioso funcione como un todo unificado. Es importante señalar que cuando el nivel espiritual o transpersonal, como queramos llamarle, se encuentra afianzado en el individuo, este nivel se expande abriéndose a más y más niveles de integración y profundización. Podríamos compararlo con la boca de un agujero negro que al entrar en su campo de energía nos absorbe transportándonos hasta niveles mucho más superiores y desconocidos. Sería bueno recordar, en este momento, que al referirme aquí a espiritualidad o trascendencia no estoy citando en absoluto a nada religioso, se puede ser muy espiritual y nada religioso, o muy religioso y nada espiritual lo que sería un desastre. Aquí hablo de experiencia, y al nombrar Todo, Absoluto, Dios, fuerzas sistémicas, Humanidad, Planeta, estoy formulando experiencia y no razonamientos (hoy en día hay muchos seudoespirituales o seudotranspersonales).

La relación que mantengamos con las «fuerzas superiores» (llamémoslas como queramos) va a permitirnos establecer en nosotros mismos ciertos estados de salud-enfermedad o, más exactamente, facilitará en nosotros un estado sano o no. Comprender la envergadura del nivel a que estamos remitiéndonos supone una profunda transformación de la conciencia y, como dice Robert Orstein,[1] es el propósito auténtico al que tendría que estar volcada toda la humanidad, ya que es el trabajo de hacer evolucionar nuestra consciencia, cosa que ahora nos debería mantener ocupados.

Este nivel puede tener dos vertientes, aunque una abarca la otra, pero de modo operativo las diferenciaremos para evitar confusiones o malos entendidos. Una de las vertientes del nivel espiritual sería la humana, volcada hacia el servicio y entrega a otros (familia, grupo, asociación, ONG, orden, Tercer Mundo,

---

1. Robert Ornstein. *Evolución de la Consciencia.* EMECÉ.

etc.), y la otra cara sería la trascendente o el compromiso en la búsqueda de la *Realidad Final*.

Lo que percibimos día a día, lo que experimentamos en lo cotidiano, no es nada más que una parte (un mapa) de una realidad mayor (territorio) del que en la mayoría de los casos no sabemos nada (o muy poco), ya que nuestra comprensión está velada por los límites de nuestro propio mapa. Imaginemos que la Realidad total es como una inmensa esfera repleta de otras esferas menores, que a su vez están llenas de bolitas, y éstas formadas por innumerables puntitos. Nosotros somos los puntitos, en el mundo en que vivimos (nuestra realidad circundante, experiencias, valores, creencias, conocimientos, datos, cultura, energías conocidas, estados de consciencia conocidos, etc.), es la bolita a la que pertenecemos. Esta bolita tiene (así lo creemos) una superficie opaca y no somos (así lo creemos también) capaces de captar la realidad que hay más allá de ella; sin embargo, más allá, justo pegado, hay otras bolitas que contienen otras realidades (algunas veces las llamamos realidades paralelas, mundos paralelos u otra realidad), en ella las experiencias, las energías, los estados, son (o al menos pueden ser) diferentes; se rigen por otras reglas, por otros parámetros y términos de referencia. Aunque sólo sea por ocupar un lugar diferente en el espacio (o en la condensación del vacío), ya son diferentes. Por ello es por lo que cada uno de nosotros no tiene

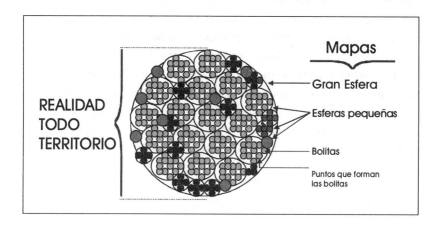

(aún) consciencia de que más allá de sí mismo, de los límites de su mapa, existe otra realidad tan real (o más bien tan irreal o incompleta) como la que percibimos.

«El profundizar en la experiencia de los estados de conciencia transpersonales, esenciales o espirituales, como queramos llamarlos, nos conduce a entrar, de forma voluntaria unas veces e involuntaria otras, en contacto con un nivel o dimensión de la Realidad que está *por encima* o *más allá* de aquellos que por lo general consideramos como *normales* o *reales*, pero no por ello ausentes del hombre.»[2]

No creamos que tales experiencias van a ser contactos totales con esa Realidad ni mucho menos pueden ser, y tal vez sean, fogonazos, vislumbres, reflejos burdos de ella. El trabajo que realicemos en este nivel ha de pretender que tomemos contacto con los aspectos superiores de nuestra mente subconsciente (o incluso a niveles más elevados): el súper o «supra-consciente» como les llaman algunas escuelas de psicología. Podemos experimentar conscientemente elementos, estados o contenidos psíquicos que habitualmente se encuentran fuera de nuestro consciente. En un momento dado y después de ciertas prácticas o procesos, lo que era supraconsciente se vuelve consciente, permanece ahí durante un período más o menos largo y después vuelve de nuevo a ser súper consciente. Para nosotros, la línea sistémica humanista-esencial de PNL, este aspecto al que nos referimos recibe el nombre de esencia humana, o ser esencial.

Sería innumerable la catalogación de las características que poseen tales estados alterados de conciencia, cada escuela, filosofía o religión poseen el suyo propio. Yo me he permitido establecer una síntesis de los que en la mayoría se presentan como comunes. Las características que definirían la presencia de uno de estos estados elevados podrían ser las siguientes: la primera sería algo así como llegar a lo más profundo de nosotros mismos, a la raíz o a la base. Como un sentimiento de PROFUNDIDAD. Otra sería

---

2. *Ser transpersonal.* Roberto Assagioli. Editorial Gaia.

la INTERIORIZACIÓN, un sentimiento de ir desde fuera hacia dentro de nuestro ser. La ELEVACIÓN, sentimiento de ascender de nivel. EXPANSIÓN de conciencia, compartir y participar en una conciencia mayor. COMPRENSIÓN de lo oculto de lo velado o secreto. ENERGETIZACIÓN, sensación de ser nutrido o alimentado por energías universales. DESPERTAR, la sensación de vivir realmente una realidad Real. ILUMINACIÓN, sensación de transfiguración y nueva visión. RENOVACIÓN, REGENERACIÓN, RESURRECCIÓN, LIBERACIÓN, etc.

Todas estas descripciones no dejan de ser aproximaciones, ya que sólo *el que prueba sabe*, y por mucho que los «maslows» los «assagiolisos», los «jungianos», «freudianos», etc., quieran clasificar lo inclasificable, nada que no sea nuestra propia experiencia servirá para otra cosa que llenar folios y folios de tinta. Sólo la experiencia nos va a llevar a conocer aquello de lo que hablamos, y por supuesto siguiendo un ordenado aprendizaje dentro de una *enseñanza viva* y bajo la supervisión de un *maestro vivo y real.*

Los contenidos del súper consciente –especialmente en el nivel más elevado– se hallan muy próximos al «sí mismo o ser esencial» y, por consiguiente, participan en alguna medida de su cualidad. No obstante hay una diferencia muy importante: en el súper consciente hay elementos o contenidos de diverso género –dinámicos, activos, pasivos, variables, mutantes– que participan de la corriente de la vida mental del individuo en su conjunto. Sin embargo, el ser esencial, el sí mismo es inmóvil, inmutable, permanente y eterno; y, por consiguiente, distinto de aquél. Otro aspecto a tener en cuenta es que no todas las aproximaciones al sí mismo o esencia son de la misma cualidad, ni de igual intensidad y tiempo: éstas pueden ir desde ligeros chispazos o fogonazos, como ya dije, a estados de permanencia. El auténtico trabajo en el desarrollo humano está en adquirir un estado de permanencia en el ser esencial.

> *Sólo con el corazón puede verse la realidad;*
> *lo esencial es invisible al ojo humano.*
>
> ANTOINE DE SAINT-EXUPÉRY

Algún día, cuando hayamos dominado los vientos,
las olas, las mareas y la gravedad, aprovecharemos
las energías del amor para Dios.
Entonces, y por segunda vez en la historia del
mundo, el hombre habrá descubierto el fuego.

TEILHARD DE CHARDIN

Todos y cada uno (y cada parte de cada uno) formamos parte de un sistema unificado. Del ejemplo de las esferas, la gran esfera es una (Todo) compuesta a su vez de esferas menores que también son una, y esas «unas» unidas dan lugar a la gran esfera, pero es la gran esfera la que está dividida, no es que esté formada (aunque también lo está) por las otras esferas menores. A su vez, cada una de las esferas menores las conforman las bolas y a éstas los puntos. Así pues, cualquier actividad del «todo» repercute en cada una de las partes, mientras que la actividad de una de las partes es conocida por el «todo» aunque a éste no le afecte en su totalidad. Este sistema al que pertenecemos está en permanente proceso de transformación, ya sea por acción directa o como reacción indirecta consecuente de la actividad de todos los elementos del conjunto. Si un punto de la gran esfera se desplaza, repercute en todos los demás. Los dos principios fundamentales de la PNL, *«el mapa no es el territorio»* y *«vida y mente son procesos sistémicos»*, nos sirven de base para iniciar una búsqueda o experimentación con el propósito (como puntos dentro de la bolita) de aproximarnos a la superficie de la misma y ascender a otras realidades próximas.

Yo quiero saber cómo Dios creó el Mundo.
No estoy interesado en éste o en aquel fenómeno,
no investigo éste o aquel elemento,
yo quiero saber sus pensamientos,
el resto son sólo detalles.

ALBERT EINSTEIN

Siendo realidades (aunque mapas de un territorio) pensantes, que tienen una mente, ésta no es más que parte de esa

458

otra «Mente Mayor», y la conexión con esa otra «Mente Mayor», podría ser el *espíritu:* cierto tipo de energía sutil de altísima calidad y con características especiales entre las que destacaría la inteligencia. Es decir, que el *espíritu* sería una energía inteligente. El *espíritu,* según dice Gregory Bateson, podría ser *«el patrón que conecta todas las cosas juntas como un tipo de Mente Mayor de la que los individuos somos un subsistema».*

Cuando el individuo se va integrado total y plenamente en el nivel espiritual –cosa que lleva toda la vida–, puede comenzar a tener acceso a ciertas cualidades de esa parte del sistema. Si recordamos el ejemplo del árbol que di, podremos comprender que cuando los nutrientes suministrados, tanto subterráneamente como aéreamente, son de la suficiente calidad, el árbol produce flores y frutos. Esas flores y esos frutos son las manifestaciones del espíritu que descienden hasta la identidad del sujeto.

Esas cualidades del sistema las expreso como:

> ➢ *Manifestaciones del espíritu:* La sabiduría, la misión, la sanación son los resultados de reconocer y traer al espíritu adentro de nuestras vidas y acciones. Es decir, hacer del compromiso de pertenencia a un sistema más amplio una forma de vida real y transpersonal.
> ➢ *Frutos del espíritu:* Tales como el Amor, Compasión, Gracia, Paz; son los resultados generativos y evolutivos (o transformadores) de estar más en armonía con los «pensamientos de Dios», si no es mucho decir, que expresado en términos neurolingüísticos sería un tipo de *rapport* con los patrones de esa «Mente Mayor».

Esos frutos y manifestaciones del espíritu a través de nuestra identidad son expresados y reforzados permanentemente por medio del desarrollo, enriquecimiento y crecimiento de ambos sistemas de raíces (aéreo y subterráneo), para que los dos actúen conectados por el tronco (la mente) como una mancha de aceite que se impregna y se expande progresivamente por todo el cuerpo (raíces), y con una estructura de pensamiento excelente se proyecte hacia la familia, grupo, sociedad, etc., (ramas y hojas), para alcanzar la globalidad del sistema del cual somos parte integrante. Como seres humanos, de forma primaria hemos de estar conscientes e incorporar el *espíritu* a través de nuestro sistema nervioso, nuestro lenguaje y nuestros mapas o programas. Las técnicas y modelos de la PNL en este nivel son auxilios que transforman nuestra propia mente y nuestro sistema nervioso en herramientas alineadas con la «Mente Mayor» y con el «sistema nervioso Mayor» del cual nosotros somos una ramificación.

Los métodos tradicionales que en todas las culturas se han venido usando para alinearnos con el nivel del espíritu incluyen conceptos como la oración, meditación, parábolas, rituales, bendiciones, *mantras*, etc. En este sentido, la PNL podríamos considerarla como una *metaherramienta*, una herramienta que puede construir herramientas para el *espíritu*, al igual que las tiene para todos los otros niveles. Desde mi perspectiva, la visión a ser explorada en esta apreciación es la de usar la PNL para *«crear un mundo en el cual las personas quieran vivir, o al que quieran pertenecer»*, a través de la creación y desarrollo de habilidades que les permitan acceder a estados de excelencia, *«perfección»* o *«poder persona»*.

La *«excelencia humana»* o *«perfección»*, es un tipo de estado de ser orientado hacia la consciencia de cambio e *in-permanencia*, un sentimiento, una especial actitud de ánimo enfocada a mantenerse el mayor tiempo posible y sin vacilación en los niveles de transpersonalidad o espiritualidad. A estos tipos de personas que alcanzan la *excelencia* (como consecuencia de los frutos del espíritu) las llamo *hombres de conocimiento;* hombres y mujeres que han seguido de verdad las dificultades del aprendizaje, que sin apresurarse ni desfallecer han llegado lo más lejos que pueden en desentrañar los secretos del *poder personal,* ellos son los auténticos *másteres* sea cual sea su profesión o dedicación.

He querido extenderme un poco más de lo necesario en las explicaciones del nivel espiritual o transpersonal por ser el menos tratado en los trabajos publicados hasta ahora de PNL, y por ser, en definitiva, el nivel supremo al que necesaria e inevitablemente tendemos todas las personas, como seres humanos que somos en permanente proceso de evolución.

Existen varios modelos que facilitan un acercamiento a este nivel, y que a lo largo del libro he ido presentando aunque la mayoría de las veces no haya hecho referencia explícita a su aplicación como técnicas evolutivas. No quiero condicionar a ningún lector o alumno a la utilización monodireccional de una técnica, ya que muchas de ellas sirven para diferentes estadios y síntomas. Reflexionando, deduciendo y experimentando es cómo se adquiere el genuino aprendizaje. Lo repito siempre: «Información sin experiencia es como un asno cargado de libros.»

La única propuesta que me atrevo a hacer aquí es que si realmente quieres establecer esa conexión con las energías de la vida (y llámale como quieras), es que alcances un modo de vida armónico, que actúes acorde con la Naturaleza, que mires hacia tu interior, y para ello medita.[3] Hoy en día hasta la medicina recomienda la meditación para restablecer las anomalías orgánicas por todos los beneficios que conlleva. La meditación Zen, la autohipnosis, el *training* autógeno, el método Alexander, la relajación profunda y la respiración consciente conducen a la concentración de la percepción, a la visualización positiva y a estados de efectividad profunda, que facilitan el desarrollo y crecimiento armónico y saludable. La meditación según la entendemos nosotros es un método de concentración de la atención de forma relajada, dejando que nuestra mente fluya serenamente, y así es el modelo que presentamos en PNL.

---

3. Existe un trabajo muy clarificador sobre los efectos de la meditación en la salud, que llevó a cabo el Dr. Tomio Harai, psiquiatra. Durante catorce años estudió los cambios que se producían en monjes zen a partir de estados meditativos.

Véase *La meditación Zen como terapia. Las evidencias científicas de los efectos del Zen en la mente y en el cuerpo.* Dr. Tomio Harai, Editorial Ibis.

Expansión de la consciencia

Siéntate tranquilamente y cómodo frente a una pared en la que hayas colocado un dibujo geométrico como el que viene a continuación o similar, a la altura de tus ojos.

Cierra los ojos, comienza a respirar conscientemente prestando atención a tu propia respiración, inhalando y exhalando lentamente y con el diafragma. Cuando tus pulmones adquieran un ritmo sereno, toma conciencia del tiempo presente, todo lo que experimentas en el momento presente. Siente cómo el presente se transforma en una importante sensación de presencia y sentimiento total.

Ahora, cuando sientas que el tiempo presente, el aquí y el ahora, cobran una dimensión nueva, abre tus ojos y mira «viendo» el dibujo que tienes enfrente. Ánclate en –por ejemplo– el muslo derecho, mientras estás sintiendo, tu presencia y la suya –la del diagrama– y tu conexión con él. Mantente así alrededor de cinco minutos.

Bien, distiendete e interrumpe el proceso.

Cierra de nuevo los ojos, interiorízate y recuerda todo el tiempo que has vivido. Comienza por las horas anteriores, tomando conciencia de su dimensión. Pasa a continuación a sentir la presencia del ayer con todas tus vivencias, recuerda todas las experiencias de ayer. Luego de toda la semana pasada, del mes, del año, retrocede más y más, tomando contacto con la existencia de ese tiempo, no de un contenido mental, sino de una existencia viva.

Llega hasta tu infancia y más allá. El tiempo de tus padres, de tus abuelos, y de tus anteriores generaciones. Recorre y revive el tiempo de tus padres, de tus abuelos, de tus anteriores generaciones hasta la primera señal de vida del Planeta.

Abre ahora los ojos y mira «viendo» en el tiempo infinito esa estrella que tienes frente a ti. Ánclate en el muslo izquierdo, sintiendo su presencia en ese tiempo infinito.

Bien, distiendete de nuevo e interrumpe el proceso.

Vuelve a interiorizarte y a experimentar ese tiempo presente y ese tiempo infinito, abre los ojos y activa ambas anclas mientras miras «viendo» y siente «sintiendo» ambos estados.

Mantente en ese último estado durante un buen rato para beneficiarte de todas sus grandes virtudes terapéuticas y espirituales.

Capítulo XVI
Técnica del modelaje avanzado

La conducta desde el punto de vista del mapa de la PNL es una manifestación externa o/e interna de nuestros estados internos y éstos a su vez están generados por nuestras representaciones internas, que proceden de las experiencias registradas a través de nuestros órganos de percepción. Por ejemplo: alguien que saborea un helado; la conducta de comer incluirá las actividades de todos los órganos sensoriales: ver, oler, sentir, gustar e incluso oír. Si, tiempo después de realizar esta acción, la persona recuerda este hecho y procesa correctamente el recuerdo, creando imágenes, sonidos, sensaciones gustativas, olfativas y kinestésicas, podría volver de nuevo a experimentar el valor de la conducta inicial de saborear el helado.

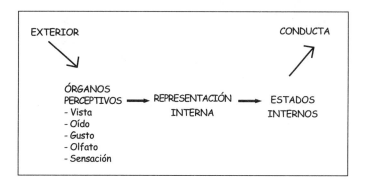

Como todo comportamiento se da en respuesta a un proceso neurológico, necesitamos un modelo que reproduzca la neurología en fragmentos de información comprensibles con los que poder operar. También necesitamos comprender cómo este modelo neurológico se secuencia y se representa mediante códigos lingüísticos y paralingüísticos. Finalmente necesitamos conocer también cómo esta secuencia puede programarse, para obtener los resultados específicos de conducta. Todo esto es lo que nos aportan las técnicas de la PNL.

Así pues, a lo largo de este capítulo de modelaje exploraremos tanto elementos de neurología como de lingüística y programación del comportamiento humano a la luz de la PNL, de manera que consigamos comprender y definir cómo suceden esos procesos. Dado que la Programación Neurolingüística es la disciplina cuyo campo de acción se centra en el estudio de la estructura de la experiencia subjetiva del hombre, nuestro trabajo aquí consistirá en explicitar tales estructuras para poder reutilizarlas conscientemente.

Las técnicas con que operamos pueden aplicarse efectivamente en cualquier acción o interacción humana ya que, como modelo que es, la PNL está libre de contenido y describe cómo algo trabaja y funciona.

Ateniéndonos a las definiciones que el diccionario de la Real Academia da acerca de la palabra MODELO, leemos:

«**2.** *Arquetipo o punto de referencia para imitarlo o reproducirlo.* // **3.** *En las obras de ingenio y en las acciones morales, ejemplar que por su perfección se debe seguir e imitar.* // **5.** *Esquema teórico, generalmente en forma matemática, de un sistema o de una realidad compleja [...], que se elabora para facilitar su comprensión y el estudio de su comportamiento.* // **6.** *Objeto, aparato, construcción, etc., o conjunto de ellos realizados con arreglo a un mismo diseño [...].*»

Cuando nosotros nos referiremos a MODELO, lo hacemos tanto para definir al sujeto del cual extraeremos sus conductas dignas de ser copiadas y aprendidas como a la descripción de sus estrategias y programas que lo llevan a ser capaz de ejecutar tales acciones de forma excelente. Para nosotros un *modelo* es una descripción del funcionamiento de una cosa. No entramos en las consideraciones de por qué tiene que ser de esa manera. Nos limitamos a mostrar de la forma más clara y precisa los pasos que sigue el proceso modelado para alcanzar con éxito su fin previsto. Esta metodología –el modelaje– dista mucho de las teorías «cientifistas» que se esfuerzan por justificar el porqué de sus planteamientos. En PNL no pretendemos justificar nada, observamos, vemos lo que funciona, analizamos sus pasos, los identificamos y los mostramos para que otros puedan beneficiarse de ello. Nuestro trabajo, y lo que aquí expongo es el modelaje, no si resulta científicamente demostrable i es verdadero o falso; lo que nos interesa es simplemente describir si resulta operativo o no, si es útil o inútil, si nos sirve para mejorar nuestras capacidades y conductas, o no. Los procesos, las habilidades humanas están ahí a la vista, preguntarnos por qué funciona nos llevaría a discusiones sin límite; aquí sólo indagaremos cómo funciona, y para ello utilizaremos:

1. La descripción del agente humano que interviene o actúa en el modelo que se muestra, sus acciones y posibles respuestas.
2. Tal descripción vendrá realizada en función de la base sensorial (objetivos y cuantificables), que pueda ser asequible al usuario del modelo en cuestión.

Toda la vida se ha modelado a personas cuyas capacidades y conductas eran dignas de ser aprendidas por otros. El artesano enseña un patrón de conducta, en el sentido filosófico es un modelo a seguir. Un maestro auténtico de artes marciales es un guía de técnicas para sus alumnos.

Volviendo a la definición de MODELO, considero que nos permitimos hablar de aquellas conductas y habilidades que son ejecutadas de manera excelente por cualquier individuo, y que pueden ser descritas de forma comprensible y aprendidas de manera eficaz para poder reproducirse. MODELAR es la capacidad de extraer, a escala consciente, las estrategias del sujeto (modelo) que operan de manera subconsciente, y describirlas de forma asequible para ser comprendidas y aprendidas por otras personas.

En PNL calificamos como una presuposición operativa que: *Las personas tienen todos los recursos necesarios para realizar los cambios deseados (dentro de sus posibilidades físicas, su grado de conocimiento, y modelo del mundo de que dispongan).* Los recursos son transferibles, traspasables: se pueden aprender y plasmar. La conducta asimilada y experimentada por una persona puede ser modelada y enseñada a otra. Tal vez surjan preguntas tópicas como: ¿quiere decir esto que una persona disminuida física puede aprender a montar en bicicleta como lo hace un profesional? Hasta tal extremo no, pero sí es posible. Hace diez años o poco más parecía imposible que una mujer estéril pudiese concebir; hoy en día, con la inseminación artificial, el problema está resuelto. También es posible en la actualidad que un parapléjico monte en bicicleta gracias a una computadora programada para activar sus músculos.

Así como la tecnología de hoy ofrece constantes avances y nuevas posibilidades en el mundo exterior, la PNL ofrece una técnica para contactar y movilizar los recursos internos de cada persona, despertarlos, incrementarlos y aprender los de otros. Todos nosotros poseemos (en activo o en potencia) las facultades necesarias en cada momento para actuar eficazmente. La naturaleza humana está dotada desde su nacimiento de un mecanismo de aprendizaje altamente especializado. Copiamos, modelamos aquello que desde nuestro nacimiento se nos viene mostrando. Aprendemos los modelos de lenguaje, del caminar, de comportamiento, de pensar, etc., de aquellas personas (normalmente los padres y/o familiares) más próximas a nosotros y que consideremos «dignos» de modelar. Tal vez los modelos elegidos no hayan sido tan eficaces como hubiésemos deseado –no se trata aquí, ni mucho menos, de responsabilizar a nuestros progenitores y tutores por no habernos mostrado mejores modelos–, es lo que tenían y nos los mostraron (inconscientemente en la mayoría de los casos). Lo realmente importante ahora es examinar y ver si esos modelos de que disponemos son los mejores a los que

468

aspiramos y, si no es así, tenemos la oportunidad de escoger los que nos convengan y cambiarlos. Otras veces nos daremos cuenta de que en determinadas circunstancias procedemos adecuadamente y en otras quedamos bloqueados o actuamos deficientemente. Sin embargo, también tenemos la posibilidad de transferir modelos de estrategias operativas a situaciones en las que son inoperantes las utilizadas. La clave de la victoria está en modelar a los mejores, y las estrategias preferibles pueden ser de personajes altamente valorados, o incluso, aquéllas de nosotros mismos muy valiosas en ciertas áreas.

Ahora entraremos en la fase de la aplicación y estudio de las técnicas del modelado. Veamos el gráfico siguiente, y recordemos que la tarea fundamental en el modelado es la de traer a la «competencia consciente» aquello que opera en «competencia inconsciente».

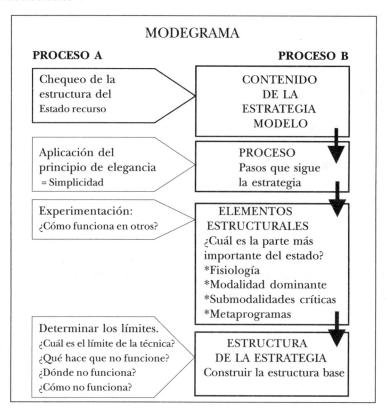

Como podemos apreciar en el esquema anterior, en el modelado se dan dos procesos simultáneos:

A. La detección de sutilezas, particularidades y detalles.
B. La identificación y extracción de los patrones de la estrategia.

A) En la detección de sutilezas, hemos de valorar ciertas cualidades específicas que pueden llamar nuestra atención en el transcurso del modelaje. Tales características tienen que ver fundamentalmente con el lenguaje no verbal o analógico. Cuanto más precisos y detallistas seamos en la selección de las particularidades, mayor exactitud tendrá el modelo y mejor podremos posteriormente darle estructura al proceso completo.

Un pormenorizado estudio de los niveles lógicos nos aportará, no sólo los impactos ambientales, sus acciones específicas y la naturaleza del estado recurso, sino las creencias, valores y metaprogramas implicados además del sentido de «sí mismo» y su visión global, en la que se integra más allá de él. Como planteaba líneas atrás, estos detalles están directa e indirectamente vinculados al lenguaje no verbal y a la estructura profunda, siendo las siguientes las más significativas y necesarias a tener en cuenta:

a) *Conductual-fisiológica*: Todos los aspectos físicos, como postura, complexión, gestos, movimientos de manos, armonía y equilibrio corporal, accesos oculares, voz, etc.

b) *Capacidades-estrategias mentales:* Atendiendo especialmente en el sistema representacional a la modalidad más altamente valorada o dominante; las sinestesias frecuentes, submodalidades críticas, bucles, y puntos de decisión en las estrategias, y por supuesto, los metaprogramas: temporal, relacional, orientación, objetivos, etc.

c) *Creencias*: Indagar o identificar tanto las creencias que soportan la aplicación del modelo de excelencia como los valores que lo acompañan.

470

Ya vimos que podíamos extraer un modelo por medio del *sistema asociativo,* y aquí es donde interviene dándonos la oportunidad de observar desde dentro el estado del modelo. Para ello, nos metemos imaginariamente en el sujeto (entrando en 2ª posición) como si fuésemos él, adoptamos completamente su fisiología, y anotamos cualquier intuición que nos llegue desde esta actitud.[1]

También conviene tener en cuenta cómo se lleva a cabo la interacción, la disposición de ánimo entre el modelo y nosotros, la facilidad o no de establecer un buen rapport, y cuál es el patrón básico de éste.

B) En el siguiente paso que corresponde a la detección de los patrones estructurales de la estrategia, nuestro trabajo consiste en identificar cuáles de las sutilezas son más importantes o decisivas para alcanzar el objetivo fijado en que tiene el modelo. Aquí existen también variantes:

1. Modelar una habilidad que comparten cierto grupo de individuos.
2. Modelar una habilidad exclusiva o personal.

O bien que se trate de modelar:

1. Una técnica.
2. Una habilidad.

En el caso II.1 (una habilidad compartida por un grupo), lo más práctico es localizar el grupo que sea capaz de ejecutar la habilidad a investigar, y descubrir las diferencias y semejanzas en la realización atendiendo al patrón común. No se trata de hallar la media del modelo, sino de identificar las características comunes específicas que hacen que tal modelo sea operativo.

Para la alternativa II.2, si las habilidades son exclusivas o individuales, el seguimiento es un poco más laborioso, debiendo

---

1. Para mayor información sobre este tema, consúltese el capítulo concerniente a psicogeografía y las posiciones perceptivas.

escudriñar hasta lo más profundo del sujeto utilizando tanto el «*sistema asociativo*» como el «*disociativo*», repitiendo y probando varias veces hasta que quede totalmente perfilado.

Cuando se trata de modelar técnicas, operaremos con lo que llamamos «micromodelaje». La técnica la describimos como una serie de pasos o secuencias de acciones concretas que nos conducen a la obtención de un objetivo en particular. Por ejemplo: la técnica de «Cura rápida de fobias»,[2] en la que se facilitan los pasos (primero, segundo...) con los detalles correspondientes, y que cumplidos tal y como se describen producen el efecto de eliminación de la imagen subconsciente causante de la fobia. Las técnicas podríamos decir que se encuentran en el nivel lógico de conductas.

Las habilidades encajan dentro de «macroestrategias», y las situamos en el nivel de capacidades, por lo que son mucho más amplias que las técnicas. No son secuenciales en su uso como lo eran las anteriores, y suponen todo un conjunto de destrezas que sitúan al sujeto en un estado de disposición para la realización de muchas y variadas cosas, aplicables a múltiples y diferentes contextos y situaciones. Las habilidades han de estar disponibles permanentemente para que cuando el individuo las necesite, las tenga.

El *feedback* es el elemento activo de mayor significación en una habilidad particular que se organiza en sucesivos POPS, mantenidos hasta la conclusión del objetivo para el que se activó tal habilidad. Es lo que hacemos, por ejemplo, cuando ancla un estado de relajación o de *up time*, y lo utilizamos en los momentos requeridos para recuperar la serenidad y alerta sensorial. Para comprender aún mejor la diferencia, diría que, por ejemplo, una habilidad a desarrollar sería la «musical», y la técnica correspondería al «instrumento» con el que la persona interprete la música, que obviamente, también necesita aprendizaje.

---

2. Véase esta técnica en los libros: *PNL para principiantes*, editorial Océano-Ámbar; *Curso de Practitioner en PNL*, en Ediciones Obelisco; y *Eneagrama y PNL*, en Gaia; todos ellos de Salvador Carrión.

A la hora de modelar una técnica o una habilidad, hemos de tener en cuenta que entre ambas existen grandes diferencias; en la primera atendemos a los pasos, a las secuencias específicas y ordenadas que el sujeto realiza para alcanzar la meta que se propone, y seguimos la pauta de investigación:

1. Identificamos la conducta específica, la estrategia particular, el comportamiento que deseamos explorar o la técnica que pretendemos modelar.
2. Pedimos u observamos al sujeto en el contexto específico que la ejecute o cómo la ejecuta.
3. Extraemos el POPS completo de aplicación, tal y como lo realiza en el citado contexto.

Un ejemplo muy simple para captar la distinción: *«Modelo de técnica para subir una escalera de tijera.»* 1°) nos situamos delante de la escalera y nos cercioramos de que está bien asentada. 2°) nos sujetamos con las manos a los bordes. 3°) levantamos el pie derecho y lo situamos sobre el primer travesaño apoyando la parte central del pie. 4°) nos impulsamos con el pie izquierdo a la vez que nos agarramos para elevarnos, con los brazos y la pierna derecha, hasta que nos nivelamos y colocamos el pie izquierdo en el mismo peldaño que el derecho. 5°) seguimos repitiendo los pasos subiendo los brazos en el mismo trecho a que hemos ascendido, hasta alcanzar la altura deseada en la escalera.

No se trata aquí de ningún modelo concreto, aunque podría servir; lo único que pretendo es mostrar la descripción de los pasos para diferenciar claramente los modelos de técnica y habilidad.

Sabemos que las habilidades son estados internos que sirven como base para la realización de muchas actividades; éstas no siguen una secuencia de pasos, no son lineales, sino que se estructuran en POPS, donde el circuito de *feedback* mantiene la habilidad en activo mientras no se alcance el objetivo fijado en el POPS Así mismo, podemos afirmar que constituye uno de los niveles decisivos en la consolidación y maduración del ser humano, y que marca una de las diferencias significativas dentro del proceso de desarrollo.

Ya desde la época precristiana, la filosofía se ocupó de clasificar las habilidades humanas en grupos y éstas a su vez en subcategorías que dada su cantidad no entraremos a pormenorizar, ateniéndonos a las básicas. Citaremos las siguientes:

Concreción: Capacidad que nos permite, partiendo de algo amplio, genérico, impreciso o abstracto, llegar a reducirlo a lo esencial y seguro sobre aquello de lo que se hable, piense o escriba. Por ejemplo: al divagar sobre cualquier problema general de la sociedad actual, ser capaz de especificar una a una cuáles son las situaciones de tensión: delincuencia, consumo de drogas, falta de valores morales, etcétera.

Abstracción: Habilidad que nos permite separar mentalmente lo inseparable, aislando lo objetivo de las cualidades que le son propias. Por ejemplo: separar del individuo las manifestaciones de personalidad que son parte del mismo, pero que no es él; o la forma de cualquier figura u objeto de la que es propia.

Conceptual: Facultad de absorber y contener una idea particular en otra de mayor dimensión que abarque a otras muchas. Podríamos llamarlo en términos PNL, metaidea. Por ejemplo: Concepto de perro: mamífero de la familia de los cánidos de tamaño, forma y pelaje muy variados.

Analítica: Capacidad de distinguir y separar las partes de un todo para conocer sus principios o elementos y ordenarlos por categorías. Por ejemplo: análisis de la sangre: descomponer una muestra sanguínea para determinar las cantidades de hematíes, leucocitos, sales, minerales, etcétera, que contiene.

Observación: Habilidad de captar con todos los órganos de percepción los objetos, sucesos y procesos, obteniendo información objetiva en un momento dado (aquí y ahora). Por ejemplo: observación de un atardecer, atendiendo a todos los cromatismos visuales y sonoros, a las sensaciones provenientes del medio (campo, playa, etcétera), a los olores que nos llegan (árboles, flores, arbustos, etc.), así como la kinestesia interna que en ese momento nos produce.

Desarrollo o secuenciación: Capacidad para recordar con precisión y ejecutar en el orden correcto cada una de las partes que conducen a la consecución de un objetivo. Por ejemplo: desarrollar el proyecto de una vivienda, donde hemos de conocer cada paso, legal, técnico, económico, ecológico, y en su secuencia ordenada, hasta que la casa pueda ser habitada sin problemas de ningún tipo.

Interactiva: Habilidad de escoger las respuestas conductuales en nuestras relaciones con otras personas. Por ejemplo: relación de pareja, en la que manejamos las respuestas en función a la situación que deseamos o no tener.

Relacional: Habilidad para identificar y seleccionar el modo más apropiado y conveniente de establecer nuestra conexión, trato o comunicación con la sociedad (normas, trabajo, familia, ambiente, etcétera).

Éstas serían algunas de las habilidades más características que poseemos y que podemos desarrollar los seres humanos para, como ya dije, alcanzar un alto grado de maduración y eficacia.

Volviendo específicamente a la técnica para extraer modelos, presentaré las claves que nos ayudarán a estructurar los pasos que nos permitan extraer los contenidos de las estrategias y POPS eficientes dignos de copiar.

EL MACRO MODELADO

Ahora veamos cómo llevar a cabo un macromodelaje, o modelado de una habilidad particular:

1. Localizaremos el modelo en el contexto para el que se necesita esta habilidad.
2. Identificaremos las demostraciones comportamentales verbales y no verbales que el sujeto a modelar utiliza al ejercer la habilidad en cuestión.
3. Partiendo del comportamiento, extraemos el cómo, el porqué y el quién (niveles lógicos de capacidades, creencias e identidad) que sustentan la habilidad específica que queremos modelar.

A continuación, centrándonos en el «macromodelaje» haremos un estudio y esquema detallado de todo el proceso completo, encadenaremos con todo lo plasmado hasta ahora, desplegando el prototipo operativo de la técnica avanzada de modelaje. Es decir, vamos a seguir uno a uno los pasos que a continuación se indican y en el orden que se establecen.

Prototipo de modelaje avanzado

Primero: Identifica la habilidad deseada y el sujeto tipo que la ejecuta excelentemente.

476

Segundo: Pídele al sujeto que recuerde tres ejemplos (experiencias) específicas donde actúa con la habilidad que te propones modelar.

Tercero: Uno a uno, tomas cada uno de los tres ejemplos y le solicitas a la persona modelo que se asocie a cada una de las experiencias, para que puedas localizar los siguientes filtros perceptivos:

a) Representación interna (RI), con todos los detalles de modalidades y submodalidades presentes en la representación subjetiva.

b) Orientación, es decir, si tales modalidades tienen características interna o/y externa.

c) Cuáles son las sinestesias dominantes o significativas.

d) Qué intención tiene el sujeto al emprender la utilización de la habilidad.

e) Cuál o cuáles son los metaprogramas y salidas de los mismos que se hallan presentes en la ejecución de la habilidad a modelar.

f) Detectar las creencias y valores que le mueven y subyacen en su estado de habilidad. Las preguntas ¿por qué? y, ¿para qué? te conducirán respectivamente a las creencias y los valores cifrados.

g) Estructura de los niveles lógicos que intervienen en cada caso.

Cuarto. Una vez detectados los elementos precedentes, buscarás y encontrarás los factores comunes de los tres ejemplos.

Quinto. En este paso consideramos dos variantes:

a) Que estés modelando una habilidad que posee el individuo para que el propio sujeto pueda usarla en aquellas otras situaciones en que por cualquier circunstancia resultaba incapaz de ello.

b) Que estés modelándolo para disponer de un prototipo de uso general, que cualquiera pueda utilizar.

En la alternativa *a)* procederás del siguiente modo:

1º. Encontrarás por lo menos un «contraejemplo», es decir, alguna o algunas situaciones en las que el sujeto modelado es inepto en el manejo de la habilidad deseada, y a continuación determinarás los factores críticos del «contraejemplo», utilizando los mismos filtros de investigación del paso tercero, que son:
    a) Representación Interna.
    b) Orientación.
    c) Sinestesia.
    d) Intención.
    e) Metaprogramas.
    f) Creencias y valores.
    g) Estructura de niveles.

2º. Buscarás los «factores críticos» de los tres ejemplos y los contrastaremos con los «factores críticos» descubiertos en el «contraejemplo», anotando a continuación las diferencias más significativas.

3º. Seguidamente cambiarás todos los «factores críticos» detectados en el «contraejemplo» como diferentes, dejándolos igualados a los de los ejemplos de éxito, hasta que el sujeto sea capaz de demostrar la habilidad deseada y que estaba ausente en el «contra ejemplo».

4º. Si por cualquier motivo el sujeto no fuese capaz, una vez llevados a efecto las mudanzas, de obtener la destreza deseada, examinarás y encontrarás otros ejemplos (experiencias vividas) más adecuados (potentes) para modelar, y repetirás paso a paso todo el proceso completo hasta que alcance los resultados deseados.

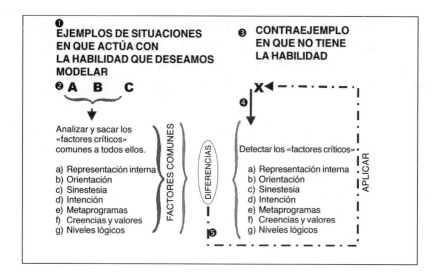

Para la alternativa **b)**; en el caso de que lo buscado sean patrones de uso estándar, el modo de proceder será el subsiguiente:

1°. Describirás con todos sus detalles los elementos comunes de los «factores críticos» de los tres ejemplos.

2°. Indicarás a quien quiera usarlo que identifique el contexto en el que desea poder aplicar la nueva habilidad.

3°. Pedirás al sujeto que anhela incorporar el modelo que, asociado al ambiente y teniendo en mente el «para qué», pretende la destreza en cuestión, detecte los «factores críticos» presentes y vaya sustituyendo uno a uno los que sean diferentes del modelo.

Sexto. En ambos casos [quinto a) y quinto b)] es recomendable efectuar un «puente al futuro» para constatar que la aplicación ha resultado o no efectiva, y conseguir actuar en consecuencia.

La técnica del modelaje descrita también es, en cierto modo, susceptible de ser utilizada como herramienta para desbloquear estados de ineficacia o de limitación. Tan sólo, como vamos a ver

479

a continuación, hemos de introducir ciertas variantes que transformarán el método en una variedad de recurso «terapéutico». Las secuencias del nuevo proceso son:

1. Determinar primeramente y con total precisión, cuál es el *objetivo del sujeto.*
2. A continuación buscarás tres ejemplos específicos en tres situaciones de igual naturaleza pero en diferentes contextos y tiempos (uno que sea el más antiguo, otro el más intenso, y el último el más reciente), en los que el individuo fue incapaz de alcanzar la situación deseada.

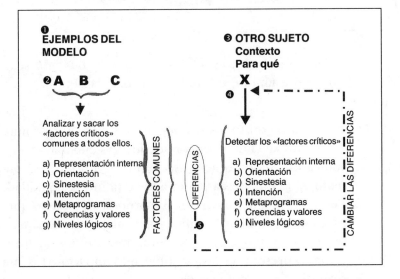

4. Como hiciste en la descripción del método anterior, averiguarás los «factores críticos» en cada uno de los tres contextos y momentos de los ejemplos, utilizando para ello las pautas ya enumeradas y que ahora repetimos:

a) Representación interna.
b) Orientación.
c) Sinestesia.
d) Intención.

e) Metaprogramas.

f) Creencias y valores.

g) Estructura de niveles.

5. Una vez extraídos todos los «factores», localizarás los comunes a los tres ejemplos.

6. Ahora inquirirás hasta descubrir, si es que existe, un contraejemplo del estado problema, o sea, una experiencia en la que el sujeto fue competente en conseguir el resultado pretendido en circunstancias similares a las que le producen bloqueo o ineficacia. De no hallar una situación pareja, convendrás la más próxima o la más parecida posible en todos los aspectos al problema, en la que sí obtuvo un resultado triunfante.

7. Determina los «factores críticos» del contraejemplo, aplicando los mismos parámetros de los pasos 3 y 4.

8. Realiza un análisis de contrastes entre los «factores críticos» comunes de los ejemplos y de los del contraejemplo, registrando las diferencias observadas.

9. A continuación, le solicitarás al sujeto que se asocie a una nueva e hipotética experiencia futura que le pudiera resultar limitante (con respecto al estado deseado que pretende), y uno a uno permutarás los «factores críticos» identificados como diferentes en el estado problema, sustituyéndolos por los adecuados del contraejemplo emparejándolos a éste.

10. Observa y calibra que cuando introduces un cambio se produce en el sujeto un impacto en grado suficiente que avale la modificación. Si no detectas una alteración fisiológica significativa al efectuar la corrección, vuelve a dejar ésta en su estado original y pasa únicamente a rectificar aquellos «factores críticos» realmente sobresalientes y diferenciadores en la experiencia subjetiva de la persona.

11. Chequea el resultado forjando un «puente al futuro», y evalúa las respuestas verbales y no verbales. Si el sujeto

no alcanzó el efecto deseado, has de repetir el proceso desde el paso 5, rebuscando un contra-ejemplo mucho más poderoso y próximo a la necesidad descrita.

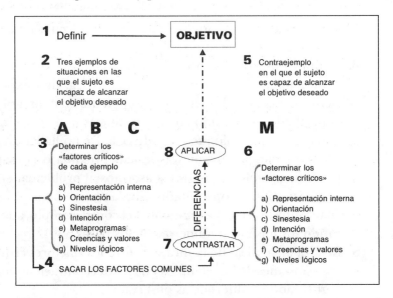

Proseguiré con un caso práctico para estudiar y comprender mejor el modo y manera de aplicar lo referido. Veamos el siguiente ejemplo: Identificaremos el «MODELO DE CREATIVIDAD LITERARIA» de alguien que posee una inusitada inventiva tanto en el desarrollo de los temas como en su forma de expresión lingüística.

Tomemos la habilidad y al sujeto que dispone de la misma, del que vamos a servirnos, y llamémosle *Oto*.[3] Solicitamos al personaje que seleccione tres experiencias específicas en las que él sabe con certeza que ha sido especialmente creativo literariamente, en el desarrollo de algunas de sus obras.

–*Oto:* Sí, puedo recordar ciertos momentos únicos al escribir tres de mis mejores novelas.

–*Modelador:* Bien, centrémonos en la primera de ellas a la que llamaremos «Alfa», ¿estás de acuerdo?

_____

3. Por expreso deseo del sujeto mantenemos su anonimato, utilizando para nuestro trabajo un nombre ficticio.

–*Oto*: O.K.

–*Modelador:* Ahora me gustaría pedirte que atendieras a las representaciones internas que se producen en tu mente cuando recuerdas esos hechos de referencia, ese momento especial en el que escribías «Alfa», y tu inspiración resultaba desbordante.

–*Oto:* Sí, tengo esa representación.

–*Modelador:* ¿Puedes facilitarme detalles de modalidades y submodalidades que la conforman? No necesito explicarte lo que son puesto que tú ya lo sabes.

–*Oto*: Sí. Es una imagen en color, colores naturales, con una luz adecuada al hecho, me encuentro asociado totalmente a la experiencia, y el encuadre de la imagen cambia de perspectiva con mi mirada. Se trata de un paisaje con toda la profundidad real. Hay movimiento y es el que corresponde a la situación. Podría seguir refiriéndote todos los aspectos visuales, pero te los resumo señalando que todo es como la realidad misma, como si estuviese ahí ahora. Escucho los sonidos que proceden del medio y no oigo voces humanas porque no hay ninguna persona, es un paisaje tropical solitario.

»Tengo un suave y reflexivo diálogo interno que me abastece de la información que necesito acerca de todo aquello sobre lo que enfoco mi atención. Por ejemplo, si miro uno de los árboles del entorno que aparecen en el panorama, me escucho diciendo: «Ése es un cedro, ésa es una palmera de tal o cual variedad, o lo que sea.» Si lo que atiendo son a los sonidos, y escucho el canto de algún ave, me digo: «Puede que sea un loro, o tal vez un papagayo, mira con más penetración a ver si lo descubres entre las hojas del frondoso bosque.»

»También siento la vigorosa climatología: la humedad empapando la ropa y mojando mi piel, el sofocante calor a pesar de la sombra, ese penetrante olor característico de los humedales selváticos, incluso la textura de las plantas si aproximo mis manos a cualquiera de ellas. Ya te digo, es como estar allí en este mismo instante.

»Después de haberme inundado plenamente en la experiencia, me salgo de mí mismo, y comienzo a observarlo todo desde fuera, como el director de una película que se estuviera rodando. Me percibo como un personaje dentro de la escena. Eso me permite optar utilizando la voz del narrador de diferentes modos: como «protagonista», o como «testigo», o incluso siendo «narrador omnisciente» al conocer las interioridades de otros personajes cuando los hay. Ésta es la forma con la que consigo una visión completa de cada uno de los planos y de los actos, seleccionando los que creo más idóneos, ricos y completos para el tema que esté tratando.

De toda la información facilitada por *Oto* hasta el momento podemos inferir: que están presentes todas las modalidades del sistema representacional (V /A /K /O), que las submodalidades más significativas son: asociado, color, movimiento natural, luz y sombra ambiental diurna, profundidad, armonía en los contrastes, sensaciones externas, diálogo interno suave y reflexivo. También utiliza el cambio de asociado a disociado en 2^a y 3ª posición perceptiva para enriquecer las escenas.

    –Modelador: ¿Toda tu atención se encuentra focalizada hacia fuera? ¿No hay ningún tipo de referencia interna?
    –Oto: En este caso creo que no, salvo que siento un agradable bienestar.

Aquí tenemos una orientación externa con una kinestesia interna positiva.

    –Modelador: Al recordar esa secuencia que te sirvió sin duda para describir los ambientes de «Alfa», ¿qué es lo primero a lo que atiendes y a qué te lleva eso después?
    –Oto: Creo que lo primero que llega a mi mente es el recuerdo visual con toda su riqueza cromática y contextual, y entablo un autodiálogo como: «Eso lo puedes describir así o asá.» No sé si más tarde o simultáneamente surgen los sonidos medioambientales y lo mismo, prosigo con la plática. Y con los estremecimientos ocurre lo mismo. Sí, tal vez lo visual, lo auditivo y las sensaciones estén presentes desde el primer instante, todo junto y me hablo.

La sinestesia es: V> DI/A> DI/K> DI/O> DI

    –Modelador: ¿Cuál es tu intención al posicionarte en ese estado? ¿Qué es lo que pretendes al autoinducirte el estado de creatividad literaria?

–*Oto*: Sin duda, tener acceso a la fuente de la creación, a la información que necesito, para que el lector al que me dirijo se sienta conectado con la experiencia.

La intención es de: *Tener acceso a...*

–*Modelador*: ¿Y para qué quieres, qué pretendes al acceder a esa información?

–*Oto*: Muy sencillo, desarrollar con precisión y riqueza de matices lo que aspiro plasmar en texto, para transportar al lector a ese lugar, a esa situación, al momento y con las personas que allí se sitúan, de modo que se establezca ese vínculo tan necesario.

Metaprograma Dirección: *Hacia lo positivo.*

–*Modelador*: ¿Y cómo organizas esa información? ¿En cada uno de tus libros buscas diferenciar uno de otro, o por el contrario deseas seguir una línea de similitud temática?

–*Oto*: Creo que ambas opciones me son válidas; basta con leer mi obra. Unas veces utilizo la diferenciación para no repetirme y cansar al lector; y en otras, la semejanza a la hora de mantener el tema del relato o cuando construyo una trilogía.

Metaprograma Organización: Ambas salidas; *por diferencias y por semejanzas.*

–*Modelador*: Oto, ¿cómo estructuras tu pensamiento cuando desarrollas la creatividad? ¿Cómo piensas? ¿Construyes una imagen y a partir de ahí desarrollas, o razonas lógicamente para luego imaginar?

–*Oto*: Primeramente imagino o recuerdo los hechos sobre los que quiero desplegar el tema; luego me dejo sentir para averiguar si ello me satisface o no, más tarde analizo, reflexiono, ordeno y secuencio. Así parto arrancando de las ideas centrales estableciendo conexiones encadenadas del tipo: ... porque..., ... siempre que..., siempre y cuando..., a la vez que..., ... después de..., etc. , y de este modo emanan nuevas frases que le van dando contenido y dimensión al cuadro original, y todo ello sobre la base de a donde quiero que el lector enfoque su atención.

Oto: Por ejemplo, si escribo: «La luz crepuscular proyecta alargadas sombras...», y lo que pretendo es crear en el lector una experiencia auditiva a partir de la imagen, utilizaría: «...a la vez que los imperecederos sonidos del bosque se propagan por doquier...», y así voy encadenando los diferentes sistemas representacionales del sujeto, como vosotros decís en PNL. Por último, me pongo pluma en mano y, a escribir.

Al igual que en el metaprograma anterior, en éste de «Modo de pensar», el sujeto utiliza ordenadamente las cuatro salidas posibles: *Visión > Emoción > Lógica > Acción.*

    –Modelador: ¿Para qué escribes? ¿Qué valores persigues o te empujan a novelar?
    –Oto: Creo que mi principal aspiración es lograr «enganchar con el lector», transmitir ciertos valores transpersonales, algo que les sirva, incluso tal vez favorecer de algún modo la canalización de aquello que estimula a inquirir lo perenne que nos trasciende, y por lo que yo creo que estamos aquí.

En el metaprograma Jerarquía de Valores, las salidas manejadas por el sujeto son las de *filiación y realización.*

    –Modelador: ¿Hacia dónde diriges tus pensamientos a la hora de buscar un tiempo al que referirte en los relatos?
    –Oto: En la mayoría de los casos busco algo del presente que pueda motivar al lector, posibles hechos o inquietudes que estén latentes en lo cotidiano. El paso posterior es proyectarme al pasado para encontrar experiencias personales de las que partir, o hacia el futuro, soñando mis propias quimeras. Lo que sí ocurre es que me alojo de lleno en el tiempo al que me desplazo mentalmente, es como imbuirme del instante olvidándome de lo demás, saboreando cada rincón, cada escondrijo de la evocación o de la imagen.

Aquí tenemos una orientación temporal hacia el presente, que puede dirigirse *hacia el pasado o el futuro dependiendo del caso.*
Respecto a la forma de vivir el tiempo, toma la salida de *asociado* cuando se sumerge en la creación literaria.

–*Modelador*. ¿Qué información de toda la que manejas es la que prefieres, o la que te interesa más en tu estrategia creativa? ¿Las personas del relato, el lugar donde se desarrolla la acción, la época a la que te trasladas, la actividad que se desencadena, o la forma misma del relato?

–*Oto*: De todo un poco. Si estoy redactando acerca de los personajes, toda mi atención se vuelca sobre la personalidad y el carácter de los mismos. Si describo el contexto, es éste el que atrapa todo el interés. Igualmente ocurre con las acciones, con el momento, y por supuesto con el contenido general y el estilo informativo. Lo que considero importante para mí es ser minucioso en los aspectos descriptivos, facilitar la mayor cantidad de detalles posibles para que el lector se pueda asociar plenamente a la experiencia que relato.

Aquí de nuevo nos encontramos con que en el metaprograma de Orientación Informativa, están presentes todas las salidas. Tal vez sean algo predominantes las opciones de *personas, lugar y actividad*.

También nos facilita la información sobre el metaprograma Segmentación de la Información, en el que sobresale la alternativa de *pequeños segmentos* a la hora de escribir.

–*Modelador:* ¿Podrías decirme por qué escribes?

–*Oto*: Tengo algo que comunicar. Creo que puedo, como ya te dije antes, trasmitir ciertos valores y ciertos modos de pensar que tal vez favorezcan a que alguna persona encuentre el sentido de su vida, o de la Vida.

Las creencias manifestadas son: *Creo que tengo algo que comunicar. Creo que mis escritos pueden servir a la gente. Creo que hay algo de valor en lo que escribo.* Éstas podrían ser las creencias más importantes.

–*Modelador:* ¿Cuáles son esos valores que con más insistencia te esfuerzas en comunicar?

–*Oto*: La trascendencia del hombre, el compartir, el espíritu de servicio y ayuda a los semejantes, la ecología, la necesidad de evolución para la humanidad como organismo vivo, el esfuerzo, la disciplina, la paciencia, todo ello como vías de perfeccionamiento íntimo y espiritual. Todos los valores morales, éticos y espirituales. Concibiendo espiritualidad como aquello que nos trasciende, aquello a lo que pertenecemos como elementos de un sistema de mayor dimensión que la humana, o de un Todo.

Los valores están todos ligados a lo *transpersonal.*

–*Modelador:* Por último, *Oto,* ¿cómo es tu actitud al disponerte a la creatividad literaria?
–*Oto*: De receptividad total.
–*Modelador:* ¿Por qué crees eso? ¿Por qué crees que es así?
–*Oto*: Porque extendiéndome de ese modo, permito que fluya a través de mí esa clase de energía cósmica pensante que es la productora de las ideas.
–*Modelador:* ¿Quién eres tú que cree eso? ¿Quién es *Oto?*
–*Oto*: Un simple conducto, un medio para que esa energía a la que me refiero se revele, y ser así útil al Plan.

En lo que respecta a la estructura de los niveles lógicos, diría que en Capacidades es *receptivo,* en Creencias tiene las de la existencia de un «*Mundo de las Ideas*», en Identidad se considera un *canal* por el que manan tales simbólicos, y en la Transpersonal se siente *partícipe de ese «Mundo».*

Bien, ya poseemos los bastantes datos para sintetizar los «factores críticos» que participan en este ejemplo referido:

a) Representación interna:
   • Utiliza todas las modalidades:
      V /A(DI) /K /O
   • Submodalidades:
      Asociado-disociado ($2^a/3^a$).
   • Resto de submodalidades: identificadas como la realidad objetiva.

b) Orientación: externa y *feedback* interno.

c) Sinestesias: V /A /K /O >DI

d) Intención: Tener acceso a...

e) Metaprogramas:
   1. a. Dirección a lo positivo
       b. Diferencias y semejanzas
       c. Visión> emoción>
          Lógica> acción
       d. Filiación - realización
   3. a. Presente> pasado / futuro
       b. Asociado
   4. a. Todas las salidas
       b. Pequeños segmentos

f) Creencias y valores:
   Creencias:
   • Que tengo algo que comunicar.
   • Que lo que escribo puede ayudar.
   • Que lo que escribo tiene valor.
   • Valores: – Transpersonales
               – Ecológicos
               – Evolución
               – Desarrollo Personal
               – Espiritualidad
               – Ética
               – Moralidad

g) Estructura de niveles lógicos:

Conducta	——	Escribir
Capacidad	——	Receptividad
Creencias	——	Mundo de Ideas
Identidad	——	Canal
Transpersonal	——	Plan

Posteriormente, y con el mismo tipo de interrogantes, procedimos a registrar los «factores críticos» del segundo y tercer ejemplos, en los que nos encontramos:

El segundo patrón está tomado de la secuencia de una conversación mantenida entre el personaje y un tercer individuo.

Nosotros, como modeladores, intervinimos como oyentes sin ingerir directamente, limitándonos a tomar nota de lo que nos concernía y extrayendo los consiguientes «factores»:

a) Representación Interna: V /A /K
   Submodalidades:
   Ricos matices, especialmente en la modalidad auditiva.

b) Orientación: externa y *feedback* interno.

c) Sinestesia: V /A /K >D.I.

d) Intención: Tener acceso a...

c) Metaprogramas:
   1. Metas y objetivos.
      a. Hacia lo positivo
      b. Diferencias y semejanzas
      c. Visión> emoción> lógica> acción
      d. Filiación-realización
   2. En relaciones interpersonales.
      a. Posición: contexto-otros-yo
      b. Externo>interno
   3. Tiempo.
      a. Presente>pasado o futuro
      b. Asociado
   4. Información.
      a. Todas las salidas, con primacía de personas y actividad.
      b. Pequeños segmentos

f) Creencias y valores:
   Creencias (El contenido de la conversación era sobre sus libros.):
   • Algo que transmitir.
   • Que puede ayudar.
   • Que lo que escribe tiene valor.
   Valores: idénticos a los manifestados en el ejemplo anterior.

g) Estructura de niveles lógicos:

Conducta — Escribir
Capacidad — Fluir
Creencia — Existe un Mundo de Ideas
Identidad — Ser un vehículo de ese Mundo
Transpersonal — Conexión con lo Universal

Para la tercera muestra tomamos las grabaciones de varias de sus conferencias públicas, en las que también hubo turno de preguntas por parte del auditorio. Los «factores críticos» detectados fueron:

a) Representación interna: V /A /K /O
   Submodalidades: múltiples, variadas y reales.

b) Orientación: externa y *feedback* interno.

c) Sinestesia: V /A/ K >DI

d) Intención: Tener acceso a...

c) Metaprogramas:
   1. Hacia metas y objetivos:
      a. Hacia lo positivo
      b. Diferencias y semejanzas
      c. Visión > emoción > lógica >acción
      d. Filiación-realización
   2. En relaciones interpersonales.
      a. Posición: Contexto-otros-yo
      b. Externo>interno
   3. Tiempo.
      a. Presente> pasado o futuro
      b. Asociado
   4. Información.
      a. Todas las salidas, con primacía de personas y actividad.
      b. Pequeños segmentos.

f) Creencias y valores:
Creencias: reiteradas afirmaciones de que lo que dice puede servirle a mucha gente.
• Algo que transmitir.
• Que puede ayudar.
• Que lo que dice tiene valor.
• Que lo que habla tiene un soporte de experiencia.
Valores: humanitarios, servicio, ayuda, apoyo, disponibilidad, moral, ética, espiritualidad.

g) Estructura de niveles lógicos:

Conducta	——	Divulgar-escribir
Capacidad	——	Dejarse fluir
Creencia	——	Ahí está esa realidad repleta de cosas esperando que lleguemos a ellas.
Identidad	——	Ser un vehículo, un canal, un puente entre ese mundo y éste.
Transpersonal	——	Lo Eterno, el Plan, lo Universal.

Ahora, para completar el proceso, tenemos que extraer el denominador común de los «factores críticos» de los tres ejemplos explicitados. Una vez concluido el trabajo «Modelo de creatividad literaria», conseguiríamos presentarlo de la forma que a continuación desplegamos. Éste es un modelo de habilidad, no una técnica, la técnica ha de ser desarrollada por cada uno de los interesados siguiendo los pasos de cualquier aprendizaje: el estilo literario, la sintaxis y el dominio del lenguaje es cuestión de estudio y práctica. Lo que aquí presento es cómo desarrollar la capacidad creativa argumental y escénica.

Paso previo: Lo primero con lo contaremos para arrancar con el modelo es la idea matriz. Una vez que poseamos esa imagen (voz o sensación) inicial, proseguiremos con los pasos que indicamos.

Paso 1: Partiendo de la imagen del proyecto o representación primera, procede a enriquecerla con toda la gama de modalidades posibles: V/A/K/O/G. Potencia las submodalidades, asociándote completamente a la experiencia subjetiva que estás construyendo. A continuación, y aunque en la escena no intervengan otros personajes, te disocias para colocarte en 2ª posición con alguna persona o cosa que aparezca en el contexto. Luego ubícate a una 3ª posición para tener una visión objetiva del conjunto. Si te percatas de la existencia de algún vacío, lo completas regenerándolo con todos los matices. Te permites realizar sucesivas incursiones desde asociado a disociado (2ª y 3ª) para retornar a asociarte, y retroceder a disociado, hasta que todo alcance una unidad y armonía absoluta con la idea que poseías. Optimarás tus percepciones internas incrementando su calidad con alguna sensación que te produzca bienestar profundo (en cada persona será de un tipo), o tal vez que te dé la impresión de que ésa es la adecuada.

Paso 2: En este punto has de estar convencido y con la certeza de que lo que te propones escribir es valioso, que puede ayudar a la gente, que transmite valores positivos y benéficos para el hombre y la humanidad. En el supuesto de que tu creencia, en este sentido, sea débil o inexistente, recurrirás a la técnica de «incorporación de creencias» que vimos en el capítulo correspondiente para fortalecerla.

Paso 3: Con la representación interna que ya disfrutas, altamente renovada, permitirás que el ambiente cobre vida propia. También alinearás la conducta de escribir con el flujo natural de ideas que flotan en el Universo, y que nos utilizan como canal de conexión con el lector. Atiende a todos lo detalles que se te presenten, en esta suerte de proyección, ante tus órganos de percepción internos.

Paso 4: Seguidamente te aprestarás a ordenar, sin esquemas rígidos, toda la información visual, auditiva y kinestésica, que ya posees y comenzará a plasmar sobre el papel o sobre el teclado, todo cuanto emane de tu mente. Utiliza el mayor número de «conectivos» ensayando vincular las diferentes modalidades en aras al enriquecimiento del relato.

En la siguiente página está representada esquemáticamente la estructura del modelo.

La representación gráfica del modelo vendría a ser:

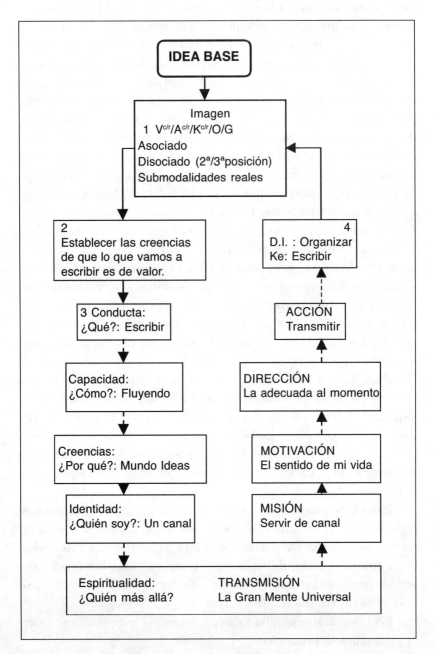

Ahora te propongo realizar una práctica con el modelo. Te invito a coger tus utensilios preferidos de escritura, acomodándote, y dispuesto a llevar a cabo tu creación literaria.

1. Lo primero de todo es obtener una «idea matriz» sobre la que atarearse. Puede ser sobre cualquier experiencia real o ficticia del pasado, también es viable erigir a partir de ficción futura. Poco importa el punto de origen, lo que cuenta es la semilla sobre la que vas a experimentar. Ahora recoge esa «idea matriz»[4] y, elegido el tema, con dos o tres palabras (o algunas más si es necesario) plásmalo a modo de título en el espacio siguiente:

   _____

2. Prende la «idea matriz» y confecciona una imagen (recordada o creada). Asóciate completamente a la experiencia, interiorízate completamente, revive esa escena. Y ahora, inicia la narración en términos *visuales* de aquello que estás viendo. (Puedes utilizar este espacio o una hoja aparte.)

   ....
   ....
   ....
   ....
   ....
   ....

   Seguidamente incorpora a la secuencia los sonidos, o los silencios, del ambiente, las voces de los otros personajes, lo que dicen, los diálogos, lo que escuchas, lo que te dices a ti mismo. Presta especial atención a los tonos de

_____

4. Puedes utilizar como argumento de la «idea matriz» el lugar de trabajo, un deporte que te guste, unas vacaciones, tus amistades, una anécdota vivida, tus recuerdos de la infancia, etc.

voz, a la velocidad del habla, al volumen, a la distancia a la que se encuentran, etc. Añade todo lo auditivo utilizando la mayor cantidad de predicados verbales correspondientes a esta modalidad.

....
....
....
....
....

(Usa una hoja aparte si te hace falta.)
Prosigue con las sensaciones, primero externas y luego internas, incluyendo las olfativas y gustatorias. Relata todo lo que te hace sentir la situación, presentándolo, como es obvio, con predicados de naturaleza sensorial kinestésica.

....
....
....
....
.... (ídem)

Prosiguiendo con la imagen que disfrutabas, procede a disociarte, adopta la 3ª posición perceptiva. Observa la escena examinándola y advirtiéndote a ti como a otro personaje integrado en ella. Detalla nuevamente toda la escena desde esta nueva perspectiva, como si fueses un «narrador testigo» ajeno a los sentimientos y emociones del sujeto (en este caso tú). Adquiere la objetividad del enfoque ecuánime. Redacta desde este punto de vista todo el cuadro.

....
....
....
....
.... (ídem)

Nuevamente, alterna la posición perceptiva para asociarte en una 2ª posición. Elige a uno de los personajes del acto, que no seas tú, e introdúcete en él, para desde él adquirir una nueva mirada y penetración de la experiencia. Vuelve a contarlo todo desde ahí.

....

....

....

....

....

.... (ídem)

3. Relee detenidamente todo lo escrito hasta este momento. Completa la imagen inicial desde la perspectiva de narrador que hayas escogido («narrador personaje», «testigo» u «omnisciente»). Perfeccionándolo con la amplia gama de submodalidades que creas idóneas, teniendo en cuenta el lugar (interior, exterior, casa, campo, playa, región, etc.), el tiempo (noche, día, amanecer, crepúsculo), la estación del año (verano, otoño, invierno, primavera), climatología (sol, lluvia, viento, niebla, etc.), y la gente (origen, cultura, color, raza, edad, sexo, etc.) Finalmente redacta lo que en este momento tengas en mente, de manera que fluya espontáneamente.

....

....

....

....

....

....

4. A continuación, has de trazar la personalidad, o mejor aún la identidad, de los personajes, desde el protagonista de tu historia hasta el último figurante que aparezca en acción. Para ello montarás las respectivas estructuras

de creencias y valores, revistiéndolos de una tipología coherente y acorde a las mismas.[5]

Cuantos más detalles especifiques de tus actores, más cómodo te resultará posteriormente su manejo en la trama. Adopta la secuencia de los niveles lógicos para edificar el mundo interno de cada uno de ellos:

- ¿Cuál es el ambiente en el que se desenvuelven cada uno de tus personajes?
- ¿Qué conductas realizarán? ¿Cómo actúan? ¿Qué movimientos: tic, gestos, ademanes, etc., les son propios?
- ¿Qué capacidades y habilidades tienen? ¿Cómo se desencadenan sus estados internos (emociones)?
- ¿En qué creen y cuáles son sus valores en la vida?
- ¿Quiénes creen que son? ¿Qué imagen pretenden proyectar? ¿Cuál es su auténtica identidad?
- ¿Quién hay más allá de ellos mismos?
- ¿En qué sistema social o cósmico se integran?
- ¿Cuales son sus creencias transpersonales?
- ¿Qué visión tiene cada uno de ello sobre la vida?
- ¿Qué creen que tienen que hacer en la vida, cuál es su misión (si es que la conocen)?
- ¿Qué motivaciones tienen? ¿Por qué luchan?
- ¿Por dónde van, que dirección siguen?
- ¿Se desvían de su misión, son rígidos, flexibles, acomodaticios?
- ¿Cómo se refleja todo esto en su cotidianidad, en sus comportamientos, en sus respuestas adaptativas?
- ¿Cómo reacciona el ambiente, en especial la gente, ante sus presencias e interacciones?

---

5. Te serían de gran utilidad ciertas lecturas sobre los tipos que muestra el Eneagrama, o también las tipologías de Virginia Satir. Para más información sobre el eneagrama, véanse los libros de este autor: *Eneagrama y PNL*, en editorial Gaia. Sobre el trabajo de Satir, consúltese: *Estructura de la magia*, Vol.II. J. Grinder y R. Bandler, editorial Cuatro Vientos; y, *Curso de Practitioner en PNL*, Salvador Carrión, Ediciones Obelisco.

(Utiliza otras hojas de papel para completar las descripciones de todos tus héroes, y adjúntalas a estas.)

5. Una vez apilado todo este amplio cuadro y entramado, pasa a ordenar, organizar, priorizar y empieza a redactar dando forma a la narración.

6. Cuando tengas algunas páginas escritas, efectúa de nuevo un recorrido por todo el circuito creativo. Repasa la imagen inicial que mejoraste ($V^{C/R}/A^{C/R}/K^{C/R}$), valora su riqueza cromática, sonora y kinestésica. Advierte todo desde la 3ª posición. Inmediatamente asóciate a 2ª posición con el lector a quien va dirigido el relato, y desde ahí introduce las variantes que evalúes favorables. También puedes asociarte en otra 2ª posición de censor literario, y criticar el texto desde esa otra figura. Pregúntate si estás transmitiendo esos valores y creencias que quieres difundir, y si estás concurriendo como canal efectivo que pretendes ser.

7. De tiempo en tiempo, a medida que el relato avance, refrenda una y otra vez el «circuito creativo» hasta que la obra llegue al desenlace y plantes el punto final.

No conviene olvidar que la «creatividad literaria» es una habilidad y un oficio, y que como tal requiere de práctica y experiencia. No basta con seguir el modelo para llegar a ganar un premio literario, hay que trabajar con disciplina y constancia. Muchas horas de labor «ensuciando» hojas. Has de arrojar muchos documentos a la papelera para que al término puedan brotar auténticas obras de calidad. Recordemos a la par que el «oficio» de escritor está compuesto tanto por la creatividad como por la técnica, y ésta se aprende leyendo, con metodología, conocimiento del lenguaje, sintaxis y estilo, y sobre todo mucha muñeca, pluma en ristre o teclado y, horas, muchas horas profesando.

Y –nunca mejor dicho–, manos a la obra.

En PNL son muchos los modelos estándar ya probados y de incuestionable validez, unos sobradamente divulgados como es el caso de«cura rápida de fobias», «reencuadre en seis pasos», «cambio de creencias», etc.; y otros, algo menos conocidos pero también de gran eficacia como los que veremos a continuación como son los de «emprendedores» o el de «transformar fracasos en lecciones positivas», que veremos a continuación.

MODELO EMPRENDEDOR

Se trata de una estrategia general aplicable en aquellas situaciones en las que deseamos desarrollar al máximo aquellas habilidades comunes en los líderes y triunfadores. El tipo de personas que sirvieron como modelos de excelencia para identificar sus estrategias fueron hombres de carne y hueso que hoy en día son los paladines en su sector. Cualquiera de ellos, como otros muchos, triunfan porque su destreza está en descubrir y contratar a las personas adecuadas, al igual que en su día supieron hacer aquello mismo que en la actualidad exigen a sus empleados. Sin excepción, los emprendedores de éxito crean equipos, sistemas vivos[6] que permiten, o mejor aún, que generan su propia evolución y crecimiento prácticamente sin límite. Podemos resumir sus maestrías en cuatro «macroestrategias» que conforman la filosofía de vida de los modelos emprendedores, y son:

Primera:
- Compromiso y disciplina firme con su trabajo.
- Atención a descubrir necesidades.
- Espíritu de aventura.
- Precisión en la acción.

Segunda:
- Capacidad de generar ideas.

Tercera:
- Desarrollar la crítica constructiva y el sentido común.

---

6. Véase el capítulo I, «Bases cibernéticas de la PNL», páginas 35 y siguientes.

Cuarta:
- Habilidad coordinadora y creadora de equipos.

Éstas son las que consideraré como líneas maestras para construir el modelo transferible. Ahora, lo que nos interesa es aprender cómo trasvasarlas de manera eficaz y práctica a nuestras necesidades personales o, lo que es lo mismo, cómo utilizarlo. Simplificando, y utilizando el principio de elegancia de PNL, observamos que la filosofía global de los emprendedores con éxito está compuesta de cuatro estrategias básicas y que las vamos a designar del siguiente modo:

1.ª Acción eficaz.
2.ª Generador de ideas.
3.ª Sentido crítico.
4.ª Director armonizador.

Al hilo sólo nos resta estructurar cada uno de estos estados internos generadores de los recursos necesarios para activar las conductas que desencadenan las acciones tendentes a la consecución de nuestros objetivos. Analicemos, pues, el contenido de las destrezas referidas que dan lugar a cada uno de los cuatro estados.

1.ª *Acción eficaz:*
Su modalidad más altamente valorada es la kinestésica interna-externa: siente y actúa. Está asentado fisiológicamente y con los pies en la tierra.

El metaprograma de dirección está enfocado «hacia» la consecución, y clasifica por «diferencias» para mejorar.

En el tiempo se encuentra orientado al presente y a corto plazo. Aquí y ahora.

Se maneja con términos de referencia externos basándose en el *feedback* que recibe del entorno.

Está situado en 2ª y 3ª posiciones perceptivas, lo que le permite observarse en sus acciones y distanciarse del cansancio.

Su orientación se focaliza en «cómo» hacer las cosas.

2.ª   *Generador de ideas*:
Su modalidad dominante es la visual interna, y en especial la creada: imagina.

Fisiológicamente se sitúa en una especie de mundo onírico o utilización del hemisferio creativo.

El metaprograma de dirección tiene la salida «hacia» lo positivo, lo gratificante, potenciador y novedoso.

Se orienta temporalmente al futuro que puede ser incluso a muy largo plazo. Viajando al futuro.

Sus términos de referencia son internos y el *feedback* que recibe de sí mismo lo ensimisman en ciento modo, no valorando casi nada lo que les viene desde fuera.

Construye de forma global, clasifica la información o imágenes por semejanza.

Su intención está orientada hacia «el qué» del contenido.

Centrado en sí mismo (1ª posición), y así ver internamente desarrollando toda la imagen del conjunto en aquello que se propone, creyendo que cualquier cosa es posible.

3.ª   *Sentido crítico*:
También lo emparejamos a una crítica constructiva, objetiva y equilibrada.

Se maneja con un diálogo interno lógico y analítico.

Reunir datos para tener nuevas perspectivas y poder valorar.

Fisiológicamente se encuentra en actitud reflexiva.

En el metaprograma de dirección está orientado a «alejarse» de los inconvenientes. Compara por «diferencias» y por «semejanzas».

Su tiempo es lineal, amplio, desde el pasado hasta el futuro, valorando las secuencias tanto a corto como a medio y largo plazo.

Se sitúa en 3ª posición de observador, distanciado de todo para poder verlo todo, y de ese modo ser objetivo e imparcial. Usa como consecuencia términos de referencia externos, tomados del *feedback* que le suministran los otros. La orientación informativa la centra en el «porqué» de todo.

4.ª *Director armonizador:*

Utiliza las modalidades del sistema representacional sin exclusión de ninguna. Su actitud es de calibración y rapport permanente.

Maneja casi simultáneamente las dos salidas del metaprograma «dirección»: «acercándose» a lo positivo, y «evitando» lo negativo.

Su orientación temporal es de presente a futuro, y a corto-largo plazo.

Sus términos de referencia son tanto internos como externos, utilizando el *feedback* externo-interno, e interno-externo para realizar los ajustes oportunos.

Acepta la información valorando todas las entradas, aunque dando prioridad al «quién».

Recorre todas las posiciones perceptivas desde la 1ª a la 3ª introduciendo las correcciones en las relaciones de interacción interpersonal.

Gráficamente representamos el conjunto de «macroestrategias» del siguiente modo:

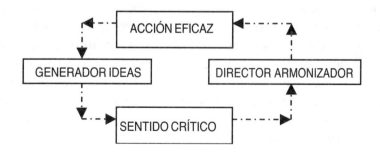

Una vez instalado el circuito antepuesto, como ocurre en los personajes modelo, se ejecuta automáticamente cada vez que entra en acción alguno de sus componentes, o microestrategias.

Estrategia	SR	Dirección	Compara	Tiempo	Refer.	Feedb.	Infor.	Posición
Generador ideas	V^C +	Hacia	Semejanzas	Futuro	Inter. Largo	Interno	Qué	1ª
Acción eficaz	$K_{I/E}$ +	Hacia Aquí	Diferencias	Presente	Exter.	Amb.	Cómo	2ª
Sentido crítico	D.I. –	Evitar	Diferencias	Lineal	Ext. Pasado Futuro	Otros	Por qué	3ª
Director armonizador	V/A/K	Hacia Evitar	+ –	Semejanzas Diferencias	Presente Futuro	Interno Exter. Cort/Larg.	Quién Otros Interno	1ª 2ª 3ª

El cuadro nos muestra un resumen de los metaprogramas básicos de cada uno de los estados, y éstos serán los que tendremos que incorporar a la hora de instalar el modelo en nosotros mismos, de modo que puedan llegar a funcionar en la «competencia inconsciente» cada vez que tengamos necesidad de ello.

Una vez conocidos los contenidos de cada uno de los bloques que configuran las estrategias parciales, a continuación procederemos a instalar la estrategia. Mantendremos la forma natural en la que se producen las secuencias, aunque éstas, una vez emplazadas, van a autoordenarse del modo más eficaz y ecológico para el propio individuo.

Lo normal es que cualquier proceso de esta naturaleza comience con una idea, algún sueño, proyecto u objetivo, para pasar a continuación a investigar el modo de llevarlo a cabo. Más tarde miraremos los pros y contras del conjunto de iniciativas y finalizaremos en la búsqueda de medios técnicos y humanos que nos permitan bajo nuestra coordinación concluir la iniciativa. Así que esas serán las series que rastrearemos.

Para realizar este ejercicio es conveniente que dispongamos de un espacio de algo más de dos metros cuadrados, en el que colocaremos, siguiendo las indicaciones del circuito de la página anterior, un folio con el nombre de cada una de las estrategias: *Generador de ideas, Acción eficaz, Sentido crítico* y *Director armonizador,* dispuestas en este orden sobre los vértices de un rombo imaginario que está en el suelo. Una vez colocados los papeles, comenzamos con la construcción:

Modelo «Emprendedor eficaz»

Paso 1. Sitúate en el espacio físico emplazado con la hoja que indica el estado de «*Generador de ideas*», recuerda una ocasión en la que fuiste muy creativo, una de esas veces que dejaste volar la imaginación construyendo mundos de fantasía o sueños mágicos. Para fomentar la asociación a este estado, adoptarás una postura de «creador de imágenes» visuales inventadas (V^c); para ello levanta la cabeza y desplaza los ojos en dirección arriba a la derecha si somos diestros; a la inversa, si uno es zurdo.

Interiorízate al máximo dejando que la imagen global de aquellos momentos creativos crezca en tu mente. En el momento álgido de la experiencia establece definitivamente el ancla[7] postural, es decir, fija una posición fisiológica determinada (por ejemplo: cabeza levantada mirando al cielo arriba a la derecha, incluso con las manos apoyadas en la parte de atrás del cuello), que será la correspondiente al estado de «*Generador de ideas*».

Paso 2. Abandonando el espacio físico anterior pasando por un punto «neutro» y deshaciendo la postura, trasládate a un nuevo espacio «psicogeográfico» que será el que pertenece a la estrategia de «*Acción eficaz*».

Aquí recuerda aquellas ocasiones en las que emprendiste cualquier trabajo y lo llevaste a cabo de forma precisa y eficiente. Sitúate mentalmente disociado, te verás ejecutando aquellas ac-

---

7. Sobre anclas, consúltese el *Curso de Practitioner en PNL*, 3ª edición, Salvador Carrión, Ediciones Obelisco.

ciones con total precisión como si estuvieses en este mismo instante en ello.

Cuando sepas que es el momento más intenso de ese estado, te anclas posicionalmente adoptando una postura física (diferente –como es lógico– de la anterior) que corresponda a «*Acción eficaz*» (por ejemplo: una actitud de acción, mirando kinestésicamente, pisando firmemente el suelo con ambos pies, manteniéndote bien equilibrado y respirando profundamente).

Paso 3. Sales del espacio anterior, y de nuevo a «neutro», para luego trasladarte al lugar marcado con el papel de «*Sentido crítico*».

Ahora evocas una ocasión en la que criticaste constructivamente y con un gran sentido común, los proyectos propios o ajenos, y gracias a ello se pudieron mejorar las propuestas. Será uno de esos momentos en los que tu capacidad de análisis y reflexión brillaron de forma sobresaliente.

En el lugar destinado a «*Sentido crítico*», adoptarás y anclarás una postura de pensador, utilizando el diálogo interno positivo, buscando alejarte de las situaciones negativas, y preguntándote el porqué de las cosas. Mantendrás igualmente una 3ª posición de observador imparcial que valora los acontecimientos de forma totalmente neutral. Esa actitud postural podría ser la de la cabeza apoyada en la mano y mirando abajo a la izquierda.

Paso 4. Pasa ahora vía punto «neutro» a colocarte en el lugar del «*Director armonizador*». Para traer esta estrategia rememora una circunstancia en la que fuiste capaz de organizar un equipo de cualquier naturaleza (puede servir incluso algún juego o reunión de carácter familiar), y supiste sacar lo mejor de cada uno de los miembros, establecimos una relación armónica entre ellos, y alcanzaste lo que pretendías. Toma una fisiología de director, alguien capaz de asignar funciones y tareas correctamente, y basándose en las cualidades personales de los participantes en el grupo. Tus ojos recorrerán todos los accesos del sistema representacional y el gesto será de búsqueda, localización, asignación y control. Ubícate secuencialmente en 1ª/2ª y 3ª posiciones perceptivas, para recibir *feedback* de cada una de ellas.

Es importante que en cada uno de los pasos anteriores, las experiencias de referencia sean claras y concretas; que las revivas desde las posiciones perceptivas correspondientes, y que una vez bien establecidas las ancles con una postura bien diferente la una de la otra. El espacio denominado «neutro» lo utilizarás como lugar de tránsito o paso intermedio para ir de un estado a otro, para así poderte desprender con mayor seguridad de las anclas que pudieras arrastrar de la secuencia anterior. Es conveniente repetir el circuito descrito (pasos 1-2-3-4) varias veces, hasta que tengas la certeza de que al adoptar la postura correspondiente se reactiva el estado.

Paso 5. A continuación vas a encadenar las cuatro estrategias para de ese modo construir una microestrategia global que corresponde al modelo «*Emprendedor eficaz*». Entrarás una vez más en el espacio designado para «*Generador de ideas*», pero esta vez llevando contigo un objetivo que deseas conseguir, o cualquier proyecto que quieras materializar. Una vez situado, construirás una visión de conjunto del objetivo, permitiéndote fantasear sobre él todo lo que sea posible y se te antoje. Permanece en este lugar adoptando el ancla posicional que corresponde (la misma que establecimos en el paso 1) y espera a que el proyecto crezca y se globalice.

Paso 6. A continuación pasa directamente, sin recurrir al punto neutro, al espacio de «*Acción eficaz*». Ahí, adquiere la postura ancla que corresponde (la del paso 2), procede a identificar los elementos de la visión, que arrastras del cuadro anterior, descomponiéndolos en un conjunto de etapas o secuencias y comprobando la viabilidad de las mismas.

Paso 7. Con la secuencia ordenada de las etapas, ingresa en el «*Sentido crítico*». Analiza todos los aspectos positivos y negativos, limitadores y potenciadores, los cambios, eliminaciones, mejoras o adecuaciones que sería conveniente introducir para que el proyecto fuese factible. Busca nuevos puntos de vista y los incorporas. Es imprescindible, como en los pasos anteriores, tomar la postura ancla e introducirse completamente en el estado adecuado.

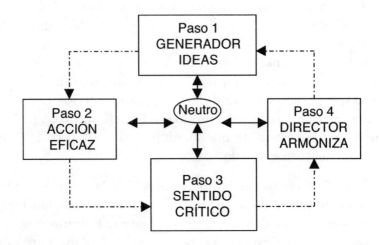

Paso 8. Con el resultado del análisis crítico te asientas en el lugar del «*Director armonizador*», y estudias la manera, las necesidades y los medios necesarios para ejecutar el objetivo. Por supuesto, aquí también te anclas.

Paso 9. De nuevo con las soluciones aportadas en el paso anterior, introdúcete una vez más en el espacio del «*Generador de ideas*». Ve como podrías mejorarlo todo, qué variantes creativas cabría introducir, qué toque de genialidad es posible aún. Te anclas postural y posicionalmente, y aguardas las respuestas.

Paso 10. El resultado del paso anterior lo trasplantas al «*Acción eficaz*», cumpliendo el análisis de pasos y secuencias en las acciones, tal y como hiciste en el paso 6, pero ahora con el contenido actualizado.

Paso 11. Seguidamente te deslizas al «*Sentido crítico*» y usas tu sentido común y de crítica constructiva para buscar las mejores opciones.

Paso 12. Con los resultados anteriores te encajas en el «*Director armonizador*», para que éste desarrolle su correspondiente estrategia.

Paso 13. De nuevo efectúas otro recorrido completo atravesando por los cuatro estados, tomando en cada uno su ancla y reanalizando los contenidos que van siendo depurados. Pero esta vez, simultaneando con el proceso, además de pasar por cada uno de los espacios, y adoptar la postura fisiológica que te ancla, *tararearás* una canción. La canción será de fácil recuerdo, sencilla, ya que a partir de este momento se utilizará como ancla auditiva activadora y disparadora de toda la microestrategia de «*Emprendedor eficaz*».

Paso 14. Repite el recorrido tres o cuatro veces más, cada vez a mayor velocidad y continuando con el tarareo de la canción-ancla. La última de estas cuatro veces, el recorrido lo realizarás casi poniendo solamente un pie en cada uno de los espacios asignados a las estrategias primarias.

Paso 15. Para finalizar es conveniente efectuar un chequeo de la instalación de la microestrategia. Toma un nuevo objetivo o proyecto, comienza a canturrear la canción, tu canción ancla (¡Siempre ha de ser la misma!) y trasládate con ella al futuro. Si la nueva estrategia de «*Emprendedor*» ha quedado bien consolidada, te verás en el tiempo próximo, con tu proyecto ejecutado o en vías de realización de modo preciso y creativo.

En el caso de que no funcione, debes comprobar si los pasos 1 al 4, tienen la suficiente fuerza y calidad como para ser estrategias eficientes. Puedes, en caso de duda, buscar nuevas experiencias de referencia o si careces de ellas, modelar a alguien que las tenga.

Posteriormente, en tu vida cotidiana, cada vez que necesites poner en marcha una nueva idea, una nueva meta, bastará con que la tengas en mente, mientras tarareas tu canción ancla; entónala durante un rato, aunque durante esos instantes ni siquiera pienses en tu proyecto, es igual, tú sigue con la tonada, la estrategia está operativa a nivel «competencia inconsciente» y trabaja en secreto para ti. Al tiempo, tal vez ese día o al siguiente, comenzarán a brotar respuestas y soluciones viables para aquello que te proponías conseguir. Recuerda que, como cualquier otra habilidad, ésta se perfecciona y crece con el uso.

Resumen de los pasos para la construcción e instalación del modelo «Emprendedor eficaz»

1. Determina un espacio físico (puede ser una hoja de papel puesta en el suelo) para cada uno de los estados-estrategias: *«Generador de ideas»*, *«Acción eficaz»*, *«Sentido crítico»*, *«Director armonizador»* y *«Neutro»*. (Véase gráfico.)

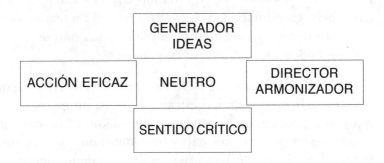

2. Entra en el espacio *«Generador de ideas»*.
Asóciate a un estado, a una experiencia importante en la que produjiste pensamientos creativos.
Incorpora los siguientes metaprogramas:
• Dirección hacia lo positivo.
• Selección por semejanza.
• Tiempo futuro y a largo plazo.
• Referencias y *feedback* internos.
• Interés de información: «Qué».
• Posición perceptiva 1ª.
• Modalidad S.R. dominante V^C

Ánclate con una postura de referencia.
Hecho todo esto, ve al espacio NEUTRO.

3. Entra en el espacio *«Acción eficaz»*.
   Asóciate a este estado.
   Incorpora los metaprogramas:
   • Hacia lo positivo.
   • Diferencias.
   • Tiempo presente.
   • Referencia externa.
   • *Feedback* ambiente.
   • Interés de información: «Cómo».
   • Posición perceptiva 2ª.
   • Modalidad más valorada $K_{i/e}$
   Ancla la postura de este estado.
   Ve a NEUTRO.

4. En *«Sentido crítico»*.
   Asociado al estado.
   Adoptar fisiología y modalidad diálogo interno.
   Metaprogramas:
   • Alejarse de lo negativo.
   • Diferencias.
   • Disociado del tiempo y a corto-largo plazo.
   • Referencia externa.
   • *Feedback* de los otros.
   • Interés de información: «Por qué».
   • 3ª posición.
   Anclar el estado, ir a neutro.

5. Espacio del *«Director Armonizador»*.
   Asociación y fisiología del estado.
   Metaprogramas:
   • Dirección hacia lo positivo y alejada de lo negativo.
   • Diferencias y semejanzas.
   • Tiempo presente dirección futuro.

- Corto-medio-largo plazo.
- Referencia externa e interna.
- *Feedback* interno - los otros.
- Interés de información: «Quién».

Posiciones perceptivas: 1°/2ª/3ª

Modalidades del SR: V/A/K

Ancla el estado.

Ve al punto de NEUTRO.

6. Entra en el espacio *«Generador de ideas»* llevando objetivo o proyecto.
Construye una «visión global» fantástica del objetivo.
Adopta el ancla postural y espera que la visión crezca.

7. Con la nueva visión te trasladas directamente al espacio *«Acción eficaz»*.
Adopta el ancla y comienza a desarrollar el «plan de acción» de la visión que traemos.

8. Te trasladas con el «plan de acción de la visión global» al espacio de *«Sentido crítico»*. Toma la postura y ánclate.
Deja que se produzcan los ajustes consecuentes a la autocrítica.

9. Con el resultado te trasladas al sitio del *«Director armonizador»*. Toma la fisiología, los metaprogramas y la postura ancla. Permite que vayan llegando ideas sobre necesidades y medios para llevar a cabo el proyecto.

10. Con el resultado, pasa de nuevo al lugar de *«Generador de ideas»*.
Activa el ancla y deja que fluyan nuevas ideas.

11. Ahora, al *«Acción eficaz»*.
Ancla y deja que todo se ajuste.

12. *«Sentido crítico».*
    Lo mismo que anteriormente.

13. *«Director armonizador».*
    Lo mismo.

14. Nuevamente realizas todo el recorrido completo, pero incorporando una *canción* que irás tarareando mientras pases por cada uno de los cuatro espacios.

15. Repite el recorrido tres o cuatro veces, cada vez más rápido, y siempre tarareando la canción.

16. Puente al futuro.
    Posteriormente, sólo tendrás que pensar en un objetivo y teniéndolo en mente tararear tu canción-ancla durante un rato.

MODELO PARA TRANSFORMAR FRACASOS EN LECCIONES POSITIVAS

Afirmamos en PNL que los fracasos no existen, sólo hay resultados. El fracaso es una construcción subjetiva y errónea de una experiencia, que surge a partir de no alcanzar el objetivo previsto.

¿Has pensado que si el fracaso fuese realmente limitador, muy pocos de nosotros sabríamos andar, comer con cubiertos, vestirnos, etc.? ¿Sabes cuantas veces «fracasa» un niño en su objetivo de caminar como los adultos? ¡Más de 1.000 veces! Y si el bebé aceptara que ha fracasado en su intento de andar, muy pocos lo conseguirían. Por el contrario, el pequeño considera cada intento fallido como una valiosa información de cómo no se hacen las cosas. Aprende conociendo las 1.000 formas de cómo no se camina. Del mismo modo los genios descubren las 2.001 maneras de no descubrir lo que pretenden, hasta que a la 2.002

dan con la fórmula. A las grandes empresas que están en constante desarrollo y evolución, no se les ocurre despedir a sus directivos cuando cometen un «fiasco»; en ocasiones incluso los promueven a cargos de mayor responsabilidad. Motivo de esta actitud: un alto ejecutivo que ha cometido un error importante de mercado, seguro que no volverá a caer en la misma trampa.

Los orientales, de los que siempre nos instruiremos sobre este modo nuevo de pensar y actuar, dicen: *Aprende de los errores de los demás, para que los demás no tengan que aprender de los tuyos.*

Cuando una persona madura, adulta y equilibrada no consigue obtener la meta marcada, utiliza la situación para recibir un importante *feedback* que le permitirá en la siguiente acción corregir y afinar, para de ese modo dar con el resultado deseado.

Muchas grandes obras, muchos hombres se han quedado a medio camino en la conquista de sus magníficas metas, por quedarse parados frente a los «fracasos» cometidos; siendo incapaces de desprenderse de las lamentaciones y de superar la frustración que ello les produce. Ahí está la diferencia: *Un hombre excelente transforma el fracaso en un* feedback *positivo; un mediocre hace del fracaso una frustración.* ¿Cómo hacen tales individuos para transformar las experiencias limitadoras en otras de naturaleza potenciadora? Aquí tenemos su fórmula, o al menos una de las maneras que algunos de ellos utilizan para la conversión.

Posiblemente, una de las personas más capaces de darle la vuelta al desastre más estrepitoso, y sacar el lado positivo de él, era mi propio padre. No recuerdo haberlo visto jamás amedrentado ante ninguna situación por negativa que pareciera ser, y así se mantuvo hasta su fallecimiento, cumplidos bastantes más de ochenta años. En las peores ocasiones en las que su destino le presentó, siempre manifestaba: «¡Algo bueno sacaremos de los escombros, ya verás!» –y conste que no era chatarrero–. «¡A mal tiempo buena cara!» Era otra de sus frases preferidas, y «¡No hay mal que por bien no venga!» ¿Cómo conseguía mantener esta actitud de positivismo en una época como la que le tocó vivir de la guerra del 36, y la posguerra? Cuando ya en su avanzada edad, le pregunté cómo podía mantener esa forma de afrontar los hechos negativos que de vez en cuando se presentaban en la vida, me respondió: «Muy sencillo, hijo, sólo busco lo que de positivo siempre hay en lo negativo. Todo tiene dos caras.»

Pero, ¿cómo lo haces?, le insistí. «Fácil, miro lo que pretendía conseguir y miro lo conseguido, extraigo las diferencias e identifico las opciones tomadas y las alternativas descartadas, y cuáles otras podría haber tomado, y la causa de no hacer otra cosa. Esta reflexión, que es casi automática, me permite mejorar lo que hago, y así constantemente puedo aprender nuevas y mejores formas de hacer las cosas. Si todo saliera bien a la primera no aprenderíamos, careceríamos de recursos, de alternativas, no abría lección de la vida.»

Qué curioso, sin saberlo, mi padre me estaba describiendo el modelo para transformar los «fracasos» o las tentativas fallidas, en *feedback* positivo, y que diez años más tarde, eso mismo, lo estaríamos aplicando en PNL. ¿Qué secuencias seguía mi padre para llevar a cabo su particular transformación de un «fracaso» en una experiencia con enseñanzas positivas?

Primero tomaba el objetivo y lo observaba detenidamente (tal vez, sin que existiera aun la PNL, atendiera a las modalidades y submodalidades de la imagen). A continuación hacía lo mismo con la representación que tenía del «fracaso» y comparaba las dos (es posible que buscara diferencias entre submodalidades de una y otra). Seguidamente veía las secuencias o los pasos que le habían conducido a la no-consecución del objetivo, y las secuencias o pasos que de haber sido realizado le habrían llevado al éxito. De todo ello obtenía una información valiosa, positiva y aleccionadora de la situación.

El modelo que en la actualidad usamos en PNL para transformar las experiencias coartadoras en potenciadoras es prácticamente el mismo, y no cabe duda de que quien lo utiliza adquiere la misma habilidad que tenía, no sólo mi padre, sino todos aquellos hombres y mujeres que *saben sacar lo bueno que hay en lo malo.*

Como cualquier metodología de las que presento a lo largo del libro, o en general de las que usamos en PNL, no es necesario que sea creída, no es cuestión de fe, el trabajo que realizamos se basa siempre en la experiencia, y la experiencia requiere comprobación, nunca fe. Por tanto, en la medida en que uses ésta como cualquier otra técnica, te darás cuenta de que funcionan, que se consiguen cambios, que adquieres una nueva habilidad o que se produce un reencuadre en tu comprensión; y en definitiva eso es lo que cuenta, aunque todo ello tenga un trasfondo estructural como hemos visto, pero insisto en que no es lo más importante; lo que sí lo es, es que funciona.

Cualquier experiencia, de la naturaleza que sea, está almacenada en nuestra mente como un conjunto ordenado de combinaciones (sinestesias) entre las distintas modalidades (y sus respectivas submodalidades) del sistema representacional.

Así pues, un hecho que se nos antoja como «fracaso» tiene sus características peculiares, diferentes de las que pueda tener otro acontecimiento catalogado por nosotros como éxito. La transformación de la experiencia de «fracaso», es decir, la forma en la que este tipo de sucesos ha sido almacenado (introducida en un archivo con la extensión «fracasos»), y cambiarla como experiencia de *feedback* positivo (transferirla a otro archivo y guardarla con extensión «lecciones positivas»), es el trabajo a realizar. El transito de una «extensión» a otra es el contenido o los pasos que configuran este modelo.

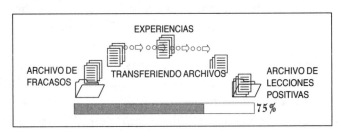

Tomemos como referencia el ya conocido «mapa de los accesos oculares» del sistema representacional, al que para explicar el modelo de «transformación de fracasos en lecciones positivas» lo llamaremos *plano de disposición de archivos*, imaginando –como símil, esto es sólo una metáfora– que nuestra cabeza es un ordenador, y nuestra cara la pantalla.

516

La pantalla de este ordenador (la cara), la vamos a dividir en seis cuadrantes en los que encasillaremos, en cada uno de ellos, uno de los accesos; a excepción de los tres cuadros centrales, que nos servirán: el del centro para el rostro, y los otros dos que ya veremos más adelante cómo utilizarlos. (Véanse los dos dibujos siguientes.)

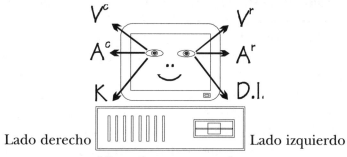

Lado derecho | Lado izquierdo

Mapa de accesos oculares

Sabemos que cualquier estado desarrollado en nosotros lleva consigo asociada una fisiología determinada; así que tanto un estado de euforia, como de apatía, éxito o fracaso, se caracterizan por una postura, una determinada forma de respirar, y por supuesto, una estructura específica de representaciones internas que a todos ellos les acompañan. Cuando la alegría nos inunda, nuestro cuerpo se expande, se abre; por el contrario, cuando es la tristeza la que nos embarga, nos cerramos y contraemos; en la una las imágenes son vivas, en la segunda –casi con certeza– mortecinas; en la primera nuestra cabeza se yergue, en la otra se agacha.

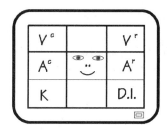

Plano de disposición de archivos

517

Pues eso mismo es lo que ocurre con nuestras experiencias de éxito y fracaso. En la mayoría de los mortales, los recuerdos que nos remiten a situaciones de triunfo solemos emplazarlos en la parte superior, en ese cuadrante que hay justo encima de nuestra cabeza, y que habíamos dejado en blanco. Mientras que las experiencias de fracaso quedan ubicadas en la parte inferior, por debajo de nuestra cara en ese otro espacio que permanecía vacío (véase dibujo siguiente).

Ahora, lo único que nos queda conseguir es pasar la experiencia limitante de un emplazamiento a otro, y tema resuelto. Aunque es sencillo, no es tan simple en un principio. Al igual que ocurre con los programas de ordenador, si tenemos un archivo guardado con un tipo de extensión, pongamos por ejemplo WIN, y queremos guardarlo con otro diferente para ser leído por otro programa, como CDR, la computadora ha de realizar los ajustes oportunos, con cambios en la estructura del archivo para que la nueva codificación sea aceptada, y posibilite la lectura por el otro sistema.

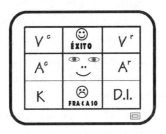

En nuestro cerebro se produce un proceso similar –salvando las distancias–. El primer paso a efectuar es descomponer la experiencia de fracaso en fragmentos estándar, y ordenarlos del modo en que se archivan las otras experiencias de éxito, quedando así recodificada.

Lo que ocurre entonces no es que una situación que fue «desastrosa» se convierta por arte de magia en algo así como un «triunfo arrollador», sino que de lo «malo» extremos lo bueno –como hacía mi padre–; aprendemos a leer lo que de positivo tienen aquellas situaciones oscuras que en ocasiones nos presenta la vida, y que nosotros etiquetamos erróneamente como «fracasos».

Pasos para aplicar el modelo

Inicialmente es conveniente que nos familiaricemos con esa pantalla de ordenador que he reproducido en los dibujos. Ten en cuenta que si se aplica uno a sí mismo la técnica, la imagen que vemos en el gráfico no es como el reflejo de un espejo es decir, desde la óptica del lector, la derecha es la izquierda, y la izquierda es la derecha. Para evitar dudas y equivocaciones, recuerda que el dibujo está realizado como si fuese el rostro de otra persona, en nosotros cambia la orientación. ¡Qué no se te olvide! ¡Esto es muy importante! Un despiste en esto tiraría por tierra el trabajo que hayas efectuado en ti. No obstante, la descripción que haré de los pasos a seguir en la ejecución del modelo está referida para un trabajo con otra persona.

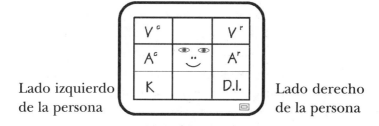

Lado izquierdo de la persona — Lado derecho de la persona

Paso 1. Solicita al sujeto que piense en una experiencia de «fracaso» que quiera transformar en «lección positiva». Que observe su emplazamiento procurando situarlo ante sí, justo abajo, como se indica en el dibujo, en el espacio sombreado (véase dibujo A).

Paso 2. A continuación, ayúdale a que detecte todas las modalidades que dan forma a la imagen de la experiencia: lo visual, lo auditivo, el diálogo interno, y la kinestesia asociada (dibujo B).

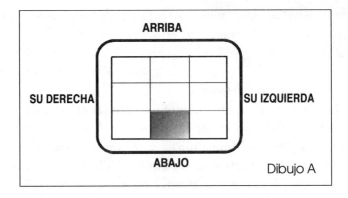

Dibujo A

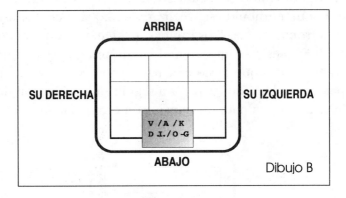

Dibujo B

Paso 3. Ahora procederás a descomponer esa experiencia limitante en sus partes (dibujo C): para ello:

a) Tomará lo que es la parte visual de la imagen propiamente dicha (sólo la modalidad visual), y con tu ayuda la va a trasladar al espacio natural correspondiente a la modalidad visual recordada (V^R), es decir, al cuadrante superior izquierdo. Déjala fijada ahí. Te recomiendo que, para realizar estos traslados de cada una de las modalidades que componen la imagen, ayudes al sujeto haciéndole seguir la trayectoria de tu mano. Por ejemplo, colocas tu mano derecha en el espacio correspondiente a la experiencia limitante, y le indicas que tomando solamente el contenido visual la lleve siguiendo tu mano –mientras la desplazas–, al espacio correspondiente al V^R. Y de igual modo procedes con las demás modalidades del sistema representacional.

b) A continuación haz lo mismo con los sonidos, pero sólo con los sonidos, las palabras y el diálogo interno déjalos aún donde están; y lo sitúas en el cuadrante que corresponde a la modalidad auditiva recordada (A^R), en el centro izquierda.

c) Seguirás con el diálogo interno; lo trasladas al espacio que le es natural, el cuadro inferior de la izquierda, y también lo dejas colocado en esa posición.

d) Por último, tomas lo que le queda, que serán únicamente las sensaciones kinestésicas, y las desplazas al lugar que le está asignado, el recuadro inferior de la derecha.

Mira el dibujo que sigue y haz lo que en él se indica.

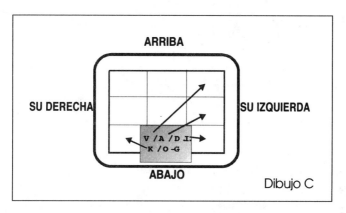

Mientras haces cada uno de estos cuatro traslados, los ojos del sujeto irán ascendiendo o desplazándose poco a poco –siguiendo tu mano– arrastrando con ellos a cada modalidad hasta ubicarla en su nuevo lugar. De ese modo ya tenemos la experiencia de «fracaso» desarticulada y dispuesta para ser recodificada y transformada en otra potenciadora.

Paso 4. Pídele ahora que busque en su memoria un recuerdo de éxito. Ese tipo de hechos de los que nos sentimos plenamente satisfechos de haber sido llevados a cabo. Algo que para él supuso una especie de: «¡Eso está pero que muy bien!»

Que observe la ubicación en su espacio mental, si por casualidad no estuviese emplazado justo en la parte superior, arriba de él, le indicas que la coloque en ese marco que tenemos asignado para las experiencias de éxito. Seguidamente, con tu ayuda debe identificar las modalidades y submodalidades más significativas de esta imagen potenciadora, y toma nota de ellas a fin de poder utilizarlas más adelante cuando las necesites para efectuar los cambios que realizaréis (dibujo D).

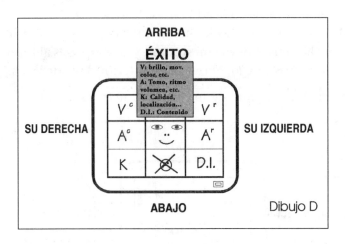

Dibujo D

Paso 5. A continuación el sujeto debe identificar otra experiencia que necesitará utilizar. Se trata de cuál era el objetivo que pretendía conseguir en la situación que terminó en fracaso. Una vez reconocida, que coloque la imagen del objetivo, es decir, lo que pretendía que fuera pero que no lo consiguió, en el espacio correspondiente al visual creado (V^c), arriba a la derecha (dibujo E).

Seguidamente iréis colocando en su espacio correspondiente todos y cada uno de los elementos indicados a continuación:

¿Qué sonidos te habría gustado escuchar si hubieses alcanzado el objetivo? Sólo los sonidos. Sitúalos en el espacio destinado al auditivo creado (A^c), en el cuadrante del centro derecha.

¿Qué palabras te habrías dicho? ¿Qué diálogo interno hubiese sido el adecuado al conseguirlo? Posiciona esas frases en la cuadrícula del diálogo interno (DI) abajo a la izquierda, pero un poco más arriba de la que colocó anteriormente los otros contenidos de esta misma modalidad en la experiencia de fracaso que descompusiste.

¿Cuál podría haber sido la sensación que acompañara a tu consecución del objetivo? Colócala en el lugar de la kinestesia (K), abajo a la derecha, pero un poco encima de la que ya tienes allí, y que corresponde a la otra experiencia limitante.

Para situar cada una de las modalidades precedentes (todas ellas creadas), es recomendable que lo haga siguiendo con sus ojos el desplazamiento de tu mano, que se moverá lentamente desde un punto central hasta la posición que tiene cada uno de los accesos para las modalidades creadas.

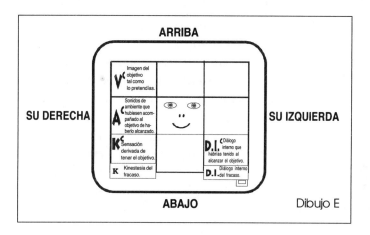

Dibujo E

Paso 6. Ahora tomarás cada una de las modalidades que tenías separadas y que corresponden a la situación de fracaso (paso 2), y construiréis una secuencia encadenada desde donde están (áreas de lo recordado) hasta situarlas en los lugares que hubiesen tenido de haber alcanzado el objetivo (áreas de lo creado). O lo que es igual, una especie de película desde lo recordado a lo creado (dibujo de la página siguiente).

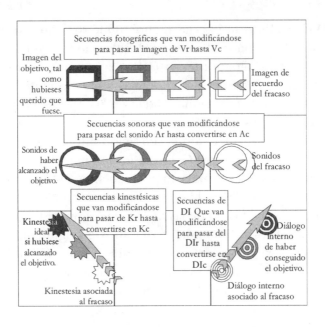

Imagen del objetivo, tal como hubieses querido que fuese.

Secuencias fotográficas que van modificándose para pasar la imagen de Vr hasta Vc

Imagen de recuerdo del fracaso

Sonidos de haber alcanzado el objetivo.

Secuencias sonoras que van modificándose para pasar del sonido Ar hasta convertirse en Ac

Sonidos del fracaso

Kinestesia ideal si hubiese alcanzado el objetivo.

Secuencias kinestésicas que van modificándose para pasar de Kr hasta convertirse en Kc

Secuencias de DI Que van modificándose para pasar del DIr hasta convertirse en DIc

Diálogo interno de haber conseguido el objetivo.

Kinestesia asociada al fracaso

Diálogo interno asociado al fracaso

a) Primeramente tomas la imagen V^R del fracaso y vas a ir trasladándola; el sujeto debe ir acompañándola con sus ojos, creando nuevas imágenes inventadas, para llevarla hasta V^C, y que corresponde al objetivo tal y como imaginó previamente que lo había conseguido.

b) Segundo, haces la misma operación pero esta vez con los sonidos, desde A^R hasta convertirlos en los de A^C.

c) A continuación, le toca el turno al DI correspondiente a la situación limitante, que de igual modo lo va a transformar en los correspondientes a la imagen ideal.

d) Por último hará lo mismo con la kinestesia hasta modificarla en esa nueva K^C.

Nota: Tanto en el proceso de cambio del auditivo como del diálogo interno, sería recomendable que lo hiciera en voz alta oyéndose como transforma los sonidos de la experiencia limitante, en potenciadores y palabras positivas respectivamente. Con la kinestesia podría buscar algo como un sonido asociado a una y otra, y ejecutar el cambio escuchando también su modificación.

En este paso, en los apartados a), b), c) y d) hay que repetir por lo menos cuatro o cinco veces el tránsito, para que la estrategia que está construyendo se instale como competencia inconsciente.

Paso 7. Ya tienes reorganizada la experiencia, ahora llevaréis desde las posiciones creadas (V^c/A^c/K^c y D.I.^{c}) al lugar en el que se gestionan las situaciones de éxito. Para ello, procederás del siguiente modo (Dibujo G):

a) Toma la imagen que el sujeto tiene construida en V^c y la trasladas, guiada por tus manos y seguida por sus ojos, al espacio destinado para el éxito o la «lección positiva». Una vez colocada en su sitio le incorporas las submodalidades visuales que extrajiste en el paso cuatro (4).

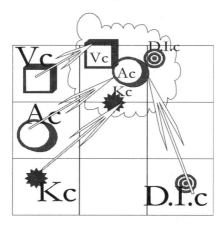

b) Haz lo mismo con los sonidos situados en A^c; los trasladas al emplazamiento del éxito, añadiendo las submodalidades identificadas en el paso 4 para lo auditivo de «lección positiva».

c) Idéntica operación con la kinestesia, que la colocarás en ese mismo espacio mental que tienes sobre la cabeza.

d) Igual operación con el diálogo interno.

Repite tres veces como mínimo estas cuatro operaciones, hasta que te cerciores de que la imagen nueva ha quedado perfectamente estabilizada en tu cliente.

Paso 8. Por último, después de transcurrir 4 o 5 minutos, indícale al sujeto que vuelva a pensar en aquella experiencia de fracaso inicial y chequea cómo la vive ahora, cuáles son tus sentimientos al respecto, qué es lo que le aporta en este momento.

Si el resultado, al realizar la comprobación del paso 8, no fuese el esperado, o si no nos aporta el suficiente *feedback* positivo, es conveniente repetir la instalación cuidando de que todas y cada una de las secuencias sean las idóneas, de que las realizamos correctamente y con total precisión.

Existen muchos otros modelos estándar diseñados para resolver estados limitantes específicos, y éste es el caso del que presento a continuación. Se trata de un patrón muy sencillo construido a partir de situaciones comparadas, donde el foco de la atención en la situación de bloqueo está centrado en ciertas somatizaciones, mientras que en otro contraejemplo potenciador observamos que la atención se canaliza hacia otras manifestaciones orgánicas diferentes. Lo que hacemos en este caso es transferir la atención de uno a otro por medio de un anclaje, quedando resuelta la limitación.

El modelo es aplicable a aquellos sujetos que en determinadas circunstancias quedan paralizados ante cierto tipo de situaciones, cuando en otras de similar contenido se desenvuelven adecuadamente. Por ejemplo, muchos estudiantes que se sienten enfermos cuando tienen que afrontar un examen, sin embargo, resuelven positivamente una prueba deportiva; o aquel individuo que enmudece a la hora de hablar en público, cuando en el ambiente familiar en un conversador locuaz; y podríamos encontrar cientos de ejemplos similares.

Veamos a continuación cómo llevarlo a efecto:

Cambio del foco de atención

Esta técnica es conveniente realizarla de pie, utilizando dos espacios, uno a cada lado del sujeto, en los que situarás a éste cuando lo asociemos a cada uno de los dos estados de referencia (véase el dibujo de la página siguiente).

Paso 1. Le pides al sujeto que identifique una respuesta automática limitante en un contexto que sea identificable y bien definido; que se asocie a una de las experiencias típicas generadoras de esa conducta que quiere eliminar para calibrar la fisiología que muestra.

Por ejemplo: sensación de malestar en el estómago, sudoración excesiva, paladar seco, etc. Todas ellas, síntomas de ansiedad anticipada a la hora de ir a un examen.

A continuación, que se sitúe en el espacio determinado a su derecha y vas a:

a) Identificar lo que está en su foco de atención consciente, o sea, cuáles son los elementos de la experiencia limitante que más llaman la atención de la persona. Por ejemplo: «sensación de vacío en el estómago», «exceso de sudoración en axilas y frente», «sequedad total de boca», etc.

b) Identificar y atraer su atención hacia aquello que no está en su conciencia pero que está ahí. Es decir, elementos que no llaman la atención del sujeto y que no influyen en la experiencia, pero que permanentemente concurren. Por ejemplo: «Atraer su atención a sentir el lóbulo de la oreja, la punta de la nariz, el codo, la planta del pie, etc.»

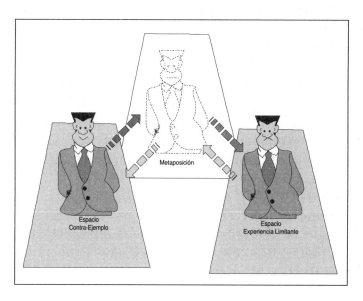

Paso 2. Pide ahora al sujeto que encuentre un contra-ejemplo de la conducta a resolver, una experiencia en la que la respuesta limitante debería presentarse y no se presentó. Si no encuentra un contraejemplo válido de la respuesta limitante, indícale entonces que localice una experiencia lo más similar posible, pero sin que se presente la respuesta limitante. Una vez localizado el contraejemplo, asocia al sujeto con la experiencia. Por ejemplo: «El sujeto fue a realizar una entrevista de trabajo y la pasó tranquilamente.»

A continuación, una vez situado el sujeto en el espacio de su izquierda, harás lo siguiente:

a) Identifica los elementos existentes en esta nueva experiencia que más llaman la atención del sujeto, es decir que están en su foco de atención consciente. Pídele que tome conciencia de esos elementos, e instala un ancla. Por ejemplo: la persona nos dice que se da cuenta de que utiliza una voz interna característica, que se da cuenta de tener una imagen disociada del espacio, de la mesa, etc. Pregunta si tiene conciencia de sentir el lóbulo de la oreja, la punta de la nariz, el codo, etc.

b) Seguidamente hazle que focalice su atención en los elementos que no estaban en la conciencia en ninguna de las dos experiencias. Por ejemplo: «La plante de los pies, el codo, la punta de la nariz, el lóbulo de la oreja, etc.»

Paso 3. Apila en el ancla que instalaste con una nueva ancla asociada al contraejemplo con los elementos no comunes, diciéndole: «Ahora, sintiendo plenamente ese estado potenciador, siente también el lóbulo de tus orejas, la punta de la nariz... Mientras calibras que la asociación se está llevando a efecto, mantendrás la instalación del ancla.»

Paso 4. Haz que el sujeto vuelva a la experiencia limitante, colocándose de nuevo en ese espacio de su derecha, y que centre la atención en los puntos comunes identificados en el paso 2-b, y activa el ancla. Por ejemplo, le dices: «Ponte en aquella experiencia sentado en la sala de espera del examen y centra tu atención en la planta de tus pies, en la temperatura de tu nariz, etc.»

Si esto no cambia la respuesta limitante, se puede:

a) Identificar un contraejemplo más poderoso, o adecuado y repetir el proceso a partir del paso 2-a.

b) Volver al paso 2-b y reforzar las asociaciones entre los puntos comunes con un nuevo anclaje.

Paso 5. Chequeo final: indícale al sujeto que centre su atención en los elementos de atención consciente que antes tenía en la experiencia limitante identificada en el paso 1-a. Por ejemplo: «Ahora sitúate de nuevo en la sala de exámenes y centra tu atención en tu estómago, tus axilas y frente, y tu boca.»

Calibra adecuadamente sus respuestas fisiológicas.

Paso 6. Puente al futuro desde el punto de partida, el espacio del centro. Identifica todos los elementos para tener la certeza de que el proceso ha funcionado.

Otros modelos de cambio avanzados son combinaciones de varias técnicas o adaptaciones de las mismas con la incorporación de otros elementos que refuerzan su eficacia y adquieren mayor sutileza en la resolución. Éste es el caso del «chasquido espacial», que consiste en la reconstrucción del modelo del «chasquido» clásico, pero realizado *psicogeográficamente*. Es igualmente aplicable en la resolución de conductas compulsivas pero con mayor profundización.

Generalmente, los comportamientos compulsivos (comer, beber, fumar, sexo, TV, etc.) se componen de dos fases: «Quiero..., y tengo que...»; pues a partir de ellas trabajaremos para modificar la tendencia resultante.

Chasquido espacial

Paso 1: Identifica una conducta compulsiva y la sensación específica asociada a ella. Ubica al sujeto en un espacio físico determinado marcado en el piso para este comportamiento. (Véase el dibujo que se acompaña.)

Paso 2: Busca la sensación que le llega cuando experimenta el «tengo que» entrar en esa conducta compulsiva.

Paso 3: A continuación y mientras el sujeto está experimentando el estado de «tengo que», le pedimos que dé un paso hacia atrás y busque la respuesta que hay inmediatamente antes de «tengo que», y la sensación asociada a ese momento anterior, situándose en el lugar marcado para tal estado. Se trata de la situación que dispara la conducta compulsiva, a este estado lo llamamos «querer...». En la mayoría de los casos este punto suele estar fuera de la consciencia del sujeto, y por lo tanto nunca antes lo habrá asociado a la conducta compulsiva.

Paso 4: Identifica las submodalidades visuales y auditivas de este estado disparador (el de «querer...»), determinando cuáles de ellas son críticas para aumentar o disminuir la intensidad de la sensación.

Paso 5: Indícale al sujeto que busque un «estado de alternativas y creatividad conductual» y la sensación específica que lo acompaña. Identifica las submodalidades visuales y auditivas que son críticas para aumentar o disminuir la sensación.

Paso 6: Identifica las submodalidades críticas comunes en ambos estados, el que dispara la compulsión («querer...» y de «alternativas y creatividad»). Encuentra una submodalidad común presente en ambos estados y que sea completamente neutra para los dos. Es lo que llamo «submodalidad puente».

Paso 7: Ahora comenzarás con la submodalidad crítica y la «puente» del estado arranque de la compulsión, disminuyendo la primera submodalidad hasta un punto de mínima intensidad para el estado de «querer...». Simultáneamente incrementarás en el estado de «alternativas y creatividad» la submodalidad crítica hasta que llegue lo más intenso del estado creativo. El sujeto debe tener en mente la «submodalidad puente», pero sin hacer ningún uso de ella, tan sólo tenerla ahí. Prosigue modificando las intensidades hasta que la primera sea prácticamente inocua y la segunda completamente atractiva.

Paso 8: En la medida que el cambio de intensidad se va haciendo, el sujeto dará un paso lateral en la supuesta dirección nueva en que se encuentra el estado de «alternativas y creativo».

Paso 9: Repetir al menos 5 o 6 veces éste último proceso cada vez más rápido.

Paso 10: Prueba a continuación si el sujeto puede volver a experimentar la conducta compulsiva.

Paso 11: Puente al futuro.

Otro modelo de adaptación. Éste es un método muy sencillo de automodelaje, usando la psicogeografía. Es aplicable en la resolución de estados limitantes de cualquier naturaleza.

Paso 1: Identifica una situación generadora de problemas. Sitúa al sujeto en un espacio frente a él mismo, y hazlo entrar en él asociándolo a la experiencia limitante.

Paso 2: Como operador identificarás las submodalidades y tomarás buena nota de ellas.

Paso 3: Identifica la fisiología que adopta al estar en ese estado.

Paso 4: A continuación sitúa al sujeto en un espacio próximo anterior, a un paso de la experiencia inicial, para crear una fotocopia del problema.

Paso 5: Una vez creada la fotocopia, ayudarás al sujeto a realizar los cambios necesarios en las submodalidades para mejorar un poco el problema. No para que lo elimine, solamente para que lo ablande un poco, haciendo como que la fotocopia tuviese menos calidad

En este paso has de crear un ancla fisiológica-postural: una postura característica de este espacio.

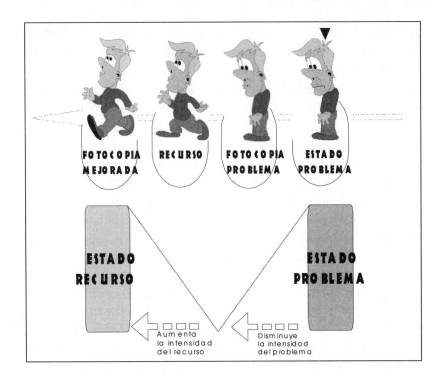

FOTOCOPIA MEJORADA

RECURSO

FOTOCOPIA PROBLEMA

ESTADO PROBLEMA

ESTADO RECURSO

ESTADO PROBLEMA

Aumenta la intensidad del recurso

Disminuye la intensidad del problema

Paso 6: Un paso más allá, crea otro espacio para un recurso de capacidad. Solicita al sujeto que se imagine con aquella capacidad que él necesite para la resolución del problema. Asocia al sujeto al espacio y al estado recurso, crear una nueva ancla fisiológica-postural de este nuevo estado.

Paso 7: Nuevo espacio un paso más allá del anterior, éste para realizar una fotocopia mejorada del recurso que hemos identificado. Cámbiale las submodalidades necesarias para que esta mejoría se produzca e incremente los beneficios. Crea igualmente una nueva ancla fisiológica-postural.

Paso 8: Haz que el sujeto salga del último espacio y regrese al primero. Que repita toda la secuencia de pasos reproduciendo en cada uno el ancla-postural correspondiente. Este proceso de recorrido de los cuatro pasos debe repetirlo varias veces, cada una de ellas más rápido.

Paso 9: Chequeo ecológico, y puente al futuro.

532

EPÍLOGO

Amigo lector, quiero darte las gracias por interesarte en el estudio de la PNL y haber escogido para ello el aporte que he realizado. Mi ferviente deseo es que aproveches al máximo lo aprendido, y que lo viertas hacia fuera de modo que contribuyamos a construir un mundo en el que a todos los seres humanos nos guste vivir.

Tan sólo me resta darte una recomendación: este libro nunca podrá sustituir la formación de máster en vivo y directo.

Creer que hemos llegado,
ése es el problema:
creer que hemos llegado.

SALVADOR A. CARRIÓN

LÉXICO DE PNL

A: Dígito que hace referencia a la modalidad auditiva del sistema representacional. Puede tomar las variantes de interna, externa, recordada y creada. Cuando se refiere a alguna de las variantes descritas, se acompaña con la correspondiente inicial en índice o subíndice (A^i, A^e, A_r, A_c).

Accesos: Se refiere a los órganos de percepción, vista, oído, olfato, gusto y kinestesia interna y externa.

Accesar: Utilizar alguno de los órganos de percepción para captar elementos de la experiencia tanto interna como externa.

Acompasar: (*Pacing*). Establecer sintonía o igualación del verbal y no verbal con otra persona con el fin crear una conexión con su mapa. Es uno de los elementos indispensables en el rapport.

Agudeza sensorial: (*Sensory Acuity*). Desarrollo de la capacidad de captar microconductas y sutilezas en las manifestaciones que percibimos visual, auditiva y kinestésicamente, y que nos llegan tanto del mundo exterior como interior.

Ajuste de objetivos: (*Dovetailing Outcomes*). Equilibrar y compaginar diferentes objetivos buscando un interés común y óptimas soluciones para los comprometidos. Ello se consigue sobre la base de una correcta negociación entre las partes.

Alinear, alineación, alineamiento: (*Alignment*). Establecer un orden lógico.

Alienamiento de niveles: Ordenar lógicamente los niveles en los que se desenvuelve el ser humano. Estos niveles son los establecidos en su día por Gregory Bateson y que se describen en Niveles lógicos.

Ambiente: Primero de los niveles lógicos. Hace referencia al lugar, momento y personas, responde a las preguntas ¿dónde, cuándo y con quién? Equivale al contexto en el que se desarrolla cualquier acción.

Ambigüedad: (*Ambiguity*). Imprecisión, falta de concreción y especificidad.

- **Fonética:** Palabras que son diferentes, pero que suenan iguales.
- **De puntuación:** Frases que no se sabe dónde acaba una y empieza la otra.
- **Sintáctica:** Creada por la deficiente construcción de la frase.

Análisis de contrastes. Equivale a la calibración.

Analógico: O Analógica, se refiere al aspecto no verbal de la comunicación: fisiología y voz; que representan el 93% de la misma. También se usa para referir las áreas del pensamiento que nada tienen que ver con la lógica, tales como representaciones mentales imaginadas, visualizaciones, metáforas y estrategias de pensamiento no lineal.

Análogo: (*Analogue*). Similar, parecido. También se usa para identificar aquello que varía y que se mantiene dentro de ciertos límites establecidos.

Ancla: (*Anchor*). Técnica que consiste en provocar un estímulo sensorial específico para evocar instantáneamente una determinada respuesta, recuerdo, estado interno, sensación, previamente instalada.

Anclaje: Efecto de anclar.

Anclar: Establecer un ancla utilizando cualquiera de los canales de percepción.

Ascender: También nos referimos a ello como subir. Cuando cambiamos la percepción o la comprensión de un problema ascendiendo de nivel lógico.

Asociado: (*Associated*). Estado interno en el cual percibimos las experiencias viviéndolas intensamente, física y emocionalmente; y si son recuerdos, reviviéndolos con la misma intensidad tal y como si volviésemos a estar en el instante de la experiencia.

Atractor: Los sistemas dinámicos complejos (vivos) buscan la estabilidad permanente, y ese estado estable se consigue con frecuencia cuando el sistema se organiza alrededor de ciertos elementos ambientales espaciales.

Auditiva: (*Auditory*). También auditivo. Modalidad del sistema representaciones relacionada con el órgano del oído y el sentido de la audición, con la que procesamos las informaciones que nos llegan por ese medio, tanto externa como internamente.

Bucle: Cuando en una estrategia un cierto grupo de modalidades constituyen un bloque y éste se repite varias veces o indefinidamente.

C: Creado o imaginado. Índice o subíndice que se utiliza para indicar que una modalidad determinada se usa de ese modo.

Calibrar: Habilidad con la que podemos observar y detectar microconductas, cambios mínimos en la fisiología y voz de las personas, con el fin de determinar las alteraciones que en ella se están produciendo de momento en momento.

Calibración: (*Calibration*). Determinación e identificación de los cambios aplicando la habilidad de calibrar.

Cambio: Acción por la que se pretende modificar el estado presente de cualquier sujeto. También se usa para dar instrucciones de usar otra modalidad de la que el sujeto está utilizando en un momento dado: cambio de modalidad o de canal.

Campo Unificado: (*Unified Field*). También llamado modelo tridimensional, en el que se integran, para la resolución de cualquier problema, los niveles lógicos, el tiempo y las posiciones perceptivas

Canales sensoriales: Cada uno de los órganos de percepción por los que nos entra la información externa e interna y que constituyen nuestros sentidos: vista-visión; oído-audición; paladar-gusto; olfato-olfativo; kinestesia-sensaciones corporales.

Capacidades: (*Capability*). Se refiere a la disposición y a la estrategia adecuada para llevar a cabo alguna acción determinada y especifica.

Chart Comand: Ejercicio destinado a la activación hemisférica conjunta. Es el equivalente al llamado por nosotros «doble comando».

Cibernética: Ciencia que estudia las conexiones e interrelaciones entre los elementos de un sistema.

Cinestesia: Término que se usa indistintamente con K (Kinestesia), y que hace referencia a las percepciones sensoriales cutáneas y viscerales (exteroceptores, propioceptores e interoceptores).

Círculo vicioso: Espiral de crecimiento que se mueve en dirección al desarrollo negativo.

Círculo virtuoso: Espiral de crecimiento tendente al desarrollo y crecimiento potenciador.

Chasquido: *(Swich)*. Modelo de cambio con el que se genera una nueva dirección en las estrategias de pensamiento, pasando de una experiencia limitante en la que el sujeto se encuentra asociado a otra potenciadora en la que se vivencia disociado.

Claves de acceso: (*Accesing cues*). Formas o microconductas que permiten identificar la modalidad del sistema representacional más valorada por un sujeto en un momento dado.

Codependencia: Estado de aquellas personas que creen que dependen de otras para completarse, o que sin ellas no saben vivir, o que han de hacer lo que les digan creyendo que ellas mismas son incapaces de tomar decisiones o de afrontar la vida; estas personas son las que en PNL llamamos codependientes. Estos sujetos creen que la otra parte de la creen depender es poseedora de cualidades que ellos jamás tendrán o que no les es permitido tener. Se sienten inferiores, insatisfechos, dependientes física, psíquica y emocionalmente, e incluso en muchos casos indignos.

Código nuevo: (*New Code*). Nuevas descripciones y modelos de PNL desarrollados por John Grinder.

Comillas: (*Quotes*). El mensaje de un sujeto es expresado como si fuese de otro.

Competencia consciente: Parte tercera del proceso de aprendizaje, en el que se construyen, practican e integran las nuevas estrategias.

Competencia inconsciente: Última fase del proceso de aprendizaje donde quedan integradas las estrategias aprendidas pudiendo ser ejecutadas por debajo del umbral de conciencia.

Comportamiento: (*Behavior*). Toda la actividad del hombre, tanto mental como muscular, incluyendo las microconductas inconscientes.

Condiciones de buena formulación: Requisitos indispensables para el logro de un objetivo. Generalmente se consideran cinco:

1. Claridad, concreción y especificidad en la formulación o descripción del objetivo.
2. Que esté formulado o descrito en términos positivos; no incluyendo negaciones.
3. Que no dependa de terceros, es decir que su inicio y consecución se lleve a cabo por el sujeto.
4. Que sea sensorialmente evidenciable. O lo que es lo mismo, que se pueda ver, oír y tocar.
5. Que sea ecológico. Que no perjudique a nada ni a nadie.

Conducta: (*Behavior*). Este término es sinónimo de comportamiento, y se usa indistintamente.

Congruencia: (*Congruence*). Comportamiento externo y estado interno en el que la intención, meta, proceso y acción van en una misma dirección. Estado de ser armonioso y unificado donde el individuo actúa de forma sincera y positiva en pos de cualquier logro.

Consciente: (*Conscious*). Estado mental de vigilia y atención al aquí y al ahora.

Contenido: (*Content*). Es el qué y el quién de cualquier experiencia, recuerdo o situación.

Contexto: (*Context*). Se refiere al dónde y al cuándo de cualquier experiencia, recuerdo o situación.

Continuum: Hablamos de ello para referirnos a secuencias progresivas y sin saltos en cualquier cambio. También se utiliza para referirnos a diferentes estados de una misma naturaleza, aunque entre ellos no existen límites claramente definidos, sino que se solapan unos con otros.

Contraejemplo: Situación opuesta a la que el sujeto presenta.

Creencias: (*Beliefs*). Expresión lingüística de nuestra experiencia subjetiva. Generalizaciones que hacemos sobre el mundo, nosotros mismos y nuestra relación con él.

Criterios: (*Criteria*). Aquello que es importante para uno en un momento dado y para un contexto particular. Normalmente actúan por debajo del umbral de conciencia.

Desacompasar: (*Mismatching*). También llamado «desigualación» o «antirapport». Es la adopción de patrones comportamentales (verbales o no verbales) contrapuestos a los de la otra persona con el fin de romper la sintonía o el acompasamiento para cortar o interrumpir una relación o la comunicación. El desacompasamiento pude producirse tanto consciente como inconscientemente.

Desalineamiento: Desorden en la organización de los niveles lógicos de una persona.

Desarrollo personal: Proceso de cambio que realiza una persona para completar, alinear y ampliar sus niveles lógicos, alcanzando así una identidad real que le facilita el ascenso a los niveles transpersonales y espirituales, y la conclusión del ciclo humano.

Descender: (*Chunking of stepping down*). Cambiar la percepción o comprensión de un hecho o suceso bajando de nivel lógico.

Descripción sensorial: Información transmitida sobre un hecho con datos que puedan ser constatados objetivamente por medio de nuestros sentidos externos.

DI: Código o abreviatura para referirnos a la modalidad representacional auditiva del «diálogo interno».

Diálogo interno: También llamado auditivo interno de diálogo y que equivale a la modalidad auditiva interna cuando la usamos hablándonos a nosotros mismos.

Discontinuidad: Fenómenos existentes dentro de un sistema que en un momento dado no siguen la pauta establecida, pero sí una posterior o anterior.

Digital: Aspecto de la comunicación referente al contenido (que equivale al 7% de la comunicación).
También hace referencia a la variación entre dos estados diferentes de una misma cosa (positivo-negativo; encendido / apagado; *on/off*).

Dirigir: (*Leading*). También se une al término liderar con el mismo significado. Aspecto del rapport por el que se toma el control de la acción y se consigue que la otra persona nos siga en los movimientos.

Disociado: (*Dissociated*). Forma de captar la experiencia desde fuera de uno mismo. Algo así como ser espectador de las propias vivencias o los propios recuerdos.

Distinción basada en lo sensorial: Sinónimo de Descripción sensorial (véase en esta misma página).

Distorsión: (*Distortion*). Deformación de las representaciones o experiencias internas que limitan o condicionan la percepción objetiva. Una de las formas de violación del metamodelo, por la que el sujeto cambia el contenido de su experiencia profunda, manifestándolo en el lenguaje de superficie.

E: Externo/a: Cuando nuestros órganos de percepción se encuentran enfocados hacia fuera. Se utiliza la abreviatura *e*, como índice acompañando a una modalidad para referir que ésta tiene esa orientación externa.

Ecología: *(Ecology)*. Equilibrio activo entre los elementos de un sistema. Respeto y congruencia entre todos los aspectos internos y externos de una persona (niveles lógicos, familia, trabajo, etc.).

Elicitar: Extraer, sacar, explicitar, hacer manifiesta una cosa. Técnica para conseguir información.

Eliminación: *(Deletion)*. Proceso interno que se produce desde la experiencia profunda hasta el lenguaje de superficie, mediante el cual perdemos parte de la experiencia objetiva.

Enmarcar: *(Frame)*. Establecer el contexto o la forma de percibir o valorar una situación o un hecho.

Estado: *(State)*. Conjunto de los procesos internos de una persona en un momento dado. Suma de la fisiología y neurología del sujeto.

- **Deseado:** Aquel al que queremos llegar. También se refiere al objetivo de una persona y a sus consecuencias.
- **Presente:** Aquel que el sujeto manifiesta en el aquí y ahora; incluye síntomas, bloqueos, habilidades, recursos, etc., en el presente.
- **De recurso:** *(Resource State)*. Estado en el que el sujeto activa sus potencialidades para actuar en una determinada dirección.
- **De excelencia:** Suma de estados de recurso que tienden a la permanencia.
- **De ruptura:** *(Break State)*. Interrupción de patrones de pensamiento para hacer que el sujeto entre en otro u otros diferentes.
- **De la mente:** Diferentes niveles en los que la persona utiliza sus niveles mentales: consciente, subconsciente o inconsciente.
- **Alterado:** Estados de la mente en los que la percepción es capaz de penetrar en niveles de la mente a los que no estamos acostumbrados.
- **Problema:** El *estado problema* se organiza en *niveles lógicos*, como todo proceso humano, *posiciones perceptivas*, y en la *línea del tiempo*, o perspectiva temporal implicada.

Espacio problema: En PNL consideramos el ESPACIO PROBLEMA como el relativo a las situaciones que se puedan desarrollar en función al tipo de interacción humana. Es decir, la relación que se establece entre diferentes aspectos de «yo», o con respecto a otros sujetos. «Yo mismo» (1ª posición), «el otro» (2ª posición), y «ello», objetivo o contexto (3ª posición), son las unidades que constituyen el *espacio* o situación global del problema

Estrategia: (*Strategy*). Programa mental estructurado formado por modalidades del SR encadenadas, para alcanzar un objetivo.

Estructura: Organización, constitución, forma en la que algo se construye o fundamenta.

- **De superficie**: (*Surface*). Manifestación lingüística. Forma en la que nos comunicamos derivada de la estructura profunda y alterada por las desviaciones: eliminaciones, distorsiones y generalizaciones.
- **Profunda**: (*Deep*). Forma lingüística próxima a la experiencia primaria y objetiva desde donde surgen las manifestaciones del lenguaje hablado o escrito.

Espiritual: Nivel lógico más elevado en la escala. Hace referencia a todos aquellos aspectos transpersonales que sobrepasan la dimensión humana y de los que se precisa tener una visión para completar el proceso de desarrollo personal.

Experiencia: Hecho vivido. Conocimiento de algo que se adquiere por vivencia.

Exteriorizar: Sacar fuera, manifestar algo para que otros puedan conocer lo que existe en el interior.

Externo: Lo que está fuera. Con este término nos referimos a la orientación de nuestros sentidos perceptuales cuando con ellos captamos lo objetivo (visible, audible, palpable-sensible), que está fuera de nuestro mundo interno.

Facilitador: Sinónimo de practicante (*Practitioner*).

Falta de índice referencial: Una de las formas de trasgresión (violación) del metamodelo, por la que el hablante suprime las referencias de lo que habla.

Feedback: Retroalimentación. Respuesta que emitimos (consciente o/e inconscientemente) en nuestras interacciones y por las que podemos saber si los mensajes de interacción son aceptados por nuestro interlocutor. También son las señales orgánicas que originan una acción correctora sobre lo que las provocó.

Fisiología: *(Phisiology)*. Toda la parte físico-orgánica de la persona.

Fisiológico: Relativo a la fisiología.

Filtros sensoriales: (*Perceptual filters*). También llamados «filtros perceptivos». Todo aquello (creencias, pensamientos, términos de referencia, distorsiones, generalizaciones, eliminaciones, metaprogramas, etc.) que dan forma (subjetiva) a nuestro mapa o modelo del mundo.

Filtros perceptivos: Véase definición anterior.

Flexibilidad: (*Flexibility*). Capacidad para adoptar diferentes comportamientos o formas de pensar respecto a una situación. Disposición para ajustarse y actuar en función del lugar, momentos y personas. Se considera que una persona es flexible cuando dispone de un mínimo de tres alternativas posibles para una situación.

Fobia: Temor extremo con síntomas neuróticos que surge inconscientemente.

Fusión: Unión de dos aspectos contradictorios en una persona, aun teniendo ambos sus respectivas intenciones positivas para el sujeto. En una persona equilibrada, las pulsiones se encuentran unidas en tanto que en los desequilibrados aparecen variadas pulsiones disociadas y enfrentadas, generando permanentes estados internos de alteración.

Generalización: (*Generalization*). Proceso de derivación mediante el cual una parte de la experiencia llega a tomarse como total o absoluta.

Grabar en la mente: Fijar una estrategia de pensamiento.

Gustativa: (*Gustatory*). Relativo al sentido del gusto.

Hipnosis: Estado mental próximo al sueño que permite un rápido y fácil acceso al subconsciente y a las respuestas orgánicas relacionadas con él. En este estado, el foco de atención es más estrecho que en la vigilia, y por tanto el grado con que se incide en el punto focal es de mayor intensidad y calidad que cuando nos mantenemos conscientes.

Hipnoterapia: Terapia en la que se trabaja –se indagan las raíces del síntoma o se corrigen conductas y adicciones, etc.–con la hipnosis.

Hold back: «Tiempo muerto» o «tiempo de espera», una especie de amortiguadores que retrasan las afloraciones de los impactos o afectaciones.

Holístico: Integral, global, sistémico. Se habla de naturaleza o sistema holístico para referir que todas las partes participan indisolublemente en el funcionamiento del mismo.

Holográfico: Una parte reproduce el todo. Todos los elementos de un sistema participan por igual en el desarrollo del sistema y a su vez lo representan.

I: Abreviatura de interno. Orientado hacia dentro. Se emplea especialmente en referencia al SR, cuando éste presta su atención a las representaciones cuyo origen es el interior del sujeto. La *i* se utiliza como índice o subíndice para indicar que la modalidad a la que acompaña tiene esa orientación

Identidad: Nivel lógico elevado en el que el sujeto ha de responder a la pregunta: ¿quién soy yo? Este nivel está formado por el conjunto de valores y sistema de creencias que posee el individuo. En la medida que la persona tenga valores de mayor trascendencia y humanidad, tendrá una identidad más rica y amplia; en contraposición, si tiene pocos valores o éstos son de índole materialista exclusivamente, que limitarán e impedirán un desarrollo de la identidad.

Igualar: (*Matching*). Establecer un emparejamiento conductual, reflejar o copiar los mismos comportamientos que nuestro interlocutor para establecer un buen rapport.

Imagen mental: Representación visual de algo (una experiencia, objeto, etc.). Puede ser recordada o creada.

Imaginación: Facultad de la mente para crear imágenes, sonidos, palabras, sensaciones, no existentes objetivamente en el aquí y ahora.

Impronta: (*Imprint*). Impresión o impacto que dejó grabado en nuestra mente una determinada experiencia en la que quedaron registrados todos lo elementos constitutivos del hecho: contexto, personas, estados internos y sensaciones.

Incongruencia: (*Incongruence*). Estado en el que el comportamiento y representaciones y/o estados internos se encuentran en conflicto entre sí. En este caso, las manifestaciones conductuales entre lo que se dice y lo que se hace aparecen contradictorias o anómalas.

Incompetencia: Nivel de aprendizaje en el que la persona aun no sabe ejecutar lo aprendido o aún no ha adquirido aprendizaje.
- **Consciente**: Cuando el sujeto sabe que no sabe y comienza a aprender.
- **Inconsciente**: El sujeto no sabe que no sabe, y carece de interés por el aprendizaje ya que lo desconoce.

Inconsciente: (*Unconscious*). Estado de la mente en el que la persona no es consciente de algo en un momento dado.

Inducir: Dar instrucciones (verbales y no verbales) para llevar a una persona a un estado (hipnótico, relajado, alterado, de excelencia, etc.).

In-put: Entrada de información en un proceso o estrategia.

Instrucción negativa: Término utilizado en el lenguaje ericksoniano para referirnos a las órdenes que se transmiten en las que se le dice al sujeto lo que no debe hacer, teniendo como respuesta una atención a ello. Por ejemplo: «No pienses en un perro verde», y pensamos en el perro de color verde.

Intención: Propósito, fin último de una acción.
- Segunda intención: Propósito real de una acción que está por debajo de la que manifiesta la persona.
- Intención oculta. Aquella que no aparece explícitamente, o que se esconde para no ser descubierta.

Interferencias: Cualquier anomalía que dificulte la realización de todo tipo de procesos. Pueden ser endógenas o exógenas.

Interno: Todo lo que se refiere a los aspectos endógenos del individuo. Se dice percepción interna en contraposición de externa u objetiva. Interno también se refiere con frecuencia a subjetivo.

Interiorización: (*Dawntime*). Centrar la atención en las referencias sensoriales internas y en los propios pensamientos.

K: Kinestesia: Percepción sensoriales cutáneas y viscerales (exteroceptores, propioceptores e interoceptores). Abreviatura para identificar tanto el término 'kinestesia' como 'cinestesia', ya que ambas son lo misma, y se usan indistintamente.

Lectura mental: Violación del metamodelo por la que el hablante expresa saber lo que ocurre en el interior de la otra persona. Es algo así como jugar a los adivinos.

Liderar: (*Leading*). Llevar el control. Sinónimo de dirigir (véase Dirigir).

Línea del tiempo: (*Time line*). Forma que tiene el subconsciente para almacenar los recuerdos de pasado, las vivencias del presente y las expectativas del futuro.

Mapa: (*Map*). O modelo del mundo: Conjunto de experiencias, percepciones, valoraciones, términos de referencia que la persona tiene del mundo que le rodea y de sí mismo. Es una suma de todas las experiencias subjetivas que hacen a éste único y personal.

Mapear: Usamos este término para referirnos a la acción que comparar o relacionar mapas entre sí, o entre éstos y el territorio.

Marco: (*Frame*). Estructura en la que se desarrolla algo.
  • Marco de «como si...»: Pensar o actuar desde la suposición de que podemos hacer o que ya hemos hecho lo propuesto.

Meta: Todo aquello que es en otro nivel.
   En otro sentido hace referencia o equivale a objetivo. Aquello que se pretende conseguir.

Metaconocimiento: (*Metacognition*). Conocer lo que conocemos y saber explicar los pasos que conducen a conocerlo.

Metalenguaje: Aquello que hay más allá del lenguaje. En muchos casos equivale a Metamodelo de lenguaje.

Metamodelo de lenguaje: Modelo que establece una serie de particularidades lingüísticas por las que detectamos las desviaciones generadas desde la estructura profunda hasta la estructura de superficie o lenguaje.

Metaobjetivo: (*Meta-outcome*). Aquello que se alcanza más allá del objetivo conseguido.

Metaposición: Posición perceptiva en la que nos situamos mentalmente para valorar una situación desde una perspectiva ajena totalmente a la interacción y al contexto .

Metaprograma: (*Meta-program*). Programa mental firmemente establecido que opera a nivel subconsciente y que actúa en múltiples contextos personales.

Metáfora: Comunicación simbólica o indirecta en la que se utilizan símiles o figuras de lenguaje.

Modalidad: (*Modalities*). Cada uno de los cinco sentidos perceptuales por los que captamos las experiencias. Cada una de las formas de absorber información sensorial y que conforma nuestro sistema de representaciones internas: visual, auditiva, kinestesica, olfativa y gustativa.

Modelar: (*Modeling*). Acción de identificar y describir como actúa u opera un modelo.

Modelado: Referente a la acción de modelar.

Modelo: (*Model*). Ejemplo práctico de algo. Descripción de cómo actúa, existe o funciona lago para ser preproducido. Sujeto poseedor de ciertas habilidades digno de modelar.

Modelo Milton o modelo Erickson: (*Milton model*). Patrón de lenguaje hipnótico utilizado por el Dr. Milton H. Erickson, y que ha sido ampliamente estudiado y modelado.

Modelo del mundo: (*Model of the world*). Descripción del mapa de una persona. Podría decirse que es el conjunto de principios y valores del individuo que conforman su personalidad.

Nivel lógico: (*Logical level*). Cada uno de los estadios internos de experiencias jerarquizadas que conforman la naturaleza psicológica de una persona. De menor nivel a mayor, cada uno incluye elementos del inferior y a la vez tiene más impacto psicológico.

Nivel neurológico: (Neurological level). Hace referencia a cada uno de los niveles lógicos y a su influencia en el sistema neurológico del individuo. Así, va de más importante a menos:

– **Espiritual**: Qué o quién más hay conmigo, por encima de mí, más importante que yo, donde desaparezco como sistema e individuo. *Cuántico*. El organismo completo como energía cuántica.

– **Transpersonal**: Cómo vivimos nuestra experiencia de pertenencia a un sistema más amplio y determinante que nuestra propia identidad. *Holográfico*. El sistema nervioso como un todo.

– **Identidad**: Quién soy yo. Cual es función en la vida. Sistema inmunológico y endocrino. Funciones de mantenimiento profundo de la vida.

– **Creencias**: Porqué hago o haría las cosas. Permiso y motivación para desarrollar mis capacidades. Sistema nervioso autónomo (ritmo cardíaco, dilatación de las pupilas, etc.) Respuestas inconscientes.

– **Capacidades**: Estrategias, estados, cualidades. Cómo puedo. Sistemas corticales. Acciones semiconscientes (movimiento ocular, gestos, posturas, etc.).

- **Comportamientos**: Qué hago. Acciones específicas realizadas en cada contexto ambiente. Sistema motor (sistema piramidal y cerebelo). Acciones conscientes.
- **Ambiente**: Dónde, cuándo y con quién. Contexto externo. Sistema nervioso periférico. Sensaciones y reacciones reflejas.

Nominalización: (*Nominalization*). Violación del metamodelo que identificamos cuando el hablante convierte un verbo en un sustantivo abstracto, bloqueando con ello la acción.

O: Olfativo (*Olfatory*). Abreviatura de olfativo. Referente al sentido del olfato.

Objetivo: (*Outcome*). Aquello a lo que aspiramos. Resultado deseado específico que ha de estar basado en evidencias sensoriales.

Orden: Indicación para ejecutar algo.

Orientación: Dirección que disponemos en la percepción. Puede ser interna o externa. Si es interna se divide en recuerdos o imaginación. Si es externa atiende a los impactos que recibimos objetivamente del ambiente.

Operador: Cada uno de los factores que inciden en la generación de estados y en resolución de problemas. Elementos con los que podemos operar en busca de una dirección de cambio. Consideramos como operadores básicos: el SR, la fisiología y el metamodelo.

Operador modal: Término lingüístico que denota una exigencia o regla que se ha de seguir.
- De posibilidad: Indica lo que es posible.
- De necesidad: Indica lo que es obligatorio.

Out-put: Salida de un proceso o estrategia.

Palanca: Influencia ejercida en cualquier sistema que nos permite mover cualquier estado con un mínimo de esfuerzo.

Panorama: Conjunto de *atractores* que facilitan la creación y el mantenimiento de ciertos *patrones* del sistema.

Partes: Distintos aspectos de la personalidad que llegan a actuar como subpersonalidades con sus respectivas propias intenciones, a veces en conflicto.

Patrón: Estrategia, también equivalente a modelo. Patrón de lenguaje o modelo de lenguaje. (Véase Modelo).

Pauta: conjunto de sucesos que permite estimaciones cuando el conjunto entero no está disponible para ser examinado. Hablaremos de *pautas* de conducta o comportamiento para referirnos a las manifestaciones externas observables en un individuo.

Percepción: Capacidad de captar. Sensación correspondiente a la impresión material de los sentidos.

Pista de acceso: (*Accassing cues*). Equivalente a «vías de acceso». Diferentes modos de organizar nuestra fisiología para poder pensar o/y establecer representaciones mentales determinadas (V/A/K).

Pista de acceso ocular: Identificación de modalidad usada a través de la posición en la que se sitúan los ojos mientras procesamos información.

PNL: (*NLP*). Abreviatura de Programación Neurolingüística. PNL es una actitud caracterizada por un sentido de curiosidad y de aventura, por el deseo de aprender la excelencia humana y llevarla a la práctica con todas las personas y en todos los lugares, y siendo capaz de ver la vida como una única y exclusiva oportunidad de aprendizaje permanente. PNL es una metodología basada en una de nuestras presuposiciones operativas, que afirma que toda conducta humana tiene una estructura, y que esta estructura puede ser modelada, aprendida, modificada y cambiada (o reprogramada). La vía para realizar eficazmente esos cambios, es la habilidad perceptiva. PNL una tecnología que desarrolla el *Practitioner* (Práctico) en el manejo y ordenación de las informaciones, así como de las percepciones objetivas que le conducirán a aplicar la técnica precisa y con la que se pueden llegar a conseguir, en ocasiones, resultados sorprendentes.

Polaridad: Cada una de las partes de las subpersonalidades enfrentadas.

Posiciones perceptivas: (*Perceptual position*). Diferentes perspectivas, formas de valorar o puntos de vista que podemos adoptar en una situación para valorarla o analizarla.

- **Primera:** Aquella en la que uno mismo es consciente de ser el que experimenta.
- **Segunda:** El otro. Valoración que realizamos cuando somos capaces de ponernos en la «piel del otro», entrando en su mapa, y valorando desde él.
- **Tercera:** Observador. Punto de vista objetivo. Valorando a uno mismo y al otro con absoluta e idéntica imparcialidad.

- **Metaposición**: Visión omnisciente. Valoración integradora de todo el sistema.

Postulados de conversación: En el lenguaje hipnótico son ciertos tipos de preguntas insertas en los mensajes, que actúan como órdenes.

Predicados: (*Predicates*). También predicados verbales. Son palabras que hacen referencia a la modalidad que se utiliza.

Presuposiciones: (*Presuppositions*). Supuestos previos. Principios o afirmaciones que se dan como probadas con el fin de que se pueda establecer un sistema o para que tenga sentido un proceso comunicativo.

Proceso: (*Process*). Ejecución. Cómo se realiza o ejecuta algo.

Profundización: En hipnosis, equivale a bajar a niveles cada vez más profundos de trance.

Programación Neurolingüística. (*Neuro Linguistic Programming*).

Programación: Termino que hace referencia al proceso que sigue nuestro sistema de representaciones sensoriales para organizar sus estrategias operativas. Son, como podríamos denominarlo, los programas mentales que tenemos establecidos.

Neuro: Toda acción y toda conducta son el resultado de la actividad neurológica como respuesta a nuestra actividad mental. Los programas son ejecutados por mediación de los impulsos neurológicos ordenados por nuestro cerebro.

Lingüística: La actividad neurológica y la organización de las estrategias operativas son exteriorizadas a través de la comunicación en general y del lenguaje en particular.

Psicogeografía: Término compuesto por «psico»: mental, y «geografía»: espacio. Proyección mental que realizamos sobre un espacio físico concreto.

Puente al futuro: Modelo por el que experimentamos internamente y con referencias sensoriales, un hecho futuro como si lo estuviéramos viviendo en el aquí y ahora.

R: Recordado. La r acompaña a cada modalidad como índice o subíndice, cuando hace referencia a experiencias ya conocidas.

Rapport: Acoplamiento o contacto, es el encuentro con un individuo y su modelo del mundo. Existen varias formas de establecer rapport, así como varias formas de mantenerlo. Podemos definir el contacto como una relación marcada por la armonía, conformidad, acuerdo o afinidad. En esencia, es un sentimiento de concordia entre dos o más individuos. Para obtener un buen rapport se puede «acompañar» cualquier movimiento de la otra persona, ajustando el nuestro hasta movernos conjuntamente con ella.

Realimentación: (*Feedback*). Término equivalente a retroalimentación. Véase *feedback*.

Recapitular: (*Backtrack*). Resumir parte de la información del sujeto utilizando el mismo modelo, en especial las palabras, tono y ritmo).

Recodificar: Volver a codificar o establecer un nuevo código.

Recurso: (*Resource*). Cualquier medio que permita a un sujeto alcanzar su estado deseado. Los recursos pueden ser internos o externos.

Redundancia: Conjunto de elementos dentro de un sistema que en un momento dado reciben un *feedback* específico.

Reencuadre: (*Reframing*). Cambiar el marco de referencia o el significado que se le da a algo, llevando al sujeto a establecer una nueva comprensión o visión del tema.

Referencia: Significación de una cosa. También puede emplearse como orientación, aquello que nos sirve de guía.

Reflejar: (*Mirroring*). Copiar de modo preciso los aspectos comunicativos analógicos de otra persona.

Reenmarcar: Sinónimo de reencuadrar.

Reflejo cruzado: (*Cross over mirroring*). Reflejar con otros elementos analógicos diferentes de los empleados por nuestro interlocutor, pero manteniendo la sincronía.

Reimprimir: (*Reimprinting*). Consideramos una impresión, un engrama, o una impronta, una experiencia significativa del pasado que marca un punto de arranque para una creencia o un conjunto de creencias limitantes.

Al producirse este tipo de experiencias en el sujeto, y no ser capaz en ese momento de codificarla correctamente por falta de términos de referencia adecuados, se generan frecuentemente bloques de creencias que configuran un modelo inconsciente en el que están implicadas personas significativas.

La «reimpresión» es un modelo combinado con el que accedemos a esa experiencia impronta, para encontrar los recursos necesarios y cambiar las creencias del sujeto y reorganizar los roles de las personas significativas relacionadas con los hechos, de modo que las cargas emocionales que las acompañan desaparezcan.

Relación: Véase Rapport.

Representaciones mentales: O representaciones internas, son combinaciones de imágenes, sonidos y sensaciones creadas y/o almacenadas en la mente.

Requisito de variabilidad: La cantidad de flexibilidad necesaria que ha de tener un sistema para superar los impactos de las *agresiones* y cambiar.

Respuesta adaptativa: Equivalente al *feedback*.

Saltar: (*Overlap*). Paso de una modalidad a otra.

Seguimiento: Una vez establecido el rapport, mantener la sintonía compartiendo durante cierto tiempo el modelo del mundo de la otra persona.

Señales: Se refiere a las pistas de acceso que podemos detectar a través de la fisiología.

Sinestesia: (*Synesthesia*). Conexión natural y automática que se establece entre dos modalidades. No debe confundirse con los términos 'cinestesia' o 'kinestesia'.

Sintonía: Véase Rapport.

Sistema: Conjunto de elementos que actúan con una intención común.

Sistémico: Relativo al sistema.

Sistema representacional: *(Representational System)*. Como seres humanos, nuestros comportamientos vienen formados por los sistemas de percepción que nos permiten operar dentro del entorno en el que nos desarrollamos. Estos sistemas de percepción son: la visión que opera por medio de la vista, la audición que opera por medio del oído, el oler y gustar operativos por medio del olfato y el gusto, y la kinestesia que procede de nuestras sensaciones corporales. A estas agrupaciones extensas que hacemos de nuestros modos de construir las representaciones internas las llamamos modalidades. Dicho de otro modo, las modalidades son los paquetes de información según el acceso u órgano de percepción utilizado y que conforman las estructuras de la experiencia subjetiva. Cada modalidad o clase perceptual (V/A/K/O/G) forma un complejo sensorial y mo-

552

tor que llega a ser capaz de una respuesta, para alguna clase de comportamiento. A estos complejos sensomotores en su conjunto es lo que llamamos Sistema representacional.

SR: Abreviatura para referirnos a Sistema Representacional. Algunos autores también se refieren a él como 4R o cuádruple (4-T).

Submodalidades: Cada paquete de información que procesamos a través de un acceso de percepción (visual, auditivo, kinestésico, olfativo/gustativo), tiene diferentes aspectos o calidades, que podríamos llamar, técnicas o diferenciales; y corresponden a lo que llamamos submodalidades.

Submodalidad crítica: De todas las submodalidades hay alguna o algunas que son de mayor impacto en la persona, aquellas que al modificarlas o cambiarlas, producen un cambio más contundente en la representación interna de la persona. A esas submodalidades le damos el nombre de submodalidad crítica.

Tamaño del cuadro: (*Chunk size*). Cantidad de información o de especificidad requeridas por el sujeto para poder manejar correctamente una situación en un momento dado.

Test de vías: Test que os servirá para la identificación de vuestra/s modalidad/es dominante/s. Es un modelo muy sencillo pero de gran fiabilidad y puede ser usado clínicamente para conocer desde un principio las tendencias del sistema representacional.

Teoría de sistemas: Campo de estudio de cómo la información es transmitida por los elementos de un sistema.

Teoría tricerebral: Sustenta e incluye en el funcionamiento del conjunto cerebral, no exclusivamente a los dos hemisferios, sino tres bloques cerebrales: derecho, izquierdo y central.

Tipologías de Virginia Satir: Hay cuatro posturas o categorías de comunicación, según Virginia Satir, que las personas adoptan a causa del estrés. Es lo que podríamos, aunque no es así, considerar como los tipos de personalidad que a modo operativo usamos más frecuentemente en PNL. Virginia Satir encontró que (especialmente en grupos familiares) la mayoría de las personas, cuando están sometidas a fuertes tensiones, problemas constantes sin resolver y al estrés, adoptan una forma característica de comportamiento, (grupos de paramensajes incongruentes) algo así como su rol más profundo o personalidad más dominante. Estas categorías no son permanentes, es decir, una persona a lo largo de su vida puede ir transformando una en otra, o incluso manifestar dos o tres de ellas dependiendo de la situación. Los cuatro tipos que identificó son los siguientes: Apaciguador, Acusador, Computador y Distraedor.

Trance: Estado de conciencia equivalente a la hipnosis en el que el sujeto se vuelve hacia su interior y su foco de atención se concentra.

Trauma: Experiencia impactante que surge de modo brusco afectando profundamente al individuo, pudiendo incluso generar posteriores respuestas condicionadas.

Transpersonal: Una vez comprometido el individuo en la consolidación de su identidad, debe iniciar el reconocimiento y la identificación del nivel más alto, el transpersonal. ¿Qué o quién más hay conmigo, por encima de mí, más importante que yo? ¿Cómo vivimos nuestra experiencia de pertenencia a un sistema más amplio y determinante que nuestra propia identidad? Es el espacio interno que nos conecta con lo transpersonal, incluso con lo sublime o con la parte más humana –como sistema– de nosotros mismos. Es un nivel holográfico (entendiendo este término como ser parte integrante de un sistema más amplio) o aglutinador sistémico.

Gregory Bateson en su libro ya citado, *Pasos hacia una ecología de la mente*, nos recomienda ponernos en contacto con esa «misteriosa» fuerza sistémica, que es la rectora de la Naturaleza, de modo que nos liberáramos del racionalismo restringido que pretende organizar, ordenar y dirigirlo todo, provocando tantísimo daño y contrariando las leyes sistémicas naturales (valga la redundancia) de la Naturaleza.

Tridimensional: Referente al modelo tridimensional, la estructura sistémica o existencial viene dada por la interacción sincrónica de diferentes fuerzas o *atractores* que intervienen simultáneamente en el proceso permanente de la vida humana: *línea del tiempo, niveles neurológicos* y *posiciones perceptivas*. Éstos tres elementos son los que dan forma al modelo tridimensional.

Trocear: Dividir u organizar una experiencia en fragmentos o situaciones menores y, por tanto, de fácil manejo.

Utilización: Técnica con la que forzamos al sujeto para seguir las secuencias de una estrategia y así modificar el estado.

V: Abreviatura o código que utilizamos para referirnos y formular la modalidad visual del sistema representacional. Puede tomar las variantes de interna, externa, recordada y creada. Cuando se refiere a alguna de las variantes descritas, se acompaña con la correspondiente inicial en índice o subíndice (V^i, V^e, V_r, V_c).

Valor: Un valor es aquello que nos acerca a algo o nos aleja de ello. Constituyen aquellas cosas o nociones por las que estamos dispuestos a aumentar nuestros recursos. Son los principios rectores de nuestra vida, aquello por lo que nos merece la pena vivir. Normalmente están expresados como nominalizaciones: satisfacción, seguridad, disfrute, logro, poder, amor,

Variedad requerida: (*Requisite variety*). Es lo mismo que el principio de flexibilidad, tanto de comportamiento como de pensamiento. El elemento con más alternativas o más flexible es el que controla un sistema.

Verbos inespecíficos: Son aquellos que no clarifican la acción a la que se refieren.

Vías de acceso: Equivale y tiene el mismo significado que «pistas de acceso».

Visual: Modalidad del sistema representacional correspondiente a la percepción sensorial de la vista. Véase V.

Visualización: Proceso de generar imágenes en nuestra mente; pueden ser tanto creadas como recordadas.

BIBLIOGRAFÍA

ALDER, HARRY: *La nueva ciencia de la Excelencia Personal,* Edaf, Madrid.

ANDERSEN, P.: *Imagined Worlds: Stories of the scietific...,* Ariel Book, Londres.

ÁLVAREZ RAMIRO, J.: *Encontrarse a todo trance,* Gaia, Madrid.

ARISTÓTELES: *Moral a Nicómaco,* Espasa Calpe, Madrid.

— *Metafísica,* Espasa Calpe, Madrid.

BAGLEY, D-REESE, E., *Más allá de las ventas,* Granica, Barcelona.

BANDLER, RICHARD: *La magia en acción,* Sirio, Málaga.

— *PNL y comunicación,* Granica, Barcelona.

BANDLER, RICHARD & GRINDER, JOHN: *La estructura de la Magia Vol. I.,* Cuatro Vientos. Chile.

— *La estructura de la Magia Vol. II,* Cuatro Vientos. Chile.

— *De sapos a príncipes,* Cuatro Vientos. Chile.

— *Use su cabeza para variar,* Cuatro Vientos. Chile.

— *Trance-Fórmate,* Gaia, Madrid.

BANDLER, RICHARD; GRINDER, J. & SATIR, VIRGINIA: *Cómo superarse a través de la familia,* Diana, México, 1983.

BARROSO, MANUEL: *Autoestima: ecología o catástrofe,* Galac, Caracas.

BATESON, GREGORY: *Pasos hacia una ecología de la mente,* Planeta, Argentina, 1991.

BERNABÉ, TIERNO: *Valores humanos,* Taller de Editores, S.A.

CAMERON-BANDLER, LESLIE: *Soluciones,* Lidium, B, Aires. 1995.

CARLTON, NEIL R.: *Fisiología de la conducta,* Ariel Neurociencia.

CARRIÓN, SALVADOR A.: *Curso de Practitioner de PNL* (4ª edición), Obelisco, Barcelona, 2002.

— *Autoestima y desarrollo personal* (2ª edición), Obelisco, Barcelona, 2002.

— *Enseñar con éxito,* Propia, Valencia, 1999.

— *PNL para principiantes,* Océano Ámbar, Barcelona.

— *PNL y el sentido común,* Océano Ámbar, Barcelona.

— *Comunicación de impacto,* Obelisco, Barcelona,

— *El zurrón mágico,* Océano Ámbar, Barcelona.

— *Eneagrama y PNL,* Gaia, Madrid.

CONNIRAE ANDREAS & STEVE ANDREAS: *Corazón de la Mente,* Cuatro Vientos, Chile.

— *Cambia tu mente para cambiar tu vida,* Gaia, Madrid, 1994.

CONNIRAE ANDREAS & TAMARA ANDREAS: *La transformación Esencial,* Gaia, Madrid, 1995.

CHOMSKY, NOAM: *Estructuras sintácticas,* Siglo XXI, 1974.

— *Aspectos de la teoría de la sintaxis,* Aguilar, 1970.

— *El lenguaje y el entendimiento,* Seix Barral, 1971.

DE BEAUPORT, ELAINE: *Las tres caras de la mente,* Galac, Caracas.

DILTS, ROBERTS: *Las creencias, caminos hacia la salud y el bienestar,* Urano.

— *Cómo cambiar creencias con PNL,* Sirio, Málaga.

— *Moshe Feldenkrais, NLP of the body,* Dynamic Learning P., CA.

— *Skills for the Future,* Mata Publication, CA.

— *Root of NLP,* Meta Publication, CA.

DILTS, ROBERT; EPSTEIN, TODD: *Aprendizaje dinámico con PNL,* Urano, Barcelona.

EINSTEIN, ALBERT: *Sobre la teoría de la relatividad...,* Alianza editorial, Madrid.

— *Mi visión del mundo,* Tusquets, Barcelona.

EMERICK, JOHN J.: *Sé la persona que quieres ser,* Urano, Barcelona.

HEISENBERG, SCHRÖDINGER, EINSTEIN, y otros: *Cuestiones cuánticas,* Kairos, Barcelona.

HUNEEUS, FRANCISCO: *Lenguaje, enfermedad y pensamiento,* Cuatro Vientos, Chile, 1986.

JAMES, TAD: *Time line therapy,* Meta Publication, CA.

JUNG, C.G.: *Lo inconsciente,* Losada, Argentina

— *Psicología y alquimia,* Santiago Rueda, Argentina.

LOFLAND, DONALD: *Elimina los virus mentales con PNL,* Urano, Barcelona.

MYERS, DAVID G.: *Psicología,* Panamericana Medica.

MILLER, G., GALANTER, E., y PRIBAM, K.: *Plans and the structurw of Behavior,* Holt & Co. Inc.

MOSS, RICHARD: *La mariposa negra,* Mutar, Argentina.

O´CONNOR J., PRIOR R.: *La venta con PNL,* Urano, Barcelona.

O´CONNOR J., SEYMOUR, J.: *PNL para formadores,* Urano, Barcelona.

ORNSTEIN, ROBERT: *Psicología de la conciencia,* Edaf, Madrid.

— *La evolución de la conciencia,* EMECÉ, Barcelona.

ORNSTEIN, RODERT y SOBEL, DAVID: *El cerebro que cura,* Granica, Barcelona.

OUSPENSKY, P.D.: *Psicología de la posible evolución del hombre,* Ghanesa, Venezuela.

PÉREZ, FEDERICO: *El vuelo del Ave Fénix,* Pax, México.

— *Aprendiendo a cambiar,* Pax, México.

RODERICH, HEINZE: *Cambie su vida con PNL,* Integral, Barcelona.

ROBBINS, A.: *El Poder sin Límites,* Grijalbo, Barcelona.

— *Controle su Destino,* Grijalbo, Barcelona.

ROSSI, ERNET L.: *A psicobiología de cura mente-corpo,* Psy II, Sao Paulo.

RUMI: *Fihi-ma-fihi,* Editorial Sufi, Madrid.

SHAH, IDRIES: *El yo dominante,* Kairos, Barcelona.
— *Un escorpión perfumado,* Kairos, Barcelona.
— *Sutilezas del inimitable maestro Nasrudín,* Edisa, México, 1976.
— *Cuentos de los derviches,* Paidós, Barcelona, 1985.
SIGUÁN, MIQUEL: *Estudios de psicoliguística,* Pirámide, Madrid.
SATIR, VIRGINIA: *Psicoterapia familiar conjunta,*La Prensa Médica, México, 1986
WATZLAWICK, PAUL: *Teoría de la comunicación humana,* Tiempo Contemporáneo.
— *Cambio,* Herder, Barcelona, 1976.
— *¿Es real la realidad?,* Herder, Barcelona, 1981.
— *El lenguaje del cambio,* Herder, Barcelona, 1983.

LA FORMACIÓN EN PNL

El Instituto de PNL® fue creado por *Salvador A. Carrión* como un nuevo tipo de estructura para proporcionar la oportunidad de una formación completa en PNL® a todo tipo de profesionales (enseñantes, empresarios, comerciales, abogados, terapeutas, etc.), y ofrecer al mismo tiempo, cursos y técnicas de desarrollo personal y profesional a aquellos interesados en enriquecer sus vidas y sus opciones de conducta.

El objetivo del Instituto es crear un contexto en el que los profesionales de diferentes formaciones puedan desarrollar y contribuir mutuamente en la investigación y aplicación de las habilidades de las técnicas de PNL® La estructura está cimentándose para que los individuos puedan centrarse en específicas aplicaciones prácticas pero también para lograr el aprendizaje general y una auténtica profesionalidad, lejos de los advenedizos y oportunistas.

La característica que diferencia al Instituto de otros centros de formación en PNL®, es la aplicación de la Teoría del Campo Unificado que ha dado lugar a la creación de la PNL® Sistémica, dando con ello, y por primera vez en los países de lengua española, una enseñanza sistematizada, unificada e interactuante, en la que el individuo (persona u organización grupal) es considerado como un sistema en el que las partes se afectan mutuamente.

561

Por otra parte Salvador A. Carrión fue el promotor y fundador de la Asociación Española de PNL, organización creada para la difusión, protección y reunión de las personas y centros interesados en la práctica de este método.

El Instituto imparte una formación de alta calidad con aplicación de las últimas técnicas disponibles en el ámbito de la excelencia humana:

Ésta es la diferencia que marca la diferencia.

DIRECCIÓN DEL INSTITUTO

Rector:

Salvador A. Carrión, Ph. D., es pionero de la enseñanza de PNL® en varios países americanos, y en España.
– Fundador y rector del Instituto Español de PNL®
– Primer presidente de la Asociación Española de PNL
– Miembro de la Asociación Internacional de Trainer´s de PNL.
– Autor de catorce libros sobre PNL®, y Eneagrama.

Dirección:

María Lesly Martínez Alcázar
– Máster-Trainer´s Diplomada.
– Directora de Organización y Marketing.
– Coautora del libro Enseñar con éxito.

FORMACIÓN QUE IMPARTE EL INSTITUTO

El Instituto Español de PNL ofrece una formación completa y continuada todos los años y en todos los niveles.

MODALIDADES Y PAÍSES DE REALIZACIÓN DE LOS CURSOS

Existen dos modalidades diferentes:

A) Por módulos: Durante el año lectivo, un fin de semana al mes. Con una duración variable dependiendo del curso.

Realización exclusivamente en nuestras instalaciones de Valencia (España)

B) Intensivo: Régimen residencial y semi-residencial, con una duración de diez a doce días.

Realización en España durante el verano, semiresidencial y en nuestras instalaciones de Valencia (España).

En otros países americanos (consultar lugares), varias veces al año en régimen semiresidencial o residencial, normalmente en el campo o montaña.

LOS NIVELES DE FORMACIÓN

EL PRIMER NIVEL es el de Practitioner diplomado, y está diseñado para proveer a los participantes del conocimiento necesario, las habilidades y las presuposiciones que le ayuden para convertirse en un practicante eficaz de las técnicas y modelos de la PNL®

Por medio de ejercicios prácticos, los participantes descubrirán cómo reconocer y utilizar los modelos de lenguaje, la fisiología y el sistema nervioso y a desarrollar competencia con instrumentos y técnicas de PNL®

Este curso y la titulación correspondiente suponen un registro indispensable para continuar la formación y acceder a cursos superiores (Máster y Trainer) además capacita al titulado para desarrollar un primer nivel de actuación como practicante de PNL®

Se puede cursar por módulos de fin de semana (en España) e intensivo tanto en España como en el resto de los países en los que formamos.

EL SEGUNDO NIVEL: MÁSTER. Se trata de un curso eminentemente práctico, destinado a capacitar técnicamente, con una operatividad real y responsable a los futuros usuarios de estas potentes herramientas. Al mismo tiempo, supone una excelente oportunidad de *crecimiento* y *desarrollo personal*.

La formación de Máster Residencial de PNL® está diseñada para proporcionar a los participantes las habilidades conceptuales, analíticas, de observación e interactivas necesarias para lograr la competencia consciente e inconsciente en la Programación Neurolingüística® superior. Muchos de los ejercicios están diseñados en el método de descubrimiento dinámico de modo que los participantes puedan descubrir por sí mismos las partes, estrategias y modelos más importantes y adecuados. Además de explorar una variedad de aplicaciones de habilidades superiores de dominio de PNL®, enseña a los participantes «cómo pensar acerca de pensar», de modo que puedan llegar a ser generativos con las habilidades que adquieran. Los participantes aprenderán cómo descubrir partes nuevas y cómo descubrir la estructura básica de la experiencia para que puedan diseñar sus propias intervenciones de multinivel.

En el paquete de aplicaciones y técnicas superiores de PNL®, los participantes aprenden a aplicar las habilidades e instrumentos superiores a áreas específicas de uso, incluyendo el aprendizaje, la creatividad, la salud y el liderazgo.

Algunas de las destrezas superiores de PNL® que los participantes desarrollarán en el Máster, incluyen:

- Identificar y dirigir la interacción dinámica de los niveles neurológicos, las posiciones perceptivas y los marcos del tiempo.
- Definir un «espacio problema» por lo que se refiere a síntomas, causas resultados, recursos y efectos.
- Estrategias para cambiar sistemas de creencia incluyendo volver a grabar en la memoria, la integración de las creencias contradictorias, los procedimientos de creencia de la línea del tiempo.
- Modelos superiores para trabajar con las submodalidades.
- Reconocer y utilizar los modelos superiores del lenguaje.
- Técnicas superiores de anclaje.
- Modelos sistemáticos de PNL® y estrategias de intervención de multinivel.

564

- Habilidades cooperativas de aprendizaje incluyendo habilidades de coenseñanza, estrategias dinámicas de valoración, procedimientos de «Intervisión».
- Técnicas de metáforas terapéuticas básicas.

Programa del curso de máster

Módulo I:
- Perfil del Máster.
- 1ª y 2ª Atención.
- TOTE: utilización.
- Operacionalización de las presuposiciones.
- Posiciones perceptivas.
- 1ª/2ª/3ª posición: Inventarios.
- Análisis avanzados de objetivos.
- Descubrir el propio mapa.

Módulo II:
- Modelo de las 7Cs.
- Modelo AMORE.
- Modelo tridimensional.
- Modelo RIOSI.
- Niveles y TOTE.
- Mapear.

Módulo III:
- Niveles Neurológicos.
- Aplicaciones tridimensionales.
- Transformar fracasos en resultados.
- Psicogeografía.
- Modelar con psicogeografía.
- Patrón de 1º y 2º plano.
- Swish pragmagráfico.

Módulo IV:
- Metaprogramas complejos.
- Identificación de metaprogramas.
- Cambiando metaprogramas.
- Criterios, jerarquías.
- Elicitación de criterios.

- Cambio de criterios.
- Creencias I: tipos, estructura, etc.
- Armazones verbales de creencias.

Módulo V:
- Creencias II.
- Resolución de conflictos de creencias.
- Establecimiento de creencias.
- Cambio de creencias con RI.OSI.
- Umbral de irreversibilidad.
- Creencias e Identidad.
- Reimpronta.

Módulo VI:
- Metamodelo IV.
- Prestidigitación lingüística.
- Técnicas avanzadas de modelaje.
- Estrategias avanzadas de intervención.
- Línea del tiempo.
- Cambios en la línea del tiempo.
- Técnicas de aplicación AMORE y línea del tiempo.

Módulo VII:
- Metáforas terapéuticas.
- Construcción avanzada de metáforas.
- Procesos de integración transpersonal.
- Ayuda del acompañante (Ángel- guarda)

Diplomas-certificación

El Instituto Español de PNL®, concede a los alumnos que realizan sus cursos con el debido aprovechamiento, **dos tipos de certificaciones** diferentes dependiendo de la capacitación y habilidad adquirida durante el mismo:

1. **Diploma certificado de**:
   - Practitioner de PNL®.
   - Máster-Practitioner de PNL®.
   - Trainer's Training.
   - Máster-Trainer Diplomado.
   - Máster en terapia con PNL.

Estos diplomas-certificados son de *reconocimiento internacional* y están *avalados y homologados* por la Asociación Hispano Americana de Expertos en PNL (AHADEPNL), por la Asociación Española de Programación Neurolingüística®, y autorizan al titular a usar públicamente en España la denominación Programación Neurolingüística®, PNL®. que es marca registrada.

Requisitos para la obtención del diploma

a) Que el aprovechamiento y prácticas realizadas a lo largo del curso correspondiente (que están sujetos a evaluación continuada) sean del nivel requerido según criterio del Trainer que imparte el curso.

c) Demostración práctica. Será requisito la realización de una práctica demostrativa explicando las técnicas y habilidades puestas en práctica.

d) En los cursos de Máster y Trainer se requerirá una práctica de supervisión, para valorar la capacidad de otros posicionamientos.

e) En los cursos de Trainer Diplomado será necesario la realización de un mínimo de horas prácticas como ayudante de otro Trainer experto en los cursos que el Instituto imparta de Practitioner, para la obtención del diploma específico. Este curso es restringido, y para el acceso a esta certificación será imprescindible una calidad y habilidad demostrada de todos los niveles anteriores.

f) Los alumnos de los cursos Máster presentarán una tesis final evaluable por escrito demostrando una maestría en algunos aspectos específicos de los cursados.

g) Estos certificados vendrán homologados por la AEPNL.

Certificate of completion:

El Instituto reconocerá la asistencia a sus cursos a todo aquel alumno que habiendo seguido la formación completa no alcance los niveles óptimos requeridos para optar al anterior diploma.

TERCER NIVEL: Curso de trainer´s training.

El curso ofrece una de las experiencias más únicas y especiales disponibles para practicantes superiores de PNL®. El programa está orientado para ayudar a los individuos a explorar los niveles múltiples implicados en la instrucción: –el qué, cómo, por qué y quién.

Para que los alumnos aprendan eficazmente el material de aprendizaje debe ser anclado para disponer de experiencias de referencia personal, para después dirigirlo a los objetivos y resultados específicos. De este modo, las metas básicas de toda instrucción son para restablecer y activar modelos o programas dentro del sistema nervioso del estudiante. Esto implica dos interacciones fundamentales entre el profesor y el estudiante:

- *Profesor:* entrega los paquetes cognitivos.
- *Estudiante:* aplica los mapas perceptuales.
- *Profesor:* activa experiencias de referencia para los mapas cognitivos.
- *Estudiante:* conecta las experiencias de referencia con los mapas cognitivos.

La meta metodológica subyacente de la instrucción basada en PNL® gira en torno a un POPS que implica la fijación de metas de aprendizaje, el establecimiento de evidencias que se relaciona con el logro de esas metas de aprendizaje, y la definición de los tipos de funciones, por parte del profesor y del estudiante, que hacen falta para alcanzar las metas de aprendizaje. Los tópicos y las habilidades que han de ser explorados durante el programa están diseñados para apoyar la interacción básica entre profesor y estudiante.

Programa del Trainers's Training

- Presuposiciones y fundamentos de la PNL.
- Identificación de sistemas representacionales.
- Uso en la mejor enseñanza.

- Conectar por el lenguaje de predicados.
- Estrategias de aprendizaje, su modificación.
- Técnicas de preguntas precisas.
- El metamodelo de lenguaje.
- Preguntas que solucionan problemas.
- Condiciones de buena formulación.
- Habilidades de escenario.
- Improvisación.
- Hacer lo que usted enseña.
- Verificación de múltiples posiciones.
- Utilización de submodalidades y anclas.
- Configuraciones y cierres.
- Establecer estructuras.
- Construcción de metáforas.
- Técnica del lenguaje ericksoniano.
- Universales.
- Encadenamiento de respuestas.
- Puente al futuro.
- Gestión personal.
- Construir el estado de recursos.
- Gestión grupal.
- Rapport grupal.
- Trato de las personas pesadas.
- Identidad y sistemas de creencias en grupo.
- Organización de presentaciones.
- Construcción y presentación.
- Elección de sujetos.
- Instrucciones para ejercicios.
- Habilidades de organización.
- Diseño y construcción de ejercicios.
- Macro y micro POPS
- Transferir habilidades al grupo.
- Estrategias e instrumentos de evaluación.
- Habilidades de metaliderazgo.
- Conectar visión y misión a un proyecto.
- Motivar inspirar e alinear a un grupo.

– Habilidades de intervención.
– El *feedback*.
– Dar y recibir *feedback*.

* * *

Si usted está interesado en que impartamos un curso en su país, o quiere ser nuestro representante en el mismo, póngase en contacto con nosotros, gustosamente estableceremos una alianza estratégica.

Para más información diríjanse a:

Instituto Español de Programación Neurolingüística

Avenida Barón de Carcer, 38 5ª puerta 9
46001 VALENCIA – ESPAÑA-
Teléfono: 902154602
E-Mail: iepnl@pnlspain.com
Web: http://www.pnlspain.com

ÍNDICE DE EJERCICIOS Y TÉCNICAS

ÍNDICE